西北民族论丛

Northwest Ethnology Series

周伟洲◎主编　　（第十一辑）

社会科学文献出版社
SOCIAL SCIENCES ACADEMIC PRESS (CHINA)

前　言

　　《西北民族论丛》（以下简称《论丛》）是陕西师范大学中国西部边疆研究院（西北民族研究中心）主办的学术集刊，原由中国社会科学出版社出版，已出版十辑。从第十一辑开始，《论丛》改为半年刊，每年出版两辑，由社会科学文献出版社继续出版。《论丛》是以"西北民族"和"西部边疆"研究为主，重点是西北民族史与民族关系史、西北民族与邻国交流史、西北民族宗教文化研究，西北民族地区自然环境与社会发展研究以及西部边疆问题研究等。从学科来讲，西北民族及西部边疆研究不仅涉及民族学，人类学和历史学中的民族史、中外关系史及丝绸之路、历史地理、历史文献学、科技史、文物考古等学科，而且涉及社会学、地理学、法学、经济学、边疆学等哲学社会科学。因此，西北民族研究和西部边疆研究虽然仅是对西北地域乃至整个西部边疆的历史与现状的研究，包含的内容却非常丰富；且其学术价值和现实意义，在当代新形势下尤为重大。

　　《论丛》面向国内外广泛征集有关西北民族研究和西部边疆的论文及民族调查报告、译文、书评等，以期尽量展示这些领域的高水平研究成果。《论丛》还收录陕西师范大学中国西部边疆研究院（西北民族研究中心）举办的面向国内外的"马长寿民族学讲座"论文。

　　《论丛》采用匿名审稿制度；以创新性和学术水平作为择稿的主要标准；不囿于一家之言，提倡平等争鸣，以期不断提高学术水平，推动西北民族研究和西部边疆研究领域的创新和发展。

　　总之，《论丛》的宗旨是：繁荣学术，服务现实；形式多样，不断创新。我们期待国内外广大学者、读者关心和支持《论丛》，并不断惠赠佳作，帮助我们共同将《论丛》办好，使之能在我国人文社会科学的发展中、在西部大开发的现实中，做出自己的贡献。

最后，感谢陕西师范大学和社会科学文献出版社以及所有支持《论丛》出版的单位和个人，没有你们无私的帮助，《论丛》是很难如期出版的。

周伟洲

2015 年 2 月

目录

论唐朝对吐蕃攻势的应对与决策

张 云

摘要：本文主要探讨唐朝如何应对吐蕃战和无常所造成的复杂局面，以及所采取的应对之策。通过对这些措施的简明分析，试图考察唐朝处理与边疆地区政权关系的政策和存在的问题，认识唐朝与吐蕃的互动关系，以及中国历史发展进程中一个曲折复杂的断面。

关键词：唐朝 吐蕃 应对 决策

唐朝采取科举制度选择人才，在边疆有事、面临困难的情况下，往往面向社会广纳贤才、征询对策。那些博学深思的文人学士纷纷献策，各展才智韬略，谋夫猛将挺身出力，建功立业，为应对边疆危机，特别是为处理好与吐蕃的关系，化解来自吐蕃的军事压力发挥自身的作用，许多优秀人才得以脱颖而出，为保持西部、西南部边地安宁提出真知灼见，在实践中发挥积极作用。与此同时，这些探讨和应对也暴露了唐朝在处理吐蕃军事进攻和不断骚扰问题时存在的诸多问题。

一 和亲政策

唐朝采取与周边兄弟民族统治者和亲的政策，为化干戈为玉帛，缓和紧张关系，开展更紧密的政治经济和文化交流，增进了解和友谊，并对自身发展营造良好的外部环境起到了重要的作用。唐蕃和亲，文成公主和金城公主的先后进藏就是成功的范例，双方由此而确立的新型关系，为青藏高原地区的发展和社会进步产生了深刻而长远的影响，同时也为西藏地方纳入元朝中央王朝的行政管辖之下奠定了基础，是中国各民族友好交往史上的重要一页，也是各民族共同缔造中国，形成中华民族共同文化过程中的重要一步。

（一）不论是在双方战争时期，还是和好时期，唐朝方面都充分肯定了"和亲"所发挥的缓解冲突、增进经济文化交流的作用

唐玄宗撰写的《亲征吐蕃制》称："爰自昔年，慕我朝化，申以婚姻之好，结为甥舅之国。岁时往复，信使相望。缯绣以益其饶，衣冠以增其宠。"① 中宗撰写的《金城公主出降吐蕃制》，内有"太宗文武圣皇帝德侔覆载，情深亿兆，思偃兵甲，遂通姻好，数十年间，一方清净。自文成公主往嫁其国，因多变革。我之边隅，亟兴师旅，彼之蕃落，颇闻彫弊。顷者赞普及祖母可敦酋长等，屡披诚款，积有岁时，思托旧亲，请崇姻好。鑫在公主，朕之少女，长自宫闱，言适远方，岂不锺念。但朕为人父母，志恤黎元。若允诚祈，更敦和好，则边土宁晏，兵役休息。遂割深慈，为国大计，受筑外馆，聿膺嘉礼。彼吐蕃赞普即以今月二十七日进发，朕亲自送于郊外。"②

（二）吐蕃对双方的和亲政策也持积极肯定态度

《旧唐书》记述了松赞干布在获得唐朝许嫁公主时的兴奋喜悦心情，自称"我祖父未有通婚上国者，今我得尚大唐公主，为幸实多。当为公主筑一城，以夸示后代。"③ 晚期的藏文史书则用较大的篇幅记述，甚至演绎文成公主进藏的故事，既有大臣噶尔以智慧通过唐朝皇室测试的"五难婚使"的故事，文成公主经过日月山、倒淌河的传说，又有拉萨城官民百姓猜测文成公主从哪个方向入城的热闹景象，更有文成公主带去植物种子，安设水磨，教民纺织的种种故事。④ 文成公主是化干戈为玉帛，给西藏带来诸多物质和精神文明的使者，也是传递两地人民友谊的使者的象征。和亲不能消弭双方的战争，却大大缓解了双方的武装对抗，特别是为两地搭建起一条沟通交流的有效平台，公主更成为这种联系的纽带。

---

① 《全唐文》卷二十一。
② 《全唐文》卷十六。
③ 《旧唐书》卷一九六上吐蕃上。
④ 萨迦·索南坚赞著《王统世系明鉴》，陈庆英、仁庆扎西译，辽宁人民出版社，1985，第78~105页。

二 选猛士武力征讨

吐蕃王朝是以军事扩张而建立起来的政权，由于自然环境和经济生产生活方式的因素，以及出于凝聚内部各势力的需要，对外征服掠夺是其主要的方针政策，富庶和较为发达的唐朝成为吐蕃主要的掳掠对象，唐蕃战争也成为双方关系十分突出的内容之一。应对吐蕃的军事攻势和不间断的劫掠，特别采取军事手段加以解决一直是唐朝对吐蕃政策的重要议题。在唐朝皇帝诏敕中就保留了不少这一类的文献，特别是唐高宗和唐玄宗时期，更出现了一个又一个高潮。唐高宗"令举猛士敕"中有"蕞尔吐蕃，僻居遐裔，吐浑是其邻国，遂乃夺其土宇。""不思惠爱，更起回邪，敢纵狂惑，专为寇盗。或改团镇戍，或驱抄羊马，烽燧频举，烟尘不息，候隙乘间，倏来忽往，比止令镇遏，未能即事翦除。莫怀宽大之恩，遂长包藏之计，祸盈恶稔，当自覆灭。今欲分命将帅，穷其巢穴，克清荒服，必寄英奇。但秦雍之部，俗称劲勇，汾晋之壤，人擅骁雄。宜令关内河东诸州，广求猛士。在京者令中书门下於庙堂选试，外州委使人与州县相知拣练。有膂力雄果弓马灼然者，咸宜甄采，即以猛士为名。"① 敕书中讲到吐蕃的恃强凌弱，飘忽不定的劫掠方式，以及朝廷面向号称劲勇骁雄的陕西、山西，广征身强力壮、会骑马善弓弩的猛士，应召参军，出征御敌。

唐玄宗时期，唐蕃双方战争规模进一步扩大，《全唐文》中保存有唐玄宗两件相关敕书，《亲征吐蕃制》提到了用兵的具体方案和带兵将领的职责。"其差取后军四万人，诸色蕃兵二万人，京兆府兵一万人，飞骑二万人，量追三百里内兵留当下人充，万骑五万一千人，幽陇兵各二千人，岐州兵五千人，并集本州待进止。其马四万匹，取三百里内诸厩及府马充。所追兵马及押官委本州精简赴集。卫尉卿兼检校左金吾大将军王毛仲为左一军总管，右金吾将军康海源为副。左武卫大将军李昌为右一军总管，左武卫将军马卫为副。左羽林大将军赵成恩为左二军总管，右领军将军秦义礼为副。右羽林将军杨敬述为左三军总管，右领军将军鲜于庭诲为副。左羽林将军马崇为右三军总管，右监门将军执失善光为副。所司准式。俾其

---

① 《全唐文》卷十四。

长驱陇坻，深入湟中，授以方略，扫清氛祲。其缘顿支供，务从省约。"①目标是解决占据今青海地区的吐蕃军事力量。

唐玄宗的《命备吐蕃制》，同样是应对吐蕃从青海地区发起的武装进攻。"陇右通共团结马步三万九千人，临洮军团八千人，河源军团六千人，安人、白水军各团一千五百人，积石、莫门军各团二千人，河西道蕃汉兵团结二万六千人，赤水军团一万人，玉门、豆卢军各二千人，并依旧统领，以候不虞。更于关内征骁兵一万人，以六月下旬集临洮，十月无事放散。朔方取健儿弩手一万人，六月下旬集会州下，十月无事，便赴本道，候贼所向。贼于河西下，即令陇右兵取合川，过朔方，合兵取新泉，与赤水军合势邀袭，令河源、积石、莫门兵取背掩扑。贼于河源下，朔方兵从乳漫渡河，并临洮军兵马河源军合势邀袭，赤水军取背掩扑。贼于凤林关下，朔方兵赴临洮，与鄯州兵合势邀袭，河源、积石兵取背掩扑。所要甲兵，遂便支候，公私营种，且耕且战，各宜训勖，以副朕怀。"② 这里还提到作战方案和后期补给对策。

三　寻御蕃良策

面对吐蕃的军事压力，唐朝君臣在研讨对策时，既考虑到全局性的战与和的问题，也考虑到如何战的问题；既考虑到战争本身的问题，也考虑到战场之外的问题，可以说有宏观决策，也有微观具体对策。吐蕃方面的战和无常，战场上的灵活方式让唐朝君臣疲于应付，颇感棘手。高宗闻审礼等败没，召侍臣问绥御之策，中书舍人郭正一曰："吐蕃作梗，年岁已深，命将兴师，相继不绝。空劳士马，虚费粮储，近讨则徒损兵威，深入则未穷巢穴，望少发兵募，且遣备边，明烽堠，勿令侵抄。使国用丰足，人心叶同，宽之数年，可一举而灭。"给事中刘齐贤、皇甫文亮等皆言严守之便。③ 也就是说，面对吐蕃不羞遁走的用兵作战方式，唐朝缺乏以强大军事优势解决问题的能力，严守边地成为主流的观点。

---

① 《全唐文》卷二十一。
② 《全唐文》卷二十三。
③ 《旧唐书》卷一九六吐蕃上。

《新唐书》作者记载了唐高宗时应对吐蕃的一场对策研讨，"帝既儒仁无远略，见诸将数败，乃博咨近臣，求所以御之之术。帝曰：'朕未始擐甲履军，往者灭高丽、百济，比岁用师，中国骚然，朕至今悔之。今吐蕃内侵，盍为我谋？'中书舍人刘祎之等具对，须家给人足可击也。或言贼险黠不可与和，或言营田严守便。惟中书侍郎薛元超谓：'纵敌生患，不如料兵击之。'帝顾黄门侍郎来恒曰：'自李勣亡，遂无善将。'恒即言：'向洮河兵足以制敌，但诸将不用命，故无功。'帝殊不悟，因罢议。"① 从这里可以看出，有前车之鉴，高宗本人对战争是持消极态度，群臣的意见各种各样，有认为应该先富民再用兵，有主张必须武力解决的，有主张屯田守边的，也有抱怨缺乏良将的，结果是没有达成共识和决定。仪凤四年（679），赞普死，子器弩悉弄立，钦陵复擅政，使大臣来告丧，帝遣使者往会葬。明年，赞婆、素和贵率兵三万攻河源，屯良非川，敬玄与战湟川，败绩。左武卫将军黑齿常之以精骑三千夜捣其营，赞婆惧，引去。遂擢常之为河源军经略大使。乃严烽逻，开屯田，虏谋稍折。②

唐朝君臣曾经多次就吐蕃在西域地区的攻势与应对，以及安息四镇的弃置，唐朝与吐蕃在南诏的争夺，以及藏东川西众多部落的归附问题，吐蕃在青海、河西陇右的劫掠与骚扰问题，以及双方的会盟、划界等问题进行充分研讨。在重大战役如薛仁贵、郭待封大非川战役（670）、素罗汗山战役（696）等大败之后，唐朝也曾就战役本身所反映出来的问题，以及唐朝的军事制度、边政方略、用人制度等进行反思，征询谋士文臣的建议。体现出唐朝解决边事的一套制度，汇集了当时知识和精英阶层的智慧与经验。

针对解决吐蕃问题而言，所获得的对策建议也不尽相同。以公元 8 世纪中后期而言，魏元忠（？－707）认为，当时最大的问题：一是用人不当，"当今朝廷用人，类取将门子弟"，"夫建功者，言其所济，不言所起；言其所能，不言所藉"。"故阴阳不和，擢士为相；蛮夷不龚，拔卒为将，即更张之义也。"二是赏罚不明，认为唐高宗过于仁慈而失去原则，大非川战

---

① 《新唐书》卷二一六上吐蕃上。
② 《新唐书》卷二一六上吐蕃上。

败，"向使早诛薛仁贵、郭待封，则自余诸将，岂敢失利于后哉？"① 杜佑（735－812）则反对边将邀功，认为"边备未实，诚宜择良将，诚之完葺，使保诚信，绝其求取，用示怀柔。来则惩御，去则谨备。"不必兴师，即可革其奸谋。② 陆贽（754－805）分析认为，"今四夷之最强盛为中国之甚患者，莫大于吐蕃。举国胜兵之徒，才当中国十数大郡而已，其于内虞外备，亦与中国不殊。所能寇边，数则盖寡，且又器非犀利，甲不坚完，识迷韬钤，艺乏矫敏。动则中国畏其众而不敢抗，静则中国惮其强而不敢侵，厥理何哉？良以中国之节制多门，蕃丑之统帅专一故也。"③ 也就是说，军令不统一是唐朝失败的关键因素。沈亚之（781－832）则认为，吐蕃"其众蚁聚，多包山川沮陆之利，其兵材虽一不能当唐人，然其策甚远，力战不患死，所守必险，所取必地。而唐人军中，以为材不能，皆易之。……闻其始下凉时（州）城，围兵厚百里，伺其城既窘，乃令能通唐言者告曰：'吾所欲城耳。城中无少长，即能东，吾亦谨兵，无令有伤去者。'城中争号曰：'能解围即东。'其后取他城，尽如凉城之事。"相比之下，唐朝驻守岐山、陇山的军队，大多在砍伐树木或者从事其他非军事营生，"其余兵当守烽击柝，昼夜捕候者，则皆困于饥寒，衣食或经时不帐，顾其心怨，望幸非常，尚能当戎耶？"④ 即吐蕃的谋略高出一筹。

唐朝当时存在的问题既在军事上，也在其他方面。如大非川战役中的将帅不和。"（郭）待封尝为鄯城镇守，耻在（薛）仁贵之下，多违节度。"⑤ 导致唐军大非川惨败。还有大臣缺乏担当。唐中宗景龙四年（710），金城公主出降吐蕃，本来唐中宗命赵彦昭担任使者护送公主到吐蕃，赵彦昭则害怕因此失宠，很不高兴。司农卿赵履温还火上浇油地对他说："公国之宰辅，而为一介之使，不亦鄙乎？"还给他出主意，私下贿赂安乐公主给皇帝做工作，最后唐中宗便改派左骁卫大将军杨矩前往。⑥ 更有甚者，唐文宗大和五年（831）九月，吐蕃维州守将悉怛谋请以城降，负责剑南西川军

① 《旧唐书》卷九二魏元忠传。
② 《旧唐书》卷一四七杜佑传。
③ 陆贽：《论抵御吐蕃策》，《旧唐书》卷一三九陆贽传。
④ 沈亚之：《西边患对》，《全唐文》卷七三七。
⑤ 《旧唐书》卷八三薛仁贵传。
⑥ 《旧唐书》卷九二赵彦昭传。

事的李德裕予以接纳，而因为党争和个人恩怨之故，牛僧孺"言新与吐蕃结盟，不宜败约"，导致归附被送还后为吐蕃所杀。①

唐代宗李豫（762－779）时期发生了吐蕃大军攻入长安，并占领 15 日的事件。史书记载，原来唐代宗喜欢"祠祀，未甚重佛"，而宰相元载、杜鸿渐、王缙等则"喜饭僧徒"。在诸位大臣的影响下，代宗开始信佛而且奉之过当。"尝令僧百余人于宫中陈设佛像，经行念诵，谓之内道场。……每西蕃入寇，必令群僧讲诵《仁王经》，以攘虏寇。苟幸其退，则横加锡赐。胡僧不空，官至卿监，封国公，通籍禁中，势移公卿，争权擅威，日相凌夺。"代宗认为，国家的平安长久都是由业报所致，虽然有小的灾难没有关系。因此，安禄山、史思明叛乱，他们的儿子遭遇灾祸；仆固怀恩背叛唐朝而身亡；吐蕃攻入长安，不用攻击就自动撤退。这些被认为都是非人事所能左右的明证。"帝信之愈甚"②。吐蕃占据长安固然与安史之乱爆发与很大的关系，但是，唐代宗过度佞佛，靡费资财，荒于政务也是重要原因。

四　采取反间计

唐蕃双方在相互对立、战火连绵的岁月，都使用了兵家常用的反间计。根据汉文史书记载，吐蕃就曾在唐将李怀光（729－785）的反叛中起到煽风点火的作用。史书记载，"初，崔汉衡使吐蕃求助兵，尚结赞曰：'吾法，进军以本兵大臣为信。今制书不署怀光，未敢前。'帝乃命翰林学士陆贽诣怀光议事，怀光陈三不可，且言：'吐蕃舍人马重英陷长安，赞普责其不焚爇，今其来，必肆宿志，一不可。彼云引兵五万，既用其人，则同汉士，觊邀我厚赏，何以致之？二不可。虏人虽来，义不先用，勒兵自固，以观成败，王师胜则分功，败则图变，狡诈多端，不可信，三不可。'卒不肯署。"③ 为后来扩大误解进而发动反叛埋下隐患。

唐朝同样使用反间计给吐蕃制造内讧。武则天时期，唐将郭元振（656－713）曾建议："臣揣吐蕃百姓倦徭戍久矣，咸愿早和。其大将论钦陵欲分

①　《旧唐书》卷一七二牛僧孺传；《旧唐书》卷一七四李德裕传。
②　《旧唐书》卷一一八王缙传。
③　《旧唐书》卷一二一；《新唐书》卷一四九叛臣传。

四镇境，统兵专制，故不欲归款。若国家每岁发和亲使，而钦陵常不从命，则彼蕃之人怨钦陵日深，望国恩日甚，设欲广举丑徒，固亦难矣。斯亦离间之渐，必可使其上下俱怀情阻。"被武则天采纳，圣历二年（699）四月，吐蕃发生内乱。大论钦陵被赞普器弩悉弄所杀，其弟赞婆无路可走，遂率部降唐。武则天闻讯后，诏令郭元振与河源军大使夫蒙令卿率骑兵迎接，封赞婆为特进、归德王。① 钦陵家族遭到赞普势力打压有多方面原因，功高震主是主因，郭元振的策略或许也起到一定的推动作用。唐玄宗开元十五年（727），会悉诺逻已渡大逻恭禄及烛龙莽布支攻陷瓜州城，尽取城中军资非川，辎重及疲兵尚在青海之侧。其年九月，吐蕃大将悉诺及仓粮，仍毁其城而去。又进攻玉门军及常乐县，县令贾师顺婴城固守，凡八十日，贼遂引退。俄而王君㚟为回纥余党所杀，乃命兵部尚书萧嵩为河西节度使，以建康军使、左金吾将军张守珪为瓜州刺史，修筑州城，招辑百姓，令其复业。十一月，改瓜州为都督府，以守珪为都督。悉诺逻威名甚盛，萧嵩纵反间于吐蕃，云悉诺逻与中国通谋，吐蕃赞普召而诛之，于是吐蕃势力少衰。②

五　联合回纥等以牵制吐蕃

吐蕃举兵入掠唐朝，大多裹胁或者鼓动青藏高原地区各个部落参加，甚至也包括西域、西南地区的各个部落邦国，掠夺唐朝财富以共同分享是出兵的动力，也是连接这些混合力量的利益纽带。针对这一情况，唐朝也采取了相应的策略，拆散这些军事同盟，特别是其中的骨干势力，回纥就是典型代表。唐玄宗开元十五年（727）闰九月，突厥毗伽可汗遣其大臣梅录啜来朝，献名马三十匹。时吐蕃与毗伽书，私约与毗伽同时入寇，毗伽并献其书。玄宗嘉其诚，宴梅录啜于紫宸殿，厚予赏赐。且许朔方军西受降城为互市之所，每年赍缣帛数十万匹以易戎马，由是国马益壮。③ 即用经济手段达到了瓦解吐蕃回纥联盟、密切唐朝与回纥关系的目的。唐代宗广

---

① 《旧唐书》卷九七郭元振传；《新唐书》卷一二二郭元振传；《全唐文》卷二〇五。
② 《资治通鉴》卷二一三；《旧唐书》卷一九六上吐蕃传。
③ 《旧唐书》卷一九四上突厥上毗伽可汗传。

德二年（764）十月，仆固怀恩招引吐蕃、回纥、党项数十万部众南下，京师惶恐。郭子仪以其在回纥中的崇高威望，亲自说服回纥背吐蕃而归唐朝。史料记载，郭子仪说回纥曰："吐蕃本吾舅甥之国，无负而至，是无亲也。若倒戈乘之，如拾地芥耳。其羊马满野，长数百里，是谓天赐，不可失也。今能逐戎以利举，与我继好而凯旋，不亦善乎！"会怀恩暴死于鸣沙，群虏无所统摄，遂许诺，乃遣首领石野那等入朝。子仪遣朔方兵马使白元光与回纥会军。吐蕃知其谋，是夜奔退。回纥与元光追之，子仪大军继其后，大破吐蕃十余万于灵武台西原，斩首五万，生擒万人，收其所掠士女四千人，获牛羊驼马，三百里内不绝。① 连横合纵的策略发挥了切实的效果。

六　儒学经典与思想的化导

唐朝不仅通过文成公主把佛教传入吐蕃地方，通过金城公主进一步推进唐朝与吐蕃持续不断的宗教文化交流，同时也令儒家经典和思想文化传入青藏高原地区，影响吐蕃人的政治社会生活，以及观念文化。

（一）吐蕃贵族子弟入学国子监

唐朝设国子监以接纳唐朝中国各兄弟民族首领子弟和邻邦王公子弟学习儒家经典和唐朝制度文化。唐太宗贞观五年（631）在西京长安（今陕西西安）设立国子监。贞观十四年（640）"二月丁丑，上幸国子监，观释奠，命祭酒孔颖达讲《孝经》，赐祭酒以下至诸生高第帛有差。是时上大征天下名儒为学官，数幸国子监，使之讲论，学生能明一大经已上皆得补官。增筑学舍千二百间，增学生满三千二百六十员，自屯营飞骑，亦给博士，使授以经，有能通经者，听得贡举。于是四方学者云集京师，乃至高丽、百济、新罗、高昌、吐蕃诸酋长亦遣子弟请入国学，升讲筵者至八千余人。"② 唐中宗"准蕃人读书国子学敕"，再度明确"吐蕃王及可汗子孙欲习学经

---

① 《旧唐书》卷一二〇郭子仪传。
② 《资治通鉴》卷一九五；志磐：《佛祖统纪》卷五二。

业，宜附国子学读书。"① 通过这种方式为吐蕃培养了许多优秀人才，如吐蕃名相禄东赞（噶尔·东赞域宋）、仲琮等。"万岁通天二年，四夷多遣子入侍。其论钦陵……等，皆因充侍子，遂得遍观中国兵威礼乐……"② "仲琮为吐蕃大臣，咸亨三年，吐蕃遣仲琮来朝。先是，仲琮年少时，尝充质入朝，诣太学生例读书，颇晓文字。"③

（二）蕃客国子监观礼教

唐朝重视用儒家礼教来熏陶感化各少数民族首领，以增进共识和基于儒家理念的文化认同。唐玄宗曾经颁布"令蕃客国子监亲礼教敕"，强调"庠序爰作，皆分泽于神灵，车书是同，乃范围于天下。近戎狄纳款，日归夕朝，慕我华风，熟先儒礼。由是执于干羽，常不讨而来宾，事于俎豆，庶几知而往学，彼蓬麻之目直，在桑葚之怀音，则仁岂远哉，习相近也。自今以后，蕃客入朝，并引向国子监，令观礼教。"④ 这符合唐朝以德柔远，以教化人的传统理念。

（三）儒家经典之争

尽管文成公主、金城公主入蕃时均带去大批儒家经典，但是在唐蕃对抗的条件下，如何看待为吐蕃培养贵族子弟，以及是否合适将儒家经典不断地输入吐蕃，唐朝上层存在不同看法。唐中宗时，吐蕃使奏云："（金城）公主请《毛诗》《礼记》《左传》《文选》各一部。"皇帝制令秘书省写与之。但是，正字于休烈上疏提出反对意见，理由是：吐蕃是贼寇，而经籍者，国之典也。"吐蕃之性，剽悍果决，敏情持锐，善学不回。若达于书，必能知战。深于《诗》，则知武夫有师干之试；深于《礼》，则知月令有兴废之兵；深于《传》，则知用师多诡诈之计；深于《文》，则知往来有书檄之制。何异借寇兵而资盗粮也！"认为求书大概不会是金城公主本人的意思，肯定是那些逃到吐蕃的中原文人的主意，如果不得已要送，就把其中的《春秋》去掉。吐蕃"贵货易土，正可锡之锦绮，厚以玉帛，何必率从

---

① 《唐会要》卷三六。
② 《册府元龟》卷五四四谏净部直谏。
③ 《册府元龟》卷九六二外臣部才智。
④ 《全唐文》卷三四。

其求，以资其智！"① 大臣裴光庭有不同见解，他认为，"所请书随事给与，庶使渐陶声教，混一车书，文轨大同，斯可致也。休烈虽见情伪变诈于是乎生，而不知忠信节义于是乎在。"② 争论之后，主张通过儒家思想感化吐蕃的一方成为主流，且得到皇帝的认可。

敦煌发现的文书中出现了不少汉文经典，特别是儒家经典，《敦煌本吐蕃历史文书》中出现了吸收司马迁《史记》"毛遂自荐"的故事，而敦煌古藏文写卷《兄弟礼仪问答》在反映吐蕃社会风俗礼仪的同时，还可以看到中原儒家文化影响的诸多痕迹。③ 唐朝对吐蕃在儒家文化教育方面的开放和开明政策，既有助于唐蕃之间的了解和友好关系的确立，也有助于中原与青藏高原、汉族和藏族文化的深入交流，为奠定共同文化基础发挥了促进作用。

七　怀之以德

唐玄宗时期是唐蕃双方战事频繁的时期，玄宗仍采取了许多措施，试图通过怀之以德，缓和双方关系，同时表现出浓厚的人情。唐朝宰相杨国忠（？-756）曾上"破吐蕃献俘表"，称在西南大败吐蕃，准备以男女二百人进献，唐玄宗没有接受，并下诏"夫王者之义，子育为先，每行干纪之诛，尝轸在予之念，吐蕃遗孽，频有负恩，其君则然，其人何罪？且全其生理，遂彼物情，其所献口，并宜释放，递还本国，以直报怨，于是乎在。"④ 不主张将吐蕃俘虏作为礼物接纳，而是全部放还。唐玄宗《收瘗吐蕃战没人诏》内称："乞力徐等，天迷神怒，背义忘恩。悯其下人，制在凶帅。积骸暴露，润草涂原，言念于兹，岂忘恻隐。其吐蕃战死人等，宜令所在州县，速与瘗埋，俾有申于吊拯，庶无隔于华裔。"⑤ 出于人道掩埋

---

① 《旧唐书》卷一九六上吐蕃上。
② 裴光庭《金城公主请赐书籍议》，见《全唐文》卷二九九。
③ 王尧、陈践译注《敦煌古藏文〈礼仪问答写卷〉译注》，《藏族研究文集》（二），中央民族学院藏族研究所，1984。
④ 《全唐文》卷三四六。
⑤ 《全唐文》卷二六。

战亡吐蕃将士尸骨。

由于唐蕃长期战争不断，相继来到唐朝的使者都被留了下来，发送到江南地区。唐德宗即位后，欲以德绥怀之，"遣太常少卿韦伦持节归其俘五百，厚给衣褥，切敕边吏护亭障，无辄侵虏地。吐蕃始闻未信，使者入境，乃皆感畏。"① 唐朝的措施获得回报，唐德宗建中三年（782）"四月，（吐蕃赞普）放先没蕃将士僧尼等八百人归还，报归蕃俘也。"② 唐宪宗（李纯，778－820）《放还吐蕃使者制》中提到，吐蕃使者相继至唐不久，吐蕃挑起战事，当时朝臣中有不少人主张杀来使以断绝对吐蕃联系，宪宗称"朕深为德化未被，岂虑夷俗之不宾？其国失信，其使何罪？释其维絷以遂性，示之宏覆以忘怀，予衷苟孚，庶使感知。其蕃使论矩立藏等，并后般来使，并宜放归本国，仍委凤翔节度使以此意晓谕。"③ 而且还给其衣服粮食，一直送到唐蕃边界。④

八　与吐蕃的频繁接触交涉

唐蕃之间的交涉主要是围绕划界、会盟等关键环节而展开的，同时也有大量的具体事务的频繁沟通交涉，化解各种潜在危机与摩擦。从唐朝君臣对吐蕃的评价来看，共识是吐蕃"贪婪""无信"。而吐蕃对唐朝抱怨较多的则是"无信"。唐玄宗开元六年或七年（718 或 719）吐蕃赞普上表称："西头张元表打外甥百姓，又李知古亦将兵打外甥百姓，既缘如此违誓失信，所以，吐蕃遂发兵马。"⑤ 开元十八年（730）赞普再度上表称"外甥是先皇帝宿亲，又蒙降金城公主，遂和同为一家，天下百姓，普皆安乐。中间为张元表、李知古等，东西两处先动兵马，侵抄吐蕃边将，所以互相征讨，迄至今日，遂成衅隙"⑥，提到的也是唐朝边将不守信。所以，唐蕃

---

① 《旧唐书》卷一九六下吐蕃下。
② 《旧唐书》卷一九六下吐蕃下。
③ 《旧唐书》卷一九六下吐蕃下；《全唐文》卷五八。
④ 宪宗李纯：《放四蕃归国敕》，《全唐文》卷六二。
⑤ 弃隶（足宿）赞：《请修好表》，《全唐文》卷九九。
⑥ 弃隶（足宿）赞：《请约和好书》，《全唐文》卷九九。

双方缺乏互信是约定屡遭破坏的关键，但更实质的内容是，吐蕃地区与内地的经济互补性很强，或者是依赖性较高，缺乏畅通的贸易或者不能满足吐蕃统治者的欲望时，以掠夺财富为主要目的的战争也就不可避免了。

武则天证圣元年（695），吐蕃寇洮州，令师德与夏官尚书王孝杰讨之，与吐蕃大将论钦陵、赞婆战于素罗汗山，官军败绩，师德贬授原州员外司马，王孝杰被免官。[①] 此次战前王孝杰与论钦陵的对话，特别是论钦陵犀利的言辞保留在古藏文《敦煌本吐蕃历史文书》之中。[②] 武则天万岁通天元年（696）九月，噶尔·钦陵遣使为赞普请求和亲。武则天遂令郭元振出使吐蕃，便宜行事。双方有一次会晤与交锋。钦陵对郭元振提出：罢安西四镇唐兵，分十姓突厥之地。郭元振质问道："四镇、十姓与吐蕃种类本殊，今请罢唐兵，岂非有兼并之志乎？"钦陵回答说："吐蕃苟贪土地，欲为边患，则东侵甘、凉，岂肯规利于万里之外乎？"[③]

郭元振分析"今钦陵欲分裂十姓，去四镇兵，此诚动静之机，不可轻举措也。今若直塞其善意，恐边患之起，必甚于前，若以镇不可拔，兵不可抽，则宜为计以缓之，藉事以诱之，使彼和望未绝，则其恶意亦不得顿生。"考虑到"今国之外患者，十姓、四镇是也；内患者，甘、凉、瓜、肃是也。""今宜报钦陵云：'国家非吝四镇，本置此以扼蕃国之要，分蕃国之力，使不得并兵东侵。今委之于蕃，力强易为东扰。必实无东侵意，则还汉吐浑诸部及青海故地，即俟斤部落亦还吐蕃。如此，则足塞钦陵之口，而事未全绝也。如钦陵小有乖，则曲在彼矣。又西边诸国，款附岁久，论其情义，岂可与吐蕃同日而言。今未知其利害，未审其情实，遥有分裂，亦恐伤彼诸国之意，非制驭之长算也。'"[④] 双方晤谈既是斗智斗勇，也是沟通交流，起到了多重作用。

---

① 《旧唐书》卷九十三王孝杰传称，王孝杰曾参加大非川之战，被吐蕃擒获，据称"吐蕃赞普见孝杰，垂泣曰'貌类吾父。'厚加敬礼，由是免死。"长寿元年（692），"为武威军总管，与左武卫大将军阿史那忠节率众以讨吐蕃，乃克龟兹、于阗、疏勒、碎叶四镇而还"。

② 王尧、陈践：《敦煌本吐蕃历史文书》（增订本），民族出版社，1991，第171~172页；黄布凡、马德：《敦煌藏文吐蕃史文献译注》，甘肃教育出版社，2000，第268~272页。

③ 《资治通鉴》卷二五〇。

④ 《旧唐书》卷九七郭元振传。

九 唐蕃争夺中变化的因素

（一）唐蕃地位之争

唐德宗建中二年（781）十二月，入蕃使判官常鲁与吐蕃使论悉诺罗等至自蕃中。初，鲁与其使崔汉衡至列馆，赞普令止之，先命取国信敕。既而使谓汉衡曰："来敕云：'所贡献物，并领讫；今赐外甥少信物，至领取。'我大蕃与唐舅甥国耳，何得以臣礼见处？又所欲定界，云州之西，请以贺兰山为界。其盟约，请依景龙二年敕书云：'唐使到彼，外甥先与盟誓；蕃使到此，阿舅亦亲与盟。'"乃邀汉衡遣使奏定。鲁使还奏焉，为改敕书，以"贡献"为"进"，以"赐"为"寄"，以"领取"为"领之"。且谓曰："前相杨炎不循故事，致此误尔。"其定界盟，并从之。① 《新唐书》作者明确指出，此举系"以前宰相杨炎不通故事为解。"② 明显是无力的辩解，也说明对吐蕃驾驭的无力，只能承认吐蕃与唐朝的平起平坐局面。

（二）吐蕃破坏性骚扰与唐朝的"防秋"

《旧唐书》记，"先是，吐蕃每至麦熟时，即率部众至积石军获取之，共呼为'吐蕃麦庄'，前后无敢拒之者。至是，（哥舒）翰（？ - 757）使王难德杨景晖等潜引兵至积石军，设伏以待之。吐蕃以五千骑至，翰于城中率骁勇驰击，杀之略尽，余挺走，伏兵邀击，匹马不还。"③ 但是这一问题并真正解决，史料记载，唐代宗永泰八年（772）"吐蕃六万骑寇灵武，蹂践我禾稼而去。"唐德宗贞元二年（786）八月，"吐蕃寇泾、陇、邠、宁数道，掠人畜，取禾稼，西境骚然。"三年（787）八月，"贼遣羌、浑之众，衣汉戎服，伪称邢君牙之众，奄至吴山及宝鸡北界，焚烧庐舍，驱掠人畜，断吴山神之首，百姓丁壮者驱之以归，羸老者咸杀之，或断手凿目，弃之而去。"九月，"是月，吐蕃大掠汧阳、吴山、华亭等界人庶男女万余口，悉送至安化峡西，将分隶羌、浑等"。围陇州后"贼并焚庐舍，毁城堡

---

① 《旧唐书》卷一九六下吐蕃下。
② 《新唐书》卷二一六下吐蕃下。
③ 《旧唐书》卷一〇四。

壁，虏（掳）士众十三四，收丁壮弃老而去"。"吐蕃驱掠连云堡之众及邠、泾编户逃窜山谷者，并牛畜万计，悉其众送至弹筝峡。自是泾、陇、邠等贼之所至，俘掠殆尽。"贞元四年（788）五月三万余骑犯塞，分入泾、邠、宁、庆、麟等州，焚彭原县廨舍，所至焚庐舍，人畜没者约二三万，计凡二旬方退。① 吐蕃军队进入陇东、陕西之后一直采取焚烧毁坏房屋、践踏庄稼，抓掠丁壮、牲畜，杀羸弱的政策，对唐朝京师及以西地区造成极大的破坏。

（三）吐蕃军事进攻方式之改变

唐德宗贞元四年（788）前后，吐蕃进攻唐朝的军队人员结构发生了一些变化。"先是，吐蕃入寇，恒以秋冬，及春则多遇疾疫而退。是来也，方盛暑而无患。盖华人陷者，厚其资产，质其妻子，为戎虏所将而侵轶焉。"也就是说，原来担心疾病流行，只有秋冬季节才发动进攻，现在将抓来的唐朝汉人作为春季进攻的主力，而将他们的妻子财产作为抵押，迫使他们出兵效命。② 从某种程度上改变了吐蕃军事进攻的节奏和方式。

十 倾听吐蕃方面的看法

吐蕃为什么迅速崛起并能对唐朝造成很大威胁，今天的学者很关注，唐朝皇帝同样感到疑惑，并且十分迫切地想了解其中的原因，竟然直接询问吐蕃的来使。咸亨三年（672），吐蕃遣大臣仲琮入朝。仲琮少游太学，颇知书。唐高宗召见问曰："赞普孰与其祖贤？"对曰："勇果善断不逮也，然勤以治国，下无敢欺，令主也。且吐蕃居寒露之野，物产寡薄，乌海之阴，盛夏积雪，暑骴冬裘。随水草以牧，寒则城处，施庐帐。器用不当中国万分一。但上下一力，议事自下，因人所利而行，是能久而强也。"帝曰："吐谷浑与吐蕃本甥舅国，素和贵叛其主，吐蕃任之，夺其土地。薛仁贵等往定慕容氏，又伏击之，而寇我凉州，何邪？"仲琮顿首曰："臣奉命

---

① 《旧唐书》卷一九六下吐蕃下。
② 《旧唐书》卷一九六下吐蕃下。

来献，它非所闻。"① 既说出了他对双方差异的认识，也显示出过人的智慧。这种看法与前引陆贽的分析有相同之处。唐德宗修正唐蕃之间的关系定位，采取新的礼仪平等对待吐蕃，也是接受了吐蕃方面意见的结果，说明双方的沟通在加深认识、调整策略方面也起到一定的作用。

十一　唐朝对吐蕃的偏见与认识误区

（一）歧视

唐蕃建立和亲关系之后，在唐朝方面就意味着吐蕃是附属之邦，因此一直以属臣礼仪待之，直到唐德宗时期吐蕃提出礼仪和地位问题，唐朝才予以纠正。吐蕃方面也明白这种关系的内涵，早期对唐朝的经济、文化依赖过多，不便解决，直到军事上可以和唐朝竞力争雄时才切实加以解决。这就意味着早期的唐蕃关系中唐朝处于优势地位，因此在唐朝也存在某种程度上的歧视问题。贞观十五年（641），文成公主入蕃，松赞干布（弄赞）率其部兵次柏海，亲迎于河源。见道宗，执子婿之礼甚恭。既而叹大国服饰礼仪之美，俯仰有愧沮之色。及与公主归国，谓所亲曰："我父祖未有通婚上国者，今我得尚大唐公主，为幸实多。当为公主筑一城，以夸示后代。遂筑城邑，立栋宇以居处焉。公主恶其人赭面，弄赞令国中权且罢之，自亦释毡裘，袭纨绮，渐慕华风。"② 晚期的藏文史书《王统世系明鉴》在追述前代故事时提到，当文成公主到达吐蕃后，"这时大臣噶尔也衔恨唐朝皇帝偏心歧视、公主的鄙薄吐蕃"，采取了怠慢的方式，以至于她和仆从的饮食起居都受到一定程度的影响，甚至以要返回唐朝相要挟。面对文成公主对吐蕃冷遇的抱怨，吐蕃大臣做了辩解，噶尔东赞更直言，谈到自己前往长安迎亲的过程中，"汉地的人都蔑视我们，除了女店主一人之外，没有一个同情我们的人，尤其是唐朝皇帝偏心，欺侮我们。就是公主你也是那么不喜欢蕃地使臣。"③ 它虽然是以故事形式出现的，结合汉文资料的记载，

---

① 《新唐书》卷二一六上吐蕃上。
② 《旧唐书》卷一九六上吐蕃。
③ 萨迦·索南坚赞著《王统世系明鉴》，陈庆英、仁庆扎西译，辽宁人民出版社，1985，第103～105页。

可以看到唐朝初年对吐蕃确实存在某些歧视，这种情况通过唐蕃长期和不断加强的交流而逐渐趋向消除，到晚期出现谐和一家、社稷如一的局面。

（二）失信

唐穆宗长庆年间，刘元鼎往来吐蕃参与会盟，路经河州，见到吐蕃都元帅、尚书令尚绮心儿云："回纥，小国也。我以丙申年逾碛讨逐，去其城郭二日程，计到即破灭矣，会我闻本国有丧而还。回纥之弱如此，而唐国待之厚于我，何哉？"元鼎云："回纥于国家有救难之勋，而又不曾侵夺分寸土地，岂得不厚乎！"①《新唐书》的记载略有差异，文谓："元鼎还，虏元帅尚塔藏馆客大夏川，集东方节度诸将百余，置盟策台上，遍晓之，……尚塔藏语元鼎曰：'回鹘小国，我尝讨之，距城三日危破，会国有丧乃还，非我敌也。唐何所畏，乃厚之？'元鼎曰：'回鹘有功，且如约，未始妄以兵取尺寸地，是以厚之。'塔藏默然。"②吐蕃方面的首领由尚绮心儿变成了尚塔藏，讲的主要是吐蕃不守信。

但是，唐朝方面也存在失信背约的情况。唐玄宗开元二十四年（736），吐蕃西击勃律，勃律遣使来告急。玄宗派人到吐蕃令其罢兵。吐蕃不受诏，并攻破勃律国，唐玄宗震怒。当时散骑常侍崔希逸为河西节度使，镇守凉州。吐蕃与唐朝树栅为界，置守捉使。崔希逸对吐蕃将乞力徐说："两国和好，何须守捉，妨人耕种。请皆罢之，以成一家岂不善也？"乞力徐回答说："常侍（崔希逸）忠厚，必是诚言。但恐朝廷未必皆相信任。万一有人交拘，掩吾不备，后悔无益也。"崔希逸坚持请求，遂派使者与乞力徐杀白狗为盟，双方都撤去守备。于是吐蕃畜牧遍野。不久崔希逸的随从孙诲入朝奏事，并想自邀其功，因奏称"吐蕃无备，若发兵掩之，必克捷。"唐玄宗派内给事赵惠琮与孙诲前往观察事宜。赵惠琮等至凉州，遂假传圣旨命令崔希逸偷袭吐蕃，崔希逸不得已而从之，大破吐蕃于青海之上，杀获甚众，乞力徐轻身逃逸。赵惠琮、孙诲均获得厚赏，吐蕃从此再度断绝朝贡。崔希逸以失信而闷闷不乐，在军不得志。"俄迁为河南尹，行至京师，与赵

① 《旧唐书》卷一九六下吐蕃下。
② 《新唐书》卷二一六下吐蕃下。

惠琮俱见白狗为祟，相次而死。孙海亦以罪被戮。"① 这里既讲到唐朝的失信，也提到失信者最后遭到的所谓报应。

另一件发生在唐德宗贞元三年（787）。当时唐朝以浑瑊为会盟使，崔汉衡为副使，与吐蕃会盟于平凉，吐蕃背约劫盟，崔汉衡（？－795）被掳掠，"至故原州，结赞坐于帐中，召与相见，数让国家，因怒浑瑊曰：'武功之捷，皆我之力，许以泾州、灵州相报，皆食其言。负我深矣，举国所忿。本劫是盟，在擒瑊也。吾遣以金饰桎梏待瑊，将献赞普。'"② 尚结赞所说的，是指唐德宗兴元元年（784）四月"浑瑊与吐蕃论莽罗率众大破朱泚将韩旻、张廷芝、宋归朝等于武功之武亭川，斩首万余级"③ 一事，唐朝没有兑现将泾州、灵州作为回报划给吐蕃而失信。

在唐代中国，中原地区是鼎盛的唐朝，而在西南青藏高原地区则是初次建立统一政权、一度称雄中亚的吐蕃，两者之间遣使问聘、友好交往不断，同时又长期处在激烈的争夺状态。应对来自吐蕃凌厉的军事进攻和柔性的约和政策，唐朝君臣有过反复的讨论和思考，也采取了许多应对之策。这里探讨的只是其中一部分，从中我们看到的不仅是唐朝对吐蕃策略的成功之处与失败所在，也能感受到吐蕃对唐政策的成熟和精到，同时还可以体味到唐蕃双方密切互动的巨大成效，进而让我们思考在多元一体国家形成的历史过程中，中国不同地区、不同民族政权是如何消除彼此之间的隔阂和壁垒的，又是如何在复杂的条件下达成共识和巩固一体的。

（张云：中国藏学研究中心研究员）

---

① 《旧唐书》卷一九六上吐蕃上。
② 《旧唐书》卷一九六下吐蕃下。
③ 《旧唐书》卷一九六下吐蕃下。

论高昌国与突厥之间的关系

裴成国

提要： 本文从政治、经济、军事三个方面研究了高昌国与突厥之间的关系，认为高昌国与突厥之间建立了一种良性的互利关系。突厥对中央亚细亚的统治确保了丝绸之路的通畅，高昌利用交通枢纽的地理优势，迎接客使获利丰厚；高昌与突厥的马匹、铁器交易改善了国内的军事装备，因为突厥军事的庇护，高昌国获得了和平的外部环境。高昌国与西突厥之间的良性关系决定了高昌国晚期的外交倾向。

关键词： 高昌国　突厥　丝绸之路　贸易

高昌国是以汉代至十六国时期先后进入吐鲁番盆地的汉人移民为主体建立的国家，传世史籍和出土文献都证明高昌文化中汉文化传统是最为突出的元素[①]。高昌国与先后崛起的游牧政权不可避免地会发生联系，受其影响。麴氏高昌国（502－640）是高昌国历时最久的政权，6世纪中期突厥兴起，公元554年侵入高昌并与之建交[②]，此后高昌国与突厥在近百年的时间里保持了长期的联系。

关于高昌国与突厥的关系，先行研究成果已有不少，主要是利用出土文献研究高昌国与突厥的建交、历代高昌王与突厥的婚姻关系、传供帐反映的突厥诸可汗与高昌交通的情况等[③]，在一些具体问题上仍然存在意见分

---

① 孟宪实：《汉唐文化与高昌历史》，齐鲁书社，2004，第9～21、209～218页。

② 马雍：《突厥与高昌麴氏王朝始建交考》，阎文儒、陈玉龙编《向达先生纪念论文集》，新疆人民出版社，1986，第353～364页。

③ 关于高昌国与突厥间关系的学术史，参见王素《高昌史稿·交通编》第五章第四节《麴氏王国与突厥的交通》的整理，文物出版社，2000，第432～470页；此外还有片山章雄的《中央アジア遊牧民の社会と文化》，間野英二主編《中央アジア史》（アジアの歴史と文化8），角川書店，1999，第32～41页。2000年以后的研究成果有荒川正晴的《遊牧国家とオアシス国家の共生関係——西突厥と麴氏高昌国のケースから》，《東洋史研究》第67卷第2号，2008，第34–68页；荒川正晴论文收入作者《ユーラシアの交通・交易と唐帝国》第一章第一节及第二章第三、四、五节，名古屋大学出版会，2011，第20～23、57～107页，收入该书时相关部分增加了文书的录文和许多考证，篇幅大为增加。

歧。以下概要梳理高昌国与突厥关系史的重要事件，以便分析。

突厥于公元 554 年侵入高昌，当时进攻高昌、与之建交并嫁女给高昌王麹宝茂的是突厥大可汗木杆可汗还是西面的室点密可汗，学界尚存不同意见①。要之，当时的突厥虽分为东、西两部，但并未分裂，在崛起之后首先侵入高昌对突厥的西域征服战略来说其实具有必然性。一则高昌地当交通要冲，为当时突厥南下塔里木盆地必经之地；二则高昌是当时西域农业发达的地区②，这对突厥充实自身的经济实力大有裨益。突厥内乱前，高昌已经建立了"公主寺""珂寒寺""提懃寺"，研究者认为都与突厥有关。约麹乾固延和二十三至二十七年（583－587）间的一件高昌供食帐中两次出现了"外生儿提懃珂都虔"，证明麹乾固的姐妹中有嫁入突厥者，这是高昌与突厥之间的又一次联姻。沙钵略可汗继位之后，分封了一些小可汗，如第二可汗、阿波可汗、贪汗可汗等，东突厥陷入分裂，隋朝的介入激化了突厥的内部矛盾，突厥汗国全面内乱。在此期间，麹乾固断绝了与中原王朝的往来，与突厥诸可汗维持交通，阿波可汗、贪汗可汗以及西突厥的南厢北厢二可汗的使者、铁师、金师等出现在供食文书中，说明当时的高昌国与突厥小可汗之间存在着官方联系和贸易关系。601 年，高昌王麹乾固卒，子麹伯雅继位。突厥强迫麹伯雅继娶其祖麹宝茂、父麹乾固所娶之突厥公主。此后西突厥系的泥利可汗、处罗可汗及婆实特勤出现在高昌的供奉客使文书中，研究者认为此间麹伯雅断绝了与东突厥的关系，开始与西突厥交通。麹伯雅与麹文泰父子在大业五年（609）入隋朝拜，麹文泰留为质子，麹伯雅返国；大业七年（611）麹伯雅又陪同西突厥处罗可汗入隋朝拜，次年返回高昌。麹伯雅回国后颁令进行"解辫削衽"的改革，遇阻失败。614 年，麹氏宗室发动政变，麹伯雅与麹文泰父子逃往西突厥避难，避难期间麹伯雅将一女嫁给统叶护可汗长子咀度设。武德二年（619）七月与

---

① 侵入高昌的到底是突厥大可汗，还是西面室点密可汗，学界意见尚不一致。一些学者如嶋崎昌、马雍等认为侵入高昌，并且以女嫁高昌王的，都是西面可汗，即室点密可汗；另一些学者如大谷胜真则认为是木杆可汗。王素从高昌与突厥建交之后中断了与中原王朝交通的事实推断，当时及稍后影响高昌的应该是突厥大可汗，参见王素《高昌史稿·交通编》，第 435～441 页。

② 李艳玲：《田作畜牧——公元前 2 世纪至公元 7 世纪前期西域绿洲农业研究》，兰州大学出版社，2014，第 175～215 页。

武德三年（620）三月麹伯雅两次遣使与统叶护可汗的使者一起向唐朝贡，说明两者存在密切的联系。620 年麹伯雅在西突厥统叶护可汗的支持下成功返国复辟。623 年，麹文泰继位。贞观初年玄奘西行求法过高昌，麹文泰请统叶护可汗关照玄奘西行，统叶护可汗果然对玄奘极为照顾。此后统叶护可汗被杀，西突厥内乱，麹文泰与东突厥余部交通。东突厥欲谷设、阿史那社尔控制高昌，麹文泰一度与之连接欲攻击已经归附唐朝的伊吾。贞观四年（630）东突厥欲谷设率部降唐，高昌摆脱了东突厥的影响。此后西域出现权力真空，麹文泰野心滋长，与西突厥乙毗咄陆可汗劫掠焉耆，激怒唐朝，贞观十四年（640）唐朝大军出征，乙毗咄陆可汗弃高昌远遁，麹文泰卒，高昌国灭①。

限于史料信息不完备，我们所知的高昌国与突厥间关系的史实大多集中在政治关系方面。通过上文的简要梳理，我们可以得出以下认识。突厥兴起之初即分为东、西两部，后来又因内乱进一步分裂，两方势力都经历了消长过程，所以高昌国在不同时期依附其中一方。总体而言，突厥虽然是高昌的宗主国，但高昌对突厥的依附并非不间断的，具体状态并非始终如一。姜伯勤先生指出，"高昌对突厥人的依附关系，也有多种状态。如：高昌王麹乾固以前时期的'同盟结姻'的半附庸状态，处罗可汗至统叶护可汗及铁勒时期的完全臣属状态，和统叶护可汗死去后欲谷设时期高昌王麹文泰的'通和''遗其金帛''有急相为表里'的半依附的军事结盟状态。"② 王素先生不完全同意姜伯勤先生的概括，认为麹文泰与西突厥欲谷设处于一种近乎对等的关系③。值得注意的是，就在姜伯勤先生认定的麹氏高昌完全臣属统叶护可汗时期麹伯雅还与其结为儿女亲家，高昌公主当时虽然只是统叶护可汗长子呾度设之妻，但也称可贺敦，可见高昌公主在突厥中的地位是很尊贵的；高昌公主所生男是呾度设的合法继承人，这应该与高昌公主的地位有直接的关系。吴玉贵先生指出这些都证明突厥人非常

---

① 本节的梳理多参考王素《高昌史稿·交通编》，不一一出注，请参看。
② 姜伯勤：《高昌麹朝与东西突厥——吐鲁番所出客馆文书研究》，《敦煌吐鲁番文献研究论集》第 5 辑，北京大学出版社，1990，第 47 页。
③ 王素：《高昌史稿·交通编》，第 466～467 页。

重视与高昌的关系①。后来麹伯雅父子又借西突厥之力夺回政权，复辟王位，我们看到的当时高昌国与突厥间的关系表现为一种亲密的状态，毋宁说是一种同盟关系，可能更符合史实。总体上考察高昌与突厥间的关系，我们认为尽管具体状态存在历时性的变化，但高昌与突厥关系亲密，这是一个基本史实②；突厥对高昌的重视也值得特别关注。在这种政治关系背景下，当时的突厥在经济层面上与高昌国是一种什么样的关系呢？

　　吴玉贵先生在概括突厥对西域的统治方式时指出："突厥政权在西域实行了以武力为主，行政统治为辅，以征取贡赋为主要目的的统治方式。由于突厥政权采取了残暴的武力统治手段，而且对西域诸国的征发又很沉重，所以遭到了西域诸国的强烈反抗。"③王素先生在《高昌史稿·交通编》的第五章第四节专门梳理了高昌国与突厥间关系的诸问题之后，议论到："麹氏王国与突厥的交通，对高昌的政治、经济、文化都有着重大的影响"，接着，列举了突厥授高昌王、高昌令尹突厥官号，突厥铁师、金师在高昌的铁、金交易，突厥与高昌的马匹交易，突厥的"邬落马"制度在高昌的设置，伯孜克里克第27窟突厥供养人画像，吐鲁番盆地周缘的突厥石人等具体例证之后，总结到："中古的高昌，政治内涵丰富，经济繁荣昌盛，文化灿烂多姿，与突厥的深入影响应该不无关系。"④王素先生列举的都是不可否认的事实，其中提及的"经济繁荣昌盛"殊堪注意。由此我们会产生一个疑问，吴玉贵先生概括的突厥对西域的经济压榨是否也加诸高昌了呢？突厥与高昌国之间的经济关系如何，以下作一探讨。

　　关于突厥监控高昌的措施，政治方面有授予突厥官号、妻以突厥女；经济方面，有收取赋税。关于突厥向高昌收取赋税，因为史料缺乏，具体

①　麹伯雅嫁女统叶护可汗长子咄度设事见慧立、彦悰著《大慈恩寺三藏法师传》卷二，孙毓棠、谢方点校，中华书局，2000，第31页。吴玉贵研究参见《高昌供食文书中的突厥》，《西北民族研究》1991年第1期。

②　麹伯雅继位之后被突厥强迫继娶大母，起初他不情愿并加以抵制是因为他对中原汉文化有认同；但作为宗主国的突厥来说，接受婚俗是政治上臣服的表现，是不容置疑的底线，自然会坚持推行。坚持汉文化本位的高昌国统治者与宗主国突厥之间的个别分歧并不影响两者间亲密关系的大局。

③　吴玉贵：《突厥汗国及其对西域的统治》，余太山主编《西域通史》之第四编，中州古籍出版社，2003，第130页；又《突厥汗国对西域的统治》，作者《突厥汗国与隋唐关系史研究》，中国社会科学出版社，1998，第37~46页。

④　王素：《高昌史稿·交通编》，第469~470页。

情况不太清楚。西突厥统叶护可汗统治时期，"西域诸国王悉授颉利发，并遣吐屯一人监统之，督其征赋"①，高昌国末期有冠军将军阿史那矩驻高昌②，可能系突厥吐屯，但是否负责征赋高昌，史书未有明言。但这一时期的出土文书中有许多突厥使者，其中可能有这种官员。关于"征赋"的具体内容，同时代的疏勒国"土多稻、粟、麻、麦、铜、铁、锦、雌黄，每岁常供送突厥"③。高昌需向突厥供送哪些产品？数量多少？不太清楚④。除了产品之外，一般认为还有商业税收。铁勒控制高昌的方式是"恒遣重臣在高昌国，有商胡往来者，则税之送于铁勒"⑤。吴玉贵先生认为，西域诸国多位于丝绸之路沿途的要冲之地，商业税收是西域诸国的一项重要的税收来源，同时也是历代游牧政权向西域诸国征敛的一项重要内容。虽然尚没有突厥政权直接收取商税的记载，但是同时代有关铁勒向高昌征税的此条史料可以作为有力的旁证⑥。高昌国的商业税收中，有"称价钱"一项⑦。关尾史郎先生计算《高昌内藏奏得称价钱帐》中的银钱收入，发现一年所获不足五百文银钱⑧，高昌国即便将此称价钱悉数送给突厥，对突厥而言，也并非一笔很大的收入⑨。姜伯勤先生根据突厥授予高昌王通常由突厥将领担任的"吐屯发"官号等史实推测高昌国对于突厥的附庸地位略高于

---

① 《旧唐书》卷一九四下《突厥传》（下），中华书局，1975，第5181页。
② 《旧唐书》卷一九八《高昌传》，第5294页。
③ 《隋书》卷八三《疏勒传》，中华书局，1973，第1853页。
④ 大谷文书1040背《高昌年次未详（6世纪后期或7世纪前期）头六批等书信信物人历》中提及向突厥珂顿及可汗赠送作为信物的金钱一文、青马一匹、绫二叠、酒一驼等，但数量都不大。并且系信物，也不是给突厥的赋税。另外，玄奘西行离开高昌时，麴文泰送给玄奘的除了衣物、手力及马匹之外，还有"黄金一百两，银钱三万，绫及绢等五百匹"，而献给叶护可汗的是"绫绡五百匹，果味两车"，数量确实不少。但这些都是特殊情况下的馈赠，通常的供送情况仍不详。慧立、彦悰：《大慈恩寺三藏法师传》，第21页。
⑤ 《隋书》卷八三《高昌传》，第1848页。
⑥ 吴玉贵：《突厥汗国及其对西域的统治》，余太山主编《西域通史》，第130页。
⑦ 参见朱雷《麴氏高昌王国的"称价钱"》，《魏晋南北朝隋唐史资料》1980年第4期；收入《朱雷敦煌吐鲁番文书论丛》，上海古籍出版社，2012，第74～87页。
⑧ 关尾史郎：《トゥルファン出土高昌国税制関係文書の基礎的研究——條記文書の古文書学的分析を中心として》（七），《新潟大学人文科学研究》第86号，1994，第6页。
⑨ 该文书反映的当年称价钱征收总额可能未必就反映当时高昌每年称价钱的平均水平，但即便作为抽样也仍具有其意义。另如其他学者指出的，称价钱可能只是商税中的一种，但除此之外的商税情况，我们一无所知。

其他突厥在西域的属国①，吴玉贵先生也认为突厥人非常重视与高昌的关系②。突厥是否因此减少对高昌商税的征收，我们目前难以论证，但突厥与高昌国在经济方面应当确实存在着良性的关系。

阿斯塔那 48 号墓出土的七件延昌二十七年（587）高昌兵部买马文书显示，在大致半年时间之内，高昌国就有八笔马匹交易，用银钱在 4000 文以上，整年的马匹交易大致规模亦可想见。高昌国的马匹交易对象，文书中所记都为个人，其中既有高伯亮、氾保谦等这样的汉式名字，也有康穇但这样的粟特人名，还有阿都弧珂顿③、呼典畔陀④、阿浮利沙、翟呼典畔陀这样似为游牧部族的名字⑤。高昌国的交易马匹不管来自商人还是来自游牧部族的客使，其最初都应当是来自游牧部族⑥，延昌二十七年（587）存在于高昌周边的游牧部族是西突厥，并且就在马匹交易发生的约略同时，投降西突厥的阿波可汗、贪汗可汗的使节就一度驻在高昌⑦。马是内亚草原经济唯一能够实现大量剩余生产的商品，因而是游牧部族最重要的财产形式，而出售马匹是游牧族群获得外部产品的重要方式⑧。由高昌国的这组买马文书我们知道，当时包括高昌国在内的绿洲国家应当是西突厥马匹交易的重要对象，通过马匹交易双方各取所需，这种平等互利的贸易关系应当可以

---

① 姜伯勤：《敦煌吐鲁番文书与丝绸之路》，第 90 页。

② 吴玉贵：《高昌供食文书中的突厥》，《西北民族研究》1991 年第 1 期。

③ 王素认为"阿都弧"系铁勒的"阿跌"（王素《高昌史稿·交通编》，第 498~499 页），但荒川正晴对此进行了反驳，认为以"珂顿"身份充任使节的此人可能是突厥人。荒川正晴：《遊牧国家とオアシス国家の共生関係——西突厥と麴氏高昌国のケースから》，《東洋史研究》第 67 卷第 2 号，第 67 页。

④ 荒川正晴认为"呼典畔陀"是无姓的粟特人，具有游牧集团派遣的使节的特征，荒川正晴：《遊牧国家とオアシス国家の共生関係——西突厥と麴氏高昌国のケースから》，《東洋史研究》第 67 卷第 2 号，第 51 页。

⑤ 马雍研究了此组兵部买马奏行文书中的一件，认为"这是高昌兵部收购民间私马一张帐目呈报单据"，马雍：《略谈有关高昌史的几件新出土文书》，《考古》1972 年第 4 期；收入作者《西域史地文物丛考》，文物出版社，1990，第 164 页。恐不确。

⑥ 王新民认为高昌所需的马匹购自铁勒、突厥，双方存在着钱马贸易，王新民：《麴氏高昌与铁勒突厥的商业贸易》，《新疆大学学报》1993 年第 3 期，第 60~61 页。

⑦ 阿斯塔那 307 号墓出土的《高昌竺佛图等传供食帐》《高昌口善等传供食帐》《高昌令狐等传供食帐》等文书中出现了阿波可汗和贪汗可汗的使节，文书年代当在 583~587 年。参见吴玉贵《高昌供食文书中的突厥》，《西北民族研究》1991 年第 1 期。

⑧ Denis Sinor, "Horse and Pasture in Inner Asian History", Oriens Extremus, XIX (1972), pp. 171-184. 此据《内亚史上的马与草场》（文欣译），北京大学历史系民族史教研室译《丹尼斯·塞诺内亚研究文选》，中华书局，2006，第 104~119 页。

看作是高昌国与突厥之间良性关系的一个重要方面。突厥通过马匹交易获得的银钱收入应当远较高昌贡入称价钱为多，此可无疑。另外，在《高昌内藏奏得称价钱帐》中出现的参与黄金交易的"供勤大官"，据研究，可能为西突厥可汗或者游牧诸集团派遣的由粟特人充当的使节①，值得特别指出的是，作为使节的"供勤大官"可能身份尊贵，而高昌市场上征收的称价钱可能最终仍旧上缴突厥可汗，但"供勤大官"在高昌市场上交易，同样上缴了称价钱两文。数目虽然不多，但这反映出一种秩序的存在。这种秩序的存在无疑是双方共同构筑的结果。《高昌内藏奏得称价钱帐》中"供勤大官"的出现提示我们高昌供食帐中许多突厥客使可能都是为贸易而来，阿波可汗的铁师、贪汗可汗的金师与铁、金的贸易有关，其他客使或者购买高昌本地的产品，或者购买被其他商旅携至高昌的商品，占据交通枢纽的高昌既是商品的产地，又是贸易的集散地，因而是突厥使节经常光顾的地方。突厥使节到高昌除少部分负有外交使命或征收商税之外，绝大多数应当都是为贸易而来，传供帐中使节的贸易使命可能比我们估计的要重要得多②。这些使节的频繁光顾，不管是进行贸易，还是在当地消费，都促进了高昌经济的繁荣。

突厥向西域诸国征税，隋炀帝大业初年铁勒部曾因处罗可汗"厚税敛其物"而举兵起义③，但我们在高昌似乎看不到征赋过重的迹象。高昌对突厥的贡赋义务应当仅仅是向突厥大可汗，对各个不同的游牧集团首领应当并无此种义务。我们在传供帐中看到的不仅有来自西突厥可汗的使节，数量更多的是游牧集团的使节，研究者认为这些使节在高昌的饮食消费供应系强行要求由高昌国无偿提供的④，但事实并非完全如此。笔者的研究显

---

① 荒川正晴：《遊牧国家とオアシス国家の共生関係——西突厥と麴氏高昌国のケースから》，《東洋史研究》第 67 卷第 2 号，第 48～50 頁。即使此"大官"并非粟特人，其为突厥使节当无疑问。

② 荒川正晴通过人名比定推测传供帐中出现的诸游牧集团的使节绝大多数都是粟特人，突厥的使节派遣已经常态化，而使节派遣的最重要目的之一就是交易。荒川正晴：《遊牧国家とオアシス国家の共生関係——西突厥と麴氏高昌国のケースから》，《東洋史研究》第 67 卷第 2 号，第 45～52 頁。

③ 《隋书》卷八四《铁勒传》，第 1880 页。

④ 王欣：《麴氏高昌王国与北方游牧民族的关系》，《西北民族研究》1991 年第 2 期；荒川正晴：《遊牧国家とオアシス国家の共生関係——西突厥と麴氏高昌国のケースから》，《東洋史研究》第 67 卷第 2 号，第 55～57 頁。

示，除粮食、酒由高昌国从本国租税中无偿提供之外，其他如肉类、干果、蔬菜等的消费，外来客使都需自付酬值。与无偿供出的粮食、酒等相比，高昌国官府和百姓从客使的其他消费中获得的银钱收益应当更为可观。这也是高昌国供应大量客使但国家却因此致富的原因所在①。而这种无偿和有偿相结合的供应方式得以存在，无疑是双方都认可的，并最终使双方共同获益。

就高昌国而言，6 世纪中叶之后，得益于突厥对广大中央亚细亚地区的统一，丝绸之路畅通，高昌国获得了发展的机遇，以银钱为代表的丝绸之路货币财富源源流入，使得普通百姓也直接获利，国家的货币形态亦因而转向以银钱为主。就国际环境而言，高昌国始终都依赖突厥对广大中央亚细亚的有序管理及因此带来的丝路畅通，因而维持与突厥的这种良好关系，对高昌国不仅是必要的，也是必须的。玄奘法师过高昌时，高昌王麹文泰借助与西突厥的密切关系，为玄奘西行提供了极大的便利，也从侧面证明这种关系给高昌国带来的利好。

高昌国与突厥的联系不仅反映在经济方面，而且在军事方面亦有体现。笔者曾研究阿斯塔那 385 号墓中出土的《高昌付铁作器物用供帐》（以下简称《器物帐》)② 和阿斯塔那 151 号墓中出土的《高昌传钱买镵铁、调铁供用帐》（以下简称《买铁帐》)③，以分析高昌国兵士弓箭来源。笔者认为普通兵士需要自己购置弓箭；文书中出现的"提懃"提示我们当时有突厥首领驻留高昌，而两件文书涉及的造箭用铁即来自突厥④。高昌普通兵士所需弓箭即便是在高昌国内制造，因用铁来自突厥，所以与突厥仍然存在关系。突厥曾为柔然锻奴，以冶铁知名，并且其他文书也显示突厥铁师和金师曾驻留高昌，精良的突厥铁的输入无疑也增强了高昌的军事势力。根据《买铁帐》，我们得知当时的市场价格约为一斤铁一文银钱；《器物帐》显示，造箭镞一枚约需铁一两，一斤铁可造十五至十六枚箭镞，需银钱一文。高

---

① 裴成国：《高昌国社会经济文化新论》之第二章《丝绸之路与高昌经济——以高昌国的银钱使用与流通为中心》，博士学位论文，北京大学，2011。
② 柳洪亮：《新出吐鲁番文书及其研究》，新疆人民出版社，1997，第 30～31 页。
③ 唐长孺主编《吐鲁番出土文书》（贰），文物出版社，1994，第 108 页。
④ 裴成国：《高昌国社会经济文化新论》之第三章《高昌国的在地建国进程及其文化特征的形成》，博士学位论文，北京大学，第 123～126 页。

昌国延寿初年的市场上，出售一斛粮食可得一文银钱①；而当时地力较好的常田的粮食产量约亩收十斛②。兵士自备弓箭的成本应当不低，对普通高昌平民也是一种负担。如果战事频繁，损耗加剧，则负担更会加重。依据目前可见的文献，高昌国与突厥建交之后发生过的战争或战事约有四次，麴伯雅延和年间的义和政变和重光复辟、延寿九年（632）袭击焉耆、延寿十七年（640）唐攻灭高昌。四次战事当中规模最大的应当是最后一次，高昌因此亡国。值得注意的是，高昌国与突厥自建交之后就似没有发生过大的战争③，长期维持了一种良好关系，在军事上也互相关照④。事实证明，这种良好关系为高昌带来了长期稳定和繁荣。

突厥的强大军事力量确保了丝绸之路的通畅，为高昌带来了源源不断的客流和商机；高昌有向突厥可汗贡献的义务但似并非一种沉重的负担，高昌得益于突厥的庇护并因致富厚；来自各个游牧集团的客使和客商到高昌之后，一方面得到粮食和酒的免费供应，另一方面又因为自付酬值的肉类等其他消费给高昌带来了可观的收益；即便是来自可汗的客使在高昌的市场上交易仍然遵照规定缴纳称价钱，维持了一种井然的市场交易秩序。在涉及军事的领域，高昌从市场交易中获得突厥的马匹、铁器等产品，改善了国内的军事装备；高昌国因为突厥军事的庇护，获得了和平的外部环境，得以安享丝绸之路带来的繁荣。

以上从经济和军事两个方面对高昌国与突厥的关系进行了考察。高昌国虽然附属于突厥，对突厥也有义务，但从某种程度上来说，高昌国也是这种关系的受益者。近年，荒川正晴先生发表的《游牧国家与绿洲国家的共生关系——以西突厥与麴氏高昌国为例》，仍然以供应客使的传供帐为研

---

① 阿斯塔那 377 号墓出土的《高昌乙酉、丙戌岁某寺条列月用斛斗帐历》为我们提供了延寿二、三年（625、626）的粮食价格的数据。唐长孺主编《吐鲁番出土文书》（壹），文物出版社，1992，第 400 页。

② 吴震：《七世纪前后吐鲁番地区农业生产的特色——高昌寺院经济管窥》，《新疆经济开发史研究》（上册），新疆人民出版社，1992；收入《吴震敦煌吐鲁番文书研究论集》，上海古籍出版社，2009，第 540 页。

③ 《隋书》卷八三《高昌传》记"开皇十年，突厥破其四城，有两千人来归中国"（第 1847 页，《北史·高昌传》亦有相同记载），关于此条记载的真实性诸家观点不一，参见王素《高昌史稿·交通编》第 451～453 页对各家意见的整理。

④ 如延寿末年，麴文泰与西突厥欲谷设通和，约有急相为表里。《旧唐书》卷一九八高昌传，第 5296 页。

究对象，指出当时麴氏高昌国接待的突厥使节有很多是由粟特人充当的，这些使节的到来往往伴随着贸易活动，其中除了贩卖、转卖货物之外，也从绿洲王国购入当地积累的财富，这使得麴氏高昌国将接待使节作为国家的事业。基于以上考虑，荒川正晴首次明确提出了麴氏高昌国与西突厥之间在国家层面上存在共生关系①。荒川正晴先生在 2011 年出版的专著《欧亚大陆的交通、交易与唐帝国》的序言中对书中使用"共生关系"做了说明，既指中央亚细亚内部的游牧民与绿洲民之间构筑的互利关系，也指中央亚细亚住民与中央亚细亚外部的"中国"间构筑的某种互利关系②。由此可知，荒川先生所谓"共生关系"是一个比较宽泛的概念，也就是互利关系。荒川先生之前的学者也曾指出过游牧政权与绿洲国家间存在着互利关系③。游牧国家的军事优势可以为绿洲国家提供庇护，保障商旅的安全；而绿洲国家给游牧政权如突厥供送的谷物、矿物资源、丝织品等形式的"征赋"，也是游牧国家所必需的。这些也是荒川先生研究的基础④，但荒川先生的研究对两个重要问题的说明不够充分。第一，成为商队购买对象的所谓绿洲社会积累的财富到底是什么？荒川先生在文章的注释 67 中做了说明，认为是由粟特人带来的人马⑤、高级织物以及《高昌内藏奏得称价钱帐》中出现的金、银、丝、香、郁金根、硇沙、铜、鍮石、药、石蜜等⑥。笔者认为《高昌内藏奏得称价钱帐》中涉及的商品除了丝之外，其他的应当都是

① 荒川正晴：《遊牧国家とオアシス国家の共生関係——西突厥と麴氏高昌国のケースから》，《東洋史研究》第 67 卷第 2 号，第 34～68 頁。
② 荒川正晴：《ユーラシアの交通・交易と唐帝国》，序言注释 17。
③ 最早提出游牧与绿洲社会之间存在共生关系的是松田寿男，松田寿男：《中央アジア史》（アテネ文庫 238），弘文堂，1955；收入《松田寿男著作集》一，六興出版，1986，第 185～186 頁；此后这一观点被学界广泛接受，许多学者在论著中都重申这一观点。如，姜伯勤：《敦煌文书所见的突骑施》，《文物》1989 年第 11 期；杉山正明：《中央ユーラシアの歴史構図》，第 21 頁；間野英二・堀川徹：《中央アジアの歴史・社会・文化》，放送大学教育振興会，2004，第 146 頁；Boris I. Marshak, "Central Asia from the Third to the Seventh Century", Annette L. Juliano and Judith A. Lerner (ed.), *Nomads, Traders and Holy Men Along China's Silk Road* (Silk Road Studies VII), P. 12.
④ 荒川正晴：《遊牧国家とオアシス国家の共生関係——西突厥と麴氏高昌国のケースから》，《東洋史研究》第 67 卷第 2 号，第 37 頁。
⑤ 荒川先生原文如此，具体含义不明，似乎应当是指用于买卖的奴婢及马匹。
⑥ 荒川正晴：《遊牧国家とオアシス国家の共生関係——西突厥と麴氏高昌国のケースから》，《東洋史研究》第 67 卷第 2 号，第 67 頁。

由以粟特人为主的商人输入，这些商品在高昌市场的交易官方获得的直接收益应当仅仅是"称价钱"之类的交易税，将这类商品视为绿洲社会积累的财富显得比较牵强，因为这类过境交易本身与绿洲社会的生产之间的关系甚微。第二，作者认为高昌国对游牧集团使节的接待不仅解决食宿，还提供当地的特产和奢侈品作为礼物，并认为这是游牧政权使节掠夺绿洲财富的一个方面。荒川先生显然认为高昌国对所有游牧使节的接待都是完全免费的，但他没有说明这种免费接待对绿洲小国高昌来说意味着一种什么样的负担，而高昌国又如何能够应付①。荒川先生对高昌国与西突厥间所谓共生关系的研究几乎全都从贸易的角度入手②，但因为存在以上两个问题所以研究难称周延。笔者认为高昌国与突厥存在良性关系是一个基本事实。松田寿男以来的一些日本学者认为游牧政权与绿洲国家存在的共生关系是普遍性的，其实，从实证的角度来说，突厥与其他西域绿洲国家是否存在这种共生关系，现在尚难论定。鉴于此，笔者此文探讨高昌国与突厥关系时，不用日本学者所谓"共生关系"的提法，以示区别。

如果说突厥对高昌格外重视，那么至少有三个方面的原因。第一，绿洲国家中，突厥与高昌政治联系发生的最早，这与突厥早期活动的地域"高昌国之北山"及"金山之阳"都毗邻高昌有直接的关系。第二，高昌地理位置的特殊重要性，它既是东西交通的要冲，又是南北交通的枢纽，控制高昌是控制塔里木盆地的前提。第三，高昌有发达的绿洲农业，可以为突厥提供必需的粮食及其他物资。可能正是因为以上原因，西域绿洲国家之中，高昌与突厥的关系最为密切③，突厥与高昌国建立了良性的互利关系。

高昌国与突厥之间良性互利关系的存在决定了高昌国晚期的外交倾向。

---

① 作者在文章 55 页说明是因篇幅所限，所以无法讨论这一问题，而不解决这一关键性问题，作者的立论就显得很薄弱。

② 荒川正晴在《遊牧国家とオアシス国家の共生関係——西突厥と麹氏高昌国のケースから》一文第三节讨论了"作为国家事业的使节接待"，但因篇幅所限，主要讨论了高昌国对使节和商旅的招引；他在《ユーラシアの交通・交易と唐帝国》一书的第三章专门研究了《绿洲国家的接待事业和财政基础》，也没有深入研究高昌国对外来使节和商旅的接待模式，而这是解析丝路贸易与绿洲经济间关系的最佳切入点，可以由此窥见丝路商旅对绿洲社会的真正意义。

③ 芮传明：《突厥的兴起及其与铁勒、高昌、龟兹的关系》，余太山主编《西域通史》之第三编第五章《6 世纪初至隋朝建立以前的西域》，中州古籍出版社，2003，第 107~108 页。

可以说，如果如麹伯雅所表现出的，高昌王对中原王朝的文化仍然是心存向往的，但突厥对高昌则是不可或缺的。基于国家利益考虑，高昌国晚期与西突厥形成联盟共同对抗唐朝，这也是顺理成章的逻辑。

（裴成国：西北大学历史学院副教授、陕西师范大学中国西部边疆研究院博士后）

《御制平定西藏碑》校录[*]

石岩刚

提要： 本文主体部分对康熙六十年所撰四体合璧《御制平定西藏碑》的汉、藏、满、蒙碑文进行了释读，并将其校录、转写。此外，考证了立碑人的姓名和生平事迹。同时对汉文碑文中所出现的"西藏"一词可能的语源进行了分析，认为汉文"西藏"一词的出现时间，要早于满文"wargi dzang"，并不是以前所认为的汉文"西藏"来自于满文"wargi dzang"的翻译。

关键词： wargi dzang 鄂赉 平定西藏碑

一 概述

"御制平定西藏碑"原立于布达拉宫大门前，乾隆年间建有琉璃瓦歇山顶碑亭，1966年，因拉萨城建需要，将该碑和碑亭迁于布达拉宫背后的龙王潭公园大门内侧。根据碑文所述，《御制平定西藏碑》由清圣祖玄烨撰写于康熙六十年，立于"雍正二年季夏月之吉"（1724年）。碑身正面右侧刻有小楷汉字15竖行，左侧刻有藏文46列，背面右侧刻有蒙文15竖行，左侧刻有满文15竖行。

目前所见该碑的汉文部分有多个版本，除碑文外，还见于《清实录》^①

---

* 本文在碑文释读上分别得到过导师乌云毕力格教授、哈佛大学研究生孙鹏浩的帮助，此外，首都师范大学研究生王传播应我之托，前去拍摄了所有照片，在此一并致谢。关于其制及图片分别参见西藏自治区文物管理委员会《拉萨文物志》，1985，第115~117页；国家文物局主编《中国文物地图集》（西藏自治区分册），文物出版社，2010，第198~199页。

① 《清圣祖实录》第六册，康熙六十年八月至九月丁巳条，中华书局影印本，第895页。

《卫藏通志》①《西藏志》② 等处。藏文部分在 bod kyi yig tshags phyogs bsgrigs 中收有录文，藏文原碑有不能释读之处，此录文正可补充③。蒙古文部分在蒙古文康熙实录中亦有录文，但多有不同之处，故此仍有校录价值。④ 因笔者没有看到圣祖的满文实录，故不知满文实录中是否收有碑文的满文部分，此外松筠撰写的《百二老人语录》中亦有作者本人对碑文的部分复述⑤。

《御制平定西藏碑》撰于康熙六十年，立于雍正二年。康熙六十年之前，清廷在构建对西藏行使治权的合法性话语时，多以思慕古代帝王政教之治、欲尊崇教法、敦礼高僧为内容。如崇德八年，清太宗向西藏高僧发去信函，起首即明言"朕思古昔帝王所建政教之流传，为延请能善领众生之悉地智者而派遣使者"，⑥ 及至康熙六十年之后，经圣祖朝用兵西藏，对其表述则变得务实的多了，如雍正元年理藩院学士鄂赉前往西藏办差之时，对贝子阿尔布巴、公隆布鼐、达赖喇嘛之父索诺木达尔扎等所说，几乎是《御制平定西藏碑》所载内容的复述，并在之后说道"贝子、公尔等俱系荷蒙圣主重恩之人，尔等又果不报效圣恩，不为黄教效力乎?"⑦ 关于清廷所构建对西藏统治之合法性话语的转变，并非一两句话就能说明，且其不是本文主旨，故搁置不表。

---

① （清）和琳：《卫藏通志》，见《西南边疆》（中国边疆研究资料文库，边疆史地文献初编），第一辑，第 8 册，中央编译出版社，2011，第 9 ~ 11 页。

② 《西藏志》见《西南边疆》（中国边疆研究资料文库，边疆史地文献初编），第一辑，第 10 册，中央编译出版社，2011，第 397 ~ 400 页。

③ Bod ljongs yig tshags khang dang krung go'i bod kyi shes rig zhib 'jug lte gnas kyis bsgrigs, *bod kyi yig tshags phyogs bsgrigs*, krung go'i bod kyi shes rig dpe skrun khang, 1997, pp. 355 – 357, 标题为：Gong mas bris pa'i bod yul bde 'jags su bkod pa'i rdo ring yi ge ngo bshus. 此书的录文中亦有较多错讹之处，例如将藏文落款"khang zhi dgong lo drug cu pa"（康熙六十年）分别混抄进了不同行里，造成理解上的困难。

④ 《清实录》（第 16 册，圣祖实录，蒙文九），内蒙古文化出版社，1991，第 802 ~ 804 页。笔者认为，从蒙古文录文与蒙古文碑文之间的诸多不同来看，蒙古文《圣祖实录》中的蒙古文碑文可能直接译自汉文实录或满文实录。由于满文实录现藏于第一历史档案馆，笔者未得见，故蒙古文实录中的碑文到底译自汉文还是满文，目前还不能确定。至于蒙古文康熙实录与汉或满文康熙实录三者的版本先后，或曰成书年代之早晚，则需要对三本实录进行全面对比研究才可得出，仅就这一则碑文在三种实录中的异同而引出的三种碑文相互来源问题无法推广到对三种实录成书先后的讨论。

⑤ 松筠：《百二老人语录》，见日本东洋文库满汉合璧本《百二老人语》，震部卷之四。

⑥ 乌云毕力格、石岩刚：《萨斯迦派与清朝崇德顺治间朝廷》，载沈卫荣主编《西域历史语言研究集刊》第 7 辑，科学出版社，2014，第 403 ~ 417 页。

⑦ 中国第一历史档案馆译编《雍正朝满文朱批奏折全译》，黄山书社，1998，第 461 ~ 462 页。

要之，以上叙述意欲说明，无论是从学界尚未对《御制平定西藏碑》四体碑文进行完整释读和校录，还是从碑文所载内容在清廷所构建之统治西藏的合法性话语中的重要性上来说，都有必要对四体合璧碑文进行释读和校录。因为这是一切相关研究得以展开乃至深入的起点。

下面则依汉藏满蒙之顺序，对四体合璧碑文进行完整识读与整理。以汉文句意对碑文进行划分，与之对应的藏、满、蒙碑文，其行数以加括号的数字标示。一句汉文所对应的藏、满、蒙文可能行数不一，视情况而定。

二　四体碑文识录

汉：御制平定西藏碑①

藏：（1）rgyal po rang nyid kyis bris pa'i bod yul bde'jags su（2）bkod pa'i rdo rengs②/ kyi yi ge/

满：（1）han i araha wargi dzang be necihiyeme［toktobuha］bei bithe.

蒙：（1）qaγan-u bicigsen baraγun töbed oron-i［tübsidgen］toγtaγaγsan kösiy-e cilaγun-u bicig

汉：昔者 ++③太宗文皇帝之崇德七年，班禅额尔德尼、达赖喇嘛、固始汗谓东土有 ++ 圣人出。特遣使自人迹不至之区，经仇敌之国，阅数年始达盛京。

藏：sngar/！tha'i zung su'u thu bhwang ti'i che④（3）ba'i rab rtsal gyi lo bdun par/ paṇ chen er dhe ni ta la'i bla ma ku shri（4）rgyal pos sogs kyis ched du mi sna btang ste/ shar phyogs kyi yul grur（5）！skyes chen dam pa zhig'khrungs par nges zhes/ sngar sus kyang'gro（6）ma myong ba'i lam'phrang dgra'i yul rnams bgrod cing brgal te/ mun ten

---

① 本文藏文的拉丁文转写为威利（Wylie）规则；满文为穆麟德（Möllendorff）规则，唯将č和ǰ以 c 和 j 代替；蒙古文转写采用鲍培（Poppe）亦将č和ǰ以 c 和 j 代替；方括号中为笔者拟写，X 表示无法确定。

② 根据文本内容，此处 rengs 当为 ring 之误。

③ ++ 表示此处抬格，下同。

④ che 当为 tshe（时候、时刻）之误。

（7）gyis char yong ba nas bzung/

满：（2）neneme（3）＋＋ taidzung šu hūwangdi wesihun erdemunggei nada-ci aniya, bancan erdeni, dalai lama, gusi han cohome elcin takūrafi dergi ergide（4）＋＋ enduringge niyalma tucikebi seme, niyalma i yabuhakū batai gurun be fondolome, ududu aniya yabufi, teni mukden i bade［isinjiha］.

蒙：（2）urida（3）＋＋ taitsong sutu quwangdi-yin degedü erdemtü-yin dolodußar① on bancin erdeni. dalai blama. güüsi② qaßan tan. doron-a jüg-tür（4）＋＋ boßda törölkitü ßarcuqui kemen tusqailan elci jaraju kümün-ü ese kürügsen ßajar ece daisun-u ulus-i tußulju kedü kedün jil yabußad sayi mükdin-ü ßajar-tur kürjü irebei.

汉：至今八十载，同行善事，俱为施主③，颇极安宁。

藏：da bar lo brgyad cu'i ring la/ phan tshun thun mong du（8）rnam dkar la spyod cing yon mchod du'brel te bde'jags su gnas pa las/

满：te de isitala jakūnju aniya oho. uhri④ sain baita be yabume üklige⑤ ofi umesi elhe bihe.

蒙：edüge nayan od boltala öglige-yin ejen bolju bügüdeger caßan üiles-i üiledün masi amur aßsan-a.

汉：后达赖喇嘛之殁第巴隐匿不奏者，十有六年，任意妄行，拉藏灭之，复兴其法。因而允从拉藏苦苦脑儿群众公同之请。

藏：（9）sde pas/ ta la'i bla ma sku gshegs pa lo bcu drug gi bar gsang nas/ rang dgar（10）spyod pa la/ lha bzang gis bcom ste/ bstan pa bskyangs par yod ces par brten（11）lha bzang nyid mtsho sngon pa yongs kyis

---

① 应为 dolodußar（第七），原文为 donodußar，误。

② 亦作 güsi。

③ 此处汉文"俱为施主"，所对应藏文 yon mchod du'brel 意为"结为施主与福田"，满文 üklige ofi 意为"成为施主"，蒙古文 öglige-yin ejen bolju 意为"成为施主"。

④ 当为 uheri 之误。

⑤ üklige 来自蒙文 öglige，施舍。《清文鉴》，布施作"fulehumbi"，见《五体清文鉴》（中册），民族出版社，1957，第 2649 页。

zhus pa ltar gnang/

满：diba dalai lama i （5） akū oho be juwan ninggun aniya gidafi. gūnin cihai yabuha be ladzang efulefi šajin be dasaha sere jakade. uthai ladzang uheri huhu noor i baiha songkoi obuha.

蒙：dalai blam-a-yin （5） jangca araljiɣsan-i. diba arba jirɣuɣan jil boltala niɣuju öber-ün sanaɣabar yabuɣsan-i lhazang sönögejü šasin-i jasabei kemegsen-ü tulada. mön-kü lhazang ba. bügüde köke naɣur dakin-ü ɣuyuɣsan yosoɣar bolɣaɣsan bülüge.

汉：中间策妄阿喇蒲坦妄生事端，动准噶尔之众，肆行奸诈，灭坏达赖喇嘛，并废第五辈达赖之塔，辱蔑班禅，毁坏寺庙，杀戮喇嘛，名为兴法而实灭之，且欲窃据图伯特国。

藏：skabs su tshe dbang rab （12） brtan gyis glags ' tshol bar jung gar gyi dmag du ma btang ste/ sgyu thabs kyis （13） bstan don la bsnyad btags nas/ ta la ' i bla ma blos btang ste/ rgyal dbang lnga pa'i （14） gser gdung chen mo rang thad du byas shing/ paṇ chen rin po che'i thugs sun par byed （15） te/ lha khang dang dgon gnas bcom/ dge ' dun rnams bgrong nas bstan pa （16） bshig ste/ bod yongs kyi ' bangs rnams ' dzin bdag byed snyam pa'i ham pa mi （17） ' os pa'i log spyod ' di lta bu la/

满：ere sidende tsewang rabtan dosinjifi. kanagan fiktu be baifi. jun gar lab-du （6） cooha be unggifi. jalingga arga be baitalame. dalai lama be efulefi. sunjaci jalan i dalai sobargan be efulehe. bancen be girubuha. sy miyoo be garlaha. lamasa be wame. šajin i jalin sembime šajin [be efuleme] . tubet i gurun i gubci be ejeleki sehe turgunde

蒙：ene jabsar-tur ciwang rabtan oroɣad. siltaɣ-u eriju jegün ɣar-un （6） olan cerig-i ilegejü jaliqai arɣ-a-bar dalai blam-a-yi tebcijü tabuduɣar üy-e-yin suburɣ-a -yi ebden. bancin erdeni-yi icegebei. süm-e keid ebdejü. quwaraɣ-ud-i qoroɣan. šasin-u tula kemen bügetele. qa-rin šasin-i ebden büü töbed ulus-i ejelesügei kemegsen-i.

汉：朕以其所为非法，爰命皇子为大将军王，又遣朕子孙等，调发满洲、蒙古、绿旗兵各数万①，历烟瘴之地，士马安然而至。贼众三次乘夜盗营，我兵奋力击杀，贼皆丧胆远遁。一矢不发，平定西藏，振兴法教。

藏：nged kyis mi rigs par shes te/ nged rang gi sras（18）la dmag dpon chen por dbang bskur te/ sras tsha bo dang bcas/ man ju/ sog po/（19）[rgya'i] dmag [khri khrag] mang po btang ste/ sa [shin tu bgrod] dka' ba'i gnyan can（20）[las nye zho med par thon te phyin par mtshan mo'thab tu'ong ba 'i dmag rnams] lan gsum（21）[du pham par byas pas snying'dar zhing'jig te rtsa ba nas bros su chug] cing/ mda' gcig（22）[tsam yang ma' phang par bod rnams bde'jags su byas te] bstan srid dar bar byas（23）so/

满：（7）bi ambarame wakašafi. mini jui be amba jiyanggiyūn wang obufi. geli mini juse omosi be unggifi. manju. monggo. nikan hacingga cooha be ududu tumen fidefi. ehe sukdun oho babe duleme. leksei sain i isinafi. dobori（8）hūlhame gidanji [ha] bata be. ilan mudan gelebume wafi. silhi be meijebume burulabuha. emu da sirdan gabtahakū wargi dzang be toktobufi. doro šajin be badarambuha.

蒙：bi yekede buruɣusiyan minü（7）köbegün-i yeke jangjun wang bolɣaju. basa minü keüked acinar luɣa selde manju. mongɣol. kitad-un cerig-ud kedü kedün tümen ilegejü. öndör sür-tü ɣajar-i ɣatulun. neite [sain] mendü-ber kürüged. söni qulaɣai-bar daɣariju iregsen daisun-i ɣurban üy-e doroitaɣol-un ayuɣuluɣsan-iyar（8）jirüken-i qaɣaraɣolon buruɣulaɣulbai. nigeken cu sumun qarbuɣul ügeküy-e töbed oron-i toɣtaɣaju šasin töro-[i badsraɣolbai].

汉：赐今呼必尔汗册印，封为第六辈达赖喇嘛，② 安置禅榻，抚绥图伯

---

① "满洲、蒙古绿旗兵各数万"，藏、满、蒙均不作"各数万"，仅作"数万"。

② 此第六辈达赖喇嘛非仓央嘉措，而是康熙六十年册封的第六世达赖喇嘛格桑嘉措（bsKal bzang rgya mtsho），康熙、雍正年间清政府一直不承认仓央嘉措的第六世达赖喇嘛身份，直到乾隆四十五年（1780）的第八世达赖喇嘛强白嘉措时期，清高宗撰写的《须弥福寿之庙碑记》才记到"黄教之兴……八转世而为今达赖喇嘛"，意即承认了强白嘉措第八世的身份，也就是承认了仓央嘉措第六世达赖喇嘛的身份，见冯智《八世达赖喇嘛及其在清朝治藏中的政教业绩》，《中国藏学》2006年第2期。

特僧俗人众，各复生业。

藏：sku skye［gsar pa'di kar bka'］tham sogs kyi skyes dang［bcas］/ ta la 'i bla ma drug par（24）mnga'gsol［nas khri la bskos］te/ gangs can kyi sde mang spyi dang dge'dun gyi sde rnam［s?］（25）skyongs shing bde'jags su byas nas so so'i'os'gab gyi gzhi'dzin gcug pas/

满：ice hūbilgan de ce doron bume. ningguci jalan i dalai lama seme fun-gnefi（9）besergen de tebuhe. tubet i geren lama irgese be bilume to-horombume. meni meni banjire babe dahūme bahabufi. da doroi obuha.

蒙：sin-e qubilγan-dur bošoγ jarliγ tamaγ-a ögejü jirγuduγar dalai blam-a bolγan ergümjilejü siregen-e γarγabai. töbed oron-u olan quwaraγ-ud-un aimaγ ba. irgen ulus-i（9）aburan toqoraγolon öber öber-ün aju törököi-yi-inü dakiju olγaγlon-un ijaγur-un yosoγar bolγabai

汉：于是文武臣工，咸谓王师西讨，历瘴疠险远之区，曾未半载，辄建殊勋，实从古所未有。

藏：（26）'di la yig rigs dang dmag rigs kyi dpon bka'blon rnams kyis/ nub phyogs la（27）dpung chen po chas te bgrod dka'zhing thag ring ba'i sa gnyan las thon te lo ngo phyed tsam（28）yang ma'gyangs par'phral du don chen po bsgrub par byas pa ni/ deng phan chad ma byung bar（29）nges zhes zhus pa dang/

满：ede bithe coohai ambasa hafasa. gemu amba cooha wargi baru dailame genefi. ehe sukdun bisire haksan goro（10）babe duleme yabu［fi］［honto］ho aniya ohakū. uthai amba gung be mutebuhengge. yargiyan i julgeci ebsi akūngge seme wesimbuhe bime.

蒙：egün-dur bicig-un jüil-ün cerig-ün jüil-ün said tüsimed cöm-iyer. yeke cerig baraγun eteged-dür dailar-a jodoγad öndör sür-tü berke qola γajar-i γatulju γaruγad. qaγas（10）jil bolol ügegüy-e darui yeke γabiy-a bütügegsen anu. üneker erten-ece inaγsi ügei bolai kemen ailadqaγsan［böged］

汉：而诸蒙古部落，及图伯特酋长，亦合词奏曰："皇帝勇略神武，超越往代，天兵所临，邪魔扫荡，复兴蒙古向所尊奉法教，坎麻①、藏卫等部人众，咸得拔离汤火，乐土安居。如此盛德大业，非臣下颂扬所能宣罄。请赐御制碑文，镌勒招地②，以垂永久。"

藏：bod sog po'i sde mang gi dpon khag rnams kyis kyang mgrin gtsig
（30）tu/ gong ma'i rmad du byung ba'i gzi brjid dang dpa'mdzangs kyi
rtsal'di lta bu ni/ snga rabs（31）bdag las ches phul du byung bas
dpung chen po sleb phral log spyod can gyi dgra bo（32）rnams bcom
nas/ sog po yongs kyi sngar nas spyi bor bkur ba'i bstan pa dang
（33）'chad nyan slar gsos shing/ khams dang dbus gtsang gi char gtogs
pa'i sde（34）mang thams cad sdug bsngal las skyobs shing bde skyid
sbyor ba'i che ba dang don mthun（35）gyi snyan grags kyi bsngags bos
bdag cag bka'blon rnams kyis ji bzhin brjod par mi（36）nus lags/'on
kyang gong ma nyid kyis ljags rtsom zhig gnang nas/ lha sa rdo rengs
（37）la brkos te gtan du'jog dgos tshug zhus par/

满：geren munggo aiman. jai tubet i data geli uhei acafi. hūwangdi i baturu
bodogon ferguwecuke horonggo（11）nenehe jalan ci lakcafi colhororo
jakade. amba cooha isiname. uthai fudasihūn hūl［ha］［be ne］
cihiyefi］. munggosoi daci wesihuleme juktehe šajin tacihiyan be dahūme
yendebufi k'am dzang wei i jergi hacingga aiman i irgese be yooni jobolon
ci tucibufi（12）elhe banjire de isibuha.. ere gese wesihun erdemu am-
ba gong be. amban meni tukiyeme［makta］me wacihiyame tucibume
muterengge waka.. bairengge ejen i beye bei bithe arafi wehe de
folobufi. joo i bade enteheme tutaburo seme baime wesimbuhe be.

蒙：olan mongɣol-un aimaɣ ba. töbed-ün terigülegcid cöm nigen ayalqu-bar
qowangti-yin baɣatur sambaɣ-a ɣaiqamsiɣ-tu sür jibqulang. uridu üyes-
ece ülemji ketüregsen-ü（11）tulada. yeke cerig gürüged sece darui
buruɣu yabudal-tu daisud-i darun tübsidgejü olan mongɣol-un［uul］-

---

① 《西藏志》"坎麻"作"坎康"，误。坎麻为藏文 khams 的音写，而康则是 khams 的另一种音写汉字，坎麻、康并列似不应该。见《西南边疆》（中国边疆研究资料文库，边疆史地文献初编），第一辑，第 10 册，中央编译出版社，2011，第 19 页。

② 指拉萨，因大小昭寺之故，清代多以招地指代拉萨。

aca erkimlen taki ɣsan 〔šasin〕 sur ɣa ɣuli-yi dakiju mandu ɣulun kam. zang. wei terigüten olan aima ɣ-un olan irgen-i cöm jobalang 〔- aca〕 abura ɣad engke jir ɣalang-dur barildu ɣulbai. ene（12）metü ülemji erdem yeke ɣabiy-a-yi tüsimed bide ergün ma ɣtan bürin-e ɣar ɣan ögülejü cidaqu busu bolbaco ɣuyuqui anu ejen matur-iyar bicig jokiyaju kösiy-e cila ɣun-dur seilgejü joo-dur asida bai ɣulqu ajiyamu kemen ailadqa ɣsan-a.

汉：朕以何功焉，而群众勤请不已，爰纪斯文，立石西藏，俾中外知：达赖喇嘛等三朝恭顺之诚、诸部落累世崇奉法教之意，朕之此举所以除逆抚顺、绥众兴教云尔。

藏：nged rang gis nged la bsngags（38）'os kyi che ba ngo mtshar ci zhig yod ces kyang/ gong 'khod rnams kyis snying thag pa（39）nas yang skyor gy-in zhus par/ ta la'i bla ma sogs kyi rje rabs gsum la bstan srid（40）gcig tu 'brel ba'i rgyu mtshan dang/ rang gzhan thams cad kyis rabs du ma bshad（41）bsgrub kyi bstan pa spyi gtsug tu bkur ba'i dad pa dang/ 〔da char nged kyis dmag ched du〕（42）btang 〔ste log par spyod pa rnams tshar bcas nas/ dra po'i rang bzhin can rnams〕（43）〔'dzin pa dang/ gzhir 'khod mtha' dag bde bar bkod de/ sangs rgyas kyi bstan pa je〕（44）rgyas su btang ba'i 〔tshul rnams〕 mtha' dbus kyi lus can mtha' dag la go bar bya ba'i（45）phyir 'di bzhin yi ger bkod de bod kha ba can gyi ljongs su rdo rengs btsugs te brkos pa dge/

满：（13）bi minde ai gong bi seme hese wasimbucibe. geren gemu hing seme baime nakarakū ofi. tuttu ere bithe arafi. wargi dzang de bei il-ibufi. dorgi tulergi urse be dalai lamasai ilan jalan i ginggun ijishūn i yabuha mujilen. geren aiman i jalan（14）halame šajin tacihiyan be we-sihuleme juktehe gūnin. mini ere muten i cooha cohome fudasihūn be geterembufi ijishūn be bilure geren be elhe obufi tacihiyan be yendebure jalin deribuhe be sakini seme ulhibuhe.

蒙：bi nadur yambar yeke ɣabiyan-u saisiyal bui kemen jarli ɣ（13）ba ɣul ɣabaju. Bükü bügüde cing ünen-iyer da 〔kin ɣuyuqu〕 -yin tulada dalai blam-a

tan ɣurban üy-e boltala kiciyenggüi ey-e ber ［xxx］［sedkil］keged.
olan aimaɣ-ud-bar üy-e-yin üy-e-dür šasin surɣaɣuli-yi erkimlen
takiɣsan sanaɣan ba minü edüge tusqailan cerig ilegejü tere buruɣu
yabudal-tan arilɣan. jöb sidurɣu yabudal tan-i asara ［xxx］［xxx］
［xxx］［xxx］enkjigüljü. šasin-i mandoɣolqu-yin tula egüsgegsen ucir-i.
ein bicig jokiyaju ɣadaɣadu dotoɣadu ulus nuɣud-a medetügei kemen
töbed oron-dur kösiy-e cilaɣun-a seilgejü baiɣulbai.

汉：康熙六十年，雍正二年季夏月之吉。内阁学士臣鄂赉，员外郎臣
常保，笔帖式臣［佛］保、傅德衲孙额尔克图，四川松潘总兵官
臣周瑛①，副、参将臣郭寿域、赵儒，游击臣高麟端，守备臣董之
骏等敬立。
藏：khang zhi dgong lo drug cu pa⁄
满：elhe taifin-i ninjuci aniya
蒙：engke amuɣulang-un jiraduɣar on

藏文碑文左下刻有：临洮西［X］石匠张［X］、张宗［X］敬［X］

三　碑文所述及的历史

爱新国最早和西藏或西藏僧人的接触，可以追溯到入关之前。其中尤
以努尔哈齐时期的斡禄打儿罕囊素喇嘛为最早②。但清政府对西藏地方的直
接统治则要到康熙年间通过平定西藏的准噶尔之乱以后，其标志性事件是

---

① 根据其雍正二年任四川松潘总兵，查阅《四川通志》，可知此人生于松潘，后中武举人，
从康熙五十四年至雍正三年历任右营守备、漳腊营游击、副参将、松潘总兵与四川提督，
短短十年左右从右营守备升至四川提督。见钦定四库全书本《四川通志》，卷32，"右营守
备""漳腊营游击""副参将""松潘总兵"与"四川提督"各条。
② 北京图书馆金石组编《北京图书馆藏中国历代石刻拓本汇编》第61册，中州古籍出版社，
1989，第1页；关于囊素喇嘛的讨论见李勤璞《〈辽阳大金喇嘛法师宝记〉碑文研究》，
《满语研究》1995年第2期。

驻藏大臣的设立①。而此四体合璧碑文中所记述的主要内容就是清政府平定西藏的准噶尔之乱。现依据碑文叙述顺序，简要介绍如下。

太宗崇德七年（1642），固始汗、达赖喇嘛、班禅喇嘛派使者出使盛京，使者受到后金政府的礼遇，并留滞盛京达八个月之久，《太宗实录》有载"是日（崇德八年五月初五日），赐土白特国大赖喇嘛所遣问安一拉古格山库土格兔喇嘛、俄勒特国歹青绰里吉等宴。……。每五日赐一小宴，如是相待者八阅月，于五月初五日方令回"。"并赏赐各使者礼品有差，并由同一拉古格山前往藏地的后金使者插干格龙等人带去给达赖喇嘛、班禅喇嘛、亦儿桑巴汗（藏巴汗）、古式汗等九人信函及礼物"②。这是爱新国首次向西藏成功派遣使者。

康熙二十一年达赖喇嘛去世，当时的第巴桑结嘉措（sDe pa sangs rgyas rgya mtsho）隐匿不报，并假五世达赖喇嘛之名行事 16 年之久。碑文所述的"任意妄行"，要者有以下几件：达赖喇嘛圆寂后匿丧不报、未经清廷同意选任五世达赖喇嘛的转世灵童仓央嘉措（Tshangs dbyangs sgya mtsho）、"阴与噶尔丹朋比"③ 等，并最终被拉藏汗于 1705 年执杀。拉藏汗是固始汗祖孙四代在拉萨称汗中的最后一位，其与第巴桑结嘉措的矛盾起于 1703 年，为了改变汗的无权地位，利用六世达赖喇嘛和第巴桑结嘉措的矛盾打击桑结嘉措，1705 年桑结嘉措称奉达赖喇嘛之命，驱逐拉藏汗离开西藏，但最终反被拉藏汗执杀。④

策妄阿拉布坦（碑文汉文作策妄阿喇蒲坦，1665－1727 年，清实录译为策妄阿喇布坦）是噶尔丹（γaldan）同母兄僧格（Sengge）的长子。在清政府平定噶尔丹叛乱的过程中，策妄阿拉布坦利用时机积极扩展自己势力，1690 年，利用噶尔丹东进喀尔喀的机会，占据了额尔齐斯河至乌布萨泊的广大地区，实际控制了准噶尔部并与清政府取得了联系，配合了清政府的

---

① 关于驻藏大臣设置的年代，学界有不同的意见，参见张羽新《驻藏大臣政治地位和职权的历史考察》，《中国藏学》1998 年第 2 期。

② 《清太宗实录》崇德八年五月初五日条，台北故宫博物院藏《清太宗实录》汉文本，顺治初年抄本。

③ 《清圣祖实录》卷 174，圣祖实录康熙三十五年六月至七月癸丑条，中华书局影印本，1985。

④ 乌云毕力格：《1705 年西藏事变的真相》，《中国藏学》2008 年第 3 期。

军事行动，故 1697 年因助剿有功，承认了他对准部的统治。1717 年策妄阿拉布坦的堂兄弟策凌敦多卜（Cering dondob）率军出现在拉萨附近，拉藏汗向清政府求援，但未等到援军的到来。策凌敦多卜占领拉萨后，废除了拉藏汗所立的六世达赖喇嘛，破坏掠夺寺院，杀戮或放逐僧人。①

1717 年，拉藏汗的求援到达清政府，并于 1718 年为了驱逐准噶尔部出藏，派遣亲军侍卫色楞率兵进讨策凌敦多卜，八月，陷入重围，全军覆没。消息传到北京，圣祖皇帝于 1718 年十月丙辰，命皇十四子固山贝子允禵为抚远大将军往平西藏准噶尔之乱。经过商议，确定大将军统帅进藏之兵为一万两千名，噶尔弼为定西将军，率兵七千名，由四川入藏，再由云南派兵三千到昌都一带策应。复命阿尔泰、巴尔库尔两处将军分别以一万五千兵、一万兵深入乌鲁木齐以作牵制。1720 年正式册封塔尔寺的新呼必勒罕为达赖喇嘛，封为"弘法觉众第六辈达赖喇嘛"并派遣满汉官兵及青海蒙古之兵送往西藏，并使之坐床。② 第八世达赖喇嘛强白嘉措（Byams spel rgya mtsho）时期，清高宗撰写的《须弥福寿之庙碑记》才记道"黄教之兴……八转世而为今达赖喇嘛"，意即承认了强白嘉措第八世的身份，也就是承认了仓央嘉措第六世达赖喇嘛的身份，而默认了碑文中所载第六辈达赖喇嘛格桑嘉措的第七世的名分。

事实上，碑文亦有不符史实之处，或者说撰文者有夸大之词。如"一矢不发，平定西藏，振兴法教"，据研究，康熙五十七年，"侍卫色楞、总督额伦特分别率军自西宁南下，因二将领未能协调一致，会师迟误，……与自藏北上的准部相持达四个月之久，终因缺马缺粮，约三千军士全部覆灭，一将战死，一将被俘"③，之后康熙才授命皇十四子允禵为"抚远大将军"。

---

① 关于策妄阿拉布坦的史实，参见宫胁淳子著《最后的游牧帝国：准噶尔部的兴亡》，晓克译，内蒙古人民出版社，2005，第 136～141 页；马大正、成崇德《卫拉特蒙古史纲》，新疆人民出版社，2006，第 100～116 页；赵天《策妄阿拉布坦侵扰西藏的原因》，《西域研究》1996 年第 2 期。

② 参见邓锐龄《1720 年清军进入西藏的经过》，《民族研究》2000 年第 1 期；柳升祺《十八世纪初清政府平定西藏准噶尔之乱始末》，《民族研究》1998 年第 1 期。

③ 邓锐龄：《1720 年清军进入西藏的经过》，《民族研究》2000 年第 1 期。

四　有关四体合璧御制平定西藏碑的几个问题

1. 关于碑文中所见 "wargi dzang（满文：西藏）" 和汉文 "西藏" 的语源

清代早期关于西藏的汉文称谓有数种，除常见 "西藏" "图伯特/土白特" "唐古特/忒" 之外，尚有 "乌斯藏" "西域" 等数种。如天聪四年（1630）的《大金喇嘛法师宝记》，是为了纪念在蒙古传法后于 1621 年率徒众奔赴盛京的囊素喇嘛而由太祖敕建舍利塔的纪念碑，其汉文 "法师斡禄打儿罕囊素乌斯藏人也" 中之乌斯藏（藏文 dbus gtsang 之音写）所对应的满文为 "wocir/wucir-tu oron"①，意即用满文 "具金刚之地" 这一佛教用语来对应汉文的 "乌斯藏"，而 "乌斯藏" 是元明以来汉语的常用称谓②。同时也说明，此时汉语 "乌斯藏" 并没有影响到满文，亦即是说满文中并没有形成相应的满文写法 "乌斯藏"，并且在后来的满文文献中笔者亦未找见与汉文 "乌斯藏" 相对应的满文词汇。"西域" 亦是汉文对西藏习有的称呼，如顺治二年（1645）修建的盛京四寺碑的满文部分，对应汉文 "东木藏古习译西域文" 的满文为 "dumdzang gusi tubet bithe ubaliyambuha（直译：东木藏古习翻译 tubet 文）"。此处汉文之 "西域" 即满文的 "tubet"。又如顺治十四年时 "皇帝敕谕乌斯藏怕木竹巴灌顶大国师阐化王罗巴藏毗林雷望书格梭纳木那母巴哩札尔哇：尔世居西域，…… 尔乌斯藏，僻在西域"，③ 可知顺治十四年时对乌斯藏仍时有 "西域" 之称谓。此外，从 "西域" 对应的满文为借自蒙古文的 "tubet" 可知，其亦与 "乌斯藏" 一样，并没有形成对应的满文词汇。

"西藏" 对应的满文为 "wargi dzang"，关于汉语 "西藏" 一词的出现，

---

① 见北京图书馆金石组编《北京图书馆藏中国历代石刻拓片汇编》第 61 册，中州古籍出版社，1997，第 1 页；黄润华主编《国家图书馆藏满文文献图录》，国家图书馆出版社，2010，第 343 页。该词来自蒙文，wocir/wucir 是蒙古文 wcir 的满文音写，金刚之意，tu 是蒙古文的语尾词，表示 "具有者" 之意，而 oron 为蒙古文 "地方" 之意，意即 "具金刚之地"，此处指西藏。

② 牙含章：《关于 "吐蕃" "朵甘" "乌斯藏" 和 "西藏" 的语源考证》，《民族研究》1980年第 4 期。

③ 王颋：《四译馆考》卷二，西番馆西番条，见《北京图书馆古籍珍本丛刊》第 59 册，书目文献出版社，第 524 页。

前后有牙含章、陈庆英及胡进彬进行过简单讨论。牙含章认为"'西藏'这一名称，是清初创造出来的，康熙时，正式用于'御制平定西藏碑'……雍正五年（1727）设置'驻藏大臣''西藏'才成了法定的正式名称。"[1]胡进彬与牙含章观点基本一致[2]。而陈庆英则认为可能的解释"是清朝的满族君臣把'乌思藏'理解为'西面的藏'，称之为'wargi dzang'，翻译成汉文时译作'西藏'，这样才出现了汉文的'西藏'这个地理名词"[3]。

事实上，"西藏"一词在清代出现的最早官方记录是《清实录》康熙二年八月丙申条载"西藏班禅呼土克图故，遣官致祭"[4]。并且"西藏"并不是来自于"wargi dzang"的汉译，因为它比满文"wargi dzang"出现得更早。

明代末期郑洛（生卒不详，嘉靖三十五年进士）的奏疏中有"西藏"的记载，为行文方便，摘录于此，第一则奏疏写于奉命经略七镇的万历年间，第二则当为奉命经略陕西延宁甘肃的万历十八年至十九年：

> 盖大海以西至于大小盐池，又西北至于哈密赤斤，又西南乌思西藏，延袤数千里，广漠无际，野牛野马易于打猎，而西藏之宝刀奇货，毹毲皮革，服用所需种种，皆西海所有，而北塞所无也。[5]

> 七曰议番路，夫茶禁严矣，各番赴藏受戒如汉人之赴京求官，禁之不能也，而海上之途，则入藏捷径。番利虏途，虏利番货，故群虏之恋恋海上者，虏视番为可劫之人，番畏虏为劫路之盗，此而不议，则番必入藏，入藏必由青海，由青海则必借路海虏，若无法以防闲，则受戒之番，何以禁其通虏。近据西宁兵备道按察使石槚呈"为乞恩

---

① 牙含章：《关于"吐蕃""朵甘""乌斯藏"和"西藏"的语源考证》，《民族研究》1980年第4期。

② 胡进彬：《故宫所藏康熙朝内府藏文泥金写本龙藏经初探》，载中国边政协会编辑《西藏学术会议论文集》，台湾蒙藏委员会，2000，第435~452页。

③ 陈庆英：《汉文"西藏"一词的来历简说》，《燕京学报》1999年第6期。

④ 《清实录》第四册康熙二年八月丙申条，中华书局影印本，1985，第153页。当然，因康熙实录修订于乾隆年间，所以并不能说康熙二年出现的汉文"西藏"就一定早于平定西藏碑汉文碑文"西藏"的时间，还需要进一步的证据。

⑤ 郑洛：《敬陈备御海虏事宜以弭后患疏》，陈子龙等辑《皇明经世文编》卷405，四库禁毁书丛刊编纂委员会：《四库禁毁书丛刊》，集部第28册，第248~252页。当然，在此之前明代文献中亦有西藏字样，如"盖许之建寺，则西藏一路往来自繇听之，奉佛则南北诸番交通无禁，彼黠虏岂真有从善之念哉"（中央研究院历史语言研究所编《明神宗实录》，卷三十七，万历三年四月甲戌条，第859页），但因只是偶然用之，故不再讨论。

讨路以便赴藏受戒事，准西宁游击鲁光祖，碾伯守备祁德手本"，查得西宁境内，住熟番僧人未款之前，有去乌思藏受戒者，俱将番僧名数并随骑马匹行李等项赴本道告明，一面转呈甘肃抚院，一面本道查给执照，经由四川内地入藏，回从原路归巢，自房欸以后，番房交通，各僧就近取道海上，直赴西藏，今番僧班着儿坚耷，札思巴坚错等，欲由前路，缘近日经略部院招番杀房，各怀仇衅，难以前往，告要照依先年旧例，经由四川入藏，似应准从，到道案照，转呈到臣，臣切（窃）以为群房占据海上，非独便利水草，实是垂涎番货，盖番僧入藏，必由青海，由青海必经房巢，经房巢必供房货，故西藏之氆氇，宝刀，诸番所有，房即有之，今欲断绝番房交通，而犹容其经由旧路，则势必连结，是两河之患无已时也，此安可以不议也。①

从上引文可以看出，早在明代万历年间，汉语书写中就已经出现了"西藏"一词，第一条引文是把"乌思"（藏文中卫"dbus"的音译）与"西藏"并列，或者单独用"西藏"这一称谓。第二条引文则时而以"藏"来指代乌思藏（西藏），时而以"西藏"来指代乌思藏（西藏）。

尽管并没有形成固定的用法，要之，在当时的汉语书写中，已使用"藏"或"西藏"来指代乌思和藏（卫藏），并且"藏"已经不仅仅是卫藏的一部分，而是已经可以作为卫藏的省称。同样的证据还有，现存第一历史档案馆的《陕西通省边镇图》，其上贴有许多满文标签，郭美兰在其著作中曾举一例"在 si hal（西海）标识迤西所贴签注写有 ere ba，geren aiman i mongguso amasi julesi yabure，u sy i jergi dzang de hafunara zugun（此地系蒙古各部往来行走，通往乌斯等藏之路）"。② 同时，作者还认为满文签注来自明代汉文签注是肯定的。由此可知，不仅汉文书写中以"藏"涵盖了过去乌思藏的指称，满文对此的认知与书写也可能受到影响。至此，我们几乎可以肯定"西藏"一词极有可能来自汉文，进而形成满文的"wargi dzang"，而非相反。

经过以上分析，笔者以为，大概在顺治、康熙前后，满文对西藏的称

---

① 郑洛：《敬陈备御海虏事宜以弭后患疏》，陈子龙等辑《皇明经世文编》卷405，四库禁毁书丛刊编纂委员会：《四库禁毁书丛刊》，集部第28册，第258~268页。

② 郭美兰：《明清档案与史地探微》，辽宁民族出版社，2012，第80页。

谓主要是来自于蒙古文的"tubet"和"tanggūt"，并未受到汉文"西域""乌斯藏"的影响。入关以后，随着与汉文接触的日渐增多，汉语"西藏"的称谓逐渐进入满语，并最终形成了"wargi dzang"的称谓。这或可说明满文有关西藏的认知有一个来源上的转变，从早期的蒙古文知识，到后来的汉文知识，其中也包含了有关西藏的地理知识，上引郭美兰著作中《陕西通省地图》或可为证。

2. 关于立碑之人

关于立碑之人，碑文的藏、满、蒙文部分都未有记载，仅在汉文部分有鄂贲/赍字样。《中国文物地图集》（西藏自治区分册）中记载，此碑"由内阁学士鄂贲等刻立"[①]，《拉萨文物志》亦言"雍正二年由内阁学士鄂贲等刻立于布达拉宫大门内"[②]。考之《清实录》，雍正二年的内阁学士记载有"鄂赖"，雍正元年三月条："擢理藩院郎中鄂赖为内阁学士兼礼部侍郎，前往西藏办事"；雍正二年三月条："命内阁学士鄂赖，自藏至西宁办理蒙古事务"[③]；雍正二年十一月条："升内阁学士鄂赖为理藩院额外侍郎"。据以上内容可知，"鄂贲"为"鄂赍"的误识，而"鄂赍"即是《清实录》中"鄂赖"的不同汉字译写，满文原名为"Orai"[④]。《西宁府新志》中亦作"鄂赍"。[⑤] 据此可知御制平定西藏碑是由内阁学士鄂赍于雍正二年夏月吉日所立。

关于鄂赍此人的详细资料并不多见，今收录于《雍正朝满文朱批奏折全译》中有其十数封奏书，内容均为办理西藏、青海事务。[⑥]《八旗通志》

---

① 国家文物局主编《中国文物地图集》（西藏自治区分册），文物出版社，2010，第198页。

② 西藏自治区文物管理委员会：《拉萨文物志》，1985，第117页。

③ 《清世宗实录》卷五，中华书局影印本，1985，第120、289、399页。

④ 《宫中档朱批奏折》（雍正朝），其本人满文奏折中作"orai"；天理大学图书馆藏满文本《八旗通志》，卷一百七十一，第43页，作"ulai"，对应的汉文本《八旗通志》为"鄂赖"，（清）鄂尔泰等修《八旗通志》，东北师范大学出版社，1985，第4167页。根据其父亲之名为"拉世"，满文拼法"jasi"，此词极有可能是来自藏文的"bkra shis"，而藏之"bkra shis"在蒙古文中都作"rasi"，故此推测，此满文本《八旗通志》的人名拼写不太规范，或径译自汉文，目前仍需证据来支持笔者的推论。

⑤ 《西宁府新志》有语"钦差办理青海蒙古番子事务大臣官员，自雍正元年以前，俱选派理藩院司员，自二年平定青海之后，皆简大臣，驻扎郡城，以总理之，间遣部朗协理。鄂赍，侍郎蒙古正蓝旗人"，见杨应琚撰《西宁府新志》卷二十四，（中国边疆丛书第二辑），文海出版社，1966，第855页。此处《西宁府新志》记载有误，鄂赍应为蒙古镶黄旗人。

⑥ 中国第一历史档案馆译编《雍正朝满文朱批奏折全译》，黄山书社，1998，上册。

载，其曾祖父为伊林臣，于国初率六十人来归；祖父为沙思塔理，蒙古正黄旗人，原系喀喇沁国昂邦之裔，以功加世职为二等阿达哈哈番，后遇恩诏加世职至三等阿思哈尼哈番；父为扎世袭职；其本人"袭职，任理藩院郎中兼步军副尉。康熙五十七年，随定西将军噶尔弼征四川口外理塘、巴塘诸番。五十八年，噶尔弼奏遣至察木多等处，招降洛龙宗、朔般多、达尔宗、桑阿、觉宗、临忒奇。五十九年，随噶尔弼进讨准噶尔策楞敦多布等，招降索克散丹公、朱公、吉东、龚布等处之拉礼、墨朱、工忒。又调取汤古忒兵，断贼将策楞敦多布等运粮之路。因功加一拖沙喇哈番，授为一等阿达哈哈番。"① 另据《钦定八旗通志》卷十九旗分志十九，八旗佐领十九，正黄旗蒙古佐领条载，喀喇沁参领第七佐领内大臣泽望诺尔布离任之后"以内阁学士兼头等阿达哈哈番鄂赉管理"，说明其曾作过正黄旗蒙古喀喇沁参领第七佐领。② 另，满文本《八旗通志》载其祖父名满文为"Šastar"，蒙古文应为"Šastir（史籍、史册）"，来自梵文"šāstra（论）"。曾祖父满文名为"Irincen"，是藏文"rin chen（大宝）"之音写，其父满文名为"Jasi"，对应蒙古文"rasi"，是藏文"bkra shis（吉祥）"之音写③。由此可以认为，鄂赉家庭，甚至其本人可能对藏传佛教乃至西藏都有相当的认知，所以雍正二年派其到西藏、青海办理事务，即出此考虑，亦未可知。关于其去世时间，《清实录》世宗章皇帝实录有载，"予故理藩院额外侍郎鄂赉祭葬如例"④，可知其逝于雍正四年（1726），日期不详。

另外，《清实录》雍正二年闰四月丁亥条，雍正谕宗人府，及部院大臣等，细数宗室阿布兰之罪时，其中一条为："宗人府建立碑亭、翰林院所撰之文，阿布兰以为不佳，另行改撰，并不颂扬皇考功德，惟称赞大将军允禵，拟文勒石。朕即位后，伊自知诬谬，复行磨去。"⑤ 从现存碑文内容中，可以看出提及大将军允禵之处，仅有"朕以其所为非法、爰命皇子为大将

① （清）鄂尔泰等修《八旗通志》，东北师范大学出版社，1985，第4167页。
② 《钦定八旗通志》，吉林文史出版社，2002，卷十九旗分志十九，八旗佐领十九，"正黄旗蒙古佐领"条。
③ 天理大学图书馆藏《八旗通志》满文本，卷一百七十一，第42~43页。
④ 《清世宗实录》卷四一，雍正四年二月癸酉条，中华书局影印本，1985，第606页。
⑤ 《清世宗实录》卷十九，雍正二年闰四月丁亥日条，中华书局影印本，1985，第314页；此段记述也见中国第一历史档案馆编《雍正朝起居注册》第一册，雍正二年闰四月十四日条，中华书局影印本，1993，第227~228页。

军王，又遣朕子孙等，调发满洲、蒙古、绿旗兵各数万"，并无突出褒扬大将军允禵之处。另据曾任驻藏大臣的松筠所著《百二老人语录》，其所收《圣祖皇帝敕建西藏碑文》，通篇亦未曾提及大将军允禵。① 根据以上内容，似可确定拉萨四体合璧御制平定西藏碑碑文乃康熙年间所撰，而与阿布兰另行改撰之文似无关系。

3. 四体碑文译写情况

汉文部分开篇记载有"太宗文皇帝"，相对应的藏、蒙、满文分别为 tha'i zung su'u thu bhwang ti、taitsong sutu qowangti、taidzung šu hūwangdi。由这四种文字对"文皇帝"的不同写法可知，蒙文之"sutu"来源于满文的"šu（文）"加上蒙文后缀词"tu"，进而译为藏文之时，译者直接把蒙文"sutu"译写为藏文的"su'u thu"，如此藏文的"thu"才可解释。由此我们可以知道，御制平定西藏碑碑文，必定是先撰写了汉文或满文，进而译为蒙文，最终由蒙文译为藏文，蒙文实是满文和藏文的桥梁文字。关于这一点的证据，另有记录较早的满蒙藏汉四体合璧碑文《莲花净土实胜寺碑》，其中记载到"大清崇德三年戊寅八月吉旦立。国史院大学士刚林撰满文，学士罗绣锦译汉文，弘文院大学士希福译蒙古文，道木藏古式译图白忒文，笔帖式赫德书"，② 以及留有实物的《盛京四寺碑》亦明确以四种文字所载"内国史院大学士刚林撰，学士黑德译汉文，厄者库石岱译蒙古文，东木藏古习译西域文"，③ 均可看出由满文而藏文的过程中，蒙古文的沟通作用。除去碑文翻译过程如此之外，蒙古堂档中保存之康熙年间皇帝敕谕及西藏来文文书处理记录，亦从实际操作层面提供了证明。如康熙三十二年五月，敕谕第巴之文书的处理流程如下：

> 遵旨缮写颁与第巴之文书进呈御览。大学士伊桑阿、学士傅继祖、戴通、温保、常绶等缮写，本月初六进呈御览，遵旨呈领侍卫内大臣、议政大臣阅览。领侍卫内大臣、议政大臣会阅毕，初八日呈奏。谨遵旨意"好，照此例缮写交付"。主事拉穆彰（lamjang）、门德孙

---

① 松筠：《百二老人语录》，见日本东洋文库满汉合璧本《百二老人语》，震部卷之四。
② 《清太宗实录》，崇德三年八月壬寅条，中华书局影印本，1985，第566页。
③ 北京图书馆金石组编《北京图书馆藏中国历代石刻拓片汇编》第61册，中州古籍出版社，1997，第6~13页。

(mendesun) 翻译，清文、蒙古文合璧缮写交付。即刻由原任唐古特语司业、兼郎中巴图赖（batulai）翻译，书清文、蒙古文于纸。本月二十四日，盖敕命之宝，主事拉穆彰、门德孙等阅后，当堂跪交理藩院侍郎满丕。①

可见敕谕西藏的下行文书，亦是先满文后蒙古文，再译为藏文。西藏上奏朝廷的上行文书，《内阁蒙古堂档》中记载第巴奏书处理过程如下：

> 康熙三十二年正月二十七日，将此文书送至理藩院员外郎齐挞德（kitat）及大臣处，令侍读学士易道（idao）、主事拉穆彰翻译，将其所呈即刻由唐古特字教习达喇嘛丹巴色尔济（damba serji）、唐古特字司业班底、巴图赖等翻译，本年二月初二，大学士伊桑阿、阿兰泰，学士西拉、傅继祖、温保、安布禄等具奏，是日，谨遵旨意：交部，尔等合议具奏，后将所依清字文书同原蒙古文书交理藩院员外郎齐挞德。②

可见奏报于皇帝及翻译清字所依之本，亦为蒙古文书。究其原因，乃蒙古与西藏长期的文化交流所致。因佛教等原因，蒙古人中掌握藏文的蒙古僧侣甚至俗人大有存在。反过来西藏佛教界自元代以来一直都有学习蒙古文的人，这一点可从长期以来大量的藏蒙辞典编攒中看出来③。

（石岩刚：中国人民大学国学院博士生）

---

① 中国第一历史档案馆、内蒙古大学蒙古学院：《清内阁蒙古堂档》（第 10 册），内蒙古人民出版社，2005，第 139 ~ 141 页，原文为满文，汉文为笔者所译。

② 中国第一历史档案馆、内蒙古大学蒙古学院：《清内阁蒙古堂档》（第 10 册），内蒙古人民出版社，2005，第 52 ~ 53 页，原文为满文，汉文为笔者所译。

③ Larry V. Clark, John R. Krueger, Manfred Taube, Hartmut Walravens, Michael L. Walter, Compiled, *Bibliographies of Mongolian*, *Manchu-Tungus*, and *Tibetan Dictionaries*, edited by Hartmut Walravens, Harrassowitz Verlag, Wiesbaden, 2006.

边疆核心区建设中的族群与国家

——以乾嘉时期伊犁开发为例[①]

黄达远

提要： 核心区即兵甲所出、财赋所聚、人才所萃、正统所寄的地区，是国家的命脉所在。清朝击败准噶尔汗国后，与俄国地缘邻近，为保持对天山南北疆域管辖和实现对俄国的地缘战略平衡，在伊犁进行大规模的开发建设，实现了一个以满蒙为主导的国家核心区建设的范例。伊犁这一国土空间的开发，不仅改变了天山北路的地理景观，而且也长久地改变了当地的族群生态，对边疆地区的国家建构意义极为重大。

关键词： 核心区　伊犁　满蒙　国家构建

首都和核心区是一个国家的命脉所在。前者往往是指挥中枢——"大脑"，而核心区则是供给大脑血液养分的主要器官。无论是古代国家还是现代国家，都非常重视对核心区的战略设计和控制。核心区分"起源核心区、经济核心区、民族核心区"，还有一种兼容多功能的核心区以及流动的核心区。[②] 核心区的历史往往是理解一个王朝、一个国家兴衰治乱的关键。如鲁西奇教授指出的在中国历史上，存在着受到王朝特别重视、据之即足以控制全国的特殊地区，它集中了全国最重要的武力、财赋与人才资源，并拥有统治全国的合法性，此即中国历代王朝统治所依赖的核心区（全国性核心区）。在王朝统治的核心区之下，又存在着大区的核心区以及高层、中层、低层政区的核心区等不同层级的核心区；王朝国家即通过控制不同层

---

① 本文为国家社科基金重大项目"边疆热点地区城市民族关系发展态势与对策研究"（2011&059）阶段性成果。

② 王恩涌、王正毅等编著《政治地理学：时空中的政治格局》，高等教育出版社，1998，第89页。

级的核心区实现对帝国疆域的控制。①

古代国家与民族国家的核心区有一定的差别，主要是从"内外之防""夷夏之防"向"中外之防"的国防核心区转变。由此，核心区逐渐实现了从"华夷边界"向"中外边界"的转移。18 世纪中叶，清朝统一天山南北，疆域扩大到巴尔喀什湖以东以南。虽然哈萨克三个玉兹成为清朝与正在南下哈萨克草原的俄罗斯帝国之间的屏障。但是，俄国南下构成对清朝在中亚地缘政治方面的严峻挑战。地缘政治格局本质上是由实力和地理力组成的地缘政治力量互动而创造的平衡结构。伴随着各地缘政治行为体之间实力不平衡的加剧，原来的地缘政治格局必然会发生相应的变化。② 清朝在中亚腹地的伊犁河谷进行了大规模的开发建设，本质上就是获得一种控驭中亚藩属，并保持对俄国南下的一种地缘政治的回应行为。因此，不是在传统的"隔绝羌戎"的兰州布防，而是将战略前沿推进到中亚腹地，重新建设一个"国防核心区"。这一视角可能有助于我们重新认识清代乾嘉时期的伊犁开发和国家建设，笔者拟就此进行一些讨论。

一 伊犁国防地位与"新疆第一重镇"

伊犁将军、乌鲁木齐都统、塔尔巴哈台参赞大臣的设置，与科布多参赞大臣、乌里雅苏台将军、库伦办事大臣、黑龙江将军、三姓副都统东西相望，形势联络，共同组成了屏障北部边疆的藩篱。③ 可以说这是清政府巩固和加强西北边防的重要措施。后左宗棠在力倡新疆建省时称，"我朝定鼎燕都，蒙部环卫北方，百数十年无烽燧之警，不特前代所谓九边皆成腹地，即由科布多、乌里雅苏台以达张家口，亦皆分屯列戍，斥堠遥通，而后畿甸宴然。盖祖宗朝削平准部，兼定回部，开新疆、立军府之所贻也。是故重新疆者所以保蒙古，保蒙古者所以卫京师。西北臂指相连，形势完整，自无隙可乘。"④ 对这一防御体系是中肯的评价。

① 鲁西奇：《中国历史上的"核心区"：概念与分析理路》，《厦门大学学报》2010 年第 1 期。
② 刘传飞、张莉：《清代前中期的西北地缘政治演变》，《陕西师范大学学报》2014 年第 2 期。
③ 张羽新：《清代前期新疆历史地位的提高与清政府的筹边措施》，《新疆社会科学》1985 年第 2 期。
④ 左宗棠：《左文襄公奏稿》卷五三。

伊犁地缘政治地位险要，清人对伊犁的认识是，"表带河山，控压雄远，为省城西北咽喉重镇，乃西域诸城中第一形胜之地……故屯驻重兵，以资控制。"① "（天山）东捍长城，北蔽蒙古，南连卫藏，西系葱岭，因以为居神州大陆之脊，势若高屋建瓴"②清廷在天山南北设立了伊犁、乌鲁木齐、塔尔巴哈台、喀什噶尔四大重镇，各派大臣驻守，控制天山南北，而又"以伊犁为总统之区，以乌鲁木齐为孔要之道，以雅尔为封守之固，而南有回部诸城为之襟带，西北有哈萨克、布鲁特为之屏瀚"③

伊犁是整个清朝北方边疆防御体系最重要的支点，内外之防与中外之防并重，诚如清人祁韵士所称，"为新疆第一重镇。"④ 虽然控制伊犁并不足以控制全国，却足以动摇整个清朝北部边疆防御体系。"若以国防言之，天山南北为中国之城垣，中亚细亚则为中国之外郭。"⑤ "新疆命脉一系于伊犁，伊犁为新疆头颅，北路塔城，南路疏勒，则左右其肩臂也。乌鲁木齐为其腰脐。其足骨则东伸低于甘肃、青海。"⑥ 如失伊犁，则塔里木盆地易受攻击，乌鲁木齐则失屏障，而塔尔巴哈台的门户大开。而失去新疆，蒙古、西藏侧翼暴露，京师震动。

军事控制是保障这一战略空间最为有效的手段。"伊犁地极西徼，又为将军帅庭，故较之乌鲁木齐驻兵尤多，有满洲、蒙古八旗，有绿营屯兵，有锡伯、索伦、察哈尔、厄鲁特等兵，环卫森严。所以靖边圉而资控驭，最为整肃。"⑦伊犁将军府建立伊始，驻防伊犁的一位满洲将领就毫不隐晦地表达了清廷的意图，"国家之有伊犁也，外诸部总汇之区，为西陲保障之地；内尔重兵坐镇，外尔回夷抒诚。兵威固雄。"⑧

"伊犁向为准夷腹地，加意经画，故稿事颇修。今归我版图，若不驻兵屯田，则相近之哈萨克、布鲁特等趁机游牧，又烦驱逐。"⑨防御外夷，就是

---

① 马大正等整理《新疆乡土志稿·伊犁府志》，新疆人民出版社，2010，第180页。
② （清）钟广生等：《新疆志稿》卷一。
③ （清）张廷玉等：《清文献通考》卷二八四《天山北路》，文渊阁四库全书本，第3982页。
④ （清）祁韵士著、李广洁整理《西陲要略》卷2。
⑤ 曾问吾：《中国经营西域史》导言，商务印书馆，1936。
⑥ 苏莘：《论新疆边防》，《地学杂志》，四卷六期。转引自蒋君章：《新疆经营论》，1936，正中书局，第114页。
⑦ （清）祁韵士：《西陲要略》卷三。
⑧ （清）格琫额：《伊江汇览》。
⑨ 《清高宗实录》卷六〇六，乾隆二十五年二月癸未。

传统的"内外之防"。"我同俄罗斯所有交界之处，俱应暗中警惕，加以防范。……断不可轻忽。"①防御俄罗斯，则表达了"中外之防"。清廷在伊犁地区建设惠远"九城"，驻扎重兵，满营驻惠远、惠宁两城，锡伯、索伦、厄鲁特、察哈尔 4 营"分列四境"为伊犁屏蔽。伊犁 5 营均为携带家眷的驻防军，长期驻守。伊犁的驻军人数为一万二千余人，占新疆驻军的一半以上。

嘉庆九年（1804），嘉庆对伊犁的军事地位依然十分重视，上谕批示伊犁将军松筠："（伊犁）惟是新疆重地，设兵驻防武备最为紧要，此项田亩即分给官兵，只可令其交给闲余丁代为耕种，不当令官兵亲身力作，有妨操练，转致技艺日就生疏。"② 伊犁驻防满洲八旗训练之一就是"哈什围"，哈什围演练是由满族早年的狩猎撒围形式演变而来的，是将狩猎形式与军事训练结合的产物。它既有初始的娱乐性狩猎性质，又具有军事训练性质，通过哈什围，各营可以相互交流经验，相互学习技艺，以共同提高战斗力。这是保持满洲武力的一项重要军事训练内容。

二　国家权力在边疆的象征：伊犁将军府与"伊犁九城"

伊犁将军与科布多参赞大臣、喀什噶尔参赞大臣南北对应，远则与乌里雅苏台将军、绥远将军、吉林将军等形成北方的防御体系。伊犁将军与其他将军、参赞大臣的统治方式不同，几乎涵盖了方方面面的内容：国防、外交、屯垦、商业等事务繁杂，形成了一个相对完整的统治体系，成为清朝国家权力的缩影。

明瑞和阿桂是乾隆朝承担开发伊犁重任的封疆大员，对伊犁事务的认识是，"各城驻防将军衙门设立左司、右司、印房，虽委派本省八旗官员承办事务，然只办本省单一部落官兵事宜，此外别无他事。今伊犁有携眷之满洲、锡伯、索伦、察哈尔、厄鲁特等各部兵丁，再加屯田绿营兵，共计一万数千名，又有屯田回子五千余户。其中有在城驻防者，有在外游牧者，亦有

---

① 《满文月折档》，转引自《历史档案》1983 年第 3 期。
② （清）刘锦藻《清朝续文献通考》田赋十六·新疆屯田。

随所耕田地而居者，皆为其各自之生计有益安顿办理，远近不一，且又习俗不同。此外，商民往来本无定数，然常住者亦在二三千人左右。是故，伊犁地方事务极为繁杂"。① 由此，他们提出伊犁将军的机构不能与其他将军的机构雷同。

从明瑞和阿桂的陈词中可以看出，官兵与商民众族群成分复杂：满洲、锡伯、索伦、察哈尔、厄鲁特、汉（绿营）等；生计方式多样，有驻防、游牧、耕者、商民；风俗多样，习俗不同，管理不便，如内地商民"往来不定"。这与"然只办本省单一部落官兵事宜"的驻防将军管辖事务差距自然很大，"伊犁事务极为繁杂"，因此，其他各地的将军衙门一般都设左司、右司和印房，左司分掌兵、刑之事，右司分掌户、礼、工之事，印房分掌日行事件、印信及稿案等事。伊犁将军衙门内设印务处（又称印房）、粮饷处、驼马处、营务处等机构，分别办理各该事务。从清朝设置的 14 位将军职位上看，只有伊犁冠以"总统伊犁将军"，地位实较其他将军为高，这与其事权相应。清道光时期，凡关内来人参见伊犁将军，体制极为尊崇，"初次进见，皆带刀长跪，命之起，乃敢起"。②"伊犁将军之权限，实包括军事、经济、交通、司法、民政与边防六项"，"而蒙回部之朝贡、封爵、承袭、优恤诸务，亦莫不由将军或大臣之办理。故谓新疆伊犁将军之权力，有过于内地各省之总抚。"③

既然伊犁将军权柄之大，驻地自然要体现其政治等级和代表中央的象征地位，伊犁将军府驻地称之为"惠远"，威慑四夷、抚驭藩属，隐含在"惠泽远方"的意义之中，"天朝"的政治含义昭然若揭。虽然伊犁远离北京的战略核心区，四邻都是外夷。但是，它代表中央政权行使和承接一部分外交职能。不是所有的中亚"藩属"都能去北京朝贡，低层级的藩属事务则交给伊犁将军就近办理。不过，整套的仪式和办公程序则是仿照北京体制。由此，伊犁将军作为中央政权的缩影起到象征统治的作用。伊犁将军驻地惠远城自然成为表达"清朝国威"的一个权力象征中心。

---

① 北京第一历史档案馆藏《军机处满文录副奏折》第 2175—41 号，转引自吴元丰《清代伊犁将军衙门内设机构浅析》，《历史档案》2009 年第 2 期。

② （清）洪亮吉：《天山客话》，收入修仲一、周轩编注《洪亮吉新疆诗文》，新疆大学出版社，2006，第 254 页。

③ 丁实存著《伊犁将军设置之起因与其职权》，《边政公论》1943 年第 3 期。

据《伊江汇览》《西陲要略》《西域水道记》等书所记，惠远城最初周长9里3分，城高1丈4尺，周1674丈。乾隆五十八年（1793），即保宁任将军时期，惠远城已创建30余载，"因八旗兵丁生齿日繁，房屋狭窄"，原建房间不敷居住，于是奏请城市复向东部扩展240丈。① 如此则城周长共10里6分3厘，为天山南北第一。此外，仅建设一座惠远城还不足以显示清朝的"国威"，调集到此处的官兵家眷和屯田的民户等都需要城池保护。因此，清朝修筑"伊犁九城"城市群。在内地城市一般是单独修筑满城，在天山北路的乌鲁木齐修筑的是汉城（迪化）、满城（巩宁），唯有在伊犁修筑了九座声息相通的城池：以惠远城为中心，并陆续在其周围建起惠宁、绥定、广仁、宁远、瞻德、拱宸、熙春、塔尔奇八座卫星城，统称为"伊犁九城"。有清一代，在北方广大的边疆地域当中，仅有伊犁一地建设了"九城"。

城内主要是将军衙门、庙宇、官兵驻地、演武场、仓库、市场等；惠远城仿照中国传统建筑方式修造，布局整齐划一，纵横四条大街直通东西南北四座大门，大街四周分布小巷共48条，城市中心是高大的钟鼓楼，气势雄伟。城里分布着包括伊犁将军衙署在内的大小衙署200多所，八旗官兵住房一万余间。② 城内还设立万寿宫、关帝庙、八蜡庙、刘猛将军庙、火神庙、老君庙、城隍庙、龙王庙、风神庙、子孙圣母庙、社稷坛、先农坛、文昌宫、文昌阁、真武庙、魁星阁、祠堂、节教祠、喇嘛寺等。③

城东门外八里为普化寺（喇嘛庙），西门外建贸易厅。布鲁特、哈萨克

---

① 《西域水道记》《伊江汇览》俱称时间是乾隆五十八年，将军保宁于城东展筑240丈。《西陲要略》则记为五十九年，扩展120丈。参见祁韵士著、李广洁整理《西陲要略》卷2，山西人民出版社，1992。

② 乾隆三十年初建时为9184间，五十九年添盖兵房等1600间，共计10784间。参见《总统伊犁事宜》，中国社会科学院边疆史地研究中心编《清代新疆稀见史料汇辑》，第196页。

③ （清）松筠：《钦定新疆识略》卷4。按万寿宫在惠远城北门内，乾隆三十一年建；关帝庙原在北门内，乾隆五十七年移建西门大街；八蜡庙在鼓楼东，乾隆三十二年建立；城隍庙、祠堂都在北门内；刘猛将军庙在鼓楼西；社稷坛、龙王庙在南门外；先农坛在社稷坛北；风神庙在西门外；火神庙在北门内；文昌宫、魁星阁在东门内；节孝祠在东北隅；喇嘛寺初建于绥定城，后移建惠远城东门外河岸。参见松筠《西陲总统事略》卷5。另详见（清）格琫额：《伊江汇览·坛庙》，中国社会科学院边疆史地研究中心编《清代新疆稀见史料汇辑》，第22页；《伊江集载·坛庙祠宇》，中国社会科学院边疆史地研究中心编《清代新疆稀见史料汇辑》，第98～99页。

牧民每年在惠远城西门外互市牲畜等物。咸丰三年（1853）惠远城西南月芽湖旁设贸易厅，建房 48 间，专司对俄贸易，俄国货从萨玛里（今哈萨克斯坦播菲洛夫），火轮船溯伊犁河运抵惠远城，大宗的皮革、呢绒，金属制品，连英国的锯条、截锯、划玻璃刀、条绒也来到惠远，运去茶叶、大黄。城市空间上的内外有别，体现无遗。

鲁西奇、马剑撰文指出，"中国古代城市不仅是政治统治的中心，它本身就是统治者获取或维护权力的一种手段或工具；同时，城市还是一种文化权力，是用以标识统治者的正统或合法性，区分华夏与非华夏、王化之内与王化之外的象征符号。"[①]

三　民生建设的"内地化"

从国防角度看，清朝允许满洲、八旗携带家眷驻防。惠远城满洲、蒙古八旗驻军为 4240 名，惠宁城满洲、蒙古八旗驻军为 2120 名。乾隆五十年（1785），惠远城满洲官兵家口共 22274 口，惠宁城满洲官兵家口共 12458 名。八旗子弟承担世袭的兵役制度，旗丁一旦编入，须世代披甲。乾隆五十五年（1790），伊犁将军保宁为解决满营丁口的生计，曾奏请增加惠远城满营步甲 400 名，得到乾隆恩准，但以后不准增加。

驻军与家眷人口日益增多，物资匮乏，而从内地远距离调运物资的成本很高。"取之不易，守之尤难。"时人记载，"今大兵既驻其地，皆需谷食。因设屯田之法，开垦荒芜。回兵六千户，种地纳粮，仅足支用。各官薪俸，兵丁盐菜，必需于内地。每岁倒调内地银五十余万两，绸缎数万匹，与哈萨克交易牛羊马匹，变价充饷。又收关税地基银四万余两，及回城所交棉花布匹等项，使能足一岁之用，钱价昂贵。"[②]因此，支撑伊犁军饷都是从内地调运，称之为"协饷"。但是，粮食无法调运，为克服绿洲自然力的限制，进行垦荒和粮食生产。

从乾隆二十六年（1761）起，清朝陆续从阿克苏、乌什、库车、拜城、

---

① 鲁西奇、马剑：《空间与权力：中国古代城市形态与空间结构的政治文化内涵》，《江汉论坛》2009 年第 4 期。
② （清）椿园：《西域闻见录》，青照堂丛书本，第 5 页。

沙雅、喀什噶尔、叶尔羌（今莎车）、和阗、喀喇沙尔（今焉耆）、吐鲁番等地迁移 6000 户维吾尔农民，安置在伊犁河两岸定居垦荒。他们生产的粮食，除自己食用外，每年以粮赋的名义向当局交粮 10 万石左右，成为伊犁军民粮食供应的主要来源。其次是到乾隆三十四年（1769），陆续从内地增调绿营兵 2500 名到伊犁，主要安置在绥定、清水河、芦草沟一带，以 500 名操练巡防，2000 名屯田，五年更替。后来屯兵改为携眷，定额 2500 名，分为 25 屯，每屯 100 名。清朝还将内地的犯人发遣到伊犁种地，交给屯兵看管，所产粮食是伊犁军民粮食的另一重要来源。再次是迁移内地的无地农民到伊犁屯田，对屯田士兵和遣犯的家属，也分给土地，尽量把他们编入民籍，使其安心生产。另外，这一时期从黑龙江移驻伊犁霍尔果斯的索伦营游牧种地，从盛京（今沈阳）移驻伊犁河南岸的锡伯营着力务农。

伊犁进行屯田开发，乌鲁木齐、镇西则是国防与屯垦并重，大力发展屯田制度，天山北路的新垦土地面积不断增加，不过，开发的自然条件问题对屯田亦有深刻的影响。天山横亘新疆中部，对南北坡及塔里木和准噶尔两大盆地都有深刻的影响。从热量条件看，有利于天山以南而不利于天山以北；从水分条件看，情况恰恰相反，天山北坡年降水量比天山南坡多 1～2 倍，发源于天山的河流，全都是内流河。巴尔喀什湖、伊犁草原、乌鲁木齐盆地、巴里坤草原一线，形成了被戈壁荒漠阻隔而星罗棋布的草原绿洲地带，气候寒冷，只能种植一些耐寒的农作物，如小麦等。

乾嘉时期北疆垦区发展迅速，为"屯城"提供了广阔的腹地，根据华立先生研究，北疆垦区耕地总面积在道光元年（1820）超过 128 万亩。[①] 北疆草原变成了农业区，不仅为垦区各城市提供了粮食，而且出现了大量剩余。乾隆中期，"天下粮价之贱，无逾乌鲁木齐者。……其昌吉、特纳格尔诸处，市斛一石，仅索银七钱，尚往往不售。"[②] 粮食主产区古城的粮价还低于北疆其他垦区，乾嘉之交，当地一石粮食价格甚至长期低于五钱。[③] 剩余的粮食可以进入商品流通领域了。同时，乾嘉时期北疆各垦区还形成了一个连绵不绝的绿洲农业区，清人纪昀咏道："秋禾春麦陇相连，绿到晶河

① 华立：《清代新疆农业开发史》，黑龙江教育出版社，1998，第 140 页。
② （清）纪昀：《乌鲁木齐杂诗·民俗》。
③ 该粮价清单由穆渊先生根据第一历史档案馆的有关资料整理，收入其专著《清代新疆货币史》中，新疆大学出版社，1994，第 212～213 页。

路几千？三十四屯如绣错，何劳转粟上青天。"① 各"屯城"也是遥相呼应，"屯营列戍，烽堠相望。"②

无论是驻军、屯田还是修筑城市，首要目的都是保障伊犁驻军的需要。清朝不惜代价，在伊犁—乌鲁木齐—巴里坤一带大力进行开发建设，主要是为了克服地理力的限制——距离内地的核心区过远这一事实。此外，伊犁还铸造货币，建立了"宝伊局"，开发各种矿产资源，实行对外贸易等，这些前人多有研究，就不一一而论。

乾隆对伊犁的经济发展目标是，"（保宁）自抵伊犁以来，察看该处耕种百谷，屡岁丰收，牲畜滋生繁息……贸易之民亦渐增至数万。在此置产者既多，而于城市开铺，乡村耕种者亦复不少，较之从前，富裕数倍，实于内地无异。"③ 表达了乾隆希望伊犁衣食财赋与"实与内地无异"，实现"经济自立"的愿望。

四　作为国家"核心区"的伊犁

伊犁成为清朝的一个重要核心区，是在满蒙旗人的领导下实现的，在满蒙旗人的领导下，成功出现了一个以各族群共同参与国防建设和民生建设的宏大历史场景。按照嘉庆末年的《新疆识略》的人口统计，伊犁地区总人口是151940人，其中满营人口为35940人，约占24%；察哈尔、厄鲁特、锡伯、索伦营人口为61000人，约占40%；回户（南疆征调）为34300人，约占23%；绿营和民户（汉人）为20700人，约占14%。④ 满营、察哈尔等来自东北内亚的族群人口占到65%以上。同时，以南疆维吾尔人组成的"回户"和汉族组成绿营官兵主要是屯田开发，为驻军提供了大量的粮食和后勤保障。

乾隆中期，伊犁就成为新疆地区的教育文化中心：乾隆三十一年（1766），"各旗各设学房一所，教授八旗子弟"。乾隆三十四年（1769），伊

---

① （清）纪昀：《乌鲁木齐杂诗·风土》，第165页。
② （清）王树楠：《新疆图志》卷二九《实业》，台湾文海出版社影印本。
③ 《乾隆御制诗五集》，第四十八卷；《伊犁将军保宁奏伊犁各城户口耕牧情形·诗以志慰》，台湾商务印书馆影印文渊阁四库全书本，第1309册，第236页。
④ 吴轶群：《清代伊犁人口变迁与人口结构特征探析》，《西域研究》2010年第3期。

犁将军永贵上奏于惠远城建立满汉蒙古官学各一所，位置在惠远城营务处旁侧。① 同年又在两满营里各设义学一所。五十七年（1792），清朝在伊犁建立俄罗斯学校1所，培养与俄罗斯交涉的人才。

按照鲁西奇教授所提出的"核心区"标准：兵甲（军兵）、衣食（财赋）、人才（文武官员）以及合法性的地区，即兵甲所出、财赋所聚、人才所萃、正统所寄的地区。在核心区所应具备的四个要素中，兵甲与人才资源是最重要的，只有拥有此二者，王朝才有可能建立起军队和官僚系统。由此可见，清朝在伊犁的开发建设至少具备了四个要素：第一，实现了"兵甲有所出"，以满洲、察哈尔、厄鲁特、锡伯、索伦等人口增殖，以男丁作为世袭军职，稳定地为清朝提供后备的军事人员；第二，"人才所萃"，在伊犁建立旗学和俄罗斯学，是储备行政和外交官员的重要机构；第三，"财赋所聚"，虽然不能完全自给，但是粮食、货币等实现了部分自给自足；第四，"正统所寄"，保持着满洲的骑射与武力，满洲最为重要的制度就是"八旗驻防"。所以，从上述特征看，伊犁确实具备一个国家核心区的特点。

伊犁核心区自身特色鲜明：一是不同于内地，如江南核心区，主要是提供财赋和科举人员；二是不同于实行封禁的满洲龙兴之地——东北，保持满洲的纯粹性；三是不同于天山南路的回疆，回疆虽然有喀什噶尔参赞大臣，但是回疆人户不服兵役，也不实行科举考试。

伊犁核心区建设是一种特殊模式。

首先，以满族官员为主导，实施不同的族群政策。维持伊犁多族群社会的平衡和常态化运转。清政府分别就察哈尔及厄鲁特蒙古、鄂温克、达斡尔、满及锡伯等以游牧为主的民族的特点，因社会发展情况不同，将察哈尔蒙古军民安置于博尔塔拉，以游牧为生；将索伦军民中的鄂温克族安置于霍尔果斯河以西，以游牧狩猎为生；将达斡尔族安置于霍尔果斯河以东地区，主要从事农耕；将厄鲁特蒙古军民安置于昭苏、尼勒克、特克斯及新源等地，以游牧为生；将满洲和蒙古军民安置于新筑成的惠远和惠宁（今巴彦岱）两城；将锡伯族军民安置于察布查尔地区以农耕为生。这样，各族1万多名官兵连同眷属近4万军民，以惠远城为中心，沿伊犁河流域东西

---

① （清）格琫额：《伊江汇览·学校》，中国社会科学院边疆史地研究中心编《清代新疆稀见史料汇辑》，1990，第41页。

南北相环顾，组成伊犁特殊的亦军亦农亦牧的八旗驻防军团。

伊犁驻防八旗组建以后，锡伯、索伦营等很长时间不准许配备鸟枪和火炮，而满营则配备这些武器，故在训练方面，满营就有规范的鸟枪、火炮训练科目。伊犁四营则主要训练箭、枪（长矛）和马背技术，满营除了鸟枪、火炮以外，也练习骑射。①

其次，"因俗而治"文化手段治理模式。满洲统治者熟谙不同族群的文化，因此，能够娴熟运用文化手段进行统治。"伊犁"还是满汉各级官员因触犯"天条"被流放的地方，伊犁作为"苦寒之地"，对于来自被贬谪的满汉官员以及犯人，不啻是一种心理和文化方面的惩戒手段，如流放伊犁的不乏名宦（洪亮吉、徐松、林则徐、邓廷桢等），流放途中确实心情沉重。另外，伊犁将军以及属下的八旗官兵，对从东北森林草原远道而来的锡伯、索伦营等"准八旗"官兵则是一种职责，这些"准八旗"官兵世居在此，作为朝廷的倚靠，表现出对国家的忠诚。

最后，善于发挥内亚官兵的特长。伊犁驻军主力不是绿营，而是满洲八旗驻防和实行盟旗制度的蒙古察哈尔、厄鲁特、锡伯、索伦等官兵，占据人口的多数。"满洲八旗"和"准八旗"保留了比较强大的战斗力，八旗主要是以操练军事技术为主。另外，八旗除驻防以外，还承担巡边的国防任务。"新疆南北各域皆设卡伦，而伊犁为最多。伊犁境内，东北则有察哈尔，西北则有索伦，西南则有锡伯，自西南至东南则有厄鲁特。四营环处，各有分地。"② 伊犁将军辖区的边界线长，如果步行则巡边费时长、补给困难，此外，换防塔尔巴哈台和喀什噶尔是伊犁驻防八旗的另一重要军事任务。这一时空距离比较适宜善于骑射的八旗官兵出巡和换防。而绿营则主要发挥其熟悉农业生产的优势，以屯田为主。

可见，伊犁建设具有浓郁的内亚特色，与历史时期的核心区建设具有一定的差异性。如元与清，主要建设大运河，沟通首都与南方的经济联系。此外，江南的开发是以水利建设和开荒为重点，增加财赋收入。伊犁则体现了一种混合式的开发过程：既重视军事能力储备；同时也重视经济开发的作用，使得伊犁成为一块国防重地，不仅深刻改变了天山北路的地景，

---

① 佟克力：《清代伊犁八旗驻防始末》，《西域研究》2004 年第 3 期。

② （清）松筠：《新疆识略》，道光元年武英殿刻本，卷 11，第 201 页。

而且多族群共同开发伊犁也改变了这里的社会生态。

第一，"取之不易，守之更难。"以前中原王朝无法克服远距离的"地理力"，导致西域"时叛时服"，伊犁一百多年的开发史一定程度上缓解了"地理力"的问题。如作乱的小和卓霍集占曾说："莫若与中国抗争，地方险远，内地兵不能即来，来亦率皆疲弊，粮运难继……且近地并无强邻，收罗各城，可以自立"。① 非常清楚指出了这一地理距离对中国统辖天山南北具有天然的阻隔力。不过，伊犁核心区的建设，为中国北部提供了一个稳定的战略支点。历次平叛中，伊犁将军所辖官兵成为平叛的生力军，伊犁将军熟悉军务，屡屡成为平叛的总指挥，对疆域控制的时效性大大超过了前朝。

第二，巡边守卡，宣示主权，迟滞了俄罗斯对西域的蚕食。1834 年，沙俄勘察我国巴尔喀什湖地区，对清朝版图的觊觎之心表露无遗。谪戍伊犁的林则徐指出："近来卡外夷情与从前迥不相同，设遇裁官减弁，更必妄生揣测，溷播谣言，似与镇静边防，大有关系。该镇兵丁以耕种糊口，俱应安土重迁，势难骤予裁撤。"②伊犁作为清朝的军事重镇，不仅具有清晰的主权意义，而且对周边地区的管辖权也是明确的，使俄国不得不尊重清朝的主权，与伊犁将军进行交涉。

第三，改变了天山北路的人地景观。伊犁河谷原是以游牧为主的草原核心区，经过清朝驻屯官兵及家属、南疆来的回户、内地民户数代人辛勤地农业开发、建设水利设施，变成了灌溉千里的农业区。而且从东北征调过来的大量各族官兵家眷及其后裔在这里繁衍生息，最终成为世居民族，如锡伯、达斡尔族等。由此，新疆的世居民族增加了新的血液。

可以说，在清朝乾嘉时期开始的伊犁建设，对确保中国北疆的版图，宣示主权具有重大意义。需要指出的是，这是在非汉族群体领导下所取得的巨大成绩，是满族和其他内亚族群为维护国家统一做出贡献的明证。同时，这一历史遗产对于近代边疆地区的国家建构留下了深远的影响。

王柯认为，清朝之所以在天山南北不直接对当地民族社会进行统治，固然有出于利用当地民族上层便于统治的考虑，但更重要的则是出于在新

① （清）和宁：《回疆通志》，嘉庆九年刊本，卷 12。
② 林庆元：《林则徐评传》，南京大学出版社，2000，第 344～345 页。

疆保持一个区别于中国内地的军事自治领的目的。1762 年，乾隆任命了"总统伊犁等处将军"，推行了军府制度。伊犁将军不仅是新疆的最高军事长官，也是最高民政长官，乾隆时就将这一职位定为"旗缺"。直到左宗棠收复新疆时为止，担任过这一当时新疆最高职位的三十七人中，除了三位蒙古贵族（海禄、松筠、长龄）之外，其余均为满人。这种情况是清朝推行隔离政策所致，不利于国家的整合和认同。① 从笔者的研究看，这一观点也有不足之处。至少在伊犁的建设当中，清廷调集了不同族群的官兵、屯户进行实边，这是一种混合型的族群政策，并不完全是族群隔离；而以满族为首的各族官兵对中国的西北版图有守卫之功，不能忘记守边巡视卡伦、风餐露宿的主要是满族、蒙古官兵，从这些守卡官兵的书信中，依然可以读到他们对国家的一片赤诚之心。②

虽然清朝在伊犁的开发取得了前朝难以比肩的成就，但是在"千年未有之变局"形势下，在俄国这个日益工业化的近代强邻面前，在资源不对称的情形下，加上国内太平军起义，内地各省无法支付"协饷"。由于缺少国内的支持，伊犁丧失了战略平衡。在《中俄勘分西北界约记》中，清朝被割去了大片国土，清朝曾经在伊犁的"核心区"建设的历史功绩也黯然失色。同治期间，伊犁虽陷于俄国之手，但是，俄国也不得承认这是中国主权所在。曾纪泽通过谈判收复伊犁，终于保全了乾嘉时期伊犁开发的部分成果。

（黄达远：陕西师范大学中国西部边疆研究院教授）

---

① 王柯：《国际政治视野下的新疆建省》，原载于《二十一世纪》第 99 期，2007 年 2 月号；转载于《民族学与社会学通讯》（Sociology Ethnicity，中国社会学会民族社会学专业委员会、北京大学社会学人类学研究所）第 69 期，2010。

② 何叶尔·文克津：《发自辉番卡伦的信》，何叶尔·文克津时年 25 岁，是一名锡伯营的"披甲"，咸丰初去守卡，写下一篇家书。收录者认为"这是一篇反映清代中国士兵驻守新疆边卡生活最为生动具体的优美散文，洋溢着浓厚的爱国热情和高度的国防责任感"。见钟兴麒、王有德选注《历代西域散文诗选注》，新疆人民出版社，1995，第 246 页。

晚清新疆伯克变革研究[*]

王启明

提要： 文章利用新近影印出版的档案资料，研究了晚清新疆伯克的变革问题，指出新疆伯克的裁撤过程远比以往的认识要复杂，并以吐鲁番地区的水利伯克为例，不仅发现了一个新的水利伯克——柯柯巴什，而且对该地区的米拉布伯克的裁撤、分布与职能、出缺与补放、养廉银等问题做了初步的分析。

关键词： 晚清新疆　伯克裁撤　米拉布　柯柯巴什

关于晚清新疆伯克的裁撤问题，以往学者多以新疆建省，或刘锦棠光绪八年（1882）建议裁撤阿奇木伯克之奏折及光绪十一年十月"酌裁回官恳赏回目顶戴折"为标志，认为新疆伯克制度就此裁撤[①]，还有少数论著提及光绪十三年朝廷明确"所有伯克名目全行裁汰"的公文，据此认为伯克制度就此才退出历史舞台。[②] 但有些学者也已注意到残余的伯克制度仍然存在，如光绪三十年清朝还在任命塔什库尔干的阿奇木伯克，并拨给燕齐。[③]

---

[*] 本文得到国家社科基金青年项目"政治体制转型下的晚清新疆区域社会治理研究（1877 – 1912）"［项目号15CM2008］及中国博士后科学基金资助项目（Project Funded by China Postdoctoral Science Foundation）［2015m570808］的资助。

[①] 如曾问吾：《中国经营西域史》（商务印书馆，1936）第364页；林恩显：《清朝在新疆的汉回隔离政策》（台湾商务印书馆，1989）第95页；（日）片冈一忠：《清朝新疆统治研究》（雄山阁，1991）第169~173页；钟兴麒：《新疆建省述评》（新疆大学出版社，1993）第95~96页；齐清顺、田卫疆《中国历代中央王朝治理新疆政策研究》（新疆人民出版社，2004）第322页；段自成《清代北方官办乡约研究》（中国社会科学出版社，2009）第29页；等等。

[②] 如《新疆简史》第二册（新疆人民出版社，1980）第250页；纪大椿：《论清季新疆建省》（原载《新疆社会科学》1984年第4期），同氏《新疆建省余事述议》（原载《西北民族研究》1990年第1期），分别见氏著《新疆近世史论文选粹》（新疆人民出版社，2011）第68、84页；马汝珩、马大正主编《清代的边疆政策》（中国社会科学出版社，1994）第366页；苗普生：《伯克制度》（新疆人民出版社，1995）第80页；张世才：《清代新疆天山南路维吾尔社会结构与变迁》（《西域研究》2012年第1期）。

[③] 苗普生：《伯克制度》，第83页。

现在随着以吐鲁番档案为主的《清代新疆档案选辑》的影印出版，有关晚清伯克制度的变革过程，实际上比我们以往的认识更为复杂。缘此，本文先就晚清伯克的裁撤问题做一探讨，然后再以吐鲁番经济社会中起重要作用的水利伯克——米拉布为例，试对该地区的伯克变革做一深入的个案研究。

一 晚清新疆伯克的裁撤

早在光绪八年，刘锦棠就奏请"新疆各城，向设阿奇木伯克等员，其职衔有三四品者。见议建置郡县，拟设丞倅牧令各员，官阶既非甚崇，若回官仍循旧章，殊有枝大于本之嫌，似宜量为变通，以归妥善。郡县设定后，拟将回官各缺暨阿奇木伯克等名目，概行裁去。"① 但朝廷各部议奏后，认为伯克等"均有职掌责任，应更体察，妥议章程核办"②，然而此时南疆已经委派官员，刘锦棠表示"回官三四品阿奇木伊什罕伯克阶职较崇，臣前虑其权重扰累，曾请裁去衔额，实欲杜渐防微。相沿已久，未可骤加屈抑，拟请仍留顶戴，略如各省州县之待所辖绅士，假以礼貌，使有别于齐民。昔之众伯克等，分理粮役讼狱诸务，将来拟分拨为吏户礼兵刑工各书，与汉书胥杂处，互授汉回文言，期于相观而善。既可收其把持之权，又可籍为公家之用，似属两有裨益。俟印官履任后，徐为图之。如能行之有济，届时另行奏报。"③ 换言之，刘锦棠已经于光绪九年开始试验裁撤城关伯克，令其充当书役等职务，如果行之有效，再行奏报情况。而吐鲁番东部的佰什户裁改乡约就发生在光绪九年，所以这绝不是偶然的现象。④

至光绪十一年，刘锦棠系统地提出了《酌裁回官恳赏回目顶戴折》，但有些学者对此奏折存在明显的误读，兹录文如下：

① 刘锦棠、杨云辉校点《刘锦棠奏稿》卷3《裁撤阿奇木伯克等缺另设头目并考试回童分别给予生监顶戴片》，光绪八年七月初三日，岳麓书社，2013，第89~90页。
② 刘锦棠：《刘锦棠奏稿》卷5《委员试署准设新疆南路道厅州县各官并筹现办情形折》，光绪九年四月二十日，第138~139页。
③ 刘锦棠：《刘锦棠奏稿》卷5《委员试署准设新疆南路道厅州县各官并筹现办情形折》，光绪九年四月二十日，第140页。
④ 王启明：《晚清新疆吐鲁番社会史研究——以地方首领和官办教育为中心》第一章第三节，博士学位论文，南京大学，2014，第35页。

窃维回疆民事，从前委之阿奇木伯克等官，原以约束部众，乃该回目等往往倚权借势，鱼肉乡民，为所欲为，毫无顾忌。缠回语言文字隔阂不通，民怨沸腾；而下情无由上达，继遭安夷之变，该回目等苛酷尤甚，横征暴敛，朘削靡遗，民命不绝如缕。幸赖皇威遐畅，天戈所指，莫不闻风披靡。举二万余里之疆土还隶版图，使边民重睹天日。臣曩年规复南疆，每于进克一城，即咨商前督臣左宗棠拣员设局，办理善后，招集流亡，筹给牛籽农具，疏浚沟渠，使之尽力耕作，轻徭薄赋，与民休息。数年以来，荒芜渐辟，户口日增，地方渐有起色。其大小伯克额缺，虽亦拣委署理，究竟地方应办事宜，均责成各该局员察看情形，禀承遵办，但藉回目传颁教令，初未尝假以事权。现在南路新设道厅州县各官，委署已历年余，规模渐具。不乘此时量为变通，则过此以往，又必有积重难返之势。况阿奇木等承充伯克，多系三品四品，州县官阶尚居其下。乡愚无知，恐启玩狎之渐，而与州县俨然并立，于体制亦不相宜。在部院诸臣以事属更张，自应长思熟虑，而微臣见闻既确，计非裁去回官，实无以苏民困而言治理。上年通饬南路各厅州县，传集各该城关阿奇木等伯克，剀切开导，谕以在所必裁之故，准其各留原品顶戴，仍视城关事务烦简分设乡约，专司稽查。即于裁缺之回目选令承充，并视品级之崇卑，分送道厅州县衙门充当书吏乡约，酌给租粮。书吏酌给口食，以资养赡，不愿者听。其乡庄地远，骤难户晓，旧有之伯克暂仍不裁，遇有缺额亦不另补，以期渐照城关一律改设乡约。现据各属禀报，自试裁城关伯克后，经年以来，甚觉相安，毫无觖望，回民去其壅蔽，意亦渐与官亲，若更需以时日，语言相通，则疾苦可以自陈，而弊窦可期永绝矣。[①]

以往众多学者主要凭借这一奏折分析裁撤伯克的原因等等，并据此认为伯克制度被取消，但仔细梳理刘锦棠的奏报，其实此次主要裁撤的是位于城、关地区的阿奇木等伯克，广大农村并没有进行，且明确指出"其乡

① 刘锦棠：《刘锦棠奏稿》卷10《酌裁回官悬赏回目顶戴折》，光绪十一年十月二十七日，第322～323页。

庄地远，骤难户晓，旧有之伯克暂仍不裁，遇有缺额亦不另补，以期渐照城关一律改设乡约"，即对广大农村地区的伯克暂不裁撤，只是出缺后不予补放而已，借此慢慢减少，以期最终与城关地区一致。换言之，光绪十一年的伯克裁撤行动针对的只是各地的城关伯克，并没有涉及广大农村地区。那么，乡庄伯克裁于何时？如上文，虽有部分论著提及光绪十三年朝廷提出"所有伯克名目全行裁汰"，但这并不意味着南疆伯克就此消失，因为直到光绪十四年三月刘锦棠才专门下达了针对农村伯克变革问题的札文，内容如下：

> 钦加布政使衔新疆镇迪道兼按察使衔管辖全省驿传事务恩　为札饬事，案准新疆布政使魏　移开，案奉爵抚部院刘　札开，照得本爵部院于光绪八年奏请裁撤阿奇木及城关各伯克，改设乡约，专司指派稽查，其乡庄大小伯克及玉子巴什人等均仍其旧，惟伯克缺出，不得另补，以期渐照城关改为乡约，当经通饬遵办在案。现在已历数年，乡庄伯克出缺，谅必不少，其余各色头目究竟设立若干，均未据各属造报。兹据库车厅潘丞禀称，该厅除阿奇木已裁，伯克病故未经派充外，现在各乡伯克尚有四名，此外则有总管一乡水利之总密拉普，分管各庄水利之小密拉普，而各庄水渠之专司分水者又有柯柯巴什，又有经管地方事件之玉子巴什、温巴什，……又分设乡约，甚至一乡而又数乡约、数玉子巴什，其小密拉普、柯柯巴什则两三名，以至五六名不等，温巴什尤为乡约爪牙，其数更难究诘，业经分别撤留等语。本爵部院查地方水利农桑及一切应差徭钱粮等事，就地派人轮年应役，自有定章，内地里设一长，乡设一约，即通管一里一乡之事，若一事立一名色，一名色又设数人，或一经充当并不卸役，诚恐名色太多，不肖之徒鱼肉乡里，殊非本爵部院改设乡约消除积弊之本意，亟应查明各属乡庄伯克出缺若干名，现存若干名，改设乡约若干名，其乡约是否即以从前所裁之伯克充当，抑系由地方官另派人，玉子巴什、温巴什若干名，此外有无另称名色，至各乡庄总、小密拉普、柯柯巴什等系专司分水，自不能一概裁撤，以免农民争竞，惟应改为总散水利乡约，俾昭画一，合行札饬，为此札，仰该司即便移行各属，遵照指示各节，逐一缮具详细花名清册，限文到一月内一律赍送到辕，以凭

核办，毋违，此札。①

通过这份札文，我们再次确认当初裁撤伯克主要针对的是城关阿奇木伯克等，而广大农村的伯克仍然存在。经过几年，到了裁改乡村伯克的时候，必先调查农村的伯克情况。经调查，当时库车各乡尚有四名伯克，此外还有管水之总密拉布（mirāb）、小密拉布、柯柯巴什（kök baši）②、玉子巴什（yüz baši）③、温巴什（on baši）④，而且还有乡约的存在，"甚至一乡而又数乡约、数玉子巴什，其小密拉普、柯柯巴什则两三名以至五六名不等，温巴什尤为乡约爪牙，其数更难究诘"，如此乡村中的伯克看来问题不少。针对这种情况，刘锦棠指出"内地里设一长，乡设一约，即通管一里一乡之事"，而南疆农村却要"一事立一名色，一名色又设数人，或一经充当并不卸役，诚恐名色太多，不肖之徒鱼肉乡里"，这也并非刘锦棠"改设乡约消除积弊之本意"，所以要进行调查，逐步将这些玉子巴什、温巴什裁撤，但对从事管水事务的密拉布、柯柯巴什则不宜裁撤，为避免农民争夺水源，应改成水利乡约。从此，新疆的伯克裁撤运动才全面覆盖到农村，但各地情况到底如何，我们不得而知，兹以吐鲁番为例说明。

当光绪十四年吐鲁番直隶厅监督府接到镇迪道转来的以上刘锦棠的札文后，即于同年四月令当地的郡王、苏目等"讯将各处大尔瓜更改乡约名色，限三日呈报前来，以凭造册具报"⑤，可知"大尔瓜"⑥ 即是刘锦棠札文中"此外有无另称名色"的伯克之一，是否就此完成伯克裁改，答案是否定的，因为光绪二十二年吐鲁番当局还在"为更名谕充事，照得吐属东路各庄原设大尔瓜一役，业经照例改为乡约，所有原设胜金、三堡、木头

---

① 中国边疆史地研究中心、新疆维吾尔自治区档案局合编《清代新疆档案选辑》影印本，第11册，光绪十四年三月十七日（所引档案时间，下同），第250~251页。案，这条相同内容的残件还见于第2册，光绪十四年二月，第240~241页。

② 为一种水利伯克，详见后文讨论。

③ 玉子（yüz）在突厥语中是数词"百"的意思，巴什（baš）在突厥语中是名词"头、首"的意思，合在一起，"玉子巴什"即"百夫长、百人长"之意。

④ 温（on）在突厥中为数词"十"之意，所以温巴什（on baši）就是十人长之意。

⑤ 《清代新疆档案选辑》第11册，光绪十四年四月初九日，第255页。

⑥ 大尔瓜系清代的小伯克，未裁撤之前，是晚清吐鲁番基层社会三大头目（大尔瓜、米拉布、乡约）之首，详参王启明《晚清新疆吐鲁番社会史研究——以地方首领和官办教育为中心》第二章第二节，博士学位论文，南京大学，2014，第35页。

沟乡约阿思木、吐尔底、哎里木牙思自应改名甲长，以归一律"①，即大尔瓜更改为乡约，原有的乡约又更为甲长。待光绪二十九年，郡王划归新成立的鄯善县后，进一步推动了吐鲁番东部地区的伯克裁改运动，至光绪三十二年，当地官府明确提出"叶郡王既经分隶鄯善县管辖，所有原设大尔瓜名色应即裁革，改名乡约，承办地面一切公事；原设乡约改名甲长，兼办催粮应差诸事；并酌设庄头，兼管水利。"② 至此，吐鲁番地区的伯克裁撤才算基本完成，但距清朝灭亡仅余五年而已。吐鲁番作为绿洲社会，管理水务的密拉布、柯柯巴什小伯克在当地经济社会生活中自然起着不可替代的重要作用，以下便从此类水利伯克展开。

二 吐鲁番米拉布的裁撤

1. 米拉布的裁改

米拉布，文献中又写作密喇布、密拉布、密拉普、米拉卜等，根据王东平的研究，该词实系 mirāb bek，即米拉布伯克，其中 mir 为阿拉伯语 Amir 的省略形式，āb 系波斯语"水"之意，bek 即伯克。③ 学术界对米拉布的研究已非常丰富，其职责有如文献所载"密喇布伯克，职司水利疏浚灌溉之务"。④ 前文所引光绪十四年档案中的一段话有助于我们加深对水利事务伯克的认识，即"总管一乡水利之总密拉普，分管各庄之小密拉普，而各庄水渠之专司分水者又有柯柯巴什"，可知总管一乡之水利者为总密拉普，分管各庄之水利者为小密拉普，而各庄水渠之专司分水者为柯柯巴什。也就是说柯柯巴什（kök baši）是专门从事水渠分水的头目，这是以前传统文献中从未出现的伯克。此前，只有哈特曼（Martin Hartmann）在其考察报告中提到过这一伯克，如"Kukbaschi 拥有管理水路、堤防以及土地水源的分配权力"⑤。其实，柯柯巴什在现代维吾尔语中写作 كۆكباشى

① 《清代新疆档案选辑》第 20 册，光绪二十二年七月三十日，第 280 页。

② 《清代新疆档案选辑》第 20 册，光绪三十二年闰四月二十日，第 194 页。

③ 参见王东平《清代回疆法律制度研究》（1759–1884），黑龙江教育出版社，2002，第 130 页。

④ 钟兴麒校注《〈西域图志〉校注》，新疆人民出版社，2002，第 429 页。

⑤ Martin Hartmann. *Chinesisch-Turkestan, Geschihte, Verwaltung, Geistesleben und Wirtschaft.* Halle a. S, 1908. (Kessinger Legacy Reprints) S. 26. 谨案，片冈一忠早先亦引用过此条材料，但未加解释，参见《清朝新疆统治研究》，第 208 页。

（kök-veši）^①，其中 kök 有根基、基层之意，似可引申为提防、水渠。而 vaš 又可与 baš 在新疆方言中相通^②。在建省后的伯克裁改过程中，如前文，光绪十四年刘锦棠特意指示"至各乡庄总、小密拉普、柯柯巴什等系专司分水，自不能一概裁撤，以免农民争竞，惟应改为总散水利乡约，俾昭画一"。但直到光绪二十三年的头目点卯中，虽有管水乡约的头目，更多的仍是大量的米拉布头目。至光绪三十二年，吐鲁番监督府钱宗彝在一件公禀中批示到：

> 查叶郡王既经分隶鄯善县管辖，所有原设大尔瓜名色应即裁革改名乡约，承办地面一切公事，原设乡约改名甲长，兼办催粮应差诸事，并酌设庄头监管水利，兹据尔等禀称买铁热木人尚朴实，堪以接充乡约，满里下勤慎稳练，堪以举充甲长，自应照准，庄头一役即以先管水利之何子提承充，仰即传令赴案领谕各专责成，此批。^③

看来，随着大尔瓜更改为乡约，原先的乡约又更改为甲长，米拉布也被改为庄头。至此吐鲁番地区的伯克残余才从名号上去除。此后，庄头便大量出现于档案当中，因其所司职务与米拉布相同，本文附带涉及庄头的探讨。米拉布伯克在晚清吐鲁番社会中存在了相当长的时间，但有关其具体分布、出缺与补放、其养廉银等问题尚未见有研究，以下对此分别探讨。

2. 米拉布的分布及其职能

水利伯克在新疆绿洲经济社会生活中地位不同一般，其在吐鲁番当有大量分布，为便于考察，我们以档案中五个年份的数据为例（见表1）^④。

表 1　吐鲁番地区水利伯克的分布

年份 地区	光绪八年	光绪十一年	光绪十四年	光绪十六年	光绪二十三年
鲁克沁南渠	托呼达买提、开其木	米及提	密及提	密及提	美及提

① 新疆维吾尔自治区语言文字工作委员会编著《维汉大词典》，民族出版社，2006，第 837 页。

② Gunar Jarring. , *An Eastern Turki-English Dialect Dictionary*, Lund: Cwk Gleerup, 1964, p331.

③ 《清代新疆档案选辑》第 5 册，光绪三十二年闰四月十五日，第 17 页。

④ 五个年份材料分别见于《清代新疆档案选辑》第 1 册，光绪八年二月，第 199～202 页；第 1 册，光绪十一年，第 371～376 页；第 2 册，光绪十四年二月，第 246～250 页；第 12 册，光绪十六年正月二日，第 93～95 页；第 63 册，光绪二十三年四月二十八日，第 386～388 页。

续表

地区＼年份	光绪八年	光绪十一年	光绪十四年	光绪十六年	光绪二十三年
鲁克沁北渠	铁毛尔（兼办台车局）	铁毛尔	铁毛尔	铁帽尔、沙底克	沙的可
洋海	□尔（病）	达五提	达五提	达五提、吉利尔	札以提
吐峪沟	拜克热	克衣木牙思	克衣木牙思	纳思尔	哈以提
二堡	奴尔那	奴尔那	阿买提	阿买提	阿未提
三堡	托呼提协海	托乎提协亥	托乎提协亥	托呼底协亥	铁以甫
胜金	□素普	由素普（病）	哈里登	哈里登	热米牙四
连木沁	□咱	达五提	达五提	—	热喜提（有病不到）
秋望克尔	克里牙斯	孕吉提	孕及提	孕及提	孕吉提
汉敦	哎里八亥	二希等	尔西东	哈以提	坎以提
辟展	阿子、奈子尔八亥	呐子	呐子	阿木尔、腮底八亥	阿木耳①
二工	□克素提（在新城）	他立普	他里甫	—	色提八亥
三工	□尔八海（催粮）	吉利尔	吉利尔	—	沙以提
树柏沟	□奴思	布尔汉等	布尔汗登	布尔汗登	—
沙河子	□易尔、孕四尔	孕四尔	阿不都拉	阿不都喇、哈底尔	—
东西山	—	一麻目牙思（不到）	易麻目牙思（不到）	—	
鸦尔巴什	—	—	—	—	铁木尔（管水乡约）
洋沙尔	—	—	—	—	热引八亥（管水乡约）

注：①辟展六十户米拉布。

如表 1 所示，米拉布在当地社会中有着广泛的分布。至于光绪三十二年庄头数目的减少①，系光绪二十九年从原吐鲁番直隶厅划出成立新的鄯善县所致。表中五个年份的米拉布分布相差不大。按理，米拉布只管水利浇灌

① 《清代新疆档案选辑》第 21 册，光绪三十三年十二月初二日，第 197～199 页。

事业，但三工米拉布也从事催粮差事，光绪八年鲁克沁北渠的米拉布还兼办台车局事务。看来，米拉布的职能并不局限于水利事务。如光绪十五年，官府要支发书役口食，就曾饬令三工米拉布讯将应交额粮小麦就近交付巡司衙门以作书役口食之费①，不过属于村庄级别的三工本身并不配备职位较高的大尔瓜，所以米拉布催收钱粮只不过是代行大尔瓜的职能而已。但对于拥有大尔瓜的树柏沟地区，米拉布仍得催办额粮。② 据表1三堡来看，米拉布如同大尔瓜，也没有明确的任期，只要不犯过，或生病请假等，都可以继续担任。但对于专管水利的乡约，似乎更倾向于轮流担任。③

3. 米拉布的出缺与补放

一般说来，米拉布的出缺主要有两种情况：第一类如同大尔瓜，因办事不力、贪污苛派等被革出缺，补放的人员有乡约、通事或者普通的户民；第二类，因大尔瓜被革出缺，米拉布升职递补大尔瓜，导致米拉布一职出缺，往往由其下面的乡约递补。至于米拉布的接替之人一般需"为人公正，勤慎可靠"，兹略举几例以示说明。

  案例一：禀，秋望河众缠民等叩禀大老爷案下，敬禀者，窃小的等蒙谕因大尔瓜哈里提办公不力，已经革退，着小的等公举办事正直之人，今小的等举保得米拉布尕吉提堪充大尔瓜，乡约热喜提堪充米拉布，有缠民托乎打买提堪充乡约，理合具禀，恳求恩施验放，寔为公益，谨禀。◎候各验放给谕。④

  案例二：谕委通事油奴思知悉，照得案查树柏沟米拉布都尔罕办事多年，理应更换，查该通事油奴思办事勤慎，堪充米拉布以专责成，合行谕委，为此谕，仰米拉布油奴思遵照，自委之后，务须勤慎办理，黾勉公事，勿得始勤终怠，有负委用之至意，切切勿违，特谕。⑤

① 《清代新疆档案选辑》第12册，光绪十五年十二月十二日，第62页。
② 《清代新疆档案选辑》第11册，光绪十三年正月二十日，第44页"树柏沟米拉布不尔罕叩禀大老爷案下，敬禀者，窃查小的所管树柏沟户民夏粮去年业已扫数完清，下有未完秋粮三十余石，均系贫穷小户所欠，来吐完纳，脚力实难，慈祈恩宪格外赐恩，准小的树柏沟户民等将未完秋粮仍在辟展粮局完纳，实沾恩便，如蒙允准，户民等均感大德于无既矣。◎该民欠粮赶赴吐城完纳，毋再拖延干究，此批。"
③ 《清代新疆档案选辑》第4册，光绪二十八年五月二十六日，第240~241页。
④ 《清代新疆档案选辑》第1册，光绪五年十月，第103页。
⑤ 《清代新疆档案选辑》第1册，光绪六年六月初十日，第141页。

　　案例三：具公禀，二苏目沙底尔、洋沙尔户民由奴思、鸦尔巴什户民……等谨禀大老爷案下，敬禀者，窃目民等情因哈的尔米拉卜分水不公禀请斥革等情一案，目查当年善后局章程，夏水头轮洋沙十一天，鸦尔巴什十一天，沙河子十八天，共四十天为一轮，秋水头轮洋沙分水二十二天，沙河子分水八天，亦系三十天一轮。头轮鸦尔巴什未分，二轮鸦尔巴什分水二十二天，沙河子分水八天，洋沙二轮未分，每轮挨次轮分。哈的尔米拉卜未知章程，以致众户民均皆不服，故联名禀请斥革，另举妥人接充，现在所据之沙五提乃系哈的尔之小甲，若伊充当米拉卜，哈的尔并各户民均皆不允，现在目同两处户民等筹商数四，哈的尔该欠外债尚多，无力归还，公议本年一年洋沙各户分给一石地之水、鸦尔巴什分给一石地之水，令伊自行耕种，以便清还外债，一年限满不得再行占浇估种，议定皆悦从，所有米拉卜一缺恳恩裁撤，以清弊端，所有洋沙、鸦尔巴什两处各举乡约一名专管户口，兼办水利，以安农业，庶免贻误，实于地方大有裨益……

　　◎抚民府朱批：核阅来禀尚属公允，应准照办，仰该苏目会同各户民迅即公举妥确乡约二名听候验充以免贻误。①

　　据上，案例一属于典型的层级递补；案例二属于米拉布因事被革，由他人补放的典型代表；案例三则属于不晓业务而被控告，最后被革，并且连米拉布的职位都被改换为管水乡约。而所补之人在道德上要公正，能力上则要办事谨慎等。总之，在彻底更制之前，米拉布在农村基层社会三大头目（达尔瓜、米拉布、乡约）中处于中层，职权相对有限，但有晋升达尔瓜的机会，达尔瓜则没有升迁的机会。

　　4. 米拉布的养廉地

　　米拉布如同达尔瓜也有一定的口食廉地，如下：

　　具恳禀，二堡已革庄头阿子提谨禀大人钧座，敬禀者，窃庄头自光绪二十九年承充庄头，已历年矣，夙夜匪懈，矢勤矢慎，历经各前宪均有惠施，惟大人莅任恩深再造，无微不至，屡蒙训示安分，足见慈爱之至意，当效犬马之劳，竭力奉公，虽报鸿恩于万一。现因庄头

---

① 《清代新疆档案选辑》第83册，光绪二十一年四月初三日，第336页。

有事请假，已蒙允准，谕令庄头将今年麦湖儽地出产与现充庄头色提牙思分拨一石五斗之出产，等因奉此，庄头曷敢不遵，惟儽地规章，谁种谁收获，历经如此办理，二堡已革乡约买持热引与庄头事同一律，伊之儽地经蒙准伊一人收获在案，兼之庄头往年因公亏债，年累一年，堆积巨款，无项可抵，恳请将今年出产准归庄头一人收获，以公还公，俾符规章，庶免赔累，如蒙恩准，伏乞批示祗遵，恭请金安，庄头阿子提谨恳。①

对于庄头的请求，官府批示：

查尔本年所种麦湖地三石五斗，仅拨一石五斗出产归色提牙思经收，是尔所得较多，本府前已当面吩咐尔应恪遵，至买特热引去岁接捏则尔之手，所有麦湖地出产均归捏则尔收货，故今岁捏则尔接买特热引之手，仍照旧办理，尔之情形与伊等大有迳庭，何得相提并论，所禀应毋庸议，此批。②

以此案为例，庄头养廉地为三石五斗，如果考察同治动乱前南疆的米拉布，一般为六、七品伯克③，据《西域图志》记载："六品伯克，每员给五十帕特玛籽种地亩，种地人十五名。七品伯克，每员给三十帕特玛籽种地亩，种地人八名。其密喇布伯克各员，专司灌溉，原有例分地亩，不另拨给，止给种地人各五名。"④ 再根据《西域地理图说》的记载，一巴特玛通常以五石三斗计算⑤，即使按照动乱前属于七品伯克看来，改制后庄头的养廉地也已少之又少。如果清代确实不给米拉布养廉地亩，则其例分地亩也应该属于私有，但现在这三石五斗的廉地也要谁种谁得，而且不再有专属的种地人。即使对于已经请假的庄头，如果还没彻底出缺，又有新的庄头在履行其事，则两人也应对半平分，而本案庄头仍想全收，最后被官府

① 《清代新疆档案选辑》第 5 册，光绪三十三年五月十六日，第 89~90 页。
② 《清代新疆档案选辑》第 5 册，光绪三十三年五月十六日，第 90 页。
③ 参见王东平《清代回疆法律制度研究（1759–1884）》，第 109~117 页。
④ 《〈西域图志〉校注》，第 429 页。
⑤ 阮明道主编《西域地理图说》，延边大学出版社，1992，第 75 页。有关新疆计量单位的探讨可见纪大椿《近世新疆通用的计量制度和工具》（氏著《新疆近世史论文选粹》，新疆人民出版社，2011）第 253~265 页。

否决也在情理当中。建省后的米拉布或者庄头公正办事，极有可能因公欠债，前引案例三中的米拉布就欠了不少外债。再如一件年代不详的档案显示，改革后的牙尔巴什管水庄头有时是为了不误公事，常常是顾此失彼，如下：

> 窃小目于去岁因众户公举接充牙尔巴什庄头以来，昼夜看管水利，迄今年余，黾勉从公，幸无贻误，理应始终如一，不负众户之心，奈小目单身只影，家有七旬老母，又兼小目近东〔冬〕横多疾病，而且膝下子女均无，庄事日需用人，顾此失彼，恐误众户之地，其关系不可谓不重，筹思至再，是以不揣冒昧，肃具？禀，恳乞大人作主，俯照小目辞退庄头之责，以便众户另举强壮之人接充牙尔巴什之水利，以专责成，而重农务，则不胜感激之至，为此谨禀，伏候批示祗遵。①

据上可知，要想真正从事米拉布的职务并不容易，以此案为例，改革后的管水庄头得昼夜巡视水利，才能保证无事，但也因此无力分心照顾老母，最后只得禀恳辞退米拉布之职。

三　结语

透过本文分析，新疆伯克的变革，从光绪九年刘锦棠裁撤城关伯克起，中间经过光绪十四年的农村伯克裁撤，一直延续到光绪三十二年，新疆伯克的变革才算基本完成，至少吐鲁番地区的情况如此。即便这样，晚清新疆伯克的裁撤也并非"一概裁撤"，政府还是考虑到南疆特殊的绿洲经济生活环境，适当保留了与南疆地方经济生活密切相关的水利伯克，即便其后来被改为水利乡约，但所司职能并未改变。缘此，任何制度的改革都不可能一蹴而就，必有其漫长的演变过程，晚清新疆伯克的变革也不例外。

（王启明：陕西师范大学中国西部边疆研究院助理研究员）

---

① 《清代新疆档案选辑》第6册，时间不详，第157页。

民国时期三次康藏战争研究

周伟洲

提要： 本文据中国及英国的档案资料，论述 1912 年、1917～1918 年、1930～1933 年康藏三次战争的起因、经过和结果，并揭示英国在战争中干涉中国内政、试图充当"调解人"的活动。最后，对三次康藏战争的历史根源、性质和影响作了分析。笔者认为在民国特定的历史时期，三次康藏战争虽然是中国国内各省区之间为争夺权益而发生的内战；但又具有特殊性，因西藏地方系中国边疆民族地区，自 1911 年辛亥革命以来英国侵略势力进一步深入该地区，企图以支持西藏"自治"为名，将西藏地方纳入其殖民体系之中，成为印度与中国的"缓冲国"。因此，西藏地方与西康、青海的战争和划界问题，又涉及中国主权和领土完整的问题，故引起民国中央政府及全国人民的高度关注。

关键词： 康藏战争　起因　经过　性质　影响

一　1912 年第一次康藏战争

1. 第一次康藏战争起因及川滇军的西征

1911 年辛亥革命爆发后，在英国的支持下，十三世达赖喇嘛从印度返藏，"驱逐"江孜、日喀则、拉萨驻军的同时，又于 1912 年初派遣藏军向今四川西部（即藏族称为"康区"，后民国时建西康省）进攻，一般称之为第一次康藏战争或第一次康藏纠纷。[①] 这是西藏局势进一步恶化的重大事件。达赖喇嘛及西藏地方上层集团之所以如此，是有其历史根源的。西藏地方自 13 世纪元朝起即为元朝中央政府所管辖，历经明清两代。在清朝雍正二

---

① 康藏之间发生的是武装冲突，并非一般的矛盾和纠葛，故用"战争"一词较"纠纷"一词更为妥切。

年（1724），清抚远大将军年羹尧平定青海西蒙古罗卜藏丹津之乱后，取其所辖之青海及喀木（即西康地区）之地，并上奏《青海善后事宜十三条》，内就明确地提出："兹值平定西海，凡系巴尔喀木（即康区）地方，皆当收取。"① 雍正三年（1725），由松潘镇总兵周瑛勘定西藏东与四川之界："于南墩宁静山岭上建立界碑。岭东之巴塘、里塘属四川，岭西属西藏。"② 十年（1732），青海西宁、四川、西藏各派员会同勘定青海与西藏之分界，划归西宁（青海）管辖四十族住牧地界和西藏管辖三十九族住牧地界。③ 以上分界一直延续近二百年，直至清末赵尔丰在川边推行"改土归流"，将原驻藏大臣和西藏地方政府所属察木多（昌都）、洛隆宗、边坝等地"收回"，拟行改土归流。

辛亥革命爆发后，川督赵尔丰和代理川滇边务大臣傅嵩炑相继抽调驻防川边的军队，回四川内地镇压革命。边务大臣长期离任，川边驻防空虚。于是达赖喇嘛乘机秘密遣人至康区，煽动该地藏族土司、头人和僧人起事。④ 在赵尔丰进行改土归流的川边藏区，被废除的土司及地方头人和寺院上层喇嘛乘机复辟，各地普遍发生了武装暴乱，驱逐汉军汉官，恢复了原来的土司制度和喇嘛寺庙的特权，川边形势迅速恶化。至1912年初，藏军乘川边局势动荡的机会，攻占了定乡，阻断了川藏的交通；接着，又攻陷江卡、乍丫、稻城、三坝、南敦等处，理塘、河口、盐井也相继失守，巴塘、昌都被围数重，康定（打箭炉）大震。至1912年7月，川边未被藏军攻陷的，"南路只泸定、康定、巴安等三县"；"北路只道孚、瞻化、炉霍、甘孜、德格、邓柯、石渠、昌都等八县"。⑤ 西藏毗连川滇，一有危迫，直接威胁到四川、云南的安全。

川滇两省鉴于藏军进攻川边所造成的危急局面，多次急电中央并通告各省军政长官，请求"派遣川滇各边劲旅，星夜赴援"⑥，解救被围边军，

---

① 《年羹尧奏陈平定罗卜藏丹津善后事宜十三条折》（1724年5月11日），引自《元以来西藏地方与中央政府关系档案史料汇编》（2），中国藏学出版社，第356页。
② 《卫藏通志》卷二《疆域》。
③ 《卫藏通志》卷十五《部落》。
④ 尚秉和：《西藏篇》，载《民元藏事电稿》、《藏乱始末见闻记四种》合刊本（以下简称《民·藏合刊本》），西藏人民出版社，1983，第139页。
⑤ 北洋政府外交部编《藏案纪略》，第25页。
⑥ 《民元藏事电稿》，《民·藏合刊本》，第7页。

为彻底解决西藏问题作军事布置。民国政府总统袁世凯对于西征顾虑重重：一怕西征耗费款项；二怕川滇乘机扩大军备，不利于他借退伍裁军之机削弱革命党人势力；三怕川滇军队进入川滇藏区后争夺地盘，再起冲突。然而，最重要的是他害怕引起外国干涉，不利于袁世凯政府求得列强的承认。直至 5 月 7 日国务院还电告驻重庆总司令熊克武："惟国内集款，固属万难；收（借）入外债，启人干涉，此时只宜设法减兵，不宜更增兵队，俟大局粗定，再集合群力经营西藏"。① 由于袁世凯的压制，痛失西征良机。后西藏局势的恶化，眼看西藏、川边变乱演成燎原之势，在全国特别是川滇军政长官、人民的强烈要求下，民国政府终于 6 月 14 日正式电令四川总督尹昌衡率军西征，又命令云南都督蔡锷"迅拔得力军队，联合进藏，竭力镇抚"。②

7 月 5 日，尹昌衡亲率川军前队 2500 名，从成都向川边进发。8 月，尹昌衡所率川军兵分两路：北路由刘瑞麟带领，循道孚、炉霍、德格西进，支援昌都；南路由朱森林带领，出河口、理塘，进占巴塘，南北两路拟在昌都会合。殷承瓛率滇军，由维西出盐井，拟经察隅、珞瑜直入拉萨，解救驻藏钟颖新军。川军南路出河口后，一路势如破竹，"直捣里塘"；北路"衔枚急走，避实捣虚，暗渡德格，巧占昌都"。滇军也进据盐井。③ 川滇军西征节节胜利，"计出关不过三月，打箭炉、理塘、巴塘、昌都皆定"。④ 川边的形势基本稳定下来。

民国政府在下令西征的同时，为了避免英人干涉，命外交总长陆徵祥接见英国驻华公使，指出"川兵入藏，全为平乱，至希英国严守局外中立"，并提议按以下四条原则修订《西藏条约》："（一）西藏永为中国领土；（二）一切责任均由中国负担；（三）商务上利益，中英两国共享有之，惟政治不得顾问英国；（四）英国不得驻兵西藏，他国亦然"。⑤

1912 年 8 月 10 日，江孜关监督史悠明从印度致电民国政府蒙藏事务局称："现达赖喇嘛已于本月二十四号由噶伦堡回藏督战。昨已电知四川都

① 《民元藏事电稿》，《民·藏合刊本》，第 4 页。
② 《民元藏事电稿》，《民·藏合刊本》，第 11 页。
③ 《民元藏事电稿》，《民·藏合刊本》，第 47 页。
④ 《西藏篇》，《民·藏合刊本》，第 141 页。
⑤ 朱绣：《西藏六十年大事记》，1925 年印本，第 28 页。

督。拉萨蛮兵，近已增至数万，围攻汉军益急，官兵被困已久，粮食断绝，
子弹将罄，援兵未至，士卒日以马肉充腹，实有垒卵之急。大局存亡，止
在旦夕，恳促川军兼程进援，迟则不可挽救"。① 于是，尹昌衡令边军尽集
于昌都，以黄煦昌为集中司令，统率昌都军事；以营长张茂林为征藏前锋，
"乘藏番溃归之便"，"西进千里，据江达以待后令"。江达为"拉萨之咽
喉"，距拉萨仅 200 余里，尹昌衡拟改江达为太昭府，任张茂林为知事，秣
马厉兵，只待号令，即可挥师进取江达，直入拉萨；② 时西征军刘瑞麟与藏
军大战俄洛桥，藏军总指挥潜逃回藏，溃散之藏军约 500 人来归者，尹昌衡
乃籍其名，编入西征军，决议从中路直趋拉萨。与此同时，滇军也进入了
康区，攻克了乡城，拟由南路经波密进军拉萨。③ 西藏的局势出现了转机。

8 月 13 日，民国政府电令驻各国外交代表，分别向英、俄、日等国发
表了关于蒙藏地区的五项声明，指出蒙、藏系中国领土，"民国对于各国侨
民力任保护，各国不得借保护侨商之名，增加军队及分派驻扎等事"；"现
蒙、藏反抗民国，是为国际公法所不许，外人不得为蒙、藏乱党之主使
者"。④

2. 英国干涉川滇军的西征及中英交涉

中国政府派遣军队入藏和川、滇各路军的节节胜利，使英国政府再也
"忍耐"不住了。1912 年 6 月，当川军即将发起西征时，英国政府连连向
袁世凯政府施加压力。英驻华公使朱尔典（J. Jordon，旧译作"朱迩典"）
要求英国外交大臣格雷（E. Grey）授权他向袁世凯政府提出警告："不能指
望我们会给中央政府财政援助，以便它腾挪出地方的款项来进行对遥远地
区的军事行动。"⑤ 6 月 23 日，朱尔典会见袁世凯，提出："西藏问题今后
通过友好谈判，容易解决，而当时使用武力，严重妨碍了和平解决"。⑥
1912 年 7 月 11 日，印度事务部向英外交部提出："已经到了以明确形式

---

① 《民元藏事电稿》，《民·藏合刊本》，第 20 页。
② 《民元藏事电稿》，《民·藏合刊本》，第 46 页。
③ 《西藏篇》，《民·藏合刊本》，第 141 页。
④ 《东方杂志》第 9 卷第 4 号，中国大事记。
⑤ Great Britain, Foreign Office Record. FO. 535, Correspondence. Respecting the Affairs of Tibet. 以
下简称 FO. 535 /15, No. 193, pp. 153 – 154.
⑥ FO. 535/15, Jordan Memorandum, p. 150.

陈述英王政府的西藏政策的适当时候"，并且草拟了政策声明。① 英驻华公使朱尔典对此表示完全同意。② 8 月 15 日，英外交大臣葛雷将印度事务部草拟的声明作了若干删改，电告朱尔典，指示他说："立即向中国政府递交书面声明"。③

1912 年 8 月 17 日，朱尔典向民国政府外交部递交了英国政府关于西藏问题的五点备忘录，即所谓的《朱尔典备忘录》或《八一七备忘录》。该备忘录首先叙述了 6 月以来朱尔典与袁世凯会晤的情况，随即宣布英国对西藏的政策如下：

> 一、陛下政府过去曾经承认中国对西藏的"宗主权"，但从未承认也不打算承认中国有权积极干涉西藏的内政，西藏内政应如各项条约所期望的那样由西藏当局掌握，1906 年 4 月 27 日条约第一款授权英国和中国必要时采取相应步骤，保证充分履行条约之规定。
>
> 二、陛下政府根据以上这些理由，全然反对中国驻西藏官员近两年执掌该国全部行政大权的行为；并且全然反对袁世凯总统 1912 年 4 月 21 日命令中宣布的原则，即应将西藏与"中国各省一体看待"，有关该国的一切"行政事务"，"均将属内政范围"。④
>
> 陛下政府正式拒绝接受对西藏的政治地位作如此之规定，陛下政府必须告诫中华民国：中国官员不得重复已遭到反对的行为。
>
> 三、陛下政府不反对中国有权在拉萨设置一名代表，随带适当卫队，在对外关系上对西藏人有建议权；然而陛下政府不打算同意无论在拉萨或在全西藏保持无限数量的中国军队。
>
> 四、陛下政府必须催促按照上述各点签订一项书面协议，作为承认中华民国的先决条件。
>
> 五、同时，完全断绝中国一切经过印度同西藏的往来，只有在以上各方面达成协议，陛下政府认为这些条件已经兑现，才能重新开放。

---

① FO. 535/15, No. 121, pp. 152.
② FO. 535/15, No. 169, pp. 130.
③ FO. 535/15, No. 172, pp. 131.
④ 袁世凯总统令发布的时间为 1912 年 4 月 22 日，原文为"视蒙、藏、回疆与内地各省平等，将来各该地方一切政治，俱属内务行政范围"。

现在驻拉萨的中国军队不在此例，已通知袁世凯，现在驻拉萨的中国军队如果愿意，可以自由经印度回中国。

朱尔典爵士请求外交部对此备忘录作复。

J·N. 朱尔典

1912 年 8 月 17 日于北京①

《八一七备忘录》是英国企图分裂西藏的纲领。它歪曲历次中英有关西藏问题的协定，否认中国对西藏的主权，图谋以承认中华民国问题为要挟，以对中国封闭印藏边境交通为手段，实现其分裂西藏的计划。

《备忘录》称西藏为"国"，否认中国对西藏的主权。西藏于 13 世纪成为元朝中央政权直接统辖的一个地方行政区，自此七百余年，历代中央政权对西藏拥有最高土地所有权和最高行政管辖权，西藏成为中国不可分割的一部分。有清一代，中国中央政府在西藏设置驻藏大臣和各级机构，派驻军队，决定和指导西藏的外交、国防，监督、指导、管理西藏内部事务。中国对西藏的主权有名有实，明文载于清王朝的几个治藏章程。中英签订的关于西藏的所有条约中，没有任何一条否认中国对西藏的主权或包含有否定中国政府对西藏内政进行指导、管理或监督权力的内容；相反，从法理上来说，英国在西藏享有"条约权利"，都是通过中国政府获得的。正因为如此，英国内阁 1903 年 2 月 27 日给当时的印度总督寇松（G. N. Curzon）的指示中明文指出，西藏"仍须认为是中国的一个省份"。②

《备忘录》说，英国"过去曾经承认中国对西藏的宗主权"，中国政府从来没有接受过这种提法。唐绍仪、张荫棠等人在与费利夏（S. M. Freyra）谈判时，对此曾有激烈的争执，最后中英签订《中英续订藏印条约》，英国方面放弃了"宗主权"的提法，并实际上承认中国对西藏的主权。直至这份英国《备忘录》出笼之前，中英两国一切关于西藏问题的条约，一律没有"中国对西藏的宗主权"字样，这是众所周知的事实。"中国对西藏之宗主权"字样唯一出现于国际条约者，是在 1907 年英国与俄国谈判中，在中国没有参与的情况下，才把这种提法塞进《关于波斯、阿富汗、西藏问题

---

① FO. 535/15, No. 193, pp. 153 - 154, 此处用王远大先生译文。

② Great Britain, Parliamentary Paper, *Papers Relating to Tibet*, 1904, Cd. 1920, p. 185.

的条约》中。

英国《备忘录》前言中说"英国同西藏有单独条约关系",这是指《拉萨条约》（1904 年）。这种"条约关系"是非法的，不具备法律效力。因为西藏地方涉外事宜向来由清廷主持办理，西藏地方政府无权同外国订约。1904 年英军用刺刀逼迫西藏地方官员非法签约，应属无效。

英国《备忘录》还宣称，英国政府"从未承认也不打算承认中国有权积极干涉西藏的内政"，"全然反对中国驻西藏官员近两年执掌该国全部行政大权的行为"，并对中国驻藏机构的规模及其权限进行限制。这与中国中央政府治理西藏的实际情况是完全不相符的。清代，中国驻藏大臣及其所领导的文武官员享有广泛的权力。1793 年，清朝颁行的《钦定藏内章程二十九条》规定驻藏大臣监督办理西藏政务，地位与达赖、班禅平等；对活佛的认定、西藏僧俗文武官员的任命赏罚、军队的训练征调、对外交涉、地方赋税及政府收支等均有管理权。这种情况不只是"近两年"，而是几百年来形成的历史定制。该《备忘录》不顾历史与现状，提出上述无理要求和限制，企图将中国对西藏的主权管辖改变为一种礼仪性的摆设，表明英国对中国西藏的侵略进入了一个新阶段。

此外，《八一七备忘录》前面的序言，还表露出英国政府粗暴地干涉中国内政，阻止民国政府派遣军队至川边平乱和进入西藏。川滇军队入藏是西藏问题的核心。8 月 17 日，英国驻华使馆曾多次发出照会，威胁英国将派兵入藏，称中国"若派兵入藏，必与英人有直接之冲突"。① 9 月 7 日，朱尔典奉英国政府训令，再次蛮横无理地向民国政府外交部提出抗议："如果民国政府定欲征藏，继续派遣征西军前进，则英政府微特对于中华民国不予承认，且当以实力助藏独立云"。②

袁世凯将争取外国承认民国政府作为外交的首要任务，目的一是获取列强支持，压制国内革命力量；二是为筹借外债，获得解决善后问题的经费。为了在政治上和财政上得到英国等列强的支持，袁世凯政府对英国无理干涉中国内政的《八一七备忘录》，采取了妥协、退让的政策。据当时中国报刊透露：9 月初，袁世凯写出答复要点："（一）民国因西藏骚乱而出

① 《民元藏事电稿》，《民·藏合刊本》，第 66 页。
② 朱绣：《西藏六十年大事记》，第 33 ~ 34 页。

兵征讨属当然权限以内，断非他国所可容喙。惟新共和国亦愿改订中英两国之对藏条约，承认暂为停止进兵。（二）为藏民之幸福与中英两国之利益，改订中英两国关于西藏之条约，更当开诚商议，决不犹豫。"① 袁世凯政府屈服于英人压力，迭电尹昌衡、蔡锷，勒令西征军就地驻防，不得轻进。

如前所述，9月中下旬，西征的川滇军已做好入藏部署。袁世凯得知后，急电阻止。9月12日，民国政府国务院致电尹昌衡："藏事迭经英使商阻进兵，尚未解决，刻国务筹议办法。该军已到察木多之队，务饬切勿过该处辖境，致酿外衅，牵动大局"。② 9月20日，国务院又致电云南都督蔡锷："所称援藏一节，现饷款难筹，英人干涉，民国初建，岂容轻启外衅，已交国务院速议办法，保我领土主权"，③ 令滇军在盐井就地驻防，"遵令勿进，免致轻挑外衅"；④ 随后又令该军从盐井撤回。9月24日国务院又电令尹昌衡："先行肃清川边，万勿越境深入，致启外衅"。⑤ 9月25日，尹昌衡受令后，撤销筹边处、西征军及新旧各机关，报告中央拟在炉城（打箭炉）设立边藏镇抚府，由他任镇抚使；"控制江达以东，飞越岭以西，振军外视，设官分治"，并恳请中央批准入藏："西人军队，大集昌（都）、巴（塘），前锋已行，瞬据江达，如以藏务相委，自然万死不惜"。⑥ 次日，袁世凯急电尹昌衡，严词勒令："民国初建，万不容轻开外衅，应仍恪遵迭次电令，暂勿深入，再候进止"。对于设立川藏镇抚使事，也唯恐招致英人不满，下令改为川边镇抚使，规定分派各地官员的职责为"重在镇定治安，保护外人，与带大支兵队入藏不同"。⑦ 而尹昌衡认为："川边名称，对内固为适宜，对外则有利弊……他人反可藉口川边二字，蹙我范围，一经失败，不可收拾"，提出"边藏皆在炉关以西，不如定名为关西镇抚府，目前字义浑含，外人莫由干涉，将来努力充足，凡事便于扩张"。⑧ 9月28日袁世凯

---

① 《东方杂志》第九卷，第10号，内外时报《英藏交涉始末记》。
② 《民元藏事电稿》，《民·藏合刊本》，第45页。
③ 《民元藏事电稿》，《民·藏合刊本》，第65页。
④ 《民元藏事电稿》，《民·藏合刊本》，第70页。
⑤ 《民元藏事电稿》，《民·藏合刊本》，第71页。
⑥ 《民元藏事电稿》，《民·藏合刊本》，第72页。
⑦ 《民元藏事电稿》，《民·藏合刊本》，第75页。
⑧ 《民元藏事电稿》，《民·藏合刊本》，第78页。

下令设四川关西镇抚府，命令尹昌衡"暂以川边为限，毋得轻进，免生枝节"。① 袁世凯坚持冠以"四川"二字，表明已放弃派军入藏。

至10月1日，国务院又奉大总统令致电四川总督胡景伊及尹昌衡："该护督等慷慨出师，壮心堪佩，惟现在时局孔棘，财政困难，正如病夫，元气已伤，百孔千疮，尚须调摄，岂可竟忘远虑，轻启衅端。望遵迭次前电，勿得进入藏境，致滋渔利。已饬外交部与英使严重交涉矣。"② 在袁世凯的电令下，川军"中道屯阻，战士咨嗟，远域早寒，凌霜沾雪，不令作战，尤足摧伤士气"。③ 川滇军失去了进兵援藏的时机。

对于英国的无理干涉，袁世凯政府的妥协退让，中国各族人民表示了极大的愤怒。"于是民间之舆论，皆斥英国强辩之抗议为不当，一面猛烈攻击政府外交之失败。"④《申报》刊载的一篇题为《证明英人无可干涉藏事之理由》的文章指出："英人早存一扶持西藏独立之心，故不许我再有用兵平乱之举，然后可以遂其他日吞并之谋。嗟呼！其日人之窥朝鲜，尚逐步而进，今英人之攫西藏，且一蹴而发。共和民国，开创伊始，若不设法拒绝其请，则指顾之间，西藏即为朝鲜之续。而满、蒙、新疆等处，曾不转瞬，又必为西藏之续，边邻之藩篱尽撤，长江之门户洞开，其不为刀上俎、砧上肉者几希也。"⑤

在全国各族人民的舆论压力之下，袁世凯政府不敢明目张胆地出卖中国对西藏的主权，1912年12月23日，民国政府复照英国，对其《八一七备忘录》作了正式的答复：

（甲）中国按照一千九百零六年之中英西藏条约，除中国之外，其他国皆无干涉西藏内政之权，今谓中国无干涉西藏内政之权，理由甚无根据。至于改设行省一事，为民国必要之政务。各国既承认中华民国，即不能不承认中国改西藏为行省。况中国对于西藏，并无即时改设行省之意。此中颇有误会。惟现在中国认定不许其他一切外国干涉

---

① 《民元藏事电稿》，《民·藏合刊本》，第90页。
② 《民元藏事电稿》，《民·藏合刊本》，第84页。
③ 《民元藏事电稿》，《民·藏合刊本》，第76页。
④ 《东方杂志》第9卷，第10号，内外时报《英藏交涉始末记》。
⑤ 《东方杂志》第9卷，第5号，内外时报录申报《证明英人无可干涉藏事之理由》。

西藏之领土权及其内政。

（乙）查中国并无派遣无限制军队驻扎西藏之事，惟按照一千九百零八年之通商条约，英国以市场之警察权及保护印藏交通，委任于中国，故中国于西藏紧要各处，当然派遣军队。

（丙）中英关于西藏之交涉，已经两次订立条约，一切皆已规定明确，今日并无改订新约之必要。

（丁）中国政府从前并无有意断阻印藏交通之事，以后更当加意保护，断不阻碍印藏交通。

（戊）承认中华民国，是另一问题，不能与西藏问题并为一谈。深望英国先各国而承认中华民国。①

这一复照，逐条驳斥英国《八一七备忘录》，坚持中国对藏主权，申明了中国自行解决西藏问题的立场，拒绝英人干涉藏事。连英国路透社也认为，复照"既有礼貌而又坚定"②，基本上表明了中华民国政府的立场。

此后，民国政府又改川边地区为"川边特别行政区"，设"川边经略使"，后改为"镇抚使"，复改为"镇守使"，将以前府、所、州等理事官、委员等一律裁撤，改设县治，共设 34 县，以尹昌衡为镇守使。川藏边境得以稳定下来。

二 1917～1918 年第二次康藏战争

1. 战争的背景和起因

1914 年，在英国策划的西姆拉会议期间，川边的形势发生了一些微妙的变化。1914 年 2 月，驻守昌都的川军帮统彭日昇与藏军发生小规模的军事冲突。时北京民国政府国务院据得到调查员周文藻的报告后，于 4 月 1 日致电时任川边镇守使张毅，通报周文藻调查报告说：藏军"麇集下噶茹、桑多、打堆各处，迫胁百姓帮兵，彭统领（彭日昇）分兵防堵，战事甚烈，伤亡颇多"；"现藏议未决……即由该镇守使查明情形，酌拨军队，迅援昌

---

① 《东方杂志》第 9 卷，第 8 号，中国大事记。FO. 535/16, No. 10, pp. 6 - 8.

② 〔澳〕骆惠敏编《清末民初政情内幕——〈泰晤士报〉驻北京记者袁世凯政治顾问乔·厄·莫理循书信集》（下册），刘桂梁等译，知识出版社，1986，第 90 页。

都……"①

而此时，民国政府蒙藏院又于此年 6 月得到前派往西藏的喇嘛罗桑班觉传呈达赖喇嘛的信函，内有川军骚扰及藏中人民颇以川军来藏为虑等情。蒙藏院即 7 月 3 日致电达赖喇嘛，表明大总统严令驻军，"只准恪守暂驻地点，不得西进"，"现已严饬驻边军队保护僧俗人等及庙宇财产，毋犯秋毫，并令查明有违犯者予以重惩……"② 此电函经川边镇守使遣人密送至硕般多，转呈拉萨达赖喇嘛。年底，又经硕般多藏军呈来达赖喇嘛复函两封，内云中英藏三方"印度会议"订约，"乃汉军非但不遵约，将察木多（昌都）、乍丫驻兵撤退，竟于类伍（乌）齐及恩达地方进兵。近且增加军队饷械，藉口保护藏属人民、庙宇，任意而行。③ 现在如以保持汉藏平和为怀，即请撤退汉军，则汉藏两地胥受其福矣。"④ 从达赖喇嘛的复函可看出，此时达赖喇嘛以英、藏双方签订之《西姆拉条约》为由，指责川军占据昌都等地，希冀夺回该地区的愿望。

事实也是如此，1914 年 10 月左右，达赖喇嘛派噶伦强巴丹达为多麦基巧（西康总管），崔科娃为代理代本，率军驻守康区。接着，又亲自接见即将离开拉萨赴康区的后藏江孜、日喀则、定日等地官兵，以及派驻藏北三十九族等地的代本穹然巴和官兵。⑤ 这是在达赖喇嘛改革和扩充藏军之后，藏军的军事力量大增；加之以与英国签订之《西姆拉条约》为借口，增兵康地，作夺取该地区的准备。

1914 年西姆拉会议上，西藏代表一直未忘记改变西藏与川、青的疆界，《西姆拉条约》规定了所谓"内藏"和"外藏"，外藏由"汉藏共管"，而"外藏"即包括川边及青海南部的大片领地。此约因中国民国政府代表最后拒绝签字而无效。因此，西藏地方政府认为，康地及青海南部地区原是属于西藏地方管辖的，因此始终抓住一切时机，甚至不惜采用武力进攻的方

---

① 《国务院致川边镇守使电》（1914 年 4 月 1 日），民国政府蒙藏院档案，一〇四五/374。

② 《民国政府蒙藏院致达赖喇嘛电》（1914 年 7 月 3 日），蒙藏院档案，一〇四五/377。

③ 另一函此句后有"岂能置之不理"语，见《川边镇守使张毅致蒙藏院咨陈》附件《达赖喇嘛致蒙藏院函》（藏历八月初二日），蒙藏院档案，一〇四五/377。

④ 《川边镇守使张毅致蒙藏院咨陈》附件《达赖喇嘛致蒙藏院函》（藏历八月初二日），蒙藏院档案，一〇四五/377。两函内容大致相同，时间均署为藏历甲寅年八月初二日。

⑤ 《第十三世达赖喇嘛年谱》，载《西藏文史资料选辑》第 11 辑，民族出版社，1999，第 134 页。

式"收复"自己的领地；而四川与青海地方当局则认为以上这些地区是自己管辖之地，因而寸土必争，不惜以武力相对。

然而，在1914年底，川边镇守使张毅接到噶伦喇嘛强巴丹达转来达赖喇嘛致镇守使公函及噶伦喇嘛禀帖各一件。前函内称，"中国自管民土会议约章（《西姆拉条约》），中国代表不曾盖印。请转呈大总统公平办理施行"。而后者所递禀帖及送函之僧官，也在转述达赖喇嘛公函意的同时，表示"至此次系达赖于具文回覆大总统后，即命硕板（般）多噶伦喇嘛来边与镇守使晤商办法"等。① 1915年1月，川边镇守使张毅遂委派遣川边宣慰委员李福陵和司务长马鸿皋等，与送达赖喇嘛公函的僧官一起，赴硕般多噶伦喇嘛处，以"宣布德意，联络感情"。同年6月，李、马两人返回后，带来了噶伦喇嘛"若汉军勿妄动，则番军决不侵越"的承诺，故张毅在上大总统政事堂咨呈中说："伏查该噶伦喇嘛词意，证以番兵安静态度，似系有心向附，隔阂既已疏通，收效较易为力"。② 由此可见，当时中央民国政府和川边当局迷漫着盲目乐观、麻痹大意的情绪，与西藏地方情况形成鲜明对照。

而此时，中国国内及川边的形势又变生了急骤的变化。1915年12月，大总统袁世凯称帝，改元"洪宪"，全国各地群起而攻之，护国讨袁运动声势浩大。1916年1月，云南护国军的一支由原云南边境办事官员殷承瓛率领入川，讨击北洋军阀势力，驻守打箭炉，负责川边事务，遂于8月13日取代刘锐恒为川边镇守使。于是，镇守川边的军队分为"川军""边军"和"滇军"几个不同的系统。这些不同派系的军阀，由于自身利益不同，所属派系各异，彼此之间相互矛盾，冲突不断，常常处于各自为战、拥兵自守之中。时川军与滇系出身的殷承瓛又发生战争，川边局势不稳。驻守川边的军队不仅数量少，而且欠饷过多，粮饷、枪弹十分缺乏。所有驻守川边打箭炉西边的川军仅四营官兵，其中三个营驻守在金沙江之东，在江西昌都地区的仅一营官兵，统领是彭日昇。由于驻守该地区的川军粮饷、开支得不到接济，故而有少部分官兵掠夺当地藏民之事，也时有发生，严重影响了川军与当地藏族百姓的关系。

---

① 《张毅电》（1914年12月29日），民国政府蒙藏院档案，一〇四五/377。
② 《张毅致大总统政事堂咨呈》（1915年6月8日），民国政府蒙藏院档案，一〇四五/380。

1917 年 7 月，昌都西北类乌齐地方的驻防川军因上山割草，与藏军发生口角，川军扭解两名藏兵回营，拷打审讯。西藏驻守该地的噶伦喇嘛强巴丹达立即致函驻守昌都统领彭日昇，要求将两名藏兵交还自行处理，和平解决。然而，彭日昇却下令将此两名藏兵由类乌齐押解至昌都，途中为藏军所阻击，藏军夺回被俘的两名藏兵。① 这一事件遂成为引发第二次康藏战争的导火线。而此年 8～9 月，正是川军与出自滇军系统的川边镇守使殷承瓛战事激烈之时，彭日昇抽调各营，大举向打箭炉殷承瓛进攻，昌都一带防御空虚。最后，殷承瓛为川军所败，返云南。民国政府遂任命重庆镇守使熊克武代殷承瓛为川边镇守使，因熊暂未赴任，遂以驻守雅安的陆军混成旅陈遐龄为护理川边镇守使，进驻康区。

2. 康藏战争与《暂议停战退兵条件》的签订

川边这种混乱的局势，正好又给藏军大举进攻创造了良好时机。因此，昌都基巧遂制订了藏军分作三路的作战方案：第一路为北路，即经类乌齐、甲桑喀，在昌都北面设法切断德格来的川军之路；第二路为中路，向东经恩达直趋昌都；第三路为南路，向东南趋八宿，攻察雅、宁静，切断从巴塘来的援军，并合围昌都。② 至 1916 年底，康藏战争爆发，藏军三路直扑昌都，川军接连败退。

1918 年 1 月，北路藏军攻陷类乌齐、乍丫，一营营长田文清逃于昌都；接着南路察雅失守；2 月 19 日中路藏军主力经激战后，攻陷恩达。三路藏军遂渐合围昌都。时护理川边镇守使的陈遐龄（2 月 2 日正式任为川边镇守使）一面急电前川督刘存厚，乞济饷弹驰援；一面令巴塘边军分统刘赞廷率所部由南路援昌都，令边军打箭炉之第一营营长蒋国霖由北路援昌都。又命陆军在边之二团团长朱宪文率二营进抵甘孜，以为后援。结果却是刘存厚拖延不接济；刘赞廷迟迟不进，察雅失陷后，方派队往援，节节败还；

---

① 关于这一事件有多种记载，或云 1917 年 9 月，类乌齐川军擒获两名越界割草的藏兵，押解至昌都，被斩首。据川边镇守使陈遐龄咨呈说，"六年七月，殷前使任内，边军与番人在恩达县地方因割草细故，彭统领日昇事前既失于调处，事后复疏于防范……"，见《川边镇守使陈遐龄咨呈》（1918 年 11 月 1 日），民国政府蒙藏院档案，一〇四五/388。汉文资料均云两名藏兵最后被斩首，但据上引夏格巴·旺曲德典《藏区政治史》（下），扎西康萨·土登策贝 1976 年出版，刘立千等汉译本，第 144 页记：两名藏兵在押解至昌都途中，为藏军阻击，"夺回了二人"，从之。

② 上引夏格巴《藏区政治史》（下），汉译本，第 144 页。

而蒋国霖后在同普失利被俘（或说其投降）。①

3月，合围昌都的藏军尽据昌都后山等要扼。4月3日，驻守昌都的川军统领彭日昇函请噶伦喇嘛停战议和，遭到藏军拒绝。4月16日彭日昇与噶伦喇嘛商议投降条件五条：（1）缴械后，藏方应将军士欠饷发给。藏军回复说，缴械后，实必酌量发给旅费。（2）藏方发给护照及供乌拉，由北路返打箭炉。藏军回复说，缴械后一星期内，汉兵完全走尽。（3）汉人由昌都至打箭炉，由藏军保护，不得伤害和图谋财物。藏军回复说，将来走时，必派军队护送。（4）保全汉人各界生命财产，不得任意伤害。藏军回复说，自然。（5）关外汉人随身番女（藏女）比准其随带，不得阻挡。藏军回复说，汉人所要女子，准其随意带去，并发口粮。②

4月19日，昌都川军投降，昌都知事张南山反对投降，投江而死。21日，藏军进入昌都。噶伦喇嘛下令将川军降者无论官兵一律解送拉萨，不准回打箭炉。藏军占领昌都之后，以破竹之势，分南北两路进攻，相继攻陷者："北路有贡县（贡觉）、同普、德格、白玉、邓柯、石渠、瞻化等七县；南路有武城等二县。共陷县十有二，亡失边军八营、兵二千，知事、营长、员弁被俘获者都数十员"。边军势力益孤，藏军深入，巴安（巴塘）等处危在旦夕，全边震动。③

藏军之所以能在短短的几个月内占据川边大片土地，固然与川边的形势和驻守防军的薄弱有关，但是主要原因还是1914年以来，英国供给西藏大量现代化武装弹药，并有组织地训练藏军，使之战斗力大为提高。早在1914年西姆拉会议后，英国为诱使西藏代表秘密签订《英藏通商章程》及划分边界，就赠送西藏50000支旧步枪和50万发子弹。1915年10月又出售给西藏20万发子弹。就在1917年9月14日藏军大举东进前夕，英国驻锡金政务官贝尔又向政府建议，供给西藏50万发子弹。④ 次年，这批武器运抵西藏，对藏军东进起了不可忽视的作用。英军暗中支持藏军进攻川边的

---

① 《川边镇守使陈遐龄咨呈》（1918年11月1日），民国政府蒙藏院档案，一〇四五/388。
② 朱绣：《西藏六十年大事记》，第51～52页。
③ 第二历史档案馆蒙藏委员会档案，引自《元以来西藏地方与中央政府关系档案史料汇编》（6），第2441页。按上云"瞻化"失陷，误。见《甘督张广建代转陈遐龄电》（1919年12月22日），民国政府蒙藏院档案，一〇四五/386。
④ 参见伍昆明《1914－1917年英国政府向西藏地方当局供应武器的政策》，《中国藏学》2000年第1期。

举动，引起了川边官兵和全国民众的不满。川边镇守使陈遐龄手下的一位团长曾质问英国打箭炉观察员台克满（E. Teichman，又译作"台支满"等）："为什么英印政府给达赖喇嘛提供英国步枪，却来攻打中国士兵，而中国现在是欧洲战争中的英国盟友啊！"①

台克满，原是英驻华公使馆官员，1917 年 10 月改任英驻成都领事馆副领事和驻打箭炉观察员。他到任后，立即插手康藏战争，并将川藏边境情报源源不断地向北京英国大使馆报告。② 尽管英国政府以后一再否认台克满是英国派遣到川边的康藏战争的"调停人"，但其充当英国驻北京大使馆"代理人"的角色，却是无疑的。1918 年 3 月 3 日，台克满致函北京驻英公使朱尔典，通报他将离开打箭炉赴康藏战争现场"观察"，并发回报告。如果中国政府为此提出抗议的话，他建议朱尔典以其系一名经验丰富的旅行者，不会有危险，且此行目的主要是考察"贸易和边境情况"作答。他在信函中还说：在第一次世界大战前，"中藏问题"不可能最终解决（即指迫使中国接受《西姆拉条约》），但川边的局势却是一个不亚于 1912～1913 年召开西姆拉会议的重要时机。在这种情况下，"如果我亲自接近到发生敌对的现场，不失时机地将双方首领召集到一起，按照双方都不越出当时所占据的地方的方针，谈判停战协定。这种暂时性的谈判无损于以后关于边界的谈判，并可持续到中英藏三方最终解决整个问题之时"。台克满认为，英国调停而导致局势的稳定，就会"大大有助于消除中国人对我们所抱有的怀疑，即怀疑我们支持西藏企图侵占中国领土"。因此，台克满要求朱尔典同意他出面充当"调停人"。③ 然而，台克满并未等到朱尔典的回复，即于 5 月中旬赶到了昌都。

由此可见，台克满到昌都虽不是英国政府直接派遣的，但其从英国利益出发，企图在藏军占领了《西姆拉条约》中大致规定的内、外藏界线之时，从中"调停"，以迫使中国政府承认《西姆拉条约》，这种意图十分明

---

① 《印度事务部档案》（以下简称 IOR），L/P&S/10/714，Teichman to Jordan，22 February，1918，see A. Lamb，*Tibet China and Inia*，1914－1950，Hertfordshire，1988，p. 78.

② IOR，L/P&S/10/714，Teichman to Jordan，31 December 1917.

③ IOR，L/P&S/10/714，E. Teichman to Jordan，3 March 1918，see A. Lamb，*Tibet China and India*，1914－1950，Hertfordshire，1988，pp. 59－60.

显，朱尔典和英国政府对台克满的建议也是明显表示同意的。[1]

此时，由朱宪文所率边军在甘孜一带与藏军死战，陈遐龄又续调陆军一团团长王政和率军由瞻化转战至甘孜白利，二营营长戴世英率部苦战，也抵达甘孜绒坝岔，与朱宪文等部会合。7月5日后至8月，在绒坝岔，双方血战数十日，火线延长五百余里，伤亡惨重，藏军始受挫。川军抵雅砻江东岸扼守。其时藏军分攻白玉及西南盐井各路军，也为川军所阻。[2]

与此同时，达赖喇嘛在民国政府及川边镇守使一再呼吁和平解决川边问题的要求下，复函表示："不肯悖逆中国施主，甚愿息兵，有汉、番、英三面各派替身议和"[3]。8月11日，在没有得到国民政府及川边镇守使陈遐龄授权的情况下，到昌都的边军分统刘赞廷与台克满、噶伦喇嘛进行谈判，并于8月19日双方签订了《汉藏停战条约》共十三条：

第一，自类伍（乌）齐汉藏兵士开战以来，彼此杀死多人，俟后，汉藏官长都不愿交战，愿以和平了息。因此，汉人派刘赞廷，藏边派噶伦喇嘛，英国人智加木萨汗（即台克满）三面议和，彼此停战。

第二，此项条约作为暂时之条约，不能作为永久之条约。若要改更条约内之事，须要汉藏英三面议妥，方生效力。

第三，暂时划界，汉人所管之地土，由盐井南方大索德勿里塘、甘孜、瞻对（瞻化）、章谷、道坞、雅江、康定（打箭炉）、丹巴、炉定县、结孜绒、乡城、稻城等地面，准其汉人主管。藏人所管之地面，类乌齐、恩达、昌都、札（乍）丫、江卡、贡觉、武城、同普、邓科、石渠、德格、白玉等地面，准其藏人主管。自守自界，两不相侵，彼此如照此约划界，甘孜、瞻对所有藏兵概行退回之后，汉兵不得操扰达吉更巴喇嘛寺等处。至于西宁之界，照旧一样，不得更改。

第四，汉藏所划各界，自守自界，汉人不得侵占藏地，藏人亦不得侵占汉地。

---

[1] IOR, L/P&S/10/714, Foreign Office to India Office, 25 April 1918, Viceroy to the Secretary of State for India, 10 May 1918. see A. Lamb, *Tibet China and India*, 1914–1950, Hertfordshire, 1988, p. 69.

[2] 见上引《川边镇守使陈遐龄咨呈》（1918 年 11 月 1 日），民国政府蒙藏院档案，一○四五/388。

[3] 《川边镇守使陈遐龄咨呈》（1918 年 11 月 1 日），民国政府蒙藏院档案，一○四五/388。

第五，以上所载各地内庙宇寺院以及佛教之事都归西藏达赖喇嘛主持，汉人不得干预；所有各地喇嘛、僧人不得干预汉人行政之事。

第六，各地面若有匪人蹂躏抢劫等事，彼此汉藏各方面驱逐，以清地方。商贾往来，不得阻挡。

第七，以前汉人投降藏边者，或藏人投诚汉边者，或愿回籍，或愿留居，一切听其自便，彼此不得强迫。

第八，若有汉人在藏边作生活者，或当兵者，若藏人在汉边做卖买者，或当兵者，彼此不得藉端虐待，一切都要秉公待理。

第九，汉藏各边地若起冲突之事，彼此不得擅开兵端，若有交涉事件，通知英国领事府从中了结。

第十，自汉藏开兵以来，各地方人民深遭涂炭，今罢兵以后，不得多住兵人，蹧踏百姓。昌都、江卡只准留二百余藏兵，巴塘、甘孜只准留二百余汉兵。若有紧事发生，准其临时添兵。

第十一，乡城、瞻对如不犯法，汉人不得开兵攻打，若乡城、瞻对为匪作歹，藏人不得保护。

第十二，自兵事发生以来，人民惊忧。今日停战议和，将以上所载各条誊写多张，遍贴各地，使藏汉人民周知。

第十三，此条约以汉藏英三文抄录，以英文为准。日后若要交涉各事，彼此周知，方可为理，并将此项条约由各方面画押，呈交各国览阅。

噶伦喇嘛降巴登达（即强巴丹达）录①

显然，这一停战条约是按照西姆拉中英藏三方会议及所议条约的格局，以藏军所占地区为川藏界线，为迫使中国府承认《西姆拉条约》中内、外藏划界预留地步；且条约内容多有损中国主权之处。更何况签约的分统刘赞廷，并未得到国民政府和镇守使陈遐龄签约的授权，因而即遭到了陈遐龄和国民政府的否认，且未实行。刘赞廷也只是将"十三条"照录后，电呈中央；民国政府随即电令刘赞廷："准双方停战，余事听候查办"。② 川边

---

① 见上引《川边镇守使陈遐龄咨呈》（1918 年 11 月 1 日）附件。又关于此十三条，有多种译本，文字不同，内容则大致相同。

② 刘赞廷：《民六民七年康藏战争及交涉之实况》，《康藏前锋》第 2 卷第 1 期。

镇守使陈遐龄在接到此停战条约十三款后，认为"核其所议，种种狂悖，损失威权，概不承认"。① 1919 年陈遐龄通过甘肃督军张广建转致国民政府咨呈中，再次声称："查台副领（台克满）去岁（指 1918 年）当藏番入寇时，潜行出关后，从中播弄，虚喝刘分统订合同十三款，龄当拒绝，否认并申饬刘分统在案。又查昌都私订合同之日，正该番进攻绒坝岔与我军激战之时，如果此项合同生效，何以议定后彼此尚未停战，不待明辨"。② 因此，上述停战条约十三条事实上是无效的。

然而，因当时北京民国政府自 1916 年 6 月，袁世凯称帝失败后死去，北洋军阀分裂，各地军阀争夺权力之内战不断，根本无暇顾及和了解川边康藏战事。因而，后来民国政府编纂之《藏案纪略》一类文件中，将此停战十三条作为停战条约编入。1919 年川边镇守使陈遐龄一再电呈中央各部，请予以改正之。③

此时，川藏军队在甘孜西绒坝岔的战斗仍未停止。台克满又急忙从昌都赶到绒坝岔，与陈遐龄所派交涉委员韩光钧、明正土司甲宜斋，以及藏军代表康曲洛桑邓竹（即堪穷洛桑顿珠）、后藏代本却让（即琼让巴）、贞冬（即哲通巴），多次磋商。终于在 10 月 10 日，川藏双方签订《暂议停战退兵条件》四条，全文如下：

第一条　汉藏长官均愿和平办理，汉军退甘孜，藏军退德格县所管之境内。自退兵之日起，南北两路汉藏各军不得前进一步，停战一年，听候大总统与达赖喇嘛允否昌都交涉。

第二条　此系停战退兵之条件，并非正式之和议条件。

第三条　定退兵日期以中历十月十七日起至十月三十一日、藏历九月十二日起至九月二十六日退完止。

第四条　此次条约以川边镇守使派出之交涉委员韩光钧、甲宜斋，与西藏噶布伦派来之委员康曲洛桑邓竹、后藏带本却让、贞冬认定，

---

① 上引《川边镇守使陈遐龄咨呈》（1918 年 11 月 1 日），民国政府蒙藏院档案，一〇四五/388。

② 《甘督张广建代转陈遐龄电》（1919 年 12 月 22 日），民国政府蒙藏院档，一〇四五/386。

③ 同上。

英国副领事台克满为证人。此条件成立后，画押人员必得立时飞报政府。

川边镇守使派出交涉员韩光钧、甲宜斋①

这一停战退兵条件签订后，川军和藏军双方退止《条件》规定的地区，第二次康藏战争始告结束，川边的局势暂时稳定。

三　1930～1933 年第三次康藏战争

1. 大金寺与白利乡争产纠纷引发的康藏战争

自 1918 年川军与藏军在甘孜西绒坝岔签订停战退兵条件后，川藏的局势缓和，再没有发生过大的武装冲突。然而，由于四川及川边政局不稳，军阀混战，驻军日趋涣散。至 1925 年民国政府裁撤川边镇守使，以刘成勋为西康屯垦使，局势仍无起色。② 1927 年国民政府成立后，拟改西康特区为行省，任命刘文辉为川康边防总司令；次年，设西康政务委员会于康定，主持边政；又建川康防军两旅。第一旅旅长余松琳驻雅安，第二旅旅长马骕驻康定，镇抚康地。刘文辉还次第整顿、恢复西康各县，使边政稍有起色。③ 但是，刘文辉兼四川省主席，因川事牵掣，未得全力经营，只是维持现状，整个西康的局势仍然处于不稳定之中。

1930 年 6 月，在西康甘孜县西的大金寺（又作达结寺、大吉寺、达吉寺等）与西南的白利乡（又作白茹、伯利等）因夺产引起纠纷，发生械斗。大金寺为格鲁派寺院，因商致富，约有僧千余人，按 1918 年川藏停战退兵条件，其地为川边、西藏均不驻军地区，但其倾向于西藏地方政府。白利乡原为白利土司所属，清末土司制废止，但土司仍有一定的势力。其乡有亚拉寺（又作业热寺、雅拉寺、雅纳寺等），为土司家寺，寺内主持智古活佛（或作亚拉佛都督、确拥贡呷曲吉降泽等），转世于林葱桑多家，与大金

---

① 见上引《川边镇守使陈遐龄咨呈》（1918 年 11 月 1 日）附件，民国政府蒙藏院档案，一〇四五/388。

② 由此时（1925 年）起，文献档案原用"川边"一词，改为"西康"。

③ 参见任乃强《康藏史地大纲》，雅安建康时报社，1942 年初版，西藏古籍出版社 2000 年 2 月修订再版，第 141～142 页。

寺关系密切。因亚拉寺主过去有恩于白利土司，故土司让寺主共管地方事务，并分有十五户当差。1927 年，白利老土司卒，众迎其女孔撒土司妇承嗣为白利土司。土司妇与土司所属另一寺院春则寺管家师本联合一气，与智古争权，双方多次发生矛盾，虽经和解，但怨隙已深。1930 年初，智古终因与土司妇等关系不和，遂入居大金寺（或说被逼迫入大金寺），将亚拉寺产及十五户人民送与大金寺，白利不愿付给，双方因此而发生争执。大金寺诉之于甘孜县知事韩又琦，韩不受理；而白利也向县知事申诉，并要求派军队保护等，但均未得到解决。

到 1930 年 6 月 18 日，大金寺激进之僧人遂武装攻入白利乡，强占亚拉寺，并焚烧房屋。大金寺、白利乡均诉之县知事韩又琦，韩以卸任为由，置此案而不顾，反而请驻康军队来甘防范。西康政务委员会在大金寺攻占白利乡后，急商旅长马骕，派二连康军进驻甘孜，武力调解，但条件苛刻，大金寺拒不接受，并求助于驻德格藏军德墨色代本。于是，西康政务委员会及驻康军队任命团长马成龙为“征甘先遣司令”，又率军进驻甘孜。当时，驻甘康军曾致函驻德格之藏军德墨色代本，表明康军驻甘系保护地方秩序，将秉公办理甘孜村寺纠纷，决不袒助何方，静候解决。7 月 8 日，康军遂占据亚拉寺。此后，大金寺与驻甘康军对峙，形势紧张，虽经藏军德墨色代本、马成龙司令共同约请汉藏相关各县绅商、喇嘛头人来林葱议和，以及班禅驻康办事处的调解，但均无结果。① 至 8 月 30 日，康军排长李哲生为大金寺游骑击毙。9 月 1 日，驻甘康军遂大举进攻，收复白利，进围大金寺。此时，藏军也正式介入战争，助大金寺防守，并收复若干失地。康军久攻大金寺，不克。② 由此，原本为大金寺与白利争产的小纠纷，转化为康、藏的军事冲突，正式揭开了第三次康藏战争的序幕。

此后，国民政府蒙藏委员会又一再电令西康政务委员会和刘文辉，设

---

① 关于大白纠纷，文献档案资料记载颇多，不尽相同。此系据下列史料综述而成：《西康政务委员会为详报大白纠纷原因经过及筹处情形计议办法致刘文辉呈》（1930 年 7 月 4 日），载中国第一历史档案馆、中国藏学研究中心合编《康藏纠纷档案选编》，中国藏文学出版社，2000，第 2～6 页；唐柯三：《大金白利肇事原因及康藏两军启衅之经过》，见上引《康藏纠纷档案选编》，第 491～495 页；来作中、韦刚搜集整理《从“大白事件”到“岗拖协议”》，载《四川省甘孜藏族自治州文史资料选辑》第 2 辑，1984 年 6 月，第 31～43 页。

② 《川康边防军第二旅旅长马骕为报藏方违约擅开边衅请核转国民政府制止事致刘文辉呈》（1930 年 9 月），见上引《康藏纠纷档案选编》，第 12 页。

法排解大白纠纷；并于 10 月 15 日致电刘文辉，内附达赖喇嘛来电，内云：
"四川康定县属干（甘）孜地面，有达结、白茹两寺因谓牙热佛（智古）起
衅，正在调和之际，谁知班禅方面专遣桑布喇嘛与干孜驻防汉官处怂恿，
是以汉官偏袒白茹寺，攻击达结寺，该寺抵御。职是之故，适值汉藏恢复
旧谊之间，忽生此衅，大局有碍，请速电撤兵"。① 刘文辉回电蒙藏委员会
称：达赖电所称"自属达结片面之词，迥非事实"，"仍冀贵会转电达赖，
俾其明了真相，并严令驻康藏官不得有暗助达结情事及越轨行动"。② 班禅
驻京办事处也复函蒙藏委员会，声称"不独无怂恿川军攻击大金寺情事，
抑且吁请和平声嘶力竭，达佛覃电所称，当系传闻失实"。③ 但是，在蒙藏
委员会一再敦促之下，康军撤兵，停止进攻；10 月 27 日，达赖喇嘛致电蒙
藏委员会马福祥委员长："川属康边防兵已蒙政府电撤，实深感激"。④ 可
是，康军撤军后，西藏方面却暗中增兵大金寺，并于 12 月初向康军周、李
两连发动突击，激战数日，方引退。蒙藏委员会即将刘文辉致达赖喇嘛关
于制止达结寺暴动、和平解决电转呈达赖喇嘛。12 月 28 日达赖喇嘛复电蒙
藏委员会，内称"藏军复攻汉军一节，乃系诈词，汉番之间往往如此播
弄……汉番设要调停，非得政府特派通晓汉番情谊之员就近磋商，若再与
刘文辉磋商，势难解决"。⑤ 为此，国民政府遂决定派遣蒙藏委员会委员孙
绳武及专门委员刘赞廷前往查明调处大白案，并致电通知达赖喇嘛。⑥

可是，正当康军撤兵停战，等候国民政府派员调解之时，藏军却逐渐
云集于德格、甘孜，共二千余人。1931 年 1 月 25 日，达赖喇嘛通过西藏

---

① 《蒙藏委员会为达赖电请撤兵大白纠纷仍希迅速调解事致刘文辉电》（1930 年 10 月 15 日），
见上引《康藏纠纷档案选编》，第 13 页。
② 《刘文辉为大金寺恃强不服请转电达赖严令藏官不得赴轨暗助事致蒙藏委员会电》（1930 年
10 月 20 日），见上引《康藏纠纷档案选编》，第 14 ~ 15 页。
③ 《班禅驻京办事处为具复班禅无遣使怂恿大白两寺纠纷事致蒙藏委员会呈》（1930 年 10 月
21 日），见上引《康藏纠纷档案选编》，第 15 页。
④ 《达赖喇嘛感谢政府令撤康边防军致蒙藏委员会电》（1930 年 10 月 27 日），见上引《康藏
纠纷档案选编》，第 16 页。
⑤ 《达赖喇嘛为藏军复攻康军及派员调停等事复蒙藏委员会电》（1930 年 12 月 28 日），见上
引《康藏纠纷档案选编》，第 31 页。
⑥ 《蒙藏委员会为遴派孙绳武等前往调查调解大白案并造具旅费预算表致行政院呈》（1931 年
1 月 24 日）、《蒙藏委员会为已呈准派员前往查明调处大白争执案复达赖电》（1931 年 2 月
6 日），见上引《康藏纠纷档案选编》，第 43、47 页。

驻京办事处棍却仲尼致函蒙藏委员会，内称："……不意于废历九月初三日，西康马司令官并不遵中央电令撤退，反而重开战衅，猛烈攻逼，占据各处地方，杀害本地人民，而此不幸之事，复据报到藏，但西藏又以达结寺素系恭顺，倚若长城，故不得不派兵防卫，并将已失各地先后收复。惟查此次达结、白茹两寺之争执，委由宗教发生问题，自有教主达赖喇嘛主持解决，既非关政治问题，更无汉官干涉之必要，又将此意密电致蒙藏委员会马委员长，请迅予设法制止，尚未接复电。而汉官马司令等不但未遵中央命令，现又在洽城、瞻对等处似有大举调兵助战模样，节节进逼，尤堪诧异……近据报，又将达结寺所派往西藏三大寺熬茶之商人悉被禁阻，并将该商人资本完全没收……奉此，遵将本案发生经过及驻康汉官最近挑衅情形呈报钧会，迅赐转呈国民政府，严电制止驻军不得再有军事行动及禁阻商人，并将没收资本发还商民，俾得和平解决"。① 这封信函，是西藏地方当局首次明确表示对大白纠纷的看法，认为是宗教纠纷，应由达赖喇嘛解决，汉官（军）不得干涉；汉军侵占地方，残害人民，且不听中央调解，调兵助战等。这无疑是为其下一步大举向康区进攻辩护，并留下了伏笔。

果然，到1931年2月9日，藏军开始向甘孜马成龙团右翼发动了突袭，接着又有藏军千余人进攻甘孜南雪山觉母寺及中路一带，同时有马队绕雪山后方。甘孜康军三面受敌，士气不振，只有后撤，甘孜南的异口、大盖危急万分。② 3月1日，藏军进据觉母寺，10日白利失守，11日藏军进围甘孜县城，因无后援，孤城难御，16日康军撤出甘孜，复退至炉霍待援。③ 此时，国民政府蒙藏委员会一面命改派赴康调处的唐柯三委员等迅赴康地；一面多次致电达赖喇嘛饬藏军停止进攻，退回原防，静候调解。4月4日，达赖喇嘛复电蒙藏委员会："此处前致各电未曾明答，只称刘军一面之词，

---

① 《西藏驻京办事处为报大白案发生经过并请中央严电制止军事行动等情致蒙藏委员会呈》，见上引《康藏纠纷档案选编》，第44~45页。

② 《刘文辉为报藏方进攻川军三面受敌请示如何办理事致国民政府电》（1931年3月4日），见上引《康藏纠纷档案选编》，第58~59页。

③ 《刘文辉为藏军进据甘孜请令达赖撤兵并迅示方略事致蒙藏委员会电》，（1931年3月23日），见上引《康藏纠纷档案选编》，第94~95页。

甚愧。藏方抱定仍前和好宗旨，前派调处员谅（即谅让代本）未起身，不知如何调解，盼复"。① 而此时，藏军三千余众，皆英式武器，进窥瞻化（即瞻对，今四川新龙）和炉霍、道孚。而蒙藏委员会派遣之调处大员唐柯三，4月18日方抵重庆，5月3日到成都；藏军已进围瞻化，炉霍受敌。唐柯三急电蒙藏委员会和西藏驻京办事处，催促西藏派代表，到指定地点谈判。至5月20日，藏军已攻占瞻化，县知事张楷及属下、家属被俘，后被押解至昌都。6月初，藏军从瞻化南下，占领理化（治今四川理塘）北穷坝、霞坝两地，代本克门致函理化知事刘明哲云，瞻化原属达赖辖区，理塘穷、霞二坝亦为藏王百姓，应归藏收回管辖等。②

2. 国民政府派员调解失败与战事之扩大

在这种形势下，蒙藏委员会于1931年7月4日致函达赖喇嘛，内称"现唐专员已前往炉霍，即与噶布伦拔墨得巴会商解决办法……应请迅饬前线将进占甘、瞻两县之藏军限期撤退，以期达白事件迅速解决。至以前康藏纠纷，应俟商洽藏事时并案办理"。③ 此函表明，国民政府试图将处理大白纠纷，与康藏问题区分开来，先解决大白纠纷；但这仅是一种幻想，因藏军已占领甘、瞻等地，令其撤出，单独解决大白案已不可能。7月8日，康柯三抵达炉霍，与藏军琼让代本商议和议地点；12日，刘赞廷赴甘孜与琼让商议，藏方提出在昌都晤商。7月27日，达赖喇嘛对蒙藏委员会一再电请藏军撤出甘、瞻，然后和谈事，复电马福祥委员长："甘、瞻原属藏境，藏军占领，责有攸归。惟唐与琼让、噶伦未面，提议屡促退回，殊属非是。阁下系官领袖，岂肯设此巧计，殊乖和平本旨。故未复电，并前电维持汉番大局"。④

8月14日后，西藏新任昌都总管的噶伦阿沛来函表示，不愿至甘孜和谈，要唐柯三到昌都晤商，对于撤兵和释回张知事均不置答，且有增兵防

① 《达赖为藏方抱定和好宗旨并盼复如何调解事致蒙藏委员会电》（1931年4月4日），见上引《康藏纠纷档案选编》，第94～95页。

② 《刘文辉为报藏方意图侵犯理化请转陈察核事致蒙藏委员会电》（1931年6月1日），见上引《康藏纠纷档案选编》，第101页。

③ 《蒙藏委员会为请饬前线藏军撤退以期解决大白事件事致达赖喇嘛函》（1931年7月4日），见上引《康藏纠纷档案选编》，第151～152页。

④ 《达赖为甘瞻原属藏境不应屡促藏军退回事致蒙藏委员会电》（1931年7月27日），见上引《康藏纠纷档案选编》，第160页。

守甘瞻事，调解会商无期。① 此后，蒙藏委员会和唐柯三一再催促，至 8 月
31 日，达赖喇嘛回电称："噶伦新任冗忙，设再赴甘，加派三大寺代表，枉
费时日。藏军安静，撤兵一节，碍难转谕。唐等远到，何畏数程，仍饬唐
赴昌（都），汉番会议和衷解决为要。"② 至此，刘文辉、康柯三均多次向国
民政府建议，联络滇、青两省，合川康军，收复甘、瞻并昌都，一劳永逸
解决康藏问题。但是，国民政府仍希望唐柯三与藏军和谈，解决大白纠纷。
其中原因，主要是日本于 1931 年 9 月 18 日发动侵略东北的"九一八事变"，
东北全部沦陷，故对国内的康藏纠纷，仍希望和平解决。这又助长了西藏
当局在康藏问题上的强硬态度，和谈无望，康柯三一再要求返回。国民政
府害怕唐一旦返回，与西藏地方决裂，故下令康柯三仍在炉霍与藏方周旋，
刘赞廷在甘孜与西藏琼让代本谈判；并一再称"惟中央正注意东北外患，
西陲防务暂令和缓处置……由刘赞廷秉承尊旨妥为交涉，冀交涉不致中断
为要"。③

因此，到 11 月 7 日，在不强调藏军撤出甘、瞻的前提下，由刘赞廷与
琼让在甘孜初步订立解决大白事件的八项条件：

（一）甘瞻暂由藏军驻守，俟另案办理。

（二）大白事由琼（让）秉公处理。

（三）双方前防各驻兵二百。

（四）穹霞、朱倭均退还。

（五）大金欠汉商债款速还。

（六）被掳汉军放回。

（七）马骕、琼让互派员致谢。

（八）恢复商业交通。④

① 《唐柯三为噶伦不愿来甘撤兵释张事不作答复藏方无诚意请主持事致蒙藏委员会电》（1931
　年 7 月 30 日），见上引《康藏纠纷档案选编》，第 161 页。
② 《达赖喇嘛为噶伦冗忙未便赴甘撤兵一事碍难转谕仍饬唐柯三赴昌会议事致蒙藏委员会电》
　（1931 年 8 月 31 日收到），见上引《康藏纠纷档案选编》，第 180 页。
③ 《蒙藏委员会为仍遵前由刘赞廷妥为交涉事致唐柯三电》（1931 年 10 月 28 日），见上引
　《康藏纠纷档案选编》，第 216 页。
④ 《唐柯三报闻与琼让议订解决大白事件八项条件致蒙藏委员会电》（1931 年 11 月 7 日），见
　上引《康藏纠纷档案选编》，第 221 ~ 222 页。

此外，西康方面还向琼让馈赠杭缎、线春各五匹。①

12月10日，国民政府行政院密下指令给蒙藏委员会："查唐委员与西藏代表琼让议定解决康案条件八项，揆诸现在情势，尚合机宜，仰即电知该委员即照此办理。仍候呈报国民政府鉴核"。②但是，此八条却遭到刘文辉及西康民众的激烈反对，因为此八条无疑承认了西藏对甘、瞻的占领，各条也为今后留下了无穷的隐患。群情激愤的西康民众甚至有驱逐、查办康柯三之议。国民政府迫于川省刘文辉及西康民众舆论压力，先后于12月21日、23日、24日、25日和29日连发数电，称因各方反对，令康柯三推迟或暂缓签字。③12月30日，国民政府正式免去马福祥蒙藏委员会委员长之职，由石青阳继任委员长。而西藏地方政府对于此八条亦不满意，寻找借口，并提出"惟朱倭、穿霞仍应归藏管理"。④其实，西藏地方当局希望乘此时机，一鼓作气夺取打箭炉（康定），⑤以完成其在西姆拉会议时提出的自治外藏的界限。因此，至1932年2月10日，唐柯三与琼让双方已声明解除交涉责任，藏局破裂。⑥3月1日，国民政府行政院准许唐柯三因病回京的请求，并决定西康事件交由川康边防总指挥刘文辉负责办理。⑦

1932年3月1日，国民政府决议由刘文辉办理西康白利案，并去电通知达赖喇嘛。3月29日，达赖喇嘛回电称："奉电白利案政府委刘文辉办理，藏民骇异。此案端由四川酿衅，设由川办，汉番和好之念恐难就绪。如川藏解决纠纷，非得公正处理，以符公理"。⑧

也就在此年初，康藏的局势又发生了一些变化。此年2月，驻康第二旅

① 《唐柯三为琼让托购杭缎事致蒙藏委员会电》（1931年11月7日），见上引《康藏纠纷档案选编》，第221页。
② 《行政院为核准与西藏代表所订康案条件八项即照办理致蒙藏委员会指令》，《康藏纠纷档案选编》，第232页。
③ 详细内容请参见《康藏纠纷档案选编》，第240~244页。
④ 《唐柯三为琼让函复议定各条照办惟朱穿两地仍应归藏管理事致蒙藏委员会电》（1931年12月23日），《康藏纠纷档案选编》，第241页。
⑤ 见夏格巴·旺曲德典著《藏区政治史》，刘立千等汉译本，内部刊印，1976，第169页。
⑥ 《唐柯三为报双方声明解除交涉责任藏局破裂在即等情致蒙藏委员会电》（1932年2月22日），见上引《康藏纠纷档案选编》，第254~255页。
⑦ 《行政院为康藏纠纷事件交刘文辉负责办理唐柯三回京报告事致蒙藏委员会指令》（1932年3月1日），见上引《康藏纠纷档案选编》，第255~256页。
⑧ 《达赖喇嘛为大白纠纷案委刘文辉办理殊感骇异事致蒙藏委员会电》（1932年3月29日），见上引《康藏纠纷档案选编》，第258页。

旅长马骕在康定为叛军所杀，刘文辉调第一旅旅长余入海（即余松琳）入康善后。[①] 到 3 月初，康南又爆发了原国民政府中央特派整顿西康党务专员格桑泽仁（藏族）的事件。格桑泽仁，原名王天化，巴安（今四川巴塘）人，为西康最有代表性的人物，一直任国民政府蒙藏委员会委员。1930 年，他奉命为西康党务特派员，由云南中甸入康，甚得云南主席龙云的资助。1932 年初，他返回巴塘后，称"康滇宣慰使"，提出"康人治康"的口号，并缴了驻巴塘驻防康军的军械，成立西康防军司令部，自任司令，派人招抚康南盐井、得荣、定乡、稻城、理化诸县，拟与驻康川军分治边地。同年 3 月，格桑泽仁命盐井贡嘎喇嘛提取驻康川军武器，贡嘎喇嘛拒不上缴，且暗结藏军攻围巴安。格桑泽仁率民军坚守。[②]

同年 3 月 24 日，西藏地方政府又发动了对青海玉树地区的进攻，其借口是玉树苏尔莽部落内属于格鲁派的朵丹寺与属噶举派和萨迦派的德赛提寺互争寺属差户、抢收田稼的小事。西藏支持朵丹寺，德赛提寺则诉之于青海省政府。于是，西藏当局于 3 月 24 日在昌都集中藏军千余人，攻占了大小苏尔莽（又作"苏莽"）地方，4 月 4 日又占领囊谦，攻围结古。[③] 当时，结古仅有青海守军 400 余人，只有坚守待援。蒙藏委员会得到青海方面的报告后，迭电达赖喇嘛，请其严令停止对青海玉树的进攻。5 月 18 日，达赖喇嘛在复电中表示："藏兵进占苏（苏莽）、囊（囊谦）两地，能可（即可能之意）调停，命刘自乾（即刘文辉）办案，藏方前有恶感之仇，恐中藏和好间必起衅端"。[④] 由此可见，进攻青海玉树，是西藏首先发动，并有预谋的。

3. 岗拖协议与青藏和约

1932 年 3 月间，藏军在康、青一线，从巴安、瞻化、甘孜，直北到青海玉树一线，全面进攻或防御，战火延及康、青两地，战线过长，势分力

---

① 兰文品：《川康二旅"康定兵变"纪实》，载上引《四川省甘孜藏族自治州文史资料选辑》第 2 辑，第 40～43 页。

② 参见上引任乃强《康藏史地大纲》，第 150 页；喜饶尼玛：《格桑泽仁其人其事》，载上引其所著《近代藏事研究》，西藏人民出版社、上海书店出版社，2000，第 361～365 页。

③ 《军事委员会为藏兵攻占大小苏莽囊谦等地劝其不得侵犯青海事致蒙藏委员会代电》（1932 年 5 月 3 日），见上引《康藏纠纷档案选编》，第 263 页。

④ 《达赖为藏兵进占苏囊似可调停命刘文辉办理大白案藏方有恶感事致蒙藏委员会电》（1932 年 5 月 18 日），见上引《康藏纠纷档案选编》，第 266 页。

弱，这就为康军的反攻创造了有利的时机。尽管当时西康局势不稳、军力有限，但是刘文辉仍然决定向藏军反攻，调遣余松琳旅及建南（今四川西昌地区）黄汉诚旅入康，委邓骧团长为前敌指挥，率部进驻炉霍。同年 3 月 27日，邓骧率康军与藏军激战于朱倭、大盖，攻占朱倭；4 月初，攻占甘孜；另一路康军也于 5 月初攻占瞻化，藏军主力退至大金寺一带。6 月，藏军从大金寺反攻，遭康军阻击，康军乘胜占领白利，进围大金寺，经过激烈的战斗，藏军及大金寺僧众焚大金寺后，退走。① 7 月 25 日，康军分三路向藏军发动总攻击，德格藏军全面崩溃，退至金沙江以西，康军直抵金沙江岗拖渡口，德格、邓柯、石渠、白玉相继为康军所占据。② 同时，康军遣一团兵力入驻巴塘，与巴塘民军一起击走藏军。格桑泽仁则经云南，返南京。

接着，青海省代主席马麟及青海南部警备司令马步芳派遣增援结古的马驯宣慰使、马彪旅长所率青军，也于 8 月 27 日收复小苏尔莽，9 月 2 日收复大苏尔莽，9 月 4 日收复囊谦；9 月底，青军乘胜向南进占邓柯之当头寺，于 9 月 30 日进占金沙江西岸之青科寺，俘房藏军官及军士多名，并与川康军联络，会攻昌都。③

国民政府参谋本部也于同年 9 月召开各部会及有关各省代表的西防会议，决议康藏纠纷先由蒙藏委员会召集和平会议。在军事上屡战屡胜之有利时机，电令川青两军停止军事行动，为和平之先声；藏方亦应停止其军事动作，先将金沙江沿岸各渡口之部队撤回，以同普、武城、江卡等县为缓冲地带，双方暂不驻兵，然后再谋和平解决之办法。并将上述办法转商达赖喇嘛，俾康藏纠纷得以和平解决。④ 时四川省川军二十一军刘湘与二十九军田颂尧，袭击刘文辉二十四军荣县、威远一线，四川军阀内战又起，故刘文辉也无力命康军继续向昌都进攻，遵奉国民政府停止军事行动的命令。

① 《刘文辉陈报数月与藏军交战并攻下大金寺等经过情形致国民政府等电》（1932 年 7 月 13日），见上引《康蒙纠纷档案选编》，第 275～276 页。
② 《四川省府驻京办事处为报川康边防军克复德格等地藏军退至金沙江西岸等情并请速定方针事致蒙藏委员会电》（1932 年 8 月 7 日），见上引《康藏纠纷档案选编》，第 283～284页。
③ 《杨虎城为报击退大小苏莽藏兵并克复囊谦等地情形致军事委员会等电》（1932 年 10 月 11日），见上引《康藏纠纷档案选编》，第 299 页；《马麟等为报克复青科寺击退藏兵情形致蒋介石电》（1932 年 10 月 12 日），见上引《康藏纠纷档案选编》，第 300 页。
④ 《参谋本部请电商达赖撤退金沙江沿岸部队并设缓冲地带以便和平解决康藏纠纷事致蒙藏委员会公函》（1932 年 9 月 23 日），见上引《康藏纠纷档案选编》，第 296 页。

因此，1932 年 10 月 8 日，西藏与西康方面已各派代表在金沙江岗拖地方签订了停战条约六条又附件一条（又称《岗拖协议》），全文如下：

（一）汉藏双方接受议和协定，弃嫌修好，所有汉藏历年悬案，听候中央暨达赖佛解决。

（二）汉藏以金沙江上下流东岸为最前防线，双方军队不得再进越前方一步。

（三）自中历二十一年十月八日至十月二十八日止，各将先头部队撤退。汉军退俄洛、德格、白玉以东，藏军退葛登、同普、武城以西，其最前线，汉军如邓柯、白玉、德格，藏军如仁达、同普、武城境内，双方每处驻兵不得过二百名，并各派员互相监视撤兵。

（四）自停战撤兵日起，双方交通恢复原状，商民来往无阻，惟须双方官厅发给执照为凭；并本遵从（崇）佛教、维护佛法之意义，对于在康、在藏各地之寺庙及住在潜心修养与来往两地之喇嘛僧侣，双方均一律保护。

（五）自条约签订之日起，各飞报政府共同遵守。

（六）此条约适用于汉藏双方，如有未尽，将来中央会同达赖佛修改之。

附件一（条）

文曰：汉藏双方暂行停战条约立后，所有未经立入条约内之巴安县属河西地方现驻藏军，限于中历十月八日即藏历八月初九日起，九日之内撤回原防，其所驻地面交还汉方，后此接收回时，应将此稿同列正式停战约内，中间不虚，具结是实。

出结人　西藏达赖佛派出交涉员却让（即琼让）

入结人　川康边防总指挥派出交涉专员邓骧

中华民国二十一年十月八号

藏历水猴年八月初九日

签于德格冈拖东岸议场①

---

① 《川康边防总指挥部驻京办事处抄报岗拖和约及签订经过致蒙藏委员会呈》（1934 年 3 月 20 日），见上引《康藏纠纷档案选编》，第 351～352 页。

1933 年 4 月 10 日，西藏和青海各派代表于青藏交界巴大塘处签订《青海西藏和议条文》（又称《青藏和约》），全文如下（原文为汉藏文合璧）：

青藏本属一家，和好久矣。中华民国二十一年内，即藏历岁次壬申，以朵旦寺问题双方驻军误会，以致引起纠纷，妄开战端。事后双方军队首领鉴于国难方殷，何遑自讧，乃各派全权代表休战议和，重修旧好，订立和议条文。青藏两方各执一张，以资遵守而昭来兹。从此青藏和睦如前，西藏国防巩固，国家幸甚，边民幸甚。恐后无凭，立此合同条文，永远存照。

计开：和议条件

第一条 朵旦寺管理寺院之堪布，由该寺众僧内自行推举后，准达赖大佛加委，堪布权力照旧，以崇教为范围，毫不准干涉政治。

第二条 青科、当头两寺宗教权，准归作巴照旧管辖。惟该两处双方均不得驻扎军队，以免因接壤而起纠纷。

第三条 和议条约成立后，藏方即先行撤兵，青方于藏方撤退十四日后即继续撤兵。双方除原驻军额外，其余限一月内完全撤退。兹后青藏两方各守疆土，不相侵犯。如藏兵侵略青海境界，有藏方昌都、巴宿、类乌齐、三十六族头目人等担保。青海军队侵略西藏境界，有玉树二十五族头目人等担保。

第四条 藏方官兵如有变归青方，或潜逃青方者，青方不得收留袒护。青方官兵如有变归或潜逃藏方者，藏方亦不准收留袒护。

第五条 双方对于宗教寺院一概极力保护。

第六条 青方如有坏人、罪犯等逃避藏方者，藏方无论长官、民众均不得袒护隐藏。藏方如有罪犯、坏人逃避青方者，青方亦援例遵守。

第七条 青海对于西藏商民须极力保护，西藏对于青海商民亦须极力保护。

第八条 所有青方俘获藏方之官兵，在条约签字成立后，青方即完全缴归藏方。

青海和议全权代表海南玉树宣慰使 马驯
西藏和议全权代表北路总管仲伊青布（即仲译钦莫）涂旦公吉
索康汪金次旦

孜仲昂汪老追

调停人活佛却吉隆巴公交绝密旦边见赞

青海担保昂谦千户代表仲巴百户朵藏多吉

阿夏百户起朱多吉

东巴百户涂道公保

青海扎武百户代表　百长　桑牙

青海隆布百户代表　百长　汪扎

青海拉休百户代表　朵牙

西藏类乌齐民众代表　山左来汪扎巴

西藏昌都民众代表　聂欠老藏才拉

西藏巴宿民众代表　吉推聂欠八陶见参

中华民国二十二年四月十日

订于青藏交界巴大塘

藏历岁次癸酉年二月十七日①

《岗拖协议》和《青藏和约》先后签订之后，西藏与康、青的战争基本结束，而大白事件的处理善后，则直到 1940 年方告完成。②

值得注意的是，上述两个停战协议，分别是由西康地方二十四军的代表、青海地方军队代表与西藏地方军队代本签订的，而作为中央的国民政府没有派代表参加。更有甚者，《岗拖协议》签订后，作为川康边防总司令的刘文辉甚至没有将协议呈报国民政府，请求批示。只是到 1934 年初，刘文辉去电国民政府政府，报告"藏方企图毁约略地，请中央转电西藏严行制止"时，电文中才提到《岗拖协议》一事。为此蒙藏委员会去电询问，并令刘文辉将此约呈报。③ 至于《青藏和约》的签订，据 1933 年 10 月 30

---

① 《青海省政府为报送青藏和约照片及最近防务情形事致蒙藏委员会咨》（1933 年 10 月 7 日），见上引《康藏纠纷档案选编》，第 318～321 页。

② 1935 年 1 月 9 日，康藏两方代表最终协定安置大金寺的规约详细办法签订，后因红军经西康北上抗日，规约未履行。1938 年 12 月 30 日，康藏代表又在德格更庆开会，协商议定详细办法七条，大白事件终于解决。《安置良善大金僧规约详细办法》（七条），见上引《康藏纠纷档案选编》，第 407～410 页。

③ 《蒙藏委员会为查询岗拖和约当年并未报备案等情事致参谋本部等公函》（1934 年 3 月 23 日），见上引《康藏纠纷档案选编》，第 353～354 页。

日蒙藏委员会致行政院秘书函称："事前并未呈报有案。及本年四月和议告成之际，亦未将所议条文，咨送本会审查，手续似有不合。"[1] 但是，国民政府行政院也只好"准予立案"。[2] 这一事实本身充分地说明在 20 世纪 30 年代初，中央国民政府对川康、青海地方的统一和权力是有限的；而在这次战争过程中双方控制和反控制的矛盾时隐时现，这一切对战争均产生了一定的影响，但这种影响并非是主要的、决定性的。

4. 英国在战争中所扮演的角色

在西藏与康、青发生战争的过程中，英国扮演了什么样的角色？1930 年 10 月，当大白事件已引发为康藏冲突后，英印政府和英驻华公使馆都认为，大金寺、白利均处在 1918 年台克满停火线的中国一侧，英国可以有把握地暂时不管此事。[3] 即是说，英国希望西藏向西康推进，有利于最终迫使中国承认《西姆拉条约》所规定的"外藏"的划界。而在康藏战争开始后，藏军使用的武器弹药都是英国于 1923 年、1924 年和 1927 年三次提供的。到 1931 年 8 月 5 日，康藏战争正进行之时，为了满足西藏地方政府提出的第四次供给武器的要求，英印政府决定向西藏提供 1 门山炮、1350 枚炮弹、2 挺机枪，500 支步枪和 100 万发子弹，西藏派遣拉萨警察局局长莱丁色（Lheding Se）前往锡金提取这批军火。[4] 这批武器弹药用于康藏战争，到 1932 年时，已基本耗尽。[5]

1932 年 5 月 16 日和 25 日，西藏噶厦和达赖喇嘛先后致函英锡金政务官维尔，要求再提供一批武器弹药。[6] 6 月，英印政府同意向西藏提供 4 门山炮、500 枚榴霰弹、1500 枚加农炮弹、1000 枚炸弹、4 挺马克西姆机枪和

① 《蒙藏委员会为青藏和约应否核准转院核示事致行政院秘书处函》（1933 年 10 月 30 日），见上引《康藏纠纷档案选编》，第 321 页。
② 《行政院秘书处为奉准青藏和约准予备案事致蒙藏委员会》（1933 年 11 月 10 日），见上引《康藏纠纷档案选编》，第 322 页。
③ IOR，L/P&S/10/1998，Lampson to Foreign Office, 14 October 1930.
④ IOR，L/P&S/12/2175，F. V. Wylie to the Policial Offier in Sikkim. 2 August 1931.
⑤ IOR，L/P&S/12/2175，Government of India, Foreign and Political Department to Secretary of State for India, 25 May 1932.
⑥ IOR，L/P&S/12/2175，Weir, Political Officer in Sikkim to the Foreign Secretary of Government of India, Simla, 6 June 1932.

4 挺刘易斯机枪、1500 支步枪和 100 万发子弹。① 这批武器于同年 8 月初运出。同年 7 月，中国媒体披露了这次英国向西藏提供武器之事。为此，中国外交部于 7 月 26 日向英驻华公使（代办）英格拉姆（E. M. B. Ingram，旧译作"应歌兰"）提出质询和抗议，并要求停止向西藏供给武器；同时电令驻英使馆向英外交部交涉。8 月 12 日和 17 日，英国外交部正式答复中国驻英公使："（一）系根据 1921 年印藏条约，印度不得不供给西藏军械；（二）以后供给军械时，当严厉限于维持治安与自卫之用；（三）中藏纠纷，若中政府同意，英政府愿调解。"中国外交部答称，中藏纠纷系中国内政，谢绝调解。② 同时，中国驻英大使要求英国外交部提供 1921 年的英藏关于武器协议的副本。③ 8 月 31 日，英驻华使馆又派员到中国外交部，重申印度向西藏供给武器，系按 1921 年英藏协定规定执行，武器专为维持秩序及自卫之用；又称"中国政府如欲英政府出面斡旋，如划定疆界等事，俾可战事可停，英方颇愿担任"。中国外交部答称："此系中国内政问题，应由中国自由裁定，不必第三者从中斡旋。目前，莫若令印度政府完全停止供给军械，则一切自易就范"。④

就在此年 8 月 10 日，正当藏军在康、青节节失败之时，达赖喇嘛致电英驻锡金政务官维尔，请他到拉萨，商谈中藏关系和班禅地位的问题。英印政府经过慎重考虑之后，认为英国不应插手中藏纠纷，对西藏直接的军事许诺，这从财政和外交原因来讲都是不可能的；英国所能做的是：试图用其在中国的代表提出有关中藏边界问题的解决办法和充当两个活佛系统的中间人。⑤ 9 月初，维尔偕同辛克莱上尉，波次仁医生及其妻、女等一行抵拉萨。在拉萨，维尔与达赖喇嘛、首席噶伦及噶伦多次会谈，反复表明

---

① IOR, L/P&S/12/2175, Weir, Political Officer in Sikkim to the Foreign Secretary of Government of India, Simla, 6 June 1932.

② 《罗文幹为报英国插手康藏纠纷及与英使馆交涉情形致蒋介石代电》（1932 年 10 月 18 日），见上引《康藏纠纷档案选编》，第 302～304 页；IOR, L/P&S/12/2175, Foreign Office to Ingram, 17 August 1932.

③ IOR, L/P&S/12/2175, Orde to J. C. Walton, No. F6311/7/10, 24 August 1932.

④ 见上引《罗文幹为报英国插手康藏纠纷及与英使馆交涉情形致蒋介石代电》，见上引《康藏纠纷档案选编》，第 303 页。

⑤ IOR, L/P/&S/12/4170, Viceroy to Secretary of State, 10 August 1932；Viceroy to Secretary of State, 12 August 1932.

了上述英印政府的态度和立场。12月上旬，维尔等一行离开了拉萨。① 西藏地方政府对此颇感失望，这可能就是促使它最后命藏军驻守金沙江以西，不与康、青军进一步冲突的原因之一。

同年10月4日，英国外交部就提供1921年协议副本一事，正式告知中国驻英公使："不存在条约，仅仅是一些认为不宜通知第三方的信函"；并提请中国公使注意《寇松备忘录》，称印度是西藏购买武器的"自然选择"。② 10月7日，英驻华公使英格拉姆到中国外交部，面称"康藏纠纷现已扩大，应即设法劝令双方停止军事行动"，又提出"此次青军逼近昌都，与民国三年前北京外交部派员与英藏两方在印度森姆拉（西姆拉）地方会议条约第二条载有尊重外藏疆界之完全之原则不符，该原则已于是年五月一日外交部致英使之节略中承认。现在川青军队准备会攻之商（昌）都，即包括在外藏范围以内"。外交部"答以该条约未经签订，自不能发生效力，民三外交部节略对于界务一端未予承认，是外藏究以何处为界，殊难确定，因此森姆拉条约第二条之原则无从适用"。英格拉姆又称："中国如令饬川青军队停止进攻，则英国当可劝告西藏停止军事行动"；提议"藏方正式声明藏军驻守类乌齐及金沙江以西，华方正式声明华军驻守结古及金沙江以东，俾免冲突"等。中国外交部答称，"康藏战事为中国内政问题，无接受斡旋之必要"；且"中国早经自动令饬双方停止军事行动"，"既经自动下令停战，已足以应付局势，此外如有其它举动，必为国人所反对，故对于此项提议认为尚无采择之必要"。在试图充当调解人的要求，遭到中国的拒绝之后，英格拉姆直接进行干涉和威胁，说什么"民国三年外交部节略承认森姆拉条约第二条之原则，今华军举动实为对外藏之侵略行为，英方并表示不承认藏事为中国内政问题，如康藏纠纷不能和平解决，必发生严重之后果。"中国外交部复答称："外藏界限问题当留待将来解决，此次举动并非华兵先向藏兵进攻，乃系藏兵先行内犯，现中国政府既已下令停战，希望可以和平解决"。③

为了向西藏地方政府表明，不许英国干涉中国内政，国民政府主席蒋

---

① IOR，L/P/&S/12/4170, Weir to India, 1 March 1933.

② IOR，L/P&S/12/2175, Foreign Office to Ingram, 10 October 1932.

③ 《罗文幹为报英国插手康藏纠纷及与英使馆交涉情形致蒋介石代电》，见上引《康藏纠纷档案选编》，第302~304页。

介石于同年 12 月 29 日致电达赖喇嘛："汉藏问题纯属内部事务，现为国民政府时期，绝不允许他人插手干涉。吾望一如既往，热爱祖国，忠贞不渝，团结一致"。"已严令西康、青海不准发兵。另外贡觉（即棍却仲尼）代表曾提出派大员赴藏协商之建议，吾之部僚亦认为此议甚妥，故拟派一二人与达赖喇嘛之代表一同赴藏向达赖喇嘛问候，并商讨解决汉藏之间悬而未决事宜。若汉藏能和睦如初，康藏之事则不难解决……"①

以上就是 1932～1933 年西藏与康、青战争中，英国所扮演的角色。然而，近来台湾发表的一些论著中，批评中国大陆有关中英西藏交涉的论著中，多带有"民族主义史观"的情绪，说"英属印度政府对于十三世达赖喇嘛利用军事方式扩张版图的政策，实际上是抱持相当反对的立场，并曾斥责达赖喇嘛发动战争，并欲将英印政府一同卷入的企图，是极为不智（unwise）之举"。② 但也不得不承认，在康、青反攻，准备进军昌都之际，达赖喇嘛向英印政府求助，"英方考量到避免战事继续延长，并不愿意与拉萨实质的军事援助，而是转向南京政府施以外交压力，希望中国西南军阀中止对藏军的攻势，蒋介石因此下令青康军队暂停攻取昌都的行动。"③

固然，在战争期间，中国国内，特别是康、青地方军阀为了借战争增强自己的势力，曾经夸大和渲染了帝国主义支持西藏侵占康、青领土的事实，且大造舆论。这正如唐柯三所撰《大金白利肇事原因及康藏两年启衅之经过》报告中所说："至外间所传有英帝国主义者之背景，并有英人在前线指挥，供给械弹等事，皆驻军故意张大其词，以自掩其失败之咎。或未明康军真象者，见藏军之侵略康地，似有预定计划，虽认为关系国际问题，其实皆非也。"④ 但是，英国一直希冀藏军占领西姆拉条约所定的"外藏"界限；充当"调停人"的角色；供给西藏地方武器弹药；在关键时刻，出面干涉中国内政等。这一系列的事实，是不容"淡化"和歪曲的。

---

① 《蒋介石为中央与西藏问题纯属国家内部事务绝不允许外人插手并允派员赴藏商讨务使维护祖国统一事致达赖喇嘛电》（1932 年 12 月 29 日），见上引《康藏纠纷档案选编》，第 308 页。
② 如林孝庭《战争、权力与边疆政治：对 1930 年代青、康、藏战事之探讨》，《中央研究院近代史研究所集刊》第 45 期（2004 年 9 月），第 117 页。
③ 同上，第 118 页。
④ 见上引《康藏纠纷档案选编》，第 495 页。

四 康藏战争的历史根源、性质及影响

关于 1930～1933 年第三次西藏与康、青的战争，过去的研究论著多从西藏地方历史及与中央国民政府关系（或称为"汉藏关系"），或从中英与西藏的关系角度和侧重点来论述。近年来，也有学者从中国边疆政治的角度，侧重分析西藏、西南军阀及南京国民政府在此次战争中的相互影响和结果。① 但是，无论从什么角度和侧重点来看待和论述这次战争，包括第一、第二次康藏战争，都有一个大的前提，或者说是出发点，即当时民国政府和南京国民政府不仅是名义上，而且是事实上的中国中央政府，而西藏、西康、青海均是当时中国的地方省区。尽管中央国民政府对这些地方仅有不同程度的控制和权力，西藏地方与西康、青海的战争是属于中国内部各地区之间的战争。

正如前述，三次康藏战争是有其历史根源的。西藏地方自 13 世纪元朝起即纳入中国的版图，历经明清两代。清代划定的川（康）、藏、青的分界一直延续一百多年。直至清末赵尔丰在川边推行"改土归流"，将原西藏属察木多、洛隆宗、边坝等地"收回"，拟行改土归流。1911 年辛亥革命期间爆发的第一次康藏战争，1917～1918 年的第二次康藏战争，以及 1930～1933 年西藏与康、青的战争，其根源也就在于西藏地方政府认为西康及青海南部地区自唐代曾属于西藏地方管辖，因此始终抓住一切时机，甚至不惜采用武力进攻的方式"收复"自己的领地；而西康、青海地方则认为以上这些地区是自己管辖之地，因而寸土必争，不惜以武力相对。西藏与康、青各方均可以列举出众多的理由，声明这些地区原是属于他们所管辖的，这就是历次所谓"康藏纠纷"的历史根源。

以上历史根源及三次康藏战争的档案资料表明，正如前述审视和研究这次战争的大前提所说的一样，战争中西藏、西康、青海各方均是当时中国中央政府统一之下的地方省或地区，他们之间为领地、权益的划分而发生的战争（纠纷），其性质纯属中国的内部问题，即中国西藏地方与西康、

---

① 如上引林孝庭《战争、权力与边疆政治：对 1930 年代青、康、藏战事之探讨》文。

青海的内战。在战争过程中，西藏地方、西康、青海三方均由中央政府进行调解和处理，也证实了这场战争的性质是中国内部地方之间的内战。

至于三次康藏战争是非曲直问题，总的说来，是中国领土内地方省区之间为争夺领地、权益的划分而发生的战争。其性质，如上所述是中国国内的内政问题，与内地军阀内战的性质基本相同。战争的导火线及双方的是非曲直，均是为战争的性质（政治目的）服务的。但是，三次康藏战争又具有特殊性，即西藏地方系中国边疆民族地区，且自 1912 年辛亥革命以来英国侵略势力进一步深入该地区，企图以支持西藏"自治"之名，将西藏地方纳入其殖民体系之中，成为印度与中国的"缓冲国"。因此，西藏地方与西康、青海的战争和划界问题，如果没有英国的插手，无论怎样处理和划界都是较为容易解决的。但是，1914 年英国操纵的西姆拉会议上，中国代表拒绝签字承认的《西姆拉条约》规定所谓"内外藏"的界限，将"自治"的外藏界限扩大到原川边和青海南广大地区；而西藏地方上层集团企图利用与康青的战争将以上地区划归外藏。这就存在着像"自治"外蒙古在沙俄的支持下分裂出去的危险。这一点当时中国中央政府及全国人民的认识是十分清楚的。而英国才会在西藏与康青的战争中，力图充当"调解人"，供给藏军武器，并出面干涉之。因此，西藏与康青的战争既是中国国内地方之间的内战，也存在着英国侵略西藏及其进一步分裂中国领土的危险性。也正因为如此，中央政府与西康、青海当局才能在各自利用这次战争扩大自己势力的同时，又相互妥协、服从统一的大局。

三次康藏战争的影响十分深远，特别是第三次康藏战争订定的两个停战协议所定的西藏与西康、青海的暂时分界，事实上一直维持到今天。第三次康藏战争对西藏地方的影响尤为巨大。由于战争的失利，本来康藏局势及战争给西藏地方带来了沉重的负担，庞大的军费开支和兵员的补充已影响到西藏社会的稳定；战争的失利则更是雪上加霜。据 1932 年国民政府再次派遣调查康藏的专员刘曼卿的报告说："查上岁康藏的战事发生，藏军三路与四川、青海及西康民军交战，各路均极失利，于是藏中谣言日盛，皆谓川康青联军将直捣拉萨，一时大为恐慌。达赖乃下令加紧征集僧兵民兵，并向印度购运军械。殊藏中各大寺喇嘛及一部分军政人员认为与中国军队交战之非得计，颇持异议……继而召集临时姆浪大法会（即祈愿大法会），达赖又亲笔拟一类似宣言之文，分发全康藏地方。"刘曼卿所说的达赖喇嘛的"宣言",她又定名为《告全藏官民书》,并全部译为汉文呈报。[1]
此《告全藏官民书》虽然只字未提康青藏战争一事。但是,战争结束后,
十三世达赖喇嘛处罚了战争中失利的代本琼让等人,并于 1933 年 6 月,专
门接见了昌都总管及办事人员。至 12 月 17 日,十三世达赖喇嘛即圆寂于坚
色林卡寝宫。此后,西藏的政局又发生了巨大的变化。这一切多少也受到
了这次康青藏战争的影响。

西康和青海地方由于第三次康藏战争最后取得胜利,增强了军政力量
和威信。西康二十四军刘文辉受这次战争的影响,而于 1933 年被四川二十
一军刘湘军队赶到了西康,失去了在四川的地位和权力,使之专注于西康
的军政建设,进而加速了西康正式建省。[2] 对中央国民政府而言,这次战争
无疑首先阻断了自 1928 年以来国民政府多次派员入藏及西藏地方派驻南京
代表等一系列进一步改善与西藏地方关系、恢复对西藏治权的努力。在日
本发动"九一八事变"之后,国民政府更是无力继续执行借战争削弱川康、
青海地方势力的策略,只好将康藏战事交与西康刘文辉办理。而战争的结
果及两个停战协议的签订,西康、青海竟然迟迟不上报,请示批准,国民
政府也无可奈何,只有坐视康、青军阀势力的增长。但是,战争后西藏地
方的局势却向有利于中央国民政府与西藏地方关系进一步改善的方向发展,
以后的历史即证明了这一点。

(周伟洲:陕西师范大学中国西部边疆研究院教授)

---

[1] 《刘曼卿为译录达赖喇嘛告全藏官民书致石青阳呈》(1937 年 6 月 26 日),见《元以来西藏
地方与中央政府关系档案史料汇编》(6),第 2583 - 2686 页。关于上述十三世达赖喇嘛的
《告全藏官民书》的另一译文及研究,可参见汤池安撰《第十三世达赖喇嘛土登嘉错"遗
嘱"辨析》,《中国藏学》1989 年第 4 期。

[2] 以上详细论述,可参见上引林孝庭文。

民族学视阈下的柯尔克孜
（吉尔吉斯）人及其跨国

李　琪

提要： 柯尔克孜族是多元一体中华民族的成员之一，同时也是一个跨居多国的民族。本文通过"族名：词源学的考释""文献学的解读""口述史的佐证"和"地缘关系的变化"阐释柯尔克孜（吉尔吉斯）族的族名、历史、人物及其跨国。

关键词： 民族学　柯尔克孜（吉尔吉斯）　历史　跨国

　　柯尔克孜族是多元一体中华民族的成员之一，同时也是一个跨居多国的民族。据我国第六次人口普查，中国的柯尔克孜族人口 186708 万人，占全国总人口的 0.0143%（2010 年）①。我国柯尔克孜族人口 98% 聚居在新疆维吾尔自治区。其中，77.4% 集中在南疆克孜勒苏柯尔克孜自治州，占新疆柯尔克孜族人口的 78.4%。此外在喀什、和田、阿克苏、伊犁、塔城均有分布。另有少量散居在黑龙江的富裕县。

　　中国新疆与吉尔吉斯共和国接壤，两国边境线长 1170 公里。据 2012 年吉尔吉斯共和国统计委员会常住人口统计，其全国总人口 557.12 万人，主体民族吉尔吉斯人 4006009 人，占总人口的 71.91%（2012 年）。② 奥什州、贾拉拉巴德州、楚河州、伊塞克湖州、巴特肯州、纳伦州、塔拉斯州和比什凯克市都有广泛分布。③ 据 2014 年人口统计，吉尔吉斯斯坦人口为 577.6

---

① 2010 年第六次全国人口普查资料数据。国务院人口普查办公室、国家统计局人口和就业统计司编《中国 2010 年人口普查资料》，第二卷，中国统计出版社，2012，第二卷，表 2 - 1。

② 吉尔吉斯共和国国家统计委员会，《2012 年居民民族成分》，表 5.01.00.03，《白帆报》，2013 年 3 月 26 日（Национальный статистический комитет Кыргызской Республики，Национальный состав населения 2012，5.01.00.03，"Белый Парус" 26.03.2013）。

③ 吉尔吉斯共和国国家统计委员会，《2009 年吉尔吉斯各地区居民民族成分人口统计》，《白帆报》，2012 年 4 月 11 日（Этнический состав населения регионов страны по переписи населения Киргизии 2009 года，Бишкек，"Белый Парус" 11.04.2012.）。

万人（2014 年），其中吉尔吉斯族人口为 419.3 万人，占总人口的 72.6%。

吉尔吉斯共和国西界乌兹别克斯坦共和国，拥有共同边境线 1099 千米。吉尔吉斯族也是乌兹别克斯坦较大的跨界少数民族之一。乌兹别克斯坦共和国有 25 万（2010 年）吉尔吉斯人①，约占全国人口的 0.9%。乌兹别克斯坦的吉尔吉斯人分布十分广泛，几乎每个州都有；相对集中在纳曼干、安集延、费尔干纳等州和塔什干、浩罕等市。

据 2010 年全俄民族人口统计，俄罗斯联邦有 103422 吉尔吉斯人②。莫斯科 18736 人，克拉斯诺亚尔斯克 8423 人，新西伯利亚州 6506 人，斯维尔德罗夫斯克州 6304 人，萨哈共和国 5022 人，伊尔库兹克州 4507 人。

吉尔吉斯共和国南同塔吉克斯坦共和国接壤，边境线长 970 千米。塔吉克斯坦共和国的吉尔吉斯人共 60715 人（2010 年）。③ 他们主要生活在靠近吉尔吉斯斯坦边境的戈尔诺－巴达赫尚州、吉尔加塔尔区、沙尔图兹等地。

哈萨克斯坦共和国虽然与吉尔吉斯共和国有 1241.6 千米的共同边界，但其境内的吉尔吉斯人并不多，总共仅有 2.68 万人（2011 年），散居在江布尔州 8141 人，阿拉木图市 5335 人，阿斯塔纳市 3053 人，阿拉木图州 2575 人，南哈萨克斯坦州 2343 人，卡拉甘达州 1479 人。④ 另外，在阿富汗伊斯兰共和国居住有 3 万吉尔吉斯人。阿富汗的吉尔吉斯人生活在偏远、高寒地区，被誉为"世界屋脊的游牧民族"。土耳其有 6000 吉尔吉斯人（2010 年）。

---

① 乌兹别克斯坦国家统计委员会：《乌兹别克斯坦民族图表集》，《中亚》2011 年 2 月 8 日（Государственный комитет Республики Узбекистан по статистикет，Этнический атлас Узбекистана 2010，ЦентрАзия，08.02.2011.）。

② 《2010 年全俄居民人口统计，俄罗斯联邦居民民族成分，附录：2010 年全俄居民人口统计结果（莫斯科），附录 5：行政市区居民民族成分》，莫斯科，2010。（Всероссийская перепись населения 2010. Национальный состав населения РФ 2010，Приложения к итогам ВПН 2010 года в Москве. Приложение 5. Национальный состав населения по административным округам города，Москва，2010.）

③ 《塔吉克斯坦共和国的民族成分、语言掌握，居民国籍》，杜尚别，第 3 卷，第 5 页。（Национальный состав и владение языками，гражданство населения Республики Таджикистан，Душанбе，Том 3. С. 5.）

④ 哈萨克斯坦统计中心，《2011 年 1 月 1 日哈萨克斯坦部分民族居民人数》，阿斯塔纳，2011 年 9 月 19 日。（Агентство Республики Казахстан по статистике. Численность населения Республики Казахстан по отдельным этносам на 1 января 2011 года，Астана，19 сентября 2011г.）

一 族名：词源学的考释

词源学是研究词语形式、来源和意义的一门学科。按照现代语言学的要求，探究一个词的词源，必须考查相关语言中这个词的词义和词形，并据此分析和构拟它的形式和含义。对一个作为族名的专门术语在音、形、义上的考释，无疑与民族学研究密切相关，能对一个民族的历史文化提出鞭辟入里的见解。

柯尔克孜（吉尔吉斯）是操突厥语民族之一。突厥语 Qırğız 是柯尔克孜（吉尔吉斯）人民的自称，意为"草原游牧人"，这是操突厥语民族中最古老的民族名称，中文译写为"柯尔克孜"，一般指中国境内的柯尔克孜族人民。俄文译为"кыргыз"或"киргиз"。在中国一般将境外"柯尔克孜"的同源民族成员称写为"吉尔吉斯"。

关于柯尔克孜（吉尔吉斯）这一同源跨国民族先民的记载自古有之。最早可以追溯到秦汉时期。《史记·匈奴列传》述："后北服浑庾、屈射、丁零、鬲昆、薪犁之国。于是匈奴贵人大臣皆服，以冒顿单于为贤。"[①]《汉书》对柯尔克孜（吉尔吉斯）先民生活的地域首先记述"（匈奴）发其兵西破坚昆，北降丁零，并三国。""坚昆东去单于庭七千里，南去车师五千里，郅支留都之"。[②] 以后历代官书和史料文献都有相关记载。在我国不同历史时期，对柯尔克孜（吉尔吉斯）的称谓各有不同。两汉时期称之为"鬲昆""坚昆"，魏晋南北朝至隋唐称"结骨""契骨""纥骨""护骨""纥纥斯""黠戛斯""黠葛斯"，五代十国、辽、宋、金时称"辖戛斯""黠戛司"，蒙元、明时期称"纥里纥斯""吉利吉思"。汉文史料中的这些名称都是各时期不同的音译。有清一代，按准噶尔语音译，柯尔克孜（吉尔吉斯）被称为布鲁特人，意为"高山居""高原人"，以天山为界，分别称为东、西布鲁特。

在希腊文献中，中世纪早期居住在叶尼塞河中游（米努辛斯克盆地）的

---

① 司马迁：《史记》卷一百十《匈奴列传》，中华书局，1975 年标点本，第 2893 页。
② 班固：《汉书》卷九十四上《匈奴传》第六十四下，中华书局，1962 年标点本，第 3800 页。

居民为"херкиз""хирхиз"；在阿拉伯文和波斯语文献中称"Хыргыз""хирхыр"；在突厥语和回鹘文文献中写作"кыргыз（Qırǧız）"，即这一群体的自称。

长久以来，国际学术界关于"кыргыз"这一族名的词源学诠释众说纷纭。迄今没有定论。综观而言，主要可分为以下几类①。

（1）柯尔克孜（吉尔吉斯）语中的数词"кырк"意为"四十"。"кыз"即名词，意为"姑娘"。有学者将"кырк"+"кыз"释为"四十个姑娘"之意。② 一些学者由此认为这一族群是源于四十个姑娘所示的四十个部落组成。

（2）将数词"кырк"+复数后缀"ыз"定义为四十个部落人民的集合体。③ 据此有学者以为"кыргыз"这一族称与历史传说中的英雄玛纳斯统一四十个部落有关。

（3）"ир"或"эр"在突厥语中泛指人或男人。在突厥部族中，人们常将这个词与其他词相加，组成词语，用于自称。"кырк"+"эр"，即"四十个男子"之意。

（4）"кыр"一词即柯尔克孜（吉尔吉斯）语"山脉"之意。因此有些学者认为族名"кыргыз"象征这一族群是由深居山中的游牧部落组成，意为"深山游牧人"。

（5）"кыргыз"一词由古突厥语形容词"кырыг"（红色的）而来，一些学者把"кырыг"+复数后缀"ыз"的形式释为"赤发之人"。"кырк-огуз、кырк-уз"或"кыргу"、"кырыг"与表示复数后缀"ыз"连在一起，即"面貌绯红之人"。11世纪的波斯史学家Гардизи引用了历史传说描述，

---

① 吉尔吉斯斯坦，《Эркин Тоо》2011年12月27日，第三版。（газета《Эркин Тоо》№111，от 27.12.2011 / стр. 3）

② 吉尔吉斯共和国科学院、吉尔吉斯－俄罗斯斯拉夫大学：《吉尔吉斯人和吉尔吉斯斯坦历史》，比什凯克，2000年，第112页。（Национальная Академия Кыргызской республики, Кыргызскороссийский славянсий университет, История кыргызов и кыргызстана, бишкек, 2000г. с. 112.）

③ 吉尔吉斯共和国科学院、吉尔吉斯－俄罗斯斯拉夫大学：《吉尔吉斯人和吉尔吉斯斯坦历史》，比什凯克，2000，第112页。（Национальная Академия Кыргызской республики, Кыргызскороссийский славянсий университет, История кыргызов и кыргызстана, бишкек, 2000г. с. 112.）

"Kirgiz"具有明显的赤发、皙面特征①。

（6）另有学者通过词源学的研究得出结论，认为"огузы"一词具有"箭镞"或"部落"之意，后缀"уз"表示复数。这一族群名称也可能源自词组"кырыг（красные）огузы"（红色乌古兹"或"勇士"）一词。

（7）"кыра"即突厥语"黑色"之意。"кыра"＋"гыз"意为"黑发人（черноволосый народ）"。俄人曾称吉尔吉斯人为"喀拉－吉尔吉斯"，即"黑色吉尔吉斯"，乃因其所居穹庐为黑色而得名。

（8）在许多涉及"柯尔克孜（кыргыз）"词源学的传说中，诸如关于17世纪的阿卜杜尔－迦兹－巴赫杜尔－汗（Абу-л-Газы Бахадур-хан）和19世纪奥斯曼纳雷－色迪克－乌鲁（Осмоналы Сыдык уулу）的故事中都提到"кыргыз"是乌古斯汗之孙的名字。尤其是在塔拉斯河流域发现的突厥语文献《Насаб-наме》与上述传说相互印证。其作者Ар-Рахима称，"乌古斯汗有一孙名'кыргыз'，所有柯尔克孜（吉尔吉斯人）都是其后裔。"

关于柯尔克孜族名的学术研究，自19世纪后半叶沙皇俄国征服中亚至今已历经一个半世纪。俄苏学者们从语言学和专名学的角度，采用分解式的研究方法进行探讨，众说纷纭，难以统一。苏联解体之后，吉尔吉斯斯坦独立，在构建主权民族国家的过程中，恢复主体民族的历史记忆，重新书写国家历史成为核心内容。关于吉尔吉斯民族史的研究在吉尔吉斯共和国内掀起新一轮热潮。柯尔克孜（吉尔吉斯）族名的研究仍在继续，然而，迄今为止仍无定论。

二 历史：文献学的解读

文献学解读是民族学研究方法体系中的具体技术方式之一。利用历史文献诠释现代社会，追溯近现代和当代民族某一问题或现象的历史渊源，即民族学研究的历史溯源法。

长期以来，国际学术界关于柯尔克孜（吉尔吉斯）民族历史的研究

---

① 吉尔吉斯共和国科学院、吉尔吉斯－俄罗斯斯拉夫大学：《吉尔吉斯人和吉尔吉斯斯坦历史》，比什凯克，2000，第111页。（Нацианальная Академия Кыргызской республики, Кыргызскороссийский славянсий универсистет, История кыргызов и кыргызстана, бишкек, 2000г. с. 111.）

主要依据我国历朝历代官修史志的记载。20 世纪上半叶之前，学界对柯尔克孜（吉尔吉斯）历史起源问题的探讨十分有限。随着后来一些突厥语、波斯语文献史料《Насаб наме-йн авалад-и-хазрат-и-адам》《Джахан-нума》《Саха 'иф ал ахбар》《Накуд ат-таварих》《Джами 'ат-таварих》《Насаб-наме》《Худут ал-Алам》等公之于世，关于柯尔克孜（吉尔吉斯人）历史的研究进入了一个新的阶段。这些文献基于各种早期穆斯林史学家的资料记载阐述了柯尔克孜（吉尔吉斯）人的起源和历史进程。波斯文献《Худут ал-Алам》记载了 10 世纪阿尔泰居民的情况，"称谓'基什提穆（Кыштым）'的阿尔泰居民是'кыргыз'的一支。其居于山坡，穹庐为室，狩猎为生，采集毛皮、麝香、兽角等；语言近葛逻禄，服饰同奇马克（Кимак）。"① 俄苏历史学家、民族学家和东方学家 B. B. 巴托尔德研析了多种文字的历史文献得出"吉尔吉斯（柯尔克孜—作者）是中亚最古老的民族，在现代中亚诸民族中，大概还没有一个民族能像吉尔吉斯人那样早地在历史中被提及。"②

从历史地理的角度讲，古代部族活动的地域范围及其所建立王朝的疆域大都超出了现代国家的国境。现今中亚五国所在地区和中国新疆在古代同属于一个历史文化区域。古代中亚各部族与现代民族的称谓及活动位置不相一致是合乎情理的。循着历史文献提供的线索，"现今吉尔吉斯人所居的土地，在不同历史时期曾隶属于不同的部族和王朝。因此它的历史应视为中亚各民族和部族历史的一部分。"③ 诚然，柯尔克孜民族的历史无疑也是中华民族历史的重要组成。

柯尔克孜（吉尔吉斯）人成为一个近代民族之前，分布在沿天山东部、

---

① 吉尔吉斯斯共和国科学院、吉尔吉斯－俄罗斯斯拉夫大学：《吉尔吉斯人和吉尔吉斯斯坦历史》（俄文版），比什凯克，2000，第 111 页。（Национальная Академия Кыргызской республики, Кыргызскороссийский славянсий универсиет, История кыргызов и кыргызстана, бишкек, 2000г. с. 111.）

② B. B. 巴托尔德，《吉尔吉斯：历史概论》，《B. B. 巴托尔德文集》（俄文版），第 2 卷，第 1 册。东方文献出版社，莫斯科，1963，第 474 页。（Бартольд В. В. Киргизы: Исторический очерк//Соч. Т. 2. Ч. 1. – М: Изд-во вост. лит-ры, 1963. С. 474.）

③ 吉尔吉斯斯共和国科学院、吉尔吉斯－俄罗斯斯拉夫大学：《吉尔吉斯人和吉尔吉斯斯坦历史》（俄文版），比什凯克，2000，第 3－4 页。（Национальная Академия Кыргызской республики, Кыргызскороссийский славянсий универсиет, История кыргызов и кыргызстана, бишкек, 2000г. с. 3－4.）

南部、北部的地域，费尔干纳、帕米尔－阿莱这一历史地缘政治空间居住着种类繁多的部族。虽然他们在漫漫的历史长河中逐渐消失，但是大量的考古发掘、出土文物、建筑艺术、口述材料留下了丰富的实证遗迹。这些珍贵的遗存与柯尔克孜人的历史有着直接或间接的联系。经过历史文献的梳理和记述，为我们在民族学研究中，解读现当代某一文化现象提供了深远的历史背景。

俄文历史文献多将柯尔克孜（吉尔吉斯）人分为两个部族集团：叶尼塞部和天山部。但是关于这两个部族集团彼此之间同源关系多有争议。一些学者认为天山柯尔克孜人在现代中亚吉尔吉斯人的族源中起主导决定作用，而叶尼塞柯尔克孜人多融合于南西伯利亚的哈卡斯人和图瓦人之中。[1] 苏联学者 К. И. 彼特洛夫对比了各种史料文献提出，现代天山柯尔克孜（吉尔吉斯）人是居住在也儿的石河（今额尔齐斯河）－叶尼塞河中间地带[2]的阿尔泰语系突厥语族的移民。天山柯尔克孜（吉尔吉斯）人是由三个主要群体组成。其中之一是前蒙古时期的沿天山一带活动的土著欧罗巴人，主要是葛逻禄－回鹘等氏族部落。第二个群体是成吉思汗及其后裔统治时期，迁徙到天山的蒙古诸部，最初他们聚居在伊犁－也儿的石河的中间地带。这一群体包括成吉思汗时期突厥化的蒙古人和乃蛮氏族部落的残留部分。这些乃蛮部落的残部向天山的迁徙与蒙古人的迁徙融合在一起。13 世纪中叶，术赤兀鲁思的一些部落迁徙到伊犁－也儿的石河的中间地带。由于这时一部分土著居民或已经散居，或已被驱赶到西部天山河谷地区，残留在东部天山地区的势力与许多蒙古部落的聚集导致了双方的碰撞与糅合。也就是说，在一些方面，土著突厥语系的居民出现了蒙古化趋向。与之相反，蒙古氏族部落集团也不同程度地突厥化。这个蒙古－突厥联盟，亦称"天山蒙古人"，对天山柯尔克孜（吉尔吉斯人）第三个群体的形成起了决定性的作用。第三个群体实际上是由蒙古人和叶尼塞－也儿的石河流域的突厥语系部落融合而成的，被称为吉利吉思人。蒙古统治时期，这些活动在也

---

① Н. А. 巴斯卡科夫：《关于"кыргыз"族名产生的问题》，莫斯科，苏联科学院出版社，1964，第 93 页。（Николай Александрович Баскаков, К вопросу о происхождении ѐтнонима "кыргыз". М., Издательство Академии наук СССР, 1964, с. 93）

② 指额尔齐斯河与叶尼塞河毗邻的上游地带。

儿的石河流域的部落（也被称为钦察人）与吉利吉思人一起被认为是叶尼塞－也儿的石河流域的"林中百姓"，后来一部分钦察人与吉利吉思人交融，形成钦察－吉利吉思人。

根据 К. И. 彼特洛夫的考证，在蒙古人征服吉利吉思人时期，已有巴林（Барин）、奇诺斯（Чинос）等部落的"三千"蒙古人来到叶尼塞－也儿的石河流域。嗣后，在术赤兀鲁斯建立时期又有"四千"蒙古人来到此地。他认为，钦察－吉利吉思人从叶尼塞－也儿的石河流域迁徙到天山之前，就有一定数量的蒙古人加入了这一部族。他得出结论，天山柯尔克孜人的祖先长久居住于阿勒泰和叶尼塞－也儿的石河流域。在公元 10 世纪就有一部分天山柯尔克孜（吉尔吉斯）人的先民迁移到天山。13 ～ 15 世纪吉利吉思人诸部大规模向西部天山扩展。与此同时，大批蒙古人进入中亚和哈萨克草原。在此情况下，部分突厥部落逐渐向西迁徙到天山中部和西部地区，而后，继续向南直到帕米尔高原。这些突厥部族也成为天山柯尔克孜（吉尔吉斯）部族形成过程中的重要成员。15 世纪一些柯尔克孜（吉尔吉斯）氏族在萨彦－阿勒泰复兴，联合各部族建立了自己的汗国。15 世纪末至 16 世纪初在被称之为"吉尔吉斯活动的地面"（Киргизская землица）上，众多部落结合成了吉尔吉斯部族联盟。在以后长达三个世纪的时间里，柯尔克孜（吉尔吉斯）人逐渐形成为一个近代民族。

由于准噶尔人的进攻，一部分布鲁特人从天山迁至中亚的塔什干、费尔干纳及其附近；一部分迁到帕米尔高原、兴都库什山和喀喇昆仑山一带；一部分从天山取道库车到达和田；一部分仍然留在天山和伊犁地区。

根据俄国《炮兵大尉文科夫斯基 1722－1724 年出使卫拉特人的使团的旅行日记》报告，17 世纪，居住在伊塞克湖以西的布鲁特人达 5000 帐，拥有约 3000 人的精良军队。① 在一份卡尔梅克人绘制的地图上，标示出布鲁特人在费尔干纳和锡尔河以西的方位。1758 年清朝平定准噶尔以后，被迫迁徙的布鲁特人才回到自己的世袭之地。大部分布鲁特人重新占据了纳伦河、楚河上游和伊塞克湖支流的山地，以及阿拉套山北麓、美丽富饶的楚

---

① 载《俄国皇家地理学会丛刊（民族学）》，1887 年第 10 卷，第 2 分册，第 187 页（ЗИРГО. по отд. этногр.，1887，т. х.，вып. 2，с. 187）。

河盆地中央的皮什佩克（今比什凯克）与伊塞克湖东岸的卡拉科尔（今普尔热瓦尔斯克）。少数人迁徙到锡尔河流域塔拉斯山谷及其毗连的山区。然而，"只有这一次运动，即从费尔干纳返回天山的迁徙，保留在那些对往昔的迁徙一无所知，认为费尔干纳是其故乡的吉尔吉斯人的记忆之中。"[①] 这正是在许多民间传说中总是把柯尔克孜（吉尔吉斯）人的族源与毗连费尔干纳的高山峡谷联系在一起的重要原因。

平准之后，"天山和帕米尔的布鲁特都承认是清朝的属民。"[②] 大部分布鲁特人处于清朝政府的统治之下。与此同时，他们也面临着周邻部族，特别是浩罕汗国的威胁。1770 年哈萨克中玉兹阿布莱汗对布鲁特人发起进攻。在克孜勒苏河附近击溃了布鲁特人的联合力量。19 世纪上半叶，浩罕汗国要求费尔干纳及其东北部山区的布鲁特人臣属并对其施以暴政。浩罕地方官向布鲁特人分类课以重税：其一，各帐摊派绵羊税；其二，50 头牲畜（2%）抽一；其三，农民缴纳地亩税，每个谷仓摊派 3 头绵羊（喀什噶尔从事农业的布鲁特人缴纳收成的 1/15）。1862 年 "一部分吉尔吉斯人与浩罕决裂[③]。19 世纪 60～70 年代中亚地区被沙俄兼并。居住在卡拉巴尔特到皮什佩克，一直延伸到伊塞克提的吉尔吉斯萨勒土部，占据着阿列克桑德洛夫山到纳伦大片地域的萨雅克部，活动在伊塞克湖岸和楚河盆地东部地域的萨雷巴噶什部，生活在伊塞克湖东岸到特克斯一带的布库部，除一部分迁移到固尔扎（今新疆伊宁）外，相继被俄国吞并。这些氏族和部落世代繁衍生息的辽阔地域变成了俄国的领土。生长于喀什噶尔和固尔扎等地及其周边的冲－巴噶什、部分布库等部的布鲁特人仍然留在清朝的版图之内。原本完整的柯尔克孜（吉尔吉斯）人民被分隔开来。

综上所述可以得出两点结论。其一，近代柯尔克孜（吉尔吉斯）民族的形成是融合了多元种族、部族成分的结果。其二，民族形成的过程是在与他族矛盾、冲突和往来中不断了解、不断交融的历史。

---

① В. В. 巴托尔德：《吉尔吉斯：历史概论》，《В. В. 巴托尔德文集》（俄文版），第 2 卷，第 1 册，东方文献出版社，莫斯科，1963，第 527 页（Бартольд В. В. Киргизы：Истори-ческий очерк，Соч. Т. 2. Ч. 1. — М：Изд-во вост. лит-ры，1963. С. 527.）。

② 同上，第 531 页。

③ 同上，第 535 页。

三 人物：口述史的佐证

口述史即口碑史学，是以搜集和使用口头史料研究历史的一种方法，特别是用来抢救那些濒于失传的藏于民间的非物质文化遗产。这对于记录民族的历史十分重要。采借民间传说与口述历史是民族学研究民族源起、民族过程、民族文化接触交流与涵化的研究方法之一。凭借过去的声音，用口述和吟唱的方式叙述民族历史，是口述历史的重要形式。此类民间口述的内容在于唤醒民族的记忆、抒发民族的情感、表达民族的性格、体现民族的心理、传递民族的精神、弘扬民族的文化，进而奠定人们的认同。它与文献互补长短，以更为鲜活的形式留存记忆、展开交流，为我们的民族研究提供了更为广阔的空间，拓宽了叙述的视线，丰富了学术的分析，延展了新的学术切入点。

口传史诗是以口述形式流传，用诗的语言记录民族历史的一种独特的民间文学形式——长篇叙事诗。其主要特点是以著名民族英雄、重要宗教人物、杰出军事才俊为中心，以口头史诗的形式反映民族的荣辱、英勇、抗争、追求和全部的社会生活与精神世界。后来出现的一些著名史诗的书写文本大都来源于口传史诗的听写记录。故此，口传史诗是民族历史文化的精华。柯尔克孜（吉尔吉斯）人民堪称"史诗民族"。柯尔克孜（吉尔吉斯）民间口传史诗、叙事诗内容丰富、绚丽多姿、浩如烟海。

《玛纳斯》（柯尔克孜/吉尔吉斯语："Манас"дастаны）是柯尔克孜（吉尔吉斯）人民世代口耳相传的一部口承英雄史诗。据我国的记录《玛纳斯》共 8 部 23 万余行，为全世界第二长史诗，仅次于藏族史诗《格萨尔王传》。《玛纳斯》主要讲述了柯尔克孜族人民不畏艰险，奋勇拼搏，创造美好生活，歌颂伟大爱情的故事。这部民间史诗的传承者和创作者被称作"玛纳斯奇"。史诗《玛纳斯》的民间传承性，是柯尔克孜语言和智慧的结晶，不仅给予柯尔克孜（吉尔吉斯）人民进取的力量，而且是我们取之不尽、用之不竭的宝贵精神财富。

玛纳斯是柯尔克孜（吉尔吉斯）传说中的著名英雄和首领，是力量、勇敢和智慧的化身。史诗叙述了玛纳斯一家子孙八代人，领导柯尔克孜族人民反抗统治者掠夺和奴役，为争取自由和幸福而进行斗争的光辉业绩。与藏族史诗《格萨尔王传》、蒙古族史诗《江格尔》不同。史诗《玛纳斯》

不是赋予单一主人公特殊的品格和非凡的才能，将其塑造成民族引以为豪的旷世英雄；而是讴歌了柯尔克孜人八代英雄的丰功伟绩。《玛纳斯》史诗已流传了千年之久。长期以来，这部史诗以其引人入胜之情节和百科全书之价值吸引着各界人士进行研究，对其浓烈的兴趣经久不衰。

一些学者从宗教的视野出发，提出"在古代和中世纪早期的中亚，特别是在当时新疆的佛教和摩尼教信众中有'玛纳斯'一词，意为'圣礼'。"① 5~6 世纪波斯语的《摩尼教祈祷忏悔书（俄译：Хуастанифт，英译：Chuastuanift）》由梵文译成粟特语，而后翻译成突厥语。古代突厥人将忏悔祈祷称之为"Манастархира-a"，意为"宽恕我的罪过"。而在佛教，"玛纳斯"即第七识，亦谓之"末那识"（梵文：manas-vijñāna），意为"思量"，具有恒审思量之性，又称思量识；为第六意识之所依根。无论第六识，还是第七识都是一体的心识，即心的真理性。另一些学者从语义学的角度探究认为，这个词的概念在梵文中意为"思维""人之智慧和能力"，泛指"客观意识""主观与客观之关系"；以表现柯尔克孜（吉尔吉斯）人民对世间事物的认知和对社会生活的理解。还有一些学者从词源学的层面解析，以为"玛纳斯"一词来源复杂，可以溯源于雅利安人的神话，反映光明与黑暗、美好与丑陋、善良与凶恶之间的斗争，再现了柯尔克孜（吉尔吉斯）先民的价值观念。这是《玛纳斯》史诗的基点。"《玛纳斯》史诗在天山的最终形成是奠定柯尔克孜人各部联合的最重要的思想基础。""面对外敌，各部精诚团结、紧密联合、共同御敌是《玛纳斯》史诗的主题思想，对柯尔克孜（吉尔吉斯）人民的兴盛起了递进的作用。"② 对柯尔克孜

---

① 吉尔吉斯共和国科学院、吉尔吉斯－俄罗斯斯拉夫大学：《吉尔吉斯人和吉尔吉斯斯坦历史》，比什凯克，2000，第 99 页（Национальная Академия Кыргызской республики, Кыргызскороссийский славянсий университет, История кыргызов и кыргызстана, бишкек, 2000г. с. 99.）。

② И. 莫尔多巴耶夫：《"玛纳斯"史诗是研究吉尔吉斯人民精神文化的源泉》，伏龙芝，1989；《"玛纳斯"吉尔吉斯人历史文化的古籍文献》，比什凯克，1995（Молдобаев И. Эпос "Манас" как источник изучения духовной культуры киргизского народа, -Фрунзе, 1989г. ; Молдобаев И. "Манас" историко -культурный памятник кыргызов, -Бишкек, 1995г. ）；吉尔吉斯共和国科学院、吉尔吉斯－俄罗斯斯拉夫大学：《吉尔吉斯人和吉尔吉斯斯坦历史》，比什凯克，2000，第 113 页（Национальная Академия Кыргызской республики, Кыргызскороссийский славянсий университет, История кыргызов и кыргы-зстана, бишкек, 2000г. с. 113.）。

（吉尔吉斯）人民而言，"玛纳斯"之称神圣而至高无上。玛纳斯的精神、对玛纳斯的崇拜已融入柯尔克孜（吉尔吉斯）人民的灵魂与日常生活之中。

《玛纳斯》史诗包含了柯尔克孜（吉尔吉斯）人民政治、经济、历史、文化、语言、哲学、宗教、美学、军事、医学、习俗等诸多领域的丰富内容，是世界宝贵的精神文化遗产。对这部英雄史诗无论怎样评价都不为过。正如苏俄语言学家 B. B. 拉德洛夫所述，"《玛纳斯》是柯尔克孜（吉尔吉斯）人民生活和向往的诗化艺术写照。"①

17~18 世纪是柯尔克孜（吉尔吉斯）历史的重要时期。这一历史时期涌现出大量的民间口述和叙述史诗。其中反映了清朝政府平定准噶尔汗国的历史片段和人民所经历的诸多事件。柯尔克孜人民助清平准与卡尔梅克人交战的英雄事迹是那一时代民间口传英雄史诗的主要题材和核心内容，以抒发民族历史的悲壮恢宏。在口述历史故事《库尔曼别克》（《Курманбек》），《贾尼什－巴伊什》（《Жаныш — Байыш》）等一些著名的柯尔克孜民族史诗中传颂了库尔曼别克、贾尼什、巴伊什、埃尔·塔贝尔迪等英雄人物御敌保家（抗击卡尔梅克人）的史实。口述史诗《贾娜尔·梅尔扎》（《Жаныл Мырза》）歌颂了勇敢的柯尔克孜（吉尔吉斯）姑娘抗击入侵者、功勋卓著的动人故事，深刻地表现了柯尔克孜妇女聪明勇敢和顽强坚贞的性格。在那个战争频仍的年代，柯尔克孜人民在抗外敌、保家乡的斗争中涌现出许多口传相诵的叙事长诗《Олжо-бай и Кишимжан》《Саринжи -Бёкёй》《Мендирман》等。这些同时代的作品歌颂了柯尔克孜人民不屈不挠的斗争精神、浪漫主义思想和英雄主义。"英雄生于家中，死于战争""在床铺上死去可耻，在战斗中身亡可敬""英雄迎向敌人，护卫人民"，这些脍炙人口的语句表现了柯尔克孜人民无所畏惧的品格。这些民间的口颂史诗是研究柯尔克孜民族历史文化的无价之宝。

---

① 吉尔吉斯共和国科学院、吉尔吉斯－俄罗斯斯拉夫大学：《吉尔吉斯人和吉尔吉斯斯坦历史》，比什凯克，2000，第 100 页（Национальная Академия Кыргызской республики, Кыргызскороссийский славянсий университет, История кыргызов и кыргызстана, бишкек, 2000г. с. 100.）。

四 跨国：地缘关系的变化

地缘关系即指以地理因素为纽带而产生的地缘区位之间的互动作用和影响，通过地理区位关系反映在一定地理范围内居住、活动而交往的不同人们群体的联系，也可以理解为相邻民族、毗邻国家历史和现实的时空关系、分布状况和运行轨迹。

苏联解体，吉尔吉斯共和国独立以后，在有关"吉尔吉斯和吉尔吉斯斯坦历史"的著述中，吉尔吉斯斯坦的学者们将 16～18 世纪称之为"吉尔吉斯人民的兴盛时代（Эпоха косолитация кыргызского народа）"[1]。他们认为，16～18 世纪是吉尔吉斯民族进一步发展的时期。[2] 根据中国学者的观点，18 世纪初吉尔吉斯人"有了比较稳定的共同活动地区，吉尔吉斯民族共同体才最终形成。"[3]

柯尔克孜（吉尔吉斯）人的跨国，与 16～18 世纪中国、俄罗斯与中亚地区的地缘关系变化有关，同时涉及布鲁特人同邻国和周边民族的关系。综观而言，主要有三个方向。其一，东向：布鲁特与清朝的关系；其二，西向：布鲁特与沙皇俄国的关系；其三：布鲁特与周邻民族的关系。

有清初年，准噶尔贵族政权一直与清朝保持着相应的臣属关系。以后随着准噶尔军事力量的不断增强，而称雄一方。早在 17 世纪中叶，布鲁特就受到准噶尔汗国的进攻和排挤，逐渐迁徙到天山北路的伊塞克湖一带，即现今吉尔吉斯共和国所在之地。17 世纪末，权势显赫的布鲁特贵族奥尔胡－穆罕默德－别克将兵政不一、分散四处的布鲁特各部武装力量集结于自己的麾下，并在清朝新疆建立了布鲁特封建主的政治统治。这一统治一直延续到 18 世纪初。当此之时，因布鲁特牧地"为准噶尔所侵，西迁寓居

---

① 吉尔吉斯共和国科学院、吉尔吉斯－俄罗斯斯拉夫大学：《吉尔吉斯人和吉尔吉斯斯坦历史》，比什凯克，2000，第 14 页（Национальная Академия Кыргызской республики, Кыргызскороссийский славянсий университет, История кыргызов и кыргызстана, бишкек, 2000г. с. 14.）。

② Б. Д. 贾穆格尔奇诺夫：《19 世纪吉尔吉斯政治史概论》，伏龙芝，1966（Б. Д. Джамгерчинов, Очерк политической истории КиргизииXIХв. , -фрунзе, 1966г. ）。

③ 马大正、冯锡时主编《中亚五国史纲》，新疆人民出版社，2000，第 150 页。

安集延"。① 由于准噶尔汗国的大举进攻，居住在楚河流域、伊塞克湖一带、塔拉斯谷地和纳伦的布鲁特人的主体部分，因不堪忍受准噶尔贵族政权的残暴和追杀被迫向西南迁徙至费尔干纳盆地（今吉萨尔、安集延、苦盏和库利亚布等地，即今乌兹别克斯坦和塔吉克斯坦的一些地方）。这一事件使得原本就生活在这里的布鲁特人数量急剧增加，在费尔干纳谷地形成了一个统一的独立联合体。

18 世纪后半叶，准噶尔个别首领在沙皇俄国的挑唆之下，不断构乱。1755 年、1757 年、1758 年清政府多次粉碎了准噶尔贵族割据势力的分裂叛乱，统一了天山北路。1759 年清政府平定天山南路的大小和卓叛乱，重新统一了新疆。在这一过程中，吉尔吉斯各部支持并参与了清政府平定准噶尔汗国。1758 年，天山东部的萨雅克部和萨雷巴噶什部的布鲁特人率先臣属清朝。此后东布鲁特其他部落也纷纷归附。1759 年天山南部的布鲁特人亦以表归顺。清朝政府以重金赏赐，册封官爵，巩固自己对布鲁特的统治。在此期间，布鲁特各部与清军互相应援，积极参与戡乱。西布鲁特 15 部奏报朝廷愿为归属"自布哈尔以东二十万人众，皆作臣仆。"②至此，浩罕以东，伊犁西南，喀什噶尔西北，伊塞克湖周边，帕米尔、喀喇昆仑一线皆属清朝管辖。正如松筠在《伊犁总统事略》中所述，"以上，布鲁特本遐荒殊域，并未胁以兵威。有非以智术。兹望风归附，纳款称臣，情词甚为谆恳。特允其遣使入觐。用抒向化之忱。比使至，优加宴赉。"

清朝统一新疆后在布鲁特居地——天山"实行了一系列保护政策"③，使"回部安静，其布鲁特、霍罕、安集延、玛尔噶朗等贸易之人络绎不绝"④ 这一时期，在与准噶尔人的斗争中，吉尔吉斯人仍然保持着内部的独立性。清朝对界外沿边游牧的布鲁特、哈萨克以及中亚的浩罕等部采取了不同于蒙古、新疆、西藏的"藩属"或"内藩"政策，而视其为"外藩"，建立了特殊的"宗藩关系"，实行"附则受而不逆，叛则弃而不追"的羁縻

---

① 《西域图志》，卷四十五。

② 《西域图志》，卷四十五。

③ 苏联吉尔吉斯科学院历史研究所：《吉尔吉斯史》，1984，伏龙芝，第 1 卷，第八章，第五节，第 273 页（Институт истории АН Киргизской ССР，История Киргизской ССР，т. 1，с. 273.）。

④ 《清高宗实录》，卷 605。

政策，使得外力的侵略变本加厉。

此时，虽然大部分布鲁特人处于清朝政府的统治之下，但同时面临着浩罕的威胁。浩罕统治者伊尔丹和纳尔布特不断进犯布鲁特。1762 年伊尔丹侵占了布鲁特阿德玉尼部落占据的奥什等地。尔后，纳尔布特及其子嗣为了占据锡尔河上游的科特缅 - 秋别等地向布鲁特土地不断发起了大举进攻。先前，清政府尚且予以干涉。乾隆曾令新疆办事大臣助布鲁特讨还土地。然而，"乾隆以后，边吏率庸才，抚驭失宜，往往生变。"浩罕趁清朝势力衰落之机而膨胀起来，对布鲁特频发"围剿"，使得广大的布鲁特人民置于"浩罕政权和浩罕封建主的双重压迫之下。""这一时期对于吉尔吉斯人民来讲是最为黑暗的一页，迄今仍然保留在人们的历史记忆之中。"① 浩罕汗国对布鲁特人民的征服改变了中亚的地缘政治形势。自 18 世纪后 25 年起，俄罗斯帝国在中亚和哈萨克草原进行了殖民统治。布鲁特与西邻强国俄罗斯建立了殖民和被殖民的关系。布鲁特与俄罗斯帝国的交往是当时错综复杂的内外环境所造成的。从外部环境看，布鲁特的近邻哈萨克人的大玉兹接受了俄国的"庇护"，这对布鲁特与俄罗斯的关系产生了极大的影响。浩罕的入侵迫使布鲁特寻求强者的庇护。就内部情况而言，布鲁特内部矛盾加剧，内讧愈演愈烈，频繁爆发。在内部纷争频发的同时，布鲁特的一些部落与哈萨克人的冲突不断发生。由于战事频繁，大批人员逃亡被俘，大量财产被洗劫一空。1784 年布鲁特萨雷巴噶什部阿塔克比遣使赴西西伯利亚请求沙俄庇护。1812 年布鲁特布库部遣使鄂木斯克请求与俄通商。1821 年、1824 年均有布鲁特各部遣使赴俄。1825 年 6 月，俄罗斯使节 Ф. К. 兹别尔什金（Ф. К. Зибберштейн）和哥萨克少尉 Т. В. 纽哈洛夫（Т. В. Нюхалов）率团首登布鲁特牧地。当其抵达伊塞克湖库布部落牧地时，与先到的浩罕人相遇。布鲁特各部头领面临两难抉择：是臣属浩罕还是俄罗斯？各部长老聚集召开长老会，最终决议接受强大俄国之庇护。

1860 年，浩罕军队在俄国军队的围困之下战败。咸丰十年（1860 年 11 月 14 日），在英法的武力威胁和沙皇俄国的诱逼之下清政府与俄国签署了

---

① 吉尔吉斯共和国科学院、吉尔吉斯 - 俄罗斯斯拉夫大学：《吉尔吉斯人和吉尔吉斯斯坦历史》，比什凯克，2000，第 133 页（Национальная Академия Кыргызской республики，Кыргызскороссийский славянсий университет，История кыргызов и кыргызстана，бишкек，2000г. с. 133.）。

《中俄北京条约》。根据这一不平等条约，伊犁河及天山一大部分割让给了俄国，因为人随地归，部分布鲁特人从此被俄罗斯帝国统治。1863 年沙皇俄国征服了吉尔吉斯北部，1876 年征服了吉尔吉斯南部。从此布鲁特人因政治地理的划界而分属各国。

综上所述，从民族历史的角度审视，一般来说，自然环境、民族自身实力以及外力的影响等条件是民族分布格局的决定因素。十月革命以后，俄共（布）中央作出对中亚地区进行民族国家划界的决定。根据苏联中亚民族国家的划分，1924 年 6 月 12 日，俄共（布）中央委员会中亚局作出成立卡拉－吉尔吉斯自治州的决定，该州隶属俄罗斯联邦，包括原谢米列契州的卡拉阔里县、纳伦县、比什凯克县的大部分地区，锡尔达利亚州的奥利耶－阿塔县、费尔干纳的奥什、安集延、纳曼干、浩罕等县的部分乡镇以及帕米尔地区东部的部分地区；下分比什凯克、卡拉阔里－纳伦、奥什、贾拉拉巴德四个区；总人口 73.7 万，吉尔吉斯人占 63.5%。1925 年 5 月 25 日卡拉吉尔吉斯自治州恢复其历史名城，更名为吉尔吉斯自治州，同时升级为自治共和国。1926 年 2 月 1 日，吉尔吉斯自治共和国脱离俄罗斯联邦，改称吉尔吉斯苏维埃社会主义共和国。1936 年 12 月 5 日，以吉尔吉斯苏维埃社会主义共和国身份加入苏联。其领土范围基本保持了自治州时期的样貌。1991 年 8 月 31 日吉尔吉斯共和国最高苏维埃宣布国家独立。

中国新疆克孜勒苏柯尔克孜自治州与吉尔吉斯共和国接壤。生活在我国的柯尔克孜族与居住在吉尔吉斯共和国的吉尔吉斯人是同源跨国民族，两边的人民不仅语言相通、宗教信仰和文化传统一样，甚至还保持着亲属婚姻关系，交往互动密切。在长久的历史时期内，生活在中、吉两国边界地区的居民自由往来，在经济、文化方面有着千丝万缕的联系。20 世纪 50 年代以后，中苏关系恶化，边界成为军事禁区，双方居民正常交往中断。80 年代中期，中苏关系解冻，居民往来逐渐恢复，为发展经济，在一些地区先后开设了伊尔克什坦、吐尔尕特两个口岸。随着新丝绸之路的复兴，我国与吉尔吉斯共和国的边境贸易迅速发展，越来越多的中亚商人和中国商人到对方国家经商。在交往的过程中，我国柯尔克孜族商人利用自身与中亚同源民族的亲缘优势、感情优势和语言优势，使双方经济、文化联系不断加深。中国与吉尔吉斯共和国是唇齿相依的邻邦，吉尔吉斯局势的发展和变化与中国的国家利益密切相关。在地缘安全领域，两国在许多方面存在着共通性，有些是我们共同面临的难题。

中国西北地区与中亚国家曾共处古"丝绸之路"核心路段，是新时期"丝绸之路经济带"物流中转中心。"丝绸之路经济带"的建设将进一步提升彼此之间经济和人文合作交流机制的效能，惠及沿线各族人民。跨居中国与中亚国家的柯尔克孜（吉尔吉斯）人民必将在"丝绸之路经济带"建设中继续发挥其重要的历史作用。

（李琪：陕西师范大学中国西部边疆研究院教授）

疆域历史与历史疆域

——东西方国家疆域变迁与比较研究

王　超

提要：疆域是一个国家的法定主权范围，其由国家发展的历史所决定，也取决于国际法的认可。国家是疆域的基础，有什么样的国家模式，就会产生什么样的疆域理论。"疆域的历史"反映了当代主权国家的形成与发展过程。由于东西方国家疆域形成的历史过程不同，形成了各自的疆域观念与理论，这些疆域观念和理论解释了当代东西方国家疆域的合法性问题。但是，如果以这些理念去追溯国家"历史的疆域"，则会产生历史与现实的差异性结果。这说明了疆域理论的顺推成立性与反推矛盾性的特征。由东西方国家"疆域历史"而推演出的理论能不能成为当代东西方国家对"历史疆域"的诉求？是值得思考的。

关键词：疆域　中西　比较

一　国家与疆域

"国家作为一个法律概念，在空间上要求有明确的领土范围"。[①] 国家是人类为管理自己的社会生活而创造的一种政治形式，也是人类迄今为止所创造的最为恰当和有效的政治形式。在国家这种政治形式中，承担和行使国家权力的组织机构便是政府；国家权力发挥作用或管辖的地理范围，便是国家的领土；国家权力管辖范围内的人口，即为人民；一个国家在与其他国家发生关系以后受到其他国家承认的统治权，即是国家的主权。国家、领土、政

[①] 翟志勇：《哈贝马斯论全球化时代的国家构建——以后民族民主和宪法爱国主义为考察重点》，《环球法律评论》2008 年第 2 期。

府、人民、主权形成一个统一体，表达"国家"的主权诉求。"主权是一国固有的处理其国内事务和国际事务而不受他国干预或限制的最高权力，是随国家的出现同时产生的，是区别于其他社会集团的特殊属性，也是国家作为国际法主体的特殊属性。"① 领土完整是国家领土主权的表现，国家之间相互尊重领土完整是尊重国家主权的最主要内容。

> 边界线划定了空间，国家可以对这个空间行使完全的主权。现代国家是一块封闭的和划定的领土，它有被国际组织确定和承认的边界。与其它时代不同，今日的国家主权基本上是以领土来定义的。现代国家显然是一种领土国家，这种说法更强调了不可侵犯是国家的本质特征。国家边界限定着一种社会计划的领土范围，同样，也有利于确定一种意识形态。②

国家与疆域（领土）产生深刻的关联性，现代国家的确立也明晰了其疆域领土的范围，并以国际法的形式保护。如果抛开现有国家边界的局限，从历史上在世界范围内去看待世界土地上兴衰更替的国家与疆域，我们会发现国家及其疆域在历史中更迭往复的壮丽图景。在新的世界国家体系中，重新构建的国家延续着疆域的历史变迁，这种变迁随着国家的兴衰而变化。国家的历史及疆域的变动在东西方有不同的历史过程与模式，如果对比亚欧大陆上的从西到东的国家特征，以欧洲国家、阿拉伯帝国、中国等三种国家模式作对比，会发现其国家疆域的构建模式与现实差异。

二 东西方国家形成的历史与模式

既然国家与疆域密切联系，那么国家形成的变迁就必然影响疆域的变动与重构。有什么样形态的国家结构，就有什么样的疆域特征。因此，以欧洲、阿拉伯帝国及中国三种国家历史形态，来分析东西方国家疆域的组成与特征。

---

① 《法学词典》第二版，上海辞书出版社，1989，第235页。
② 〔西〕胡安·诺格著《民族主义与领土》，徐鹤林、朱伦译，中央民族大学出版社，2009，第33页。

1. 欧洲国家构建模式：邦国、帝国、宗教国、王朝国、民族国家

欧洲主权国家的诞生、欧洲民族的形成，均经历了一个漫长曲折的过程。这个过程起始于罗马帝国的四分五裂时期。当时尽管为复兴罗马帝国强权而进行了各种各样的努力，但是这种复兴运动的动力随着时间推移而不断减弱，最后罗马帝国的神话逐渐销声匿迹。"①

在罗马帝国之前，希腊是先进文化得到发展的第一个欧洲国家。后来欧洲的民主政治都以古代希腊城邦（Polis，城市国家）为榜样。希腊文明是一群城市国家——城邦（最重要的有雅典、斯巴达、底比斯、科林斯和锡拉库扎）的集合，最强大的城邦——雅典，通过雅典贵族克里斯提尼发明的一种早期的直接民主方式进行管理。亚历山大大帝的征战将希腊文化传播到波斯、埃及和印度，也得到了这些国家更古老的知识，开创了一个被称为希腊化时代的新的发展时期。亚历山大逝世于公元前323年，他的帝国分裂成许多希腊化文明国家。

罗马帝国代之而起，其凭借强大的军事实力不断向外扩张，疆土遍及整个欧洲，盛极一时，形成了庞大的世界帝国。罗马首先被国王统治，后来是元老院共和（罗马共和国），最后在公元前1世纪成为帝国，受奥古斯都和继任的独裁者们的统治。罗马帝国势力在地中海，控制着沿岸所有国家。它的北部边界是莱茵河和多瑙河。在皇帝图拉真（公元2世纪）统治时，帝国领土达到了最大，控制着近5900000平方公里的陆地面积，包括不列颠、罗马尼亚和部分美索不达米亚。帝国带来了和平、文明和中央政府对治下领土有效的管理，但是在3世纪一连串的内战削弱了它的经济和社会力量。在4世纪，皇帝戴克里先和君士坦丁把国家分成了东西两部分。

罗马灭亡后，在西欧的广阔空间中形成了以封建割据为基础的统一的基督教世界。一方面是林林总总的封建邦国，另一方面又是凌驾于这些邦国之上的一统权威——教皇。西罗马帝国灭亡导致西欧政治体制崩溃，但却形成了一个统一的基督教统治结构。基督教神权超越世俗政治权力。公元800年，查理曼大帝被罗马教皇加冕为罗马人的皇帝，西欧再次形成一个

---

① 〔英〕休·希顿-沃森：《民族与国家——对民族起源与民族主义政治的探讨》，吴洪英、黄群译，中央民族大学出版社，2009，第18页。

短暂的政治统一时期，但是查理曼死后，他的后代将帝国瓜分，西欧重新陷入分裂。与此同时，欧洲的王朝国家兴起，王权取代了教权，统一的基督教世界在王权的分割下，又各自形成了自己的疆域体系。

近代以来，民族主义兴起，民族国家成为欧洲国家建构的准则，而且成为具有世界意义的普遍性的国家形态。

国家的历史变更自然也引起疆域的变迁，疆域划分的基础都是以国家为前提的。国家的构建模式不同，就会产生疆域的范围变化，从而形成不同模式对国家疆域的合法性论述。从希腊时期到罗马帝国时期到基督教教权国时期再到王朝时期最后到民族国家时期，不同时期的国家历史与疆域历史表现出欧洲国家疆域建构思想的变迁，国家在分化组合中，形成了各自时期的疆域状态，疆域分割的标准也随之发生变化。例如帝国、教皇国、民族国家。

站在今天欧洲国家模式的基础上，我们会发现欧洲国家的发展历史没有表现出政权继承性，也没表现出观念继承性，更没表现出民族群体的继承性等特征。欧洲国家在历史发展过程中，不断兴起新的国家形态，打破了原有国家的组成模式及疆域构成的基础，最终形成了当代以民族国家为基础的国家形式及疆域基础。

2. 阿拉伯国家的历史：部落、宗教帝国、哈里发、民族国家

在阿拉伯帝国兴起前，阿拉伯半岛处于部落时代，被称为"蒙昧时期"。各个部落在各自的领地内活动，当阿拉伯以一个国家的面目出现时，帝国的模式及疆域也发生了巨大变革。"穆斯林地域的历史，以国家权力而言，可以说是一部庞大的巴格达帝国不断分化、瓦解的历史。几个王朝的兴起与衰落，每个王朝的统治者都声称自己是庞大巴格达帝国的唯一的真正的继承者；第二个庞大的帝国'奥斯曼帝国'的复兴，甚至比第一个国家更强大。"①

阿拉伯帝国（Arab Empire，632～1258）是阿拉伯人建立的伊斯兰哈里发国家。610 年，穆罕默德在麦加创立了伊斯兰教。到他逝世时（632），一个以伊斯兰教为共同信仰的、政教合一的、统一的阿拉伯国家出现于阿拉

---

① 〔英〕休·希顿－沃森：《民族与国家——对民族起源与民族主义政治的探讨》，吴洪英、黄群译，第 325 页。

伯半岛，结束了部落统治。阿拉伯帝国经历了四大哈里发时期（632～661）、倭马亚王朝时期（661～750）、阿拔斯王朝时期（750～1258）。阿拔斯王朝建立后最初的近百年，特别是哈伦·拉西德和麦蒙执政时期，是阿拉伯帝国的极盛时代。9世纪中叶后，突厥人逐渐取得权势，阿拔斯王朝进入分裂和衰落时期。到10世纪中叶，王朝实际统治区域仅限于巴格达及其周围地区。1055年，塞尔柱突厥人占领巴格达，哈里发失去了一切世俗权力，只保留了宗教领袖的地位。1258年，成吉思汗之孙旭烈兀率领蒙古军队攻陷巴格达，杀死哈里发，阿拉伯帝国遂亡。

阿拉伯帝国灭亡后，这一地区陷入割据与混乱，原有的帝国疆域四分五裂，新的政权涌现并重构着各自的疆域。"在穆斯林世界里出现了新的权力中心、新的国家，但是这些新国家的每个统治者都声称自己是伊斯兰教中唯一的真正的统治者，而不是某个特定领土的统治者。"①这说明阿拉伯帝国一统于哈里发权威下的宗教王国的疆域观念与传统，即宗教的、帝国的、多民族的、继承的、一统的国家模式与疆域观念。这与中国诸侯割据、争夺正统的观念似乎相同，表现了对统一的诉求。这种正统观念与统一诉求被后起的土耳其帝国所实现。

15世纪，兴起于中亚地区的奥斯曼土耳其人，不断扩张，先占领了东欧、中欧地区，又进入地中海，再征服了原阿拉伯帝国的土地，并继承了阿拉伯帝国的国家政权模式，形成了横跨欧亚非的大帝国。其国家传统与政治体制沿袭了阿拉伯帝国模式，可以看作是阿拉伯帝国乱后归治的体现。

19世纪后，土耳其帝国渐趋衰落，国家解体疆域分裂。在19世纪，欧洲民族主义的兴起横扫许多国家，奥斯曼帝国亦不能幸免。帝国分裂后，在欧洲国家构建模式的影响下，在原帝国的领土范围内形成了现代民族国家体系。而随之独立的各个民族国家取代了原有的宗教帝国传统，构建了新的国家模式与疆域结构，一统的、多民族的国家结构被民族国家体系所取代，而疆域的构建也转变为与民族国家相一致的范围。其国家继承性与正统性不再是宗教的哈里发传统，而转变为民族群体的溯源性解读。

3. 中国的国家继承性模式：大一统、历史延续性、多民族国家

中国是一个古老的多民族统一国家，其疆域的形成经历了漫长的历史

---

① 同上，第324页。

过程，是多种因素作用的结果；又经过近代反帝反封建的斗争，最后形成今天的中国。"中国文明独一无二的特征，在于该文明在同一块土地上生存了大约四千多年，这在人类历史上是其他的文明无法比拟的。"①

在现代中国的疆域范围内，历史上产生过很多政权，这些政权的存在表现出历史上国家的统一与分裂的不同阶段。夏商周时期，中国国家结构体现为部落联盟的特征。春秋战国时则表现为邦国林立的状态。秦汉的统一时期，是我国多民族国家中央集权形成和发展的阶段，也是中原王朝对边疆地区的关系初步明朗化的时期。秦汉王朝的统一和致力于对边疆的开拓，为我国版图与边疆的形成奠定了基础。魏晋南北朝的分裂，形成了各自政权的势力范围。隋唐统一，是继秦汉之后经过长时间的分裂而诞生的更加繁荣富强的统一多民族国家。辽、金、西夏、宋的分裂对立，表现出各自政权的疆域实际范围的变化。元时大一统，初步奠定了中国疆域的最大规模。明清统一，为今天中国统一多民族国家的疆域奠定了基础。再到民国新中国时期统一稳定状态，中国的疆域也在国家兴亡更替中不断发展改变。但重要的是，古代中国疆域的变动表现为一个基本稳定的中原地区。中国的历史疆域变动过程中，正统观念与王朝继承性的特征，使中国的疆域发展延续了固有的传统模式，表现在政权继承性、国民继承性与历史一贯性的特点。所以中国的疆域不论怎么变、疆域内的政权怎么变，从现实的结果来看，都表现出大一统的延续。

"野蛮民族的频繁入侵，对中国进行周期性的部分征服或全部征服，导致汉人与其他少数民族的政权共存共处在中国这片大地上。……中国政府体系与社会结构继续发挥作用，几乎没有得到什么改变。……中国幅员辽阔，地貌多种多样，民族多姿多彩，容许多种宗教信仰存在，在这些方面与罗马帝国非常相似。但是，它常常被一种共同的文化团结在一起；它的历史非常悠久；它表现出某种不断增长的思想僵化，养成一种轻视所有的外来人如野蛮人的习惯。这一切使中国人格外困难地适应由欧洲人带来的新的分裂力量，"②即民族主义的分裂趋势。近代以来，在西方民族国家的影响下，中国也开始了"民族国家"的构建过程，中华民族多元一体格局的

---

① 同上，第367页。
② 同上，第369页。

理念表现出当代中国在多民族区域内构建民族国家的努力。

国家的历史与形态决定了疆域构成的合法性基础，欧洲及阿拉伯地区的近代国家形成过程都打破了原有国家建构模式，以新的民族主义模式构建新的国家并重构了疆域。而中国延续了千百年来既有的国家结构，继续建构了国家的传统。如果以现有的国家模式为结果，那么东西方现代国家疆域的构建体现了累加型与创新型两种模式。所谓"累加"，是以现有的结果看来，中国的疆域形成过程是由中心加四方不断累加形成的；所谓"创新"，也是以现有的结果来看，西方的国家疆域形成是不断创新的疆土概念，否定了过去的结果。东方的中国是在不断否定过去的过程中累加了疆域，西方欧洲是在不断否定过去的过程中重构了疆域，而中间的阿拉伯地区国家的建构则处在两者之间犹豫徘徊，只是西方的民族国家似乎更占优势，决定着当代阿拉伯国家的形态与疆域结构。

国家发展的形态与历史，决定着其对疆域历史的表述，东西方国家在各自历史发展的基础上，形成了各自疆域理论的建构，这种建构试图论证当代国家疆域合法性的基础。

三 "疆域历史"的合法性论述

疆域的划分与国家的划分相联系，以什么样的理论构建国家体系，就会以什么概念去理解疆域问题。西方的民族国家体系与中国的王朝继承历史反映了对国家构建与疆域划分的不同认识。各自都有其历史传统与文化基础以及利益范围。对历史疆域的追述过程，反映出对现有疆域的认可程度，同时因为各自的标准不同，实践中，这种争论是以国家利益为基本前提的。

所有的疆域问题都是国家疆域合法性与现实权益的表现。所不同的是，东西方国家疆域历史形成过程的差异，以及现实国家存在形式的差异，都表现为从现在自身角度去论述当代疆域的合法性问题，所以创造出各自的理论体系。现有国家与历史有着必然的联系性，但现实国家不等同于历史国家，现实疆域也不等同于历史疆域；而且东西方国家建构又不属于同一个模式，所以在疆域问题上，不论是纵向的历史过程，还是横向的东西方国家，其在国家构建与疆域理论上必然形成各自不同的认识。这种认识更多的是为当代国家疆域的合法性提供理论支持。

1. 欧洲：近代以来的民族国家理论

历史学家波拉德曾这样说："古代历史基本上是城邦（city-state）的历史，中世纪是普世世界国家（universal world-state）的历史，近代历史是民族国家（nation-state）的历史。"①这表明了欧洲国家形态的基本走向。在欧洲国家从希腊城邦到罗马帝国到教皇国到王朝国家再到近代以来的民族国家发展过程中，逐渐形成了一种新的"民族共同体"，这个新的民族共同体形成之后，就成为国家共同体内一股足以抗衡王朝政权的强大社会力量，甚至与王朝发生摩擦和冲突。最终，民族与国家的二元关系又通过民族与国家融合的方式得到协调，形成了一种以民族对国家的认同为基础的国家形态，并取代了王朝国家。这种全新的国家形态，就是民族国家。

"现代国家是民族国家——即政治机器既明显区别于统治者，又明显区别于被统治者，在一个划定的区域内享有最高管理权，有暴力垄断的支持，并且作为国民对国家最低限度的支持或效忠的结果，这种政治机器享有合法性。"②"从本质上说，民族国家就是以民族对国家的认同为基础的主权国家。在民族国家形态下，国家通过一系列的制度机制保障了民族对国家的认同。"③在此基础上形成了以民族群体为范围的疆域观念。在民族国家划定的区域内，形成了国家的疆域范围。而这个疆域范围的合法性基础则是民族国家的构成要素，即民族认同。"民族国家是欧洲国家形态演进的产物，但它出现以后就迅速成为一种具有典型性和示范性国家形态，成为其他国家发展和演变过程中的目标形态，逐步扩大到全世界，成为具有世界意义的国家形态"。④这种理念基础构筑了现代欧洲国家及疆域合法性论述的基础，同时在欧洲文化强势化的基础上传遍世界。欧洲国家的历史，形成了民族国家的理论解释，并以其巨大的影响，重构着世界国家的建构模式。

2. 阿拉伯国家：泛伊斯兰主义与民族主义的观念对抗

自13世纪起，当西欧通过君主制把民族联合起来，建立民族国家的时

① A. F. 波拉德：《近代历史中的诸要素》（Factors in Modern History），伦敦，1907，第3页。

② 〔英〕戴维·赫尔德等：《全球大变革——全球化时代的政治、经济与文化》，杨雪冬等译，社会科学文献出版社，2001，第62页。

③ 周平：《对民族国家的再认识》，《政治学研究》2009年第4期。

④ 周平：《中国边疆治理研究》，经济科学出版社，2011，第76~77页。

候，在中欧、东欧和小亚细亚却在孕育着一种相反的历史运动，到16、17世纪以土耳其、奥地利和俄罗斯为权力中心建立的三个大帝国。在西起中欧、东到中亚、北起芬兰、南到阿拉伯半岛的广大地域范围内，要走建立民族国家的历史必由之路，必须使这些帝国解体。第一次世界大战和俄国十月社会主义革命，以极其不同的方式，给这一地域范围内有条件建立民族国家的人民提供了历史机遇。随着三大帝国的解体形成的民族国家有三十多个。[①]

19世纪下半叶，西亚、北非、南亚和东南亚的伊斯兰国家大部分沦为帝国主义的殖民地，而昔日强极一时封建神权大帝国——奥斯曼帝国（1299～1922），在西方列强的打击下亦日趋没落。19世纪60～70年代，素丹阿卜杜勒·阿齐兹和素丹阿卜杜勒·哈米德二世才开始自诩为全世界穆斯林的哈里发，以增强其地位，防止内部解体，并以虚假的统一同欧洲列强抗衡，并将哈里发制载入1876年的《奥斯曼宪法》。但哈米德二世的泛伊斯兰哈里发运动，从一开始就遇到了巨大的障碍。不仅什叶派穆斯林历来不承认其地位，摩洛哥、桑给巴尔、阿曼、菲律宾苏禄群岛等地各自为政的素丹及阿拉伯半岛的瓦哈比派也都不予承认，而麦加的圣族后裔谢里夫·侯赛因、苏丹的马赫迪、埃及的海迪夫也都企图争夺哈里发地位。泛伊斯兰主义未能挽救奥斯曼帝国的危亡，哈里发制亦随着土耳其资产阶级民主革命的胜利而被废除。

泛伊斯兰主义与哈里发运动虽遭到失败，但这一传统的宗教社会思潮在当代仍有广泛的影响。在当代条件下，泛伊斯兰主义的组织形式只能是松散的、自由协会式的国家联盟，即在尊重各国主权与领土完整的基础上建立一个伊斯兰国家联合体。

阿拉伯帝国范围内国家在奥斯曼帝国解体后，成为分裂的形态，在西方国家殖民化统治后，在民族主义的模式下进行了重构，形成了现代的阿拉伯地区的多个国家。与此同时，阿拉伯伊斯兰帝国原有的伊斯兰帝国模式，在"泛伊斯兰主义"的号召下，也不断影响着现代原有帝国范围内的国家的建构与疆域形成过程。但作为主流的民族主义思潮，已无可避免地完成了民族国家的构建过程，从而形成新的疆域理念。哈里发伊斯兰国家

---

① 宁骚：《论民族国家》，《北京大学学报》1991年第6期。

的传统没有得到继承与延续。不仅是政权，还有疆域及国家结构都全盘西化了欧洲的模式。因此，对现在阿拉伯帝国范围内的国家来说，民族主义仍是其国家及疆域合法性的理论基础，而泛伊斯兰主义又以传统的合法性理论与否定民族国家合法性的问题，形成了一种矛盾对抗的模式。

3. 中国多民族国家传统与大一统观念的延续

中国"大一统"历史的国家疆域观，其思想起源可追溯至三代。经过春秋战国时期的民族融合与文化交流，在春秋时期被称为夷狄的许多民族融于华夏，至战国时期形成了一个稳定的古代民族共同体——华夏族。民族融合与地区性的统一，为以华夏族为核心的"大一统"的出现奠定了基础。孔子作《春秋》，主张"大一统"，强调一统于周礼。秦汉统一与边疆开发，奠定了我国疆域的基础，创造了各民族共为一体的"华夷一统"的现实，促进了多民族国家内部政治、经济、文化、风俗伦理等方面的进一步统一，边疆与内地、"中国"与"四夷"一统的观念得到加强。东汉以后，统一的帝国分裂，"大一统"已不存在，而"大一统"的思想却已在人们观念中根深蒂固。现实非一统而理念上一统，于是便强调正统，保持精神上的"大一统"。隋唐是"大一统"实现的时代，统一而稳固的疆域使"大一统"思想进一步深入人心，人们无不以"一统"为常，而以分裂为变。宋代的现实是辽金夏压境，一统无存，宋人于是强调"正统"，从宋朝的利益出发，千方百计地论证宋朝在政权并立中的正统地位，以表明宋室天下一统的合法性。元朝实现空前统一，实现了真正的"大一统"。明朝以"华夷之辨"为号召"驱逐胡虏"，而后又强调"华夷一家"，可见中华整体观念已深入人心。清代建立了比以往任何朝代都巩固的"大一统"帝国，形成以推重"大一统"政权为核心、以政权承绪关系为主线、取消华夷之别为特征的正统论。清朝以天下之主自居，不能容忍任何形式、任何程度的分裂割据出现，空前巩固了中国的统一。① 这种思想表现了中国历代国家疆域变化的过程，时至今日，仍是"大一统"的存在模式，但不同的是，历史的大一统，只是一种对内的合并过程，并没有对外的界限表现，即历代的大一统所呈现的疆域范围是不同的。但在中国人看来，"统"在哪里不

---

① 刘正寅：《"大一统"思想与中国古代疆域的形成》，《中国边疆史地研究》2010 年第 2 期。

重要，重要的是要"统一"，这种统一表现在疆域概念中就是天下四夷的分布模式。即不论华夏或四夷，在一统的模式中，都可以成为疆域历史的一部分，也就是现代疆域合法性的一部分。

与西方实体的民族国家相比，中国的国家疆域模式更多地表现出对一统理念的追求，而一统理念的边界又似乎是模糊不清的，这是因为中国传统国家理念中是以中心来划定边缘的，中心的意识要强于边缘的概念。而政权的承接性与管治的范围则表达了对"中心"的正统性的崇拜与认可，成为疆域变迁合法性的基础。近代以来，在西方民族国家理论的冲击下，中国也试图以民族国家解释中国国家疆域形成的历史过程，从中华民族多元一体不可分割的历史表述国家一统的历史。这是因为在世界主流强势文化的影响下，民族国家体系成为世界范围内主流合法的国家建构形式。

实际上，在现实与历史之中，民族国家并不是恒定不变的理念，在西方国家中也存在回归罗马帝国的意愿，在阿拉伯帝国范围内的现实国家也有重建阿拉伯伊斯兰帝国的实践，在中国也有打破一统建立民族国家的构想。这些都是以打破现有疆域为条件，同时也是对现有国家的一种挑战。

"疆域的历史"表明了我们立足于现有国家疆域的基础，并形成相应的理论去证明其合法性的存在；而"历史的疆域"则通过被证明的理论，去回溯历史，是理论对现实的反向证明。如果这样将必然对现有国家疆域造成巨大的影响。东西方国家的历史不同，形成各自的疆域理论体系，很好地解释了其各自国家现有疆域合法性问题。但是，各自的疆域理论，是否可以作为当代国家"历史疆域"诉求的理论依据？在现实来看，这种"理论的反推"过程存在更多的现实矛盾与问题。

四 "历史疆域"的理论诉求

东西方疆域理论的结构性差异导致其对疆域合法性的不同认可，在追溯历史疆域的过程中，这种差异性认识导致了不同基础对于不同疆域合法性的认定。内部的分离主义与外部的领土争端，是国家疆域划分概念不同所产生的现实矛盾，也是现有国家体系面临的巨大问题。东西方疆域观念的差异性，反映出历史文化传统与国家建构模式的不同，应该以什么样的形式来建构国家及其疆域是值得思考的问题。而民族国家在各国历史背景与现实条件下的不同解读，也反映出民族主义国家疆域构建的现实冲突。历史上消失的民族或国家该不该申诉它的疆域？该由谁来申诉它的疆域？

西方民族国家理论一旦形成，"民族主义推动民族国家的创建包括建立新的民族国家的过程，也包括将既有国家转变为民族国家的过程。而民族国家之所以得以创建或既有国家要转变为民族国家，乃是由于在历史发展的进程中，民族主义被看成了现代国家合法性的来源"。①

与民族主义相伴的就是领土要求，"复土主义，就是要求统一或重新统一被认为是本民族领土一部分的被分裂的领土。复土主义往往可成为民族主义诉求的关键词，成为发动群众的最好理由之一。确实，那些已划定的或被多少承认的领土范围，与民族主义者的要求几乎总是不一致。实际上，如果分析一下国际上已经划定的边界，我们可以大胆地说，世界大部分国家可能都存在分裂性的民族主义。事实是，国际边界或国内行政区划分，往往把从族类、语言或宗教角度来看是一致的区域分开，这一点成了民族主义运动持续抨击的目标"。②

在现实社会中，谁可以作为历史国家与疆域的申诉者？是那些"无国家的民族吗"？在历史国家与疆域消失的情况下，哪一个民族或哪一个群体才是历史上国家或疆域的合法继承者？历史疆域的申诉主体资格，是主权国家还是任何一种群体？无论其有族无疆，或是无族无疆，均可在历史与现实的案例中找寻其共性。如犹太人、匈奴人、突厥人、库尔德人等，当政权与国家不曾存在过，或者政权与国家已经消失，是否还能以群体的力量建立自己的国家，确立自己的疆域？对于主权国家外部来说，如何主张自己的历史疆域？如中日钓鱼岛问题。另外，对于无主的领地，在陆地疆域外，海洋、空间的疆域问题，是否也能用现有的疆域理论去解读？

---

① 王文奇：《民族主义与民族国家构建析论》，《史学集刊》2011 年第 3 期。

② 〔西〕胡安·诺格：《民族主义与领土》，徐鹤林、朱伦译，中央民族大学出版社，2009，第 35 页。

任何一个群体，不论是国家还是非国家，都以自己的理论依据去要求相应的领土。"复土主义不是无国家民族主义所独有的东西，在国家民族主义里也有。全世界都有案例：西班牙要求收回直布罗陀；摩洛哥要求收回西撒哈拉、休达和梅利利亚；希腊和土耳其围绕爱琴海争吵等等。……在一个民族-国家和一个无国家民族之间，也会发生一种复土主义的紧张形势。如，以色列和巴勒斯坦为了占有同一块双方都不肯同享的领土而发生的冲突中，各有不同的领土战略；这证明，不仅无国家民族有自己的民族主义领土战略，民族-国家也有自己的领土战略。而民族-国家的领土战略，对外表现为国家领土扩张，即试图收复那些被认为是自己的民族区域的地方；对内则是对所谓'反民族的'社会或文化群体的压制。"①

欧洲的继续分裂或是统一？

国家早于现代意义上的"民族"出现，民族之前早就有了国家。在18世纪以来的启蒙运动和一系列革命之后，国家和民族才融合为一体。……今天民族国家内部面临着多元文化的冲击，外部则面临着全球化的挑战。②在民族国家理论下，欧洲的民族国家创建并没有停止，并出现两种趋势：一方面，超国家形式的"国家联盟"已经打破了国家间的疆域界限，形成一个大的共同体；另一方面，在民族主义的旗号下，民族国家继续分裂，或者产生分裂的想法，如英国"苏格兰"公投、西班牙"加泰罗西亚"公投，以及欧洲的民族主义运动，不断影响着国家的疆域界限，试图重构疆域的范围。这种民族国家建构的过程影响着疆域的变化，其源于对"民族国家"的理论幻想。疆域必然随着国家的重构而被影响。

中东的国家重构？

在民族国家的构建过程中，在中东地区出现了以色列的犹太民族国家，犹太民族这个在历史上离散了千余年的民族，也在追寻历史疆域的过程中创建了自己的国家与疆域。这种历史疆域的追溯过程，对于很多相似的民族来说没有可比性。另外，对于库尔德斯坦的库尔德人这样"没有国家的

① 同上，第39~40页。
② 洪霞：《欧洲的灵魂：欧洲认同与民族国家的重新整合》，中国大百科全书出版社，2010，第7页。

民族"，其建国过程又是那样的艰难。民族国家同样成为其遥远的梦想。没有国家何来疆域？在民族国家构建的同时，泛民族的、泛伊斯兰的超民族国家理念也同样在中东国家产生影响，其国家的构建过程，也是重构这一地区国家疆域的过程。这种对历史疆域的追溯，是从理论回溯现实的表现，但理论的顺向合法，能否证明其逆向的反溯有据？这是需要思考的。

中国的分离主义？

中国一方面以"大一统"的思维，巩固着国家的疆域；另一方面，受到西方民族国家的强势影响，也在试图构建自己的"民族国家"，以符合世界主流的合法性解释。但是，在这一过程中，又面临着内部诸多的民族分离问题，如新疆问题、西藏问题、台湾问题。在民族主义理论的反向回溯中，似乎这些都成为其民族主义主张的合法依据。在东西方国家疆域形成的历史过程中，以现实的东西方主权国家为基础，论证的民族国家的理论合法性，说明了现实国家疆域的存在依据。但是，如果回返到历史中，以这一理论重构现有国家的历史与结构，必然产生新的问题。比如历史上国家与疆域的变动问题、国家与疆域申诉的主体问题。假如无限制的回溯历史，那么历史上消失的国家与民族、历史上消失的疆域，通过谁来复兴其国家与疆域的历史？如果历史上的匈奴人、西夏人、古埃及人、古希腊人也同样要回溯自己的历史祖国与疆域，那现存的这些国家与民族由谁来应答呢？

这种对历史疆域的诉求虽然是"理论上的"，但其对现实产生巨大的影响，成为现实不稳定因素的来源。既然东西方疆域问题都与国家相关，而国家的构成又因东西方历史文化的不同而有所差异，那我们只能以现有"主权国家"来解释我们疆域的历史，而不能以民族国家理论或其他理论来回溯历史的疆域。

五　现代主权国家疆域秩序的思考

"20世纪以来，在人类和世界历史上，我们所有人（包括古老的部落）都第一次生活在一张地图中，生活在一块被精确划定、被严格规定和彼此承认的领土上。主权边界严格划定了那些互不相通的地盘，在这些地盘里，人和事才有被承认的现实性。"①

"如果国家主权不再被看作是不可分割的，而与国家机构共享；如果国家不再能够控制它们自己的领土；还有，如果领土的界限和政治的界限日益松动，那么，自由民主的核心原则—自治、集会、共识、代议和公众主权——显然就会成问题。"②

"在现实国际社会中众多民族国家的存在事实表明，不仅构成单一民族国家的民族可以享有国家主权，而且组成多民族国家的各个民族同样可以共同分享国家主权"。③ 国家主权表现为对内的治理权与对外的交往权，这种权力在限定中形成了疆域的范围，这个范围是对内认可的政权，以及对外认可的主权来确定的。现代主权国家的疆域有各自形成的"疆域历史"，东西方根据不同的理论叙述来表达其合法性并得到国际法的认可。所以，根源于西方国家的民族国家疆域经验与根源于东方中国的大一统多民族国家传统，只有在现代主权国家的概念下才能达到共同的认识结果。国家的历史与历史的国家同样存在差异性的结果，但其不能作为否定当代主权国家的依据。对历史疆域的追溯必然与历史上的国家相联系，历史国家与现代国家之间的继承性、创新性及合法性问题又会引出对新问题的探讨。以中国来说，历史上各王朝到底是"中国"内的各政权，还是历史上不同的"中国"？按照当代中国的视角，那些历史上的王朝必然只是"固有中国"内的不同政权罢了。这样"中国"作为国家其疆域也就具有了历史继承性与恒定性的特点。不论王朝如何更替、历史如何变迁，"中国"及其疆域始终是历史如一的。当然，从历史发展的角度，这种恒定性是不可能的，历史上的国家及疆域的变动性是确实存在的，所以才有了"疆域历史"的描述，归结为当代国家疆域合法性的基础。一旦逆向追寻"历史的疆域"则会否定当代国家存在的根本，这是不可取的，也是不现实的。

现代国际法中已经规定了现代国家的主权范围并保护其合法权益，而且主权是基础的核心的保障体系，任何疆域的问题都首先在主权范围内生效。不论东方还是西方，维护现有主权秩序，是解决国家疆域问题的基本

① 〔西〕胡安·诺格：《民族主义与领土》，徐鹤林、朱伦译，第32页。

② 〔德〕尤尔根·哈贝马斯：《后民族结构》，曹卫东译，上海人民出版社，2002，第73页。

③ 孙建中：《论国家主权与民族自决权的一致性与矛盾性》，《北京大学学报》1999年第2期。

要求。因此民族主义思潮下，对国家权益的要求，必须是主权国家才有的权利，任何其他群体的领土要求都是不合法的。只有共同维护这一秩序，才能有效保护主权国家的疆域权益。另外，对于主权国家的历史遗留的领土争端，应本着历史事实与国际法原则去沟通，努力以和平方式解决问题，促进地区稳定与世界和谐。

（王超：中国社会科学院中国边疆研究所博士后）

伊宁市民族与宗教生态发微

马 强

提要： 伊宁市民族构成多元，历史记忆复杂，民族问题复杂，区位因素特殊，各民族既有聚居，又有散居，主城区内居住的民族有可辨认的地理边界。宗教信仰表现为主流中有多元，以伊斯兰教为主，主要在传统上信仰伊斯兰教的各民族中有影响，兼其他信仰。伊宁是西北城市中多民族、多种信仰交会和互动的大观园，民族关系和宗教问题是伊宁市两个十分重要的问题。

关键词： 伊宁市 民族 宗教 生态

伊宁市是伊犁哈萨克自治州的首府，东连伊宁县，西邻霍城县，南濒伊犁河与察布查尔锡伯自治县隔河相望，北依天山支脉科古尔琴山。伊宁距离乌鲁木齐市航空里程 509 公里、铁路里程 614 公里、公路里程 702 公里。东北至塔城市公路里程 830 公里，至阿勒泰市公路里程 989 公里。全市总面积 761.34 平方公里。有"塞外江南""瓜果之乡""白杨之城"的美誉。

截至 2010 年底，伊宁市共有萨依布依街道、墩买里街道、伊犁河路街道、喀赞其街道、都来提巴格街道、琼科瑞克街道、艾兰木巴格街道、解放路街道 8 个街道办事处和巴彦岱镇、英也尔乡、汉宾乡、塔什科瑞克乡、喀尔墩乡、托格拉克乡、克伯克于孜乡、潘津乡、达达木图乡、园艺场 8 乡 1 镇 1 场，下辖 46 个行政村、89 个社区居委会。

随着伊宁市城区的扩张，除了环城路以内地区面临改造、拆迁等涉及民族居住格局的问题外，地域扩展业已将喀尔墩乡、塔什科瑞克乡、汉宾乡，甚至巴彦岱镇卷入城市化的进程中。鉴于伊宁市的上述特点，有学者建议将伊宁市的城市性质表述为："伊犁哈萨克自治州首府、新疆西部边境对外开放门户、伊犁河谷地区中心城市、国家历史文化名城。"①

---

① 程茂吉：《西部地区城市定位和空间布局研究——以新疆伊宁为例》，《江苏城市规划》 2011 年第 8 期。

一　伊宁市的民族与人口

伊宁自汉以来就是内地汉文化和西域文化激烈碰撞和交融的地区，多民族活动的历史给这里留下了丰富的民族文化遗产。全市现有维吾尔族、汉族、哈萨克族、回族等 35 个民族，习惯上将维吾尔、汉、哈萨克、蒙古、回、锡伯、克尔克孜、满、达斡尔、乌兹别克、塔吉克、塔塔尔、俄罗斯等 13 个民族表述为世居民族。这些世居民族的形成原因也不尽相同。因政治、军事移民的有满、蒙古、汉、锡伯、达斡尔等族；因经济移民屯田的有汉、维吾尔等族；在伊犁河谷游牧的有哈萨克、柯尔克孜族；因为经商而移民来此的有汉、回、塔吉克、乌兹别克、塔塔尔、俄罗斯等族。

2012 年末，全市总人口 515299 人，常住人口 508581 人。其中男性 255886 人，女性 259413 人，男女性别比例为 1：1.01；非农业人口 345838 人，占总人口的 67.1%。维、汉、哈、回四个民族的人口占总人口的比重分别为 48.7%、35.4%、4.8% 和 7.3%，其中维吾尔族 250989 人、汉族 182494 人、哈萨克族 24802 人、回族 37783 人，人口较上年分别增长了 3.2%、0.8%、3.2% 和 2.6%（见表 1）。①

表 1　伊宁市维、汉、回、哈族人口年份变动情况

单位:%，人

年份	合计	维吾尔族	占总人口比例	汉族	占总人口比例	回族	占总人口比例	哈萨克族	占总人口比例
1949	–	47635	–	4487	–	3929	–	1956	
1952	–	56127	–	4311	–	4213	–	2097	
1964	126919	66813	52.64	41589	32.77	10064	7.93	4033	3.18
1980	211638	106536	50.34	73347	34.66	19639	9.28	7504	3.55
1985	231972	120810	52.08	74727	32.21	20634	8.90	9469	4.08
1990	261442	135073	51.66	83588	31.97	22745	8.70	11716	4.48
1995	299266	144007	48.12	106218	35.49	25239	8.43	13995	4.68

① 资料来源：伊犁党建网（网址：http://yl. xjkunlun. cn/index. htm），《2012 年末伊宁市总人口 51.5 万人》，网站说明资料为统计局提供。查询日期：2014 年 1 月 23 日。

续表

年份	合计	维吾尔族	占总人口比例	汉族	占总人口比例	回族	占总人口比例	哈萨克族	占总人口比例
2000	342733	159115	46.43	127369	37.16	28317	8.26	15968	4.67
2004	430258	430258	48.86	152630	35.47	32456	7.45	19853	4.61
2009	459172	226818	49.4	160105	34.9	34515	7.5	20792	4.5
2010	515082	237521	46.11	205889	39.97	35019	6.8	23157	4.5
2011	503944	243232	48.3	181116	35.9	36836	7.3	24033	4.8
2012	515299	250989	48.7	182494	35.4	37783	7.3	24802	4.8

资料来源：1949～1964年数据来自伊宁市地方志编纂委员会《伊宁市志》，新疆人民出版社，2002，第113－115页；1980～2004年的数据来自单菲菲对伊宁市统计局提供资料的统计，见单菲菲《伊宁市民族居住格局与民族关系》，硕士学位论文，兰州大学，2006，第18页；2009年数据引自葛艳玲《当前新疆北疆基层民族关系研究》，博士学位论文，兰州大学，2012，第69～79页；2010年数据来自伊宁市统计局公布的"伊宁市第六次全国人口普查主要数据公报"，网址：http://www.yining.gov.cn/News/hzzfyj/2011/11/21/1049392711.html，该数据除了包括伊宁市8个街道办事处、8乡1镇1场外，还包括了伊宁市边境经济合作区管委会38140人、伊犁州农业良种繁育中心2011人；2011年数据来自伊犁州统计信息网，网址：http://www.xjyl.gov.cn/Article/ShowArticle.aspx? ArticleID=64854，查询日期：2012年9月28日。

表1反映，中华人民共和国成立之初，维吾尔族在伊宁市占有绝对比重。进入1960年代，汉族人口有了大幅增长。自中国实行改革开放以来，伊宁市的人口增长迅速，其中既有因城市地域扩张而被卷入的农民市民化的人口，也有因工作、商业、求学、务工、农村人口迁移等原因造成的人口增长。1990～2010年间的二十年中，伊宁市人口增长速度很快，几乎增长了一倍，说明这二十年中快速城市化引起的人口向城市的迁移和流动较为集中。而2010年维、汉、回、哈四族的人口数量分别是1990年的1.76、2.46、1.54、1.98倍，从人口增长数量可以看出，四个民族中汉族人口增长最快，哈萨克族次之，维吾尔族第三，回族第四。说明在此期间汉族人口大量移入伊宁市，哈萨克族也因作为伊犁哈萨克族自治州的主体自治民族，参与社会公共事务领域而有多人脱离了以往的游牧生活方式成为市民，而维吾尔族和回族人口基本上属于自然增长，因此汉族和哈萨克族人口自然增长数量相对不大。

1. 维吾尔族

根据口述资料，明代就有少量维吾尔族在伊犁河谷活动。建造于1505年的伊宁县胡地亚于孜乡喀格勒克村三组维吾尔族主麻寺66岁的伊玛目阿布来克木·伊明阿吉说："最早一群维吾尔族人从喀什叶城县来到伊犁，聚居在胡地亚于孜乡，因为'叶城'的维语意思是'喀格勒克'，所以他们把自己住的村称为喀格勒克村。他们住在喀格勒克村以后，为了进行宗教活动建造了清真寺，把这座清真寺也称'喀格勒克清真寺'。"①

伊犁维吾尔族的主要来源同清代迁移人口屯田有关。18世纪初，占据伊犁的西蒙古准噶尔汗策妄阿拉布坦先后从乌什、叶尔羌、阿克苏等地迁来大批移民开发屯田，卫拉特蒙古人称之为"塔兰奇"，意为"种小麦的人"。清政府先后在伊犁地区平定准噶尔和南疆大小和卓木叛乱后，为加强对新疆地区的统治，于1762年10月在新疆设伊犁将军，以"总统新疆南北两路事务"。② 王希隆根据史料总结，认为"自乾隆二十五年（1760）清廷从阿克苏、乌什等四城迁徙维吾尔人300户至伊犁屯田为始，赴伊犁屯田的维吾尔人逐年增加，至乾隆三十三年（1768），不过8年时间，伊犁回屯维吾尔人增至6383户，如按年平均递增数计算，每年从天山南路迁往伊犁的维吾尔人在1000户以上。"③ 根据阚耀平对学界有关乾隆年间迁入的维吾尔族人口的总结和分析，认为在此期间维吾尔族迁入的人口数字最多为6406户、330户和60户之和，即6796户，按照户均3.18的人口比例计算，迁入的人口约为21610人。④

道光年间仍有迁移，但只有少部分被安置在伊宁市行政区内屯田。同治年间，仅维吾尔族农民居住的村庄就达80多个。⑤ 伊犁回屯发展很快，至第一次鸦片战争前回屯户数已达1万余户，耕种屯地35万余亩。直至同治二年（1863）伊犁发生了屯民起义，回屯才最终被放弃。⑥ 根据佐口透研究，迨至1930年代，伊犁的塔兰奇回户增加到8000户。⑦ 伊宁建市之初的1953年，共有维吾尔族65067人，占当时全市总人口的69.8%。1952年伊

① 毛丽旦木·阿不都米力克：《新疆伊犁地区维吾尔族清真诗文化研究》，硕士学位论文，新疆师范大学，2010。
② 祁韵士：《西陲要略》卷二，道光十七年刊本，台湾成文出版社，1968，第65页。
③ 王希隆：《清代伊犁回屯研究中的几个问题》，《中国边疆史地研究》1992年第2期。
④ 阚耀平：《清代伊犁地区人口迁移研究》，《干旱区地理》2006年第6期。
⑤ 《1864年伊犁维吾尔族、回族农民起义调查》，内部资料，新疆民族所。转引自张国杰《1864年伊犁维吾尔族回族农民起义》，《中央民族学院学报》1986年第3期。
⑥ 马大正等：《新疆史鉴》，新疆人民出版社，2006，第421页。
⑦ 佐口透著《清代伊犁的塔兰奇村落》，章莹译，《民族译丛》1991年第4期。

宁市建市之后，因行政管辖范围的变更和其他民族的迁入，城市维吾尔族人口所占比例逐渐下降，至 1960 年代人口所占比重下降至占整个城市人口的 50% 略强一点，这一状况基本保持至今。今日伊宁市维吾尔族仍为伊宁市第一大民族，人口约占城市总人口的半数，根据现有行政区划，在以街道构成的主城区内，主要分布在都来提巴格、喀赞其、伊犁河、琼科瑞克街道办事处，这些地方的维吾尔族人口都超过了本街道所辖人口的半数以上。

2. 汉族

清代设立伊犁将军，实行移民屯垦。乾隆二十五年（1760）到乾隆四十三年（1778）陆续迁移汉族人口实行绿营兵屯，今伊宁市所辖的巴彦岱镇熙春城成为长期驻扎汉族官兵之地，故有"汉兵城"之谓，是为今日伊宁市汉宾乡。伊宁市区内早期的汉族居民主要是清末跟随左宗棠征战伊犁、后被安置伊犁生活的湘军后裔，以及跟随湘军做生意、为将士提供基本生活消费品的天津杨柳青人，历史上把这种随部队而迁徙的挑夫货郎称作"赶大营"，也就是随部队的迁移而流动经商的商贩。史载"平津商贩随从大军出关，俗称赶西大营，天山南北莫不有其足迹。"[1] 可以说入仕、行伍、屯垦、经商是伊宁汉族先民的四大职业特征。

1930 年代，大批东北抗日义勇军和华侨由苏联转入伊犁，这些人进入伊宁后主要聚居在水源充足的大桥（琼科瑞克）一带生活，开设粮油加工、烧酒作坊、医务所、商店、药铺、旅店等，同先前留居的天津杨柳青人等共同生活在今日当地人俗称的"汉人街"。1940 年代，因战乱城内汉族人口锐减，不少人迁往乌鲁木齐等地。1952 年伊宁市建市后汉族人口增长较快，主要包括转业官兵及其家属，以及前来伊宁参加工作的人员。1960 年代，内地江苏、湖北等省的支边青年、解放军转业官兵，以及部分因生活所迫前来伊宁谋生的内地农民也相继成为伊宁市民。1980 年代以来，随着改革开放政策的实施，大量因工作、经商、建筑等抵达伊宁的汉族人越来越多。1990 年代以来，特别是进入 21 世纪，随着伊犁的进一步开放、旅游业的兴盛、人口的大规模流动和伊犁同中亚国家口岸贸易的发展，越来越多的内地各民族开始迁居伊宁生活。

---

① 吴蔼宸：《新疆记游》，商务印书馆，1936，第 188 页。

3. 回族

相传在清代康熙、雍正年间伊宁就有经营汉磨和作坊的六家回族居住在汉人街南北岔子和坟院背子一带。乾隆平定准噶尔之后，有一部分回族官兵留居伊宁，在后滩坟院背子社房院生活。此院子为清真寺寺产，为救济外来回民而不收房租。到乾隆二十五年（1760）已发展到50多户，建有礼拜寺，以宁夏固原人居多。清代同治和光绪年间陕甘回民起义时，大量陕甘回民为逃避官府追杀留居伊犁，其中跟随白彦虎起义的一部分人迁居伊宁。光绪二十五年（1899）发生在新疆玛纳斯回族中的"马山事件"，致使玛纳斯部分回民为躲避迫害逃往伊宁。光绪二十一年（1895）河湟回族撒拉族起义失败后，有一批人迁居伊宁，住在河州巷。民国年间西北军阀混战，亦有部分陕甘回民迁居。俄国十月革命后，部分清末迁居俄国的回族返回伊宁生活，主要集中在今东梁街和铁力克巷子。民国十七年（1928）西北的自然灾害，以及发生在这一时期回民社会中的宗教派别冲突，也迫使部分人迁居伊犁。此外，马仲英进入新疆时也带来了一部分回族人口。中华人民共和国建立后，有不少内地人迁往伊宁。伊宁回族形成围寺而居的居住格局，主要分布在东梁街、铁力克巷子、北梁后巷、新华东路、河州巷、花果山等地。[①]

4. 哈萨克族

哈萨克族是伊犁的世居民族之一，清中叶以后陆续由沙俄迁居伊犁，主要以游牧为生。城市哈萨克族主要是新中国成立后，特别是1954年伊犁哈萨克自治州成立后，因工作分配，民族干部培养等，在伊犁州、地、市党政机关和企事业单位工作的干部职工及其家属。改革开放以来，商品经济意识对哈萨克族也有一定的影响，部分人开始从事民族服饰、民族用品、民族特产方面的商贸业。主要居住在市区范围内的解放路、萨依布依和墩买里三个街道，同其他民族杂居，没有集中成片的居住区。

上文主要根据城市人口比例简述了伊宁市四大民族的来源及分布，但研究伊宁不能忽视塔塔尔、俄罗斯、锡伯等民族对伊宁市历史和文化的影响。塔塔尔族因重视文化教育，在伊宁教育史上贡献良多，被民间誉为"给人当老师的民族"；俄罗斯族的文化影响迄今仍在伊宁市多个民族的生

---

① 马玉麟：《伊宁回族和清真寺史略》，《回族研究》1996年第2期。

活中有所体现。锡伯族的整体文化程度较高，族群内部的凝聚力强，具有很强的语言交际能力，在不同民族的沟通方面扮演着重要的角色。此外，乌兹别克、塔吉克、塔塔尔、克尔克孜、东乡、撒拉等族，同维吾尔、哈萨克和回族拥有相同的信仰，因信仰认同而形成的群体力量不可忽视。

二　伊宁市的民族构成特点

伊宁市的最大特色就是多民族、多元文化共存。不同的生活习惯、民俗风情、建筑风格共处一隅，丰富的民族文化为伊宁留下了深厚的历史文化遗迹和人文特色，如汉家公主纪念馆、林则徐纪念馆、陕西回族大寺、拜图拉清真寺等。俄罗斯文化对这座城市的影响也很大，不仅留下了东正教堂和俄罗斯民族，其建筑风格甚至很好地渗入到维吾尔族的民居中。伊宁市的地名有维吾尔、哈萨克、汉、蒙古、满等多种语言，例如"巴彦岱"是蒙古语，意为富饶之地；"喀赞其"是塔塔尔语，意为"铁锅"；"苏拉宫"是满语；而老城区内以维吾尔语命名的街巷更是数不胜数。

表 2　伊宁市乡级行政区划（乡、镇、街道办事处）分时段民族人口构成情况一览

单位：人，%

乡（镇、街道办）名	年份	总人口	维吾尔族		汉族		回族		哈萨克族	
			人口	占本地区人口比例	人口	占本地区人口比例	人口	占本地区人口比例	人口	占本地区人口比例
都来提巴格街道办	1990	19848	15079	75.97	2015	10.15	1739	8.76	61	0.31
	2004	19007	14012	73.72	2091	11.00	1594	8.39	233	1.23
	2009	23944	18470	77.14	2040	8.52	1780	7.43	320	1.34
喀赞其街道办	1990	26576	16687	62.79	6845	25.76	1549	5.83	289	1.09
	2004	26344	17479	66.35	6298	23.91	1421	5.39	346	1.31
	2009	23079	14827	64.19	5795	25.11	1150	4.98	406	1.76
伊犁河路街道办	2004	20615	13083	63.46	5170	25.08	1158	5.62	574	2.78
	2009	21845	13922	63.73	5243	24.00	1266	5.80	683	3.13
琼科瑞克街道办	1990	18395	9968	54.19	3712	20.18	3820	20.77	148	0.80
	2004	37584	20964	55.78	9795	26.06	5156	13.72	810	2.16
	2009	29530	19365	65.58	4037	13.67	4737	16.04	616	2.08

续表

乡（镇、街道办）名	年份	总人口	维吾尔族		汉族		回族		哈萨克族	
			人口	占本地区人口比例	人口	占本地区人口比例	人口	占本地区人口比例	人口	占本地区人口比例
墩买里街道办	1990	43618	17410	39.91	19882	45.58	1583	3.63	2648	6.07
	2004	27872	10312	37.00	36012	67.78	1573	5.64	2353	8.44
	2009	28693	11162	38.90	11512	40.12	1734	6.04	2508	8.74
解放路街道办	2004	37027	12670	34.22	17204	46.46	1896	5.12	3483	9.41
	2009	31796	9859	31.00	16484	51.84	1810	5.69	2001	6.29
艾兰木巴格街道办	1990	43940	13353	30.39	19882	45.58	2721	6.19	2575	5.86
	2004	57936	19295	33.30	30772	53.11	3909	6.75	1544	2.67
	2009	49045	16661	33.97	24882	50.73	3705	7.55	1538	3.14
萨依布依街道办	1990	24026	8375	34.86	11342	47.21	1592	6.63	1558	6.74
	2004	53134	9943	18.71	36012	67.78	2122	3.99	2734	5.14
	2009	59820	10439	17.45	41408	69.22	2315	3.87	2991	5.00
汉宾乡	2009	31619	6395	20.23	21173	66.96	1470	4.65	1195	3.78
英也尔乡	2009	16708	8032	48.07	1802	10.79	3030	18.14	2980	17.84
托格拉克乡	2009	8601	5683	66.07	686	7.98	1866	21.70	294	3.42
克伯克于孜乡	2009	10495	7828	74.59	2157	20.55	119	1.13	322	3.07
喀尔墩乡	2009	6868	5689	82.83	819	11.92	227	3.31	54	0.79
塔什科瑞乡	2009	15187	12778	84.20	1669	11.00	209	1.38	268	1.76
达达木图乡	2009	29057	20051	69.01	4881	16.80	2092	7.20	1248	4.30
潘津乡	2009	25417	22606	88.94	1058	4.16	579	2.28	811	3.19
巴彦岱镇	2009	30606	13663	44.64	8843	28.89	5428	17.74	2098	6.85

资料来源：1990 年数据来自《伊宁市志》；2004 年数据根据单菲菲获得的伊宁市统计局数据，参阅单菲菲《伊宁市民族居住局与民族关系》，硕士学位论文，兰州大学，2006，第 19～21 页；2009 年数据来自葛艳玲《当前新疆北疆基层民族关系研究》，博士学位论文，兰州大学，2012，第 69～79 页。该文收集到的统数据来自伊宁市公安局，但未严格按照行政区划统计人口，表末有艾兰木巴格街道北总人口 8545 人，其中维 4751、汉 2933、回 395、哈 190；琼科瑞克街道东总人口 8317人，其中维 4637、汉 2683、回 603、哈 269 人。

有学者将新疆各民族人口的分布特点总结为四类："（1）遍布全疆，如维吾尔族、汉族、回族；（2）片状分布，如哈萨克族、柯尔克孜族；（3）点状分布，有若干点和集聚一点之分，前者如蒙古族，后者如塔吉克族、达翰

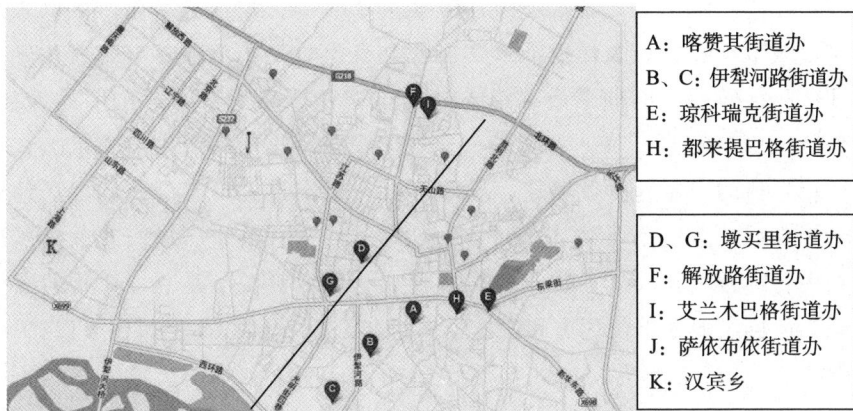

图1 伊宁市主城区街道办事处民族人口分布格局

尔族、锡伯族；（4）散布各地，如乌孜别克族、满族、塔塔尔族。"① 然而具体到每一个城市，民族的分布主要可以分为聚居和散居两种形式。伊宁市主城区人口较多民族既有聚居，又有散居。根据行政区划来看，在市辖范围内的八个街道办事处中，维吾尔族主要聚居在都来提巴格、喀赞其、伊犁河、琼科瑞克街道，人口都超过了本街道所辖人口的半数以上；而汉族在墩买里和萨依布依街道办人口超过了半数。在主城区以外的8乡1镇中，有6个乡镇维吾尔族人口都超过了总人口的半数。其中潘津乡、塔什科瑞乡、喀尔墩乡的维吾尔族人口占总人口的80%以上。汉族人口接近或超过总人口50%的为萨依布依、解放路和艾兰木巴格街道办事处及汉宾乡。回族最为集中的是托格拉克乡、英也尔乡、琼科瑞克街道办和巴彦岱镇。哈萨克族在英也尔乡、墩买里和解放路街道办、巴彦岱镇较为集中（见表2和图1）。

根据以上数据统计，大致可以看出伊宁市人口最多的维吾尔族在主城区主要聚居在城东南的四个街道办事处所辖范围内，城西地区汉族人口比较集中，越往城西城市边缘地带，汉族居民的数量越多。比较明显的现象是，随着城市地域面积的迅速拓展，与伊宁市西环路西段紧邻的伊宁边境经济合作区中分布的大型现代化居住社区、企业、公司等中，维吾尔族的数量很少。建立于1992年的伊宁边境经济合作区，范围大致北起精伊霍铁

---

① 李晓霞：《新疆民族混合家庭研究》，社会科学文献出版社，2011，第46页。

路线以北的陕西路，东临西环路，南至伊犁河畔，西达武汉路，可以说是伊宁市城市化发展的顺延地带，其实已经成为整个城市最具有现代化气息的地区。该开发区同城东俗称汉人街的维吾尔族聚居区形成鲜明的对比，合作区范围内从事、商业、金融、文教、医疗、娱乐等的主要是汉族，而汉人街生活的主要是少数民族。据此可以将伊宁市人口较多民族的居住结构总结为城东南以维吾尔族、回族、哈萨克族聚居为主，城西北以汉族聚居为主；维吾尔族保存了传统的聚居模式，形成庭院、小巷、片状的居住模式。汉族主要在单位住房和房地产商近年来开发的商品房居住，以楼房、小区为主。

三　伊宁人的宗教信仰

经历了 1959 年的反封建宗教民主改革和 1966 年以来的文化大革命，伊宁市的宗教场所和宗教活动遭受了很大打击。1979 年以后，伊宁市委开始贯彻落实党的宗教信仰自由政策，截至 1981 年底，开放清真寺 38 座、宗教活动点 23 处；群众自己开放的寺院 3 座，新建的寺院 12 座。1982～1986年，又恢复开放了 30 处宗教活动场所，使全市的宗教活动点达到 105 处，其中清真寺（含活动点）104 处、俄罗斯教堂 1 处。[①]

根据伊宁史志网公布的数据，2010 年底伊宁市共有宗教活动场所 201座（含 1 个基督教活动点），其中维吾尔族清真寺 149 座、回族清真寺 39座、哈族清真寺 3 座、东乡族清真寺 5 座、乌孜别克族寺 1 个，佛教寺庙、基督教堂、天主教堂、东正教堂各一座，基督教活动点一个。全市信仰伊斯兰教的群众 20 余万人，佛教信徒 1000 余人，基督教信徒 900 余人，天主教信徒 160 余人，东正教信 100 余人。全市有宗教人士 206 名。宗教教职人员中，中专学历的有 42 名，大专以上学历的 10 名，其他为初中和小学文化程度。伊宁市民族成分多，宗教类别多，教派多，宗教的民族性、群众性、复杂性等特点十分明显。伊斯兰教中有格底目、伊赫瓦尼、哲合忍耶等派别。各派别的礼仪、教规大体相同。寺坊之间互不隶属，各行其是，和睦相处。伊宁市有宗教团体一个，即成立于 1989 年 9 月的"伊宁市伊斯兰教

---

① 黄大强：《中国共产党伊宁市简史》，新疆科学技术出版社，2007，第 165 页。

协会"。①

　　根据表3，可观察到的现象是伊宁市有伊斯兰教、佛教、基督教、天主教、东正教五种宗教。这五种宗教中，属于中国五大宗教（佛教、道教、伊斯兰教、天主教、基督教）的有四种，其实按照大的宗教分类可以划分为佛教、伊斯兰教和基督教三大宗教。信教人口具有鲜明的民族特征。伊斯兰教的尊奉者包括了在伊宁生活的信仰伊斯兰教的十个少数民族，但以维吾尔、回、哈萨克三个民族的人口居多。佛教、基督教和天主教主要是汉族信仰，而东正教主要是俄罗斯族信仰。官网公布的信仰伊斯兰教的人口同民族人口总数有一定的差距，说明可能没有包括各个少数民族中的共产党员和18岁以下人口。而公布的佛教和基督宗教三大教派（即天主教、东正教和新教）的信教人数缺乏有说服力的根据，特别是对信仰佛教和各种民间宗教的人数估计明显过低。此外，对没有宗教活动场所，但可能存在大量道教信仰者的情况未作公布。

表3　2010年底伊宁市宗教场所数量统计

单位＼类别	伊斯兰教					天主教	基督教		佛教	东正教
	维吾尔	回	乌孜别克	东乡	哈萨克		教堂	活动点		
巴彦岱镇	10	9		1	2					
英也尔乡	10	8		1	1					
喀尔墩乡	14	5								
塔什科瑞克乡	12							1		
汉宾乡	12			1						
托格拉克乡	7	2								
克伯克于孜乡	3									
达达木图乡	15	6		2						
潘津乡	17	2								
园艺场	1									
原种场	1									
琼科瑞克街办	10	2								

① 中国伊宁政务门户网站·走进伊宁，首页"宗教"链接至"伊宁史志·年鉴编纂"，网址：http://www.yining.gov.cn/Item/18.aspx，查询日期：2012年9月27日。

续表

类别\单位	伊斯兰教					天主教	基督教		佛教	东正教
	维吾尔	回	乌孜别克	东乡	哈萨克		教堂	活动点		
都来提巴格街办	11	4	1							
艾兰木巴格街办	5	1				1				
萨依布依街办	4									
解放路街办	4						1			1
伊犁河路街办	3								1	
墩买里街办	4									
喀赞其街办	5									
合计	148	39	1	5	3	1	1	1	1	1
总计	201（含一个活动点）									

资料来源：中国伊宁政务门户网站·走进伊宁，首页"宗教"链接至"伊宁史志·年鉴编纂"，网址：http://www.yining.gov.cn/Item/18.aspx，查询日期：2012 年 9 月 27 日。

　　根据上述资料，伊宁市的宗教信仰生态可以表述为包括伊斯兰教、佛道教和民间信仰，以及基督宗教（包括天主教、基督教和东正教），其中信仰伊斯兰教、佛道教和民间信仰的人口占总人口比例较大。

　　伊斯兰教宗教活动场所可以根据恪守群体分为维吾尔族寺、回族寺和混合寺三大类。维吾尔族寺主要位于维吾尔族聚居的地方，清真寺的管理、维护、供养等事务主要由维吾尔族穆斯林组成清真寺民主管理委员会负责，教务由维吾尔族的伊玛目（阿訇、领拜者、教务主持者）、海推布（主麻宣讲教义者）和买曾（宣礼人）负责，根据伊斯兰教的经训和维吾尔族传统开展并组织活动。主麻日的演讲用维吾尔语，注重聘用哈菲兹（背诵了整本《古兰经》的人）作为领拜人。回族寺的教务和寺务管理者主要是回族，责任和职能同维吾尔族寺大致相同，但在清真寺阿訇和满拉供养方面有一定的不同。

　　同回族不同的是，伊宁维吾尔族的派别意识可以简单分为传统派与现代派，传统派以继承先辈传统、恪守代代相因的宗教礼仪、不接受任何革新和增减为正统。因本土化和民族化，在某些方面包含了特色鲜明的苏菲传统和原始信仰，如麻扎崇拜、吹"杜瓦"、问吉凶等；而现代派受到国际伊斯兰思潮与运动的影响，主张对自认为不符合伊斯兰原则和精神的习俗予以废除或革新。而回族中的派别主要表现在同国内现有派别的联系方面，其中同格迪目、伊赫瓦尼、哲赫忍耶、赛莱菲耶的关系较大，另外，同遵守其他各种苏菲学派传统的门宦组织也有一定的联系。根据伊宁回族的传统，大致可以分为大坊和小坊，大坊指格迪目清真寺及其坊民，小坊指其他各派的清真寺及其坊民。对目前回族的派别也可以从传统与现代的视角予以分类。传统派主要包括格地目、伊赫瓦尼和各种门宦，而20世纪以来受国内外各种伊斯兰思潮影响而形成宗教思想和认识的派别可视为现代派，如赛莱菲耶、泰卜里厄（宣教组织）和无门无派思想等①。这是另外需要探讨的话题。

此外，伊宁市花果山、东梁街、汽车城、喀尔墩等地共有9处穆斯林公共墓地，总面积达798亩。因公共墓地疏于管理，杂乱无章，有碍观瞻，2011年秋季以来，伊宁市投入800多万元对上述9处墓地进行绿化，具体举措包括铺设滴灌管道、种植各类树木等。

四 伊宁市民族与宗教生态的特点

作为伊犁哈萨克自治州的首府，同塔城和阿尔泰相比，伊宁从人口、政治地位、地理位置、民族分布、经济地位等各方面都显得更为重要，可以说是北疆最重要的城市，地位同南疆的喀什相似。然而同喀什相比，北疆的伊宁又有着特殊的一面，主要表现在以下几个方面。

1. 民族构成多元

同喀什相比，伊宁市的民族成分复杂，以维、汉、哈、回四大民族为主，其中维、汉人口约占城市总人口的84%，就人口数量而言，可以说是

① 中国的伊斯兰教在长期的历史发展中形成众多传承和行教方式不同，以及具有一定地域、民族和家族特征的小派别，马通先生初期总结为"三大教派和四大门宦"，后来修正为"三大教派、四大苏菲学派及其众多门宦分支"。对此划分，丁士仁认为"二十世纪的中国穆斯林派别实难用原来的'三大教派、四大门宦'之说概括，而较为科学和严谨的说法应该是'三大教团、四大教派'。'三大教团'指目前存在的三个主要教团：奈格什班顶耶、嘎迪忍耶和库布忍耶；'四大教派'指格地目、门宦、伊赫瓦尼和赛莱夫。"本文就伊宁市伊斯兰教的内部派别情况做传统与现代的分析，只是想提供一种不同于马通先生和丁士仁博士的视角而已。可参阅马通《中国伊斯兰教派与门宦制度史略》，宁夏人民出版社，2000；丁士仁：《中国伊斯兰教门派划分的新视野》，载刘义章、黄玉明主编《不同而和：基督教与伊斯兰教在中国的对话和发展》，香港建道神学院，2010，第181~190页。

伊宁最重要的两个民族。伊宁同时又有我国人口较少民族中的锡伯族，且其聚居地是紧邻伊宁市的察布查尔县，这一点同喀什主要以维吾尔族人口为主，另有少量其他民族人口有较大差别。如果仅从民族成分的多元性来说，伊宁可以说是新疆地区最为典型的城市。

2. 历史记忆复杂

自 18 世纪末建宁远城以来，伊宁经历了伊犁将军的管辖、沙俄侵占、三区革命、中华人民共和国伊犁州政府管辖、新疆省直辖市等纷繁复杂的历史，蒙古族、满族、汉族、维吾尔族、回族、塔塔尔族、锡伯族、俄罗斯族等民族都在历史上留下了深厚的足迹，不同民族对历史的选择性记忆，对民族关系的影响甚大。

3. 民族问题复杂

仅 20 世纪以来，伊宁经历了三区革命，新中国成立之后对旧体制、旧制度的改造，以及一系列政治运动。特别是 1996 年发生的"2·5""2·6"事件，集中体现了伊宁作为边境多民族生活的城市民族问题的复杂性。

4. 区位因素特殊

伊宁是霍尔果斯、都塔拉、木尔札特三个国家一类口岸的大后方，伊犁河谷地区的经济中心，同中亚各国联系紧密。随着口岸自由贸易的进一步发展和精伊霍铁路的贯通，伊宁未来必将在对中亚的贸易中扮演越来越重要的角色。中哈铁路交通贯通之后，伊宁的国际贸易地位也将显得越来越重要。喀什作为边境开放城市，其国际客商主要是来自巴基斯坦、阿富汗、塔吉克斯坦和吉尔吉斯斯坦等国家，相较而言，伊宁的外商中以哈萨克斯坦的哈萨克族和东干人（回族）为主，这一点同喀什也有很大不同。喀什本土民族同外商之间除了贸易接触外，相似性主要在于信仰同一种宗教，但在民族文化方面差异较大，因此可以说宗教的整合因素大于民族的整合因素。而伊宁外商中哈萨克人和东干人在我国都属于跨境民族，从语言和文化方面同伊宁市的哈萨克和回族的差别不大，虽然都是信仰伊斯兰教的民族，但民族的影响因素大于宗教的因素。更值得注意的是伊宁市的外商同伊宁人口较多民族维吾尔族和汉族的交往一般通过中间民族来实现，是一种间接性的接触，因此相互之间的影响并不大。

5. 宗教信仰主流中有多元

伊斯兰教无疑是当地最重要的信仰，信教人数超过城市总人口的半数

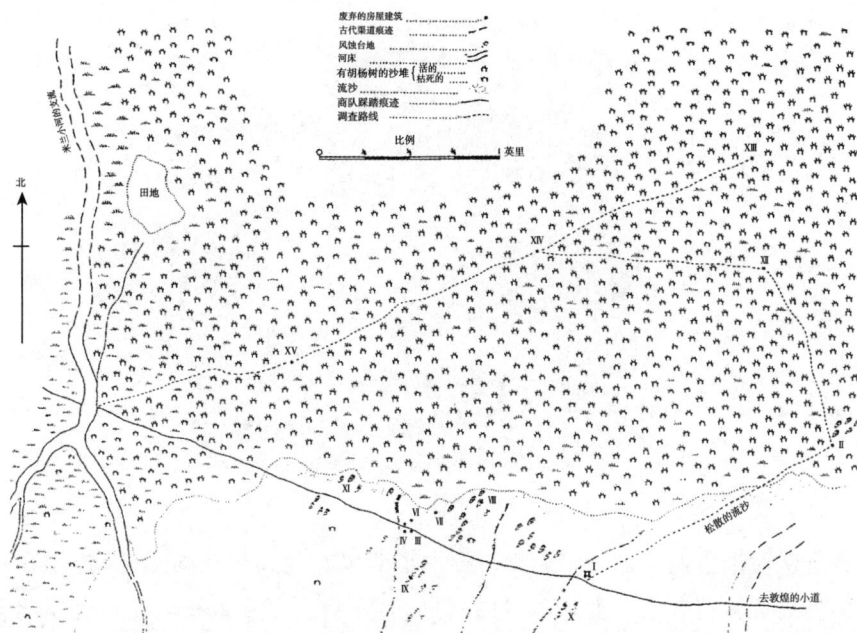

图 1

图 2

曾在米兰揭取了部分壁画残片①。1988 年，新疆维吾尔自治区文化厅楼兰文

---

① 〔日〕橘瑞超：《橘瑞超西行记》，柳洪亮译，新疆人民出版社，1999。

图 3

物普查队对米兰遗址进行了调查，发现了两幅有翼人物壁画①。斯坦因在米兰的发掘资料刊载于《西域考古图记》，其实物主要笈藏于印度新德里国家博物馆；橘瑞超揭取的壁画残片今藏韩国首尔国家中央博物馆；新疆楼兰文物普查队新发现的两幅有翼人物壁画，于原址回填。

从现有资料来看，米兰壁画主要包括有翼人物壁画（关于有翼人物壁画的数量，笔者统计为 M. Ⅲ 号寺院出土 7 幅；M. Ⅴ 号寺院出土 2 幅，其中 1 幅仅存右翼局部；M. Ⅲ 寺院附近发现 2 幅。共计 11 幅。见图 4、图 5）、

图 4

① 中国科学院塔克拉玛干沙漠综合考察队考古组：《若羌县古代文化遗存考察》，《新疆文物》1990 年第 4 期。

斗兽图壁画、须大拏太子本生故事壁画（见图 6）、花环人物壁画（见图 7）、释梦图壁画（见图 8）、说法图壁画（见图 9）、少女像壁画（见图 10）、青年男子与戴帽少女壁画，以及有人物局部图像的壁画残片等。

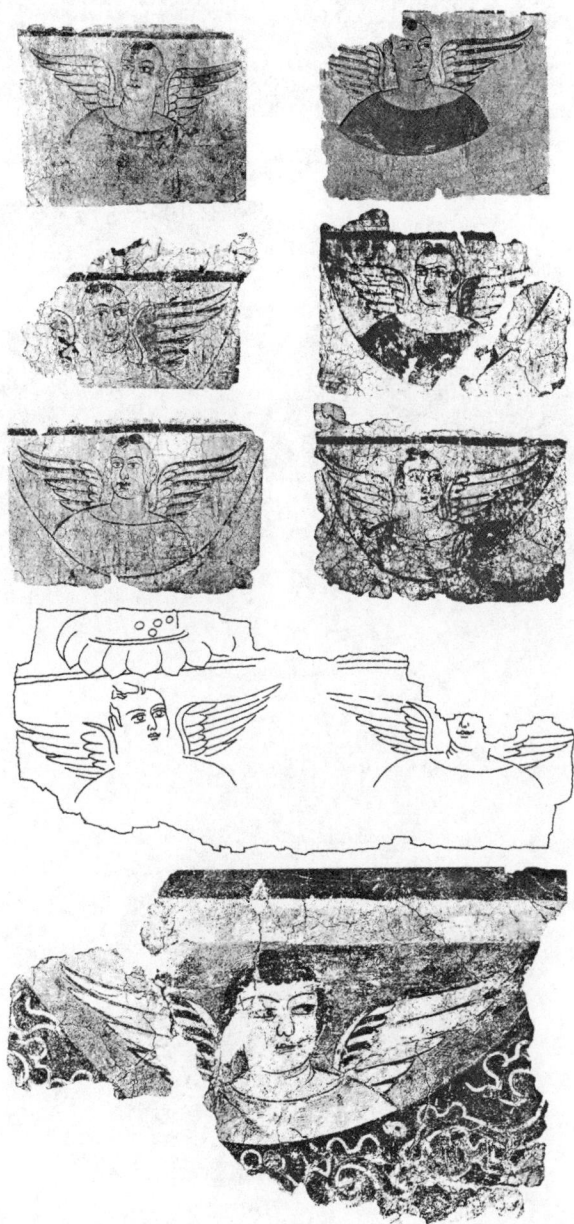

图 5

图 6

图 7

图 8

图 9

图 10

　　自米兰壁画发现以来，诸多中外学者对其进行了不同角度的探讨（其中主要观点将在下文中有所引征，此不赘），本文即在前人研究的基础上，拟从米兰壁画的年代及作者推测、米兰壁画的形式特征及艺术价值、米兰壁画的艺术渊源及图像含义、米兰壁画与西方绘画的关系、米兰壁画与东方绘画的关系等方面，对米兰壁画进行再讨论，并提出一些个人的粗浅认知。

二 米兰壁画的年代及作者推测

关于米兰遗址的年代问题，斯坦因认为有壁画遗存的 M.Ⅲ和 M.Ⅴ等寺院遗址，年代有可能为 3~4 世纪，而有雕塑遗存的 M.Ⅱ等寺院遗址，年代可能稍晚，但不晚于 5 世纪[①]。美国学者加文·汉布里认为，米兰壁画在艺术风格和题材方面与伽腻色伽金棺非常一致，因而，可以肯定地将米兰壁画的时间定为伽腻色伽时期，也就是 2 世纪[②]。沈福伟等也都认定米兰壁画应属 2 世纪遗存[③]。另外，学界尚有 2~3 世纪说[④]、2 世纪末至 4 世纪说[⑤]、2 世纪至 5 世纪末说[⑥]、4 世纪说[⑦]、3 世纪至 5 世纪中叶说[⑧]、10 世纪说[⑨]，等等。但大部分学者基本认为米兰遗址的年代在 3、4 世纪，废弃的时间则略晚[⑩]。综上所述，可以认为米兰遗址有壁画遗存的 M.Ⅲ和 M.Ⅴ等佛寺年代为 3 世纪左右，而有雕塑遗存的 M.Ⅱ和 M.ⅩⅤ等佛寺年代约为 5 世纪。这也就是说，米兰壁画是迄今为止中国境内所发现的年代最早的佛教绘画遗迹。

米兰壁画曾发现有两处佉卢文题记，这为推测画家的身份及壁画的年代提供了帮助。其中题于 M.Ⅴ佛寺须大拏太子本生故事壁画之白象腿上的

① 〔英〕奥雷尔·斯坦因：《西域考古图纪》第一卷，巫新华等译，广西师范大学出版社，1998，第 293、316 页。

② 〔美〕加文·汉布里主编：《中亚史纲要》，吴玉贵译，商务印书馆，1994，第 71 页。

③ 沈福伟：《中西文化交流史》，上海人民出版社，1985，第 102 页；邱陵：《米兰佛寺"有翼天使"壁画新探》，《新疆文物》1994 年第 1 期。

④ 贾应逸、祁小山：《印度到中国新疆的佛教艺术》，甘肃教育出版社，2002，第 224 页。

⑤ 林梅村：《贵霜大月氏人流寓中国考》，《西域——考古、民族、语言和宗教新论》，东方出版社，1995，第 33~67 页。

⑥ 林立：《米兰佛寺考》，《考古与文物》2003 年第 3 期。

⑦ 安金槐主编《中国考古》，上海古籍出版社，1992，第 593 页。

⑧ Marylin Martin Rhie, Early Buddhist Art of China and Cental Asia, vol one, Leiden Boston Kohn: Brill, 1999, pp. 270 - 285.

⑨ 阎文儒：《就斯坦因在我国新疆丹丹乌里克、磨朗遗址所发现几块壁画问题的新评述》，《现代佛学》1962 年第 5 期。

⑩ 孟凡人：《楼兰新史》，光明日报出版社，1990，第 91 页；吴焯：《佛教东传与中国佛教艺术》，浙江人民出版社，1992，第 265 页；陈兆复主编《中国少数民族美术史》，中央民族大学出版社，2001，第 199 页；〔意〕马里奥·布萨格里等：《中亚艺术》，《中亚佛教艺术》，许建英、何汉民译，新疆美术摄影出版社，1992，第 31 页；北京大学考古教研室编《三国两晋南北朝考古》，内部刊物，1974，第 120 页。

文字，经学者阿贝·博耶释读，译为："本绘画系提它［之作品］，该人［为此］接受了 3000 巴玛卡（Bhammakas）。"斯坦因指出题记中的提它即"梯忒尤斯"（Titus），是印度化的希腊名字，在公元初期的罗马帝国远东诸省包括叙利亚及其他靠近波斯的边境地区中是一个很常用的名字。特别是在一些艺术家中取优美古典名字的人较为常见，在阿富汗发现的一些工艺品中也有类似的题记。这种情况一直持续到贵霜统治时期①。沈福伟指出：

> 蒂特（提它）是印度化的希腊名字，鄯善国通行佉卢文书，印度文化的影响很大，以致那些居住在阿姆河流域的吐火罗人也采用印度名字，而从画风和表现的人物来看，画师受到罗马叙利亚派或埃及希腊的熏陶，可能在安提阿克或亚历山大里亚受过专门训练。②

从提它题记中可以得出一些推断，提它是一位受过罗马绘画训练的具有犍陀罗艺术修养的贵霜画家，他的艺术训练的过程可能是在犍陀罗甚至叙利亚等地完成的，塔里木盆地不具有培养这种艺术家的条件。因而这位画家及其同事们是被邀请到米兰或他们本身即是作为贵霜遗民来到米兰的。他们到米兰的时间应与佉卢文在塔里木盆地南缘初传的时间相当。米兰 M. Ⅲ 和 M. V 寺院穹隆式建筑及圆形走廊和圆基座佛塔等建筑体现着早期佛教建筑艺术的特征，这与 2 世纪末以后的一个时期进入塔里木盆地的使用佉卢文的贵霜人有直接关系。

三 米兰壁画的形式特征及艺术价值

作为佛教初传时期的作品，米兰绘画从内容到形式，以及壁画的表现技巧和造型方式，都充分体现了多种文化融汇的历史状况。其中最为鲜明的便是希腊化的犍陀罗艺术表现形式，如有翼人物形象、花环与人物构图和众多的人物肖像造型，以及用明暗层次来表现对象的艺术手法等。产生这种艺术现象的原因，笔者认为主要是壁画作者的知识结构和审美理念。

---

① 〔英〕奥雷尔·斯坦因著《西域考古图纪》第一卷，巫新华等译，广西师范大学出版社，1998，第 321 页。
② 沈福伟：《中西文化交流史》，上海人民出版社，1985，第 103 页。

从壁画的技巧来看，米兰绘画的作者并非出自一人之手，可以认为有翼人物和须大拏太子本生故事及花环人物等壁画出自一位技术成熟的画家之手；说法图和释梦图及部分壁画碎片则有可能为其他画师所绘。这也就是说，米兰壁画存在着两种表现形式，即有翼人物画等为线面结合、笔法严谨、层次细腻的写实画风（即文后所称"细笔晕染"）；说法图等为用笔粗犷、层次概括的写意画风（即文后所称"粗笔写意"）。虽然这两类作品的整体风格都是属于罗马绘画体系或称之为希腊化犍陀罗绘画体系。

创作米兰壁画的画师可能为一组奔走于塔里木盆地的专业画家群体。在这个群体中也许会有建筑师，米兰 M. Ⅲ、M. Ⅴ 寺院建筑与壁画构成了有机和谐的呼应关系即是证明。斯坦因指出，在圆形回廊的墙壁上出现的壁画情节顺序及有翼人物的目光，正好与绕塔右转的参拜者的视线相对应，这说明建筑与壁画是在统一而精心设计下完成的。这个艺术家群体有着极其良好的古典艺术造型修养，而且形成了一套完整的犍陀罗式造型艺术理念，在创作佛教壁画中表现了希腊罗马艺术的审美旨趣[①]。这些绘画作品有可能是依据犍陀罗艺术的粉本或范式来完成的，这从米兰壁画的一些构成形式与犍陀罗部分雕塑作品的近似性可得以证实。

一些学者根据米兰壁画中线条的使用和 M. Ⅱ 佛像雕塑中弯眉细眼的造型手法及 M. Ⅴ 佛寺有翼人物身旁花环中的卷云纹等因素来推断中原文化因素存在于米兰艺术中，笔者认为事实并非如此。艺术中线条的应用并非中原民族之独有，而中原民族艺术中线条应用与西方艺术中的线条应用存在较大差别，汉晋时期尤其如此。整个米兰绘画中未见有典型的中国书法用笔的线条出现。至于卷云纹，在古代中亚、西亚和中原地区都较为普遍，很难以此判断其纹样的地域性和民族属性，如果追溯其纹样的渊源，还很可能与亚欧草原史前艺术有关。而 M. Ⅱ 佛寺年代较晚，与有壁画的佛寺关系不大，其雕塑是否受到中原艺术的影响，姑且不论。因而可以肯定地说，米兰壁画艺术没有中原艺术影响的痕迹。这不仅体现了米兰壁画的犍陀罗艺术性质，同时还反映了早期佛教在塔里木盆地流行时有可能仅限于贵霜人或一部分本土民族的范围。在西域，当汉族或其他民族参与佛教艺术创

---

① 参见〔英〕奥雷尔·斯坦因《西域考古图纪》第一卷，巫新华等译，广西师范大学出版社，1998，第300~301页。

作之时，有可能已是佛教较为普及之日，如 5~8 世纪的库木吐剌石窟即是如此。英国学者格雷指出，米兰人物绘画中的造型特征，是通过大量使用凹凸晕染法产生的，这一技法是超出以往中国绘画之外的①。作为早期佛教艺术的米兰壁画，没有多少汉文化因素并带有浓厚的希腊化艺术色彩，这正反映了西域早期佛教艺术发展的一个显著特征。

希腊化时代是东西方政治、经济和文化艺术进一步交流和相互影响的时代。罗马艺术继承了希腊艺术的传统，许多希腊雕刻都因罗马的复制而留存于世。犍陀罗艺术即是在希腊罗马艺术的基础上，结合佛教思想及本土文化而发展起来的一种东西方文化合璧的艺术。这种艺术在 2 世纪以后传播到西域，反映在米兰艺术中强烈的古典艺术特征则是一种艺术发展与传播的必然。让人感到奇怪的是壁画艺术在早期犍陀罗艺术中却始终未能发现，因而有的学者甚至将犍陀罗艺术仅限定于雕刻艺术范畴之中。在远离犍陀罗艺术中心的楼兰地区发现米兰壁画之后，不但改变了人们对犍陀罗艺术的认识，增进了人们对西域艺术价值的理解，同时也填补了东西方艺术交流史的一个重要环节。斯坦因说：

> 在印度，还没有出土一件与犍陀罗佛教塑像在年代和来源上相应的绘画艺术作品遗物，而且，除非巴米扬（Bamian）石窟寺或巴克特里亚（Bactria）出土文物中有这种遗物存在，否则，一个注定要对中亚及远东绘画历史产生深远影响的艺术发展早期阶段就永远与我们失之交臂了。我们目前拥有的任何考古学证据似乎都证明，从米兰的壁画中我们找到了与猜想中的中亚佛教艺术原型最为相似的样本，而这在其发源地已了无踪迹。正是这一点，令我们要认真地探究这些碎片究竟能告诉我们什么。我认为，它们更加值得重视的是，我们从中可以发现它们与更西边的古希腊艺术东方化形式之间的联系②。

意大利艺术史学家马里奥·布萨格里认为，3 世纪左右在西域曾出现过

---

① 〔英〕巴兹尔·格雷：《中亚佛教绘画及其在敦煌的影响》，李崇峰译，《敦煌研究》1991年第 1 期。

② 〔英〕奥雷尔·斯坦因：《西域考古图纪》第一卷，巫新华等译，广西师范大学出版社，1998，第 296 页。

一个"米兰画派"，这个画派的作品可以被称作是"光的艺术"，它代表着中亚绘画之发萌时期。他还指出：

> 米兰艺术可以说是犍陀罗艺术外流的结果，或者它意味着由中亚各族和贵霜帝国幸存者接触而产生的一个文艺复兴……该流派直接或间接地说明肖像画法的很多原因，也解释了在该地区最东部敦煌最早壁画奇异风格的某些疑点，这些肖像画法和风格特征中的一部分后来为中国艺术所接受[①]。

四　米兰壁画的艺术渊源及图像含义

米兰壁画所表现的内容无疑是以佛教为主体的，然而由于受到希腊罗马古典传统的影响，类似于非佛教的神祇也出现在米兰佛教艺术中。有翼人物形象原本是西方艺术的经典样式，而在中国米兰佛寺出现的有翼人物形象，让斯坦因目瞪口呆，他记述到：

> 护壁上展现出精美的有翼天使半身像，我吃惊得几乎不敢相信自己的眼睛。我没有想到，在靠近荒凉的罗布泊盐碱大漠的地方，在似乎是佛教从中亚通往中国的最后要塞的废墟上，能见到古典天使像的晚期作品……我们保存有这些属于希腊化时期的法尤姆木乃伊的头的画板，其中有些呈现出不甚明显的闪族血统特征的痕迹，这似乎支持了这样的印象，即与希腊化的近东存在直接的联系。图案形式相近，细节表现简洁熟练，这正表明，不但图式，而且在布局结构上，装饰者都是在重复一种远源的图案。[②]

在希腊神话中有翼人物是爱神厄洛斯（Eros）的形象写照，在罗马神话中又将厄洛斯称为丘比特。公元前5世纪以后的希腊瓶画和浮雕中即出现有

---

① 〔意〕马里奥·布萨格里：《中亚绘画》，《中亚佛教艺术》，许建英、何汉民译，新疆美术摄影出版社，1992，第30~31页。

② 〔英〕奥雷尔·斯坦因：《西域考古图纪》第一卷，巫新华等译，广西师范大学出版社，1998，第294、297页。

带双翼的厄洛斯形象。在犍陀罗艺术中出现有手持花环的有翼人物雕像。米兰有翼人物形象与犍陀罗雕刻艺术作品极为近似，它们应为同一时期、同一题材和相同模式的不同媒材的艺术遗存。有翼人物形象还在罗马墓葬雕刻和早期基督教墓葬艺术中被用来象征把灵魂带入天堂的天使①。在公元前3至前2世纪中亚还出现了有翼（命运）女神"提赫——赫瓦宁达"银质镀金颈饰（见图11），造型结构与希腊古典风格和米兰有翼人物画像极为近似。除米兰有翼人物画像之外，在中国境内也发现了不少有翼人物或动物图像，其年代大都在汉代以后，其类型一是表现中国古代神话中的羽人，如汉代画像石及魏晋墓室壁画中的相关造型等；另一类则带有明显的两方造型特征，如青海民和县川口镇出土的唐代有翼人物瓦当等（见图12）。

图 11

图 12

斯坦因不仅认为米兰有翼人物壁画造型是"借自基督教造像"，而且还认为与佛教中的护法神乾达婆（Candbarva）形象有关②。阎文儒认为米兰有翼人物造型源于汉画像石中的"羽人"，他将斯坦因对有翼兽源自汉画像石的概念移植到有翼人物身上，但他亦将有翼人物比附为"迦陵频伽"③。沈福伟曾认为米兰有翼人物壁画"完全是基督教艺术"④，后来又指出它

① 〔美〕詹姆斯·霍尔：《东西方图形艺术象征词典》，韩巍等译，中国青年出版社，2000，第 248 页。
② 〔英〕奥雷尔·斯坦因：《西域考古图纪》第一卷，巫新华等译，广西师范大学出版社，1998，第 294 页；〔英〕斯坦因：《西域考古记》，向达译，中华书局，1936，第 86 页。
③ 阎文儒：《就斯坦因在我国新疆丹丹乌里克、磨朗遗址所发现几块壁画问题的新评述》，《现代佛学》1962 年第 5 期。
④ 沈福伟：《中西文化交流史》，上海人民出版社，1985，第 102 页。

"可能是袄教艺术"①。也有学者认为犍陀罗艺术为希腊化佛教艺术，因而出现带有希腊风格的有翼天使形象也是顺理成章的②。那么，米兰壁画中所出现的有翼人物画像，到底应属于何种艺术形象呢？

上述阎文儒③关于有翼人物为"迦陵频伽"的观点亦得到常书鸿④、霍旭初等人的支持，他们基本认为有翼人物画像应为佛教中的"迦陵频伽"形象。例如，霍旭初等指出，约翰·马歇尔称犍陀罗的肩扛花环的有翼人物雕塑为"花环与小爱神"，但他在"小爱神"后面都用括号注明（药叉）。在佛教造像里，药叉多设在佛像和佛教故事的最下部，扮演着承托和护卫的力士角色。米兰的有翼人物也绘在"护壁"的最下部，而且也是绘在波状大花环的空间里。因此，将有翼人物与药叉放在同一层次来分析是合情合理的。而那种将"有翼天使"名词使用在佛教艺术里，把佛教里的人物按基督教的职能作解释，就完全混淆了两个不同宗教的概念。把"爱神"引进佛教，更是违反佛教精神和教义。佛教的教义里始终没有为"爱欲"开过大门。佛教艺术造像里从来也没有"爱神"的地位。而阎文儒和常书鸿提出的米兰有翼人物像或与"迦陵频伽"有关，这是有一定道理的。"迦陵频伽"本意为能发出美妙声音的鸟，故名美音鸟。传说这类鸟生于极乐世界，后来演化为人的儿童形象，但保留了双翅，有的还保留着双爪。在佛教遗迹中，如在印度桑奇大塔、巴基斯坦塔克西拉遗址出土的石雕、阿旃陀（Sjanta Caves）壁画、新疆库车苏巴什遗址所出的舍利盒、库木吐喇16窟壁画、敦煌石窟大型经变画、陕西法门寺所出土的舍利函，以及日本佛教艺术文物中，都可以看到"迦陵频伽"的形象。这些形象一般都是成偶数出现的，这亦与米兰佛寺有翼人物两两相对的组合相一致。因而，米兰佛寺有翼人物画像表现的应是佛教艺术中的"迦陵频伽"形象⑤。上述

---

① 沈福伟：《中西文化交流史》，上海人民出版社，2006，第97页。

② 参见王嵘《关于米兰佛寺"有翼天使"壁画问题的讨论》，《西域文化的回声》，新疆青少年出版社，2000，第245～258页。

③ 阎文儒：《就斯坦因在我国新疆丹丹乌里克、磨朗遗址所发现几块壁画问题的新评述》，《现代佛学》1962年第5期。

④ 敦煌研究院编《常书鸿文集》，甘肃民族出版社，2004，第296～297页。

⑤ 霍旭初、赵莉：《米兰"有翼天使"问题的再讨论》，《段文杰敦煌研究五十年纪念文集》，世界图书出版公司，1996；霍旭初：《西域佛教考论》，宗教文化出版社，2009，第196～218页。

论点较为可信，但亦不排除佛教艺术家在创造"迦陵频伽"形象时，借鉴了希腊罗马有翼人物造型的可能。这如同将阿波罗神像改造为释迦牟尼造像一般。

虽然说米兰有翼人物壁画的造型借鉴了希腊罗马艺术，但有翼动物或人物造型模式的起源，最早却出现在西亚地区。此类材料较多，仅举几例如下。在叙利亚大马士革博物馆藏有一件距今 4500 年的美索不达米亚时期的黄金和青金石琉璃作品狮首鹰身像，已显示出有翼怪兽造型的雏形（见图 13）。在距今 3000 年左右的亚述时代印章中可见有诸多带翼人物和动物的造型（见图 14）。在伊拉克霍尔萨巴德出土的距今 2800 年的亚述宫殿护门神兽，其人面兽身和特意夸张的羽翼，则呈现出一种造型

图 13

上的高度统一性和模式化风范（见图 15）。在伊朗帕萨尔加德发现的公元前 6 世纪居鲁士二世宫殿浮雕人像，其背部展开着两对羽翼（见图 16）。在公元前 5 世纪以后，有翼动物和有翼人物造型则广泛出现在波斯艺术、希腊艺术和欧亚草原游牧民族艺术之中，整个波斯艺术包括萨珊王朝在内，基本将亚述艺术中的半狮半鹰异兽图和有翼动物和人物以及对称式的构图继承了下来。正如格鲁塞所说：

> 这些可远溯至古时苏美尔——阿卡德圆筒印章上的装饰主题，经过喜特人的改进，传给亚述人，再由亚述人传给波斯和"大伊朗"。在这方面，我们可以注意到亚述文明如何渗入到阿拉拉特和高加索一带的其他阿拉罗地安人之中，其所播的种子，我们将看到，要在伊朗和外高加索、在南俄罗斯和阿尔泰各民族间都发出生命来①。

这也可以说，米兰有翼人物壁画造像虽然受到希腊罗马艺术的影响，但其文化渊源则可上溯至两河流域艺术。

---

① 〔法〕格鲁塞：《东方的文明》，常任侠、袁音译，中华书局，1999，第 60 页。

图 14

图 15

类似的情形还出现在米兰 M. V 遗址的花环与人物墙裙（护壁）壁画中。该壁画人物形象都是被描绘于一条上下转换的彩带（花环）空间中，这种艺术构成的模式最早出现在公元前 3000 千年左右的美索不达米亚的印章艺术中①，在希腊化时代和罗马帝国时期开始在中亚和西亚地区流行，至犍陀罗时期便成为常见的表现题材。它通常以供养人或有翼人物作形象，供养人或手持花、叶或肩扛花环，形成了一个较为固定的表现格式。此类作品在犍陀罗地区出土的石刻中多有发现，大都造型相似（见图 17）。这种图形结构亦反映了米兰壁画与犍陀罗艺术、希腊罗马艺术以及美索不达米亚艺术的某种渊源关系。

在米兰佛寺中，除墙裙部分绘有花环人物图及有翼人物图外，其佛寺墙

---

① 参见〔埃及〕尼·伊·阿拉姆《中东艺术史——古代》，朱威烈等译，上海人民美术出版社，1985，第 34 页。

面的中楣部分则是以描绘佛教内容为主体
的绘画。这些作品包括有须大拏太子本生
故事壁画、释梦图壁画及说法图壁画等。
绘于 M. V 寺院圆形内墙中楣部分的须大
拏太子本生故事画，其描绘的是释迦佛生
前的化身叶波国须大拏太子乐善好施的故
事。大体内容是须大拏太子因将国宝六牙
白象施与怨家，被其父（国王）驱逐入
山。然须大拏入山途中依旧施舍不断，将
其财宝、车马、衣饰乃至子女、妻子舍与
人。其后子女、妻子被转卖时，为国王所
赎，须大拏亦被接回王宫。这个故事在
《太子须大拏经》《六度集经》和《根本
说一切有部毗奈耶破僧事》等佛教经典之
中均有记载，其大意基本一致。

图 16

须大拏太子本生故事是佛教艺术的
一个传统表现题材。6 世纪初，宋云、惠
生在乌仗那国（udyand）王城西南 500
里善持山太子石室附近曾见有传为须大
拏太子本生故事相关之旧迹①。西行至佛沙伏城（Varsapura），在城北附近
白象宫内亦见有描绘相同内容之壁画遗迹②。考古发现表明，此种题材之雕
刻在犍陀罗地区较为常见。宫治昭指出，在巴尔胡特、桑奇、阿玛拉互提、
阿旃陀、爱玛尔·朵尔以及犍陀罗地区，都发现有此种题材的雕刻遗迹③。
尤其是今藏大英博物馆的爱玛尔·朵尔出土的须大拏本生故事浮雕，其结
构形式则与米兰的同类壁画较为接近（见图18）。这说明在犍陀罗时期，无
论是绘画或雕塑，极有可能曾流传有类似的粉本或存在着一种特定的表现
程式。在年代较米兰佛寺稍晚的克孜尔第81窟（见图19）和敦煌（北周）

---

① 杨衒之撰《洛阳伽蓝记校释》，周祖谟校释，上海书店出版社，2000，第 205 页。
② 杨衒之撰《洛阳伽蓝记校释》，周祖谟校释，上海书店出版社，2000，第 213 页；玄奘、辩
 机：《大唐西域记校注》，季羡林等校注，中华书局，2000，第 256～260 页。
③ 〔日〕宫治昭：《犍陀罗美术寻踪》，李萍译，人民美术出版社，2006，第 85 页。

428 窟（见图 20）中残存有同样题材的壁画，其表现方式则与米兰壁画有所不同。金维诺指出：

> （米兰）须大拿（挐）本生故事画在新疆开始出现，采取的形式不像龟兹等地区四五世纪以后的作品，采用单幅构图，而运用连环画的形式。这说明本生故事壁画在中国流行时，一开始就可能有两种式样，一是单幅的，一是连续性的……在画面上，人物、车骑、象马、树木等等表现得真实、生动、富有体积感；而且画家立意明确，企图通过人物形态、动作的刻画，准确地表现故事内容，有意捕捉人物相互之间的关系；同时也注意了利用环境、树木等等的穿插，来区别而又连续起那些互相连续而有所不同的事件发展过程。壁画上出现的人物，面貌是有着明显的差异的。但在不同情节中几次出现的同一人物，面貌却画得非常准确，能辨认出来。这些生动形象都以极为简洁的色彩和流利的线条呈现出来，透露了艺术家技术上的成熟及对所表现的对象具有深刻的理解①。

图 17

---

① 金维诺：《中华佛教史·佛教美术卷》，山西教育出版社，2013，第 20～21 页。

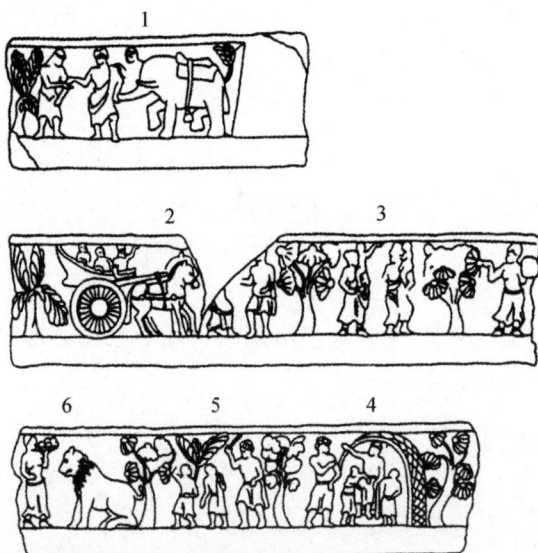

图 18

图 19

　　在米兰 M. Ⅲ 佛寺环形墙壁中楣（其下方墙裙描绘着左右连续的有翼人物画像）曾残存有释梦图和说法图壁画残片。据学者们考证，这组壁画的内容选自佛传故事。释梦图所描绘的内容为乔达摩（Gautama，释迦牟尼俗姓）的母亲摩耶夫人夜晚感梦，其父净饭王召相师占梦的情节。其人物造型皆目光炯炯，神情庄重，王者坐其上，相师坐其下。王者造型较准确，相师人体比例似不协调。绘画用笔粗犷而肯定，色彩简洁概括，人物面部和臂膀等处略加淡彩以渲染出层次感。此类壁画之图式结构为犍陀罗艺术较为程式化的表现模式，常用于有佛陀出现的雕刻题材中，如白沙瓦博物馆所藏 2~3 世纪的同类题材雕刻即大致如此。说法图壁画的左半部绘有身着棕红色袈裟的佛陀，有背光，右手扬起，掌心向外作施无畏印；画幅的右半部画有 6 个年轻和尚，上下半列两排，每排 3 人，应是佛弟子。佛和弟子均睁大眼睛，与有翼人物像相同。这种大眼睛造型亦属美索不达米亚及希腊罗马造型传统。在 M.Ⅲ 壁画中出现的佛陀形象都画出了胡须，这正是贵霜佛教艺术的一个显著特征。

图 20

米兰壁画在继承希腊罗马古典绘画的基础上，结合东方的艺术传统，创造出了一个东西方艺术有机融合的"米兰画风"，成为犍陀罗早期绘画的珍贵标志，在艺术上达到了一个划时代的高度。笔者曾将米兰壁画人物肖像画作以初步整理，排列出了 50 余个图像（见图 21），这些图像以其精准的写实绘画手法描绘出了不同年龄、不同服饰、不同民族特征的男女肖像，绘画采用勾线和晕染、平面和立体、写实和装饰相结合的手法，塑造出了具有不同个性特征的生动形象。在这各式人物形象中我们可以感受到各种不同的人物表情，如娱悦、自信、深沉、天真、坚毅、渴望、宁静、纯朴、机警、温顺、乞求、忧郁、彷徨等，反映了不同的人物心理状态，体现了犍陀罗绘画艺术的特征和作者高超的艺术表现力。仅从写实艺术的角度来看，在整个中国古代佛教壁画中，米兰壁画都是风格独具而极为罕见的。

图 21

五 米兰壁画与西方绘画的关系

一些学者在谈到米兰壁画时指出：

> 塔里木盆地处在一个交叉路口，它的文化反映了各种异质文明的
> 一种特殊融合……在贵霜时代，犍陀罗风格与伊朗、希腊和巴克特里
> 亚因素融合在一起，对佛教艺术，尤其是早期佛教艺术具有引人瞩目
> 的影响。特别在米兰的绘画中可以看到这一点[1]。

---

[1] 〔俄〕李特文斯基：《中国文明史》第三卷，马小鹤译，中国对外翻译出版公司，2003，第
255～256 页。

这些壁画产生于公元 3～4 世纪，反映出浓重的西方影响，有一部分甚至是地中海地区的影响①。

罗布湖南边的米兰遗址废寺中残留着的壁画值得注意。那是希腊文明突破帕米尔的壁障而东传的先声②。

米兰壁画的所具有的犍陀罗风格主要体现在它的艺术表现手法中，这种表现手法与罗马绘画中的主要遗迹法尤姆肖像（Fayyum portraits）和庞贝壁画（Wall Painting in pompeii）等有着一定的联系性③。俄国学者科尔宾斯等指出，从公元前 2 世纪到公元 1 世纪，罗马绘画继承并发展了古典时期与希腊绘画的若干原则。"类似描绘物象、表达动作、构图问题、光线问题、色彩问题、透视问题这样的一些绘画问题，在罗马绘画里曾经以较高的水平得到了解决。对于表达空间，在肖像里揭示出人物性格，曾经进行了探索，出现了新的体裁：风景画、静物画、风俗画以及宗教画"④。法尤姆肖像画和庞贝壁画等为迄今所知罗马绘画最为罕见的典范作品，在世界美术史中具有重要的意义。

图 22

法尤姆肖像艺术是在 1～3 世纪埃及并入罗马版图期间的一种为死者描绘的胸像或肖像艺术（见图 22）。这种艺术有可能出自希腊人之手。其肖像通常以蜡彩画或胶彩画的技法画在约 43 厘米×23 厘米的木板上，置于死者木乃伊面孔的包裹布之下，或者直接画在覆盖木乃伊的尸布之上。肖像对光与影以及人物性格和神态的刻画颇具特色，画中人物的眼睛被画得大而富于表情。它也是拜占庭圣

---

① 〔德〕克林凯特：《丝绸古道上的文化》，赵崇民译，新疆美术摄影出版社，1994，第 35 页。
② 〔日〕松田寿男、长泽和俊撰《塔里木盆地诸国》，耿世民、孟凡人译，见中国社会科学院考古研究所编《考古学参考资料》，第 3～4 期，文物出版社，1980，第 175 页。
③ 〔英〕奥雷尔·斯坦因：《西域考古图记》第一卷，巫新华等译，广西师范大学出版社，1998，第 301 页。
④ 〔俄〕科尔宾斯基等：《希腊罗马美术》，严摩罕译，人民美术出版社，1983，第 245～246 页。

像绘画风格的先声①。

庞贝壁画出现于公元前 2 世纪至公元 1
世纪下半叶，它是罗马帝国时期艺术黄金时
代的代表，反映了罗马绘画的基本面貌。由
于 1 世纪前罗马人崇尚希腊文化，仿效希腊
艺术，因而庞贝壁画也带有浓厚的希腊艺术
的痕迹，有些作品往往是公元前 4 世纪希腊
绘画的摹本②。庞贝壁画采用写实的描绘方
式，强调光影的应用，并注重人物心理刻画，
画面具有立体感和空间感，造型生动自然，
人物描绘具有真实和传神的艺术效果（见图
23）③。

图 23

米兰壁画与法尤姆和庞贝等罗马绘画在艺术上存在着一定渊源关系，
这已是学界形成的一个共识，这一点似乎没有疑问。问题是百余年来中外
学者却忽视了一个最具体的问题，即是米兰壁画的表现方法到底是否与罗
马绘画的主流样式所接近？笔者的答案是否定的。罗马绘画的主流样式中
最关键的几个因素包括透视法的应用；三度空间的营造；用块面塑造形体；
用丰富而微妙的层次（色阶）来塑造质感和体积感；不但描绘阴影，而且
描绘投影甚至反光，以期达到人们视觉所见的一种自然与真实；等等。这
也就是说罗马的主流绘画与后来人们常见的西方古典油画在表现形式和审
美取向上是基本一致的，笔者将其称为"空间表现"画风。而这种所谓
"空间表现"画风在米兰壁画中却不是十分明显的。简而言之，罗马主流绘
画是表现三维空间的（如圆雕），米兰壁画是表现二维空间的（如浮雕）；
罗马主流绘画是以块面为主来造型的，米兰壁画是以线条为主来造型的；

① 朱伯雄主编《世界美术史》第三卷，山东美术出版社，1989，第 485 页；中国大百科全书
编辑委员会编《中国大百科全书·美术》，中国大百科全书出版社，1992，第 211 页；〔埃
及〕尼阿玛特·伊斯梅尔·阿拉姆：《中东艺术史——希腊入侵至伊斯兰征服》，朱威烈
译，上海人民美术出版社，1992，第 22～26 页。

② 朱伯雄主编《世界美术史》第三卷，山东美术出版社，1989，第 397～403、483～485 页。

③ 〔俄〕科尔宾斯基等：《希腊罗马美术》，严摩罕译，人民美术出版社，1983，第 225、245
页。

罗马主流绘画不但有阴影，而且有投影，米兰壁画仅有明暗，而无投影。米兰壁画在人物动态、形象塑造、写实技巧乃至绘画精神上，具有鲜明的罗马绘画特征，但具体在绘画技法上并未继承罗马主流绘画技法。这是否说明米兰壁画与罗马绘画关系不大呢？答案亦是否定的。要回答这个问题，首先要对罗马绘画有个再认识。

图 24

中外诸多学者虽然已对罗马绘画的历史作过系统而深入的研究，但或许忽视了对罗马绘画形式多样化的分析和分类。仅从目前有限的材料来看，除了上述学界通称的罗马绘画的主流风格亦即本文所谓"空间表现"画风外，笔者认为，在罗马绘画中至少还存在另外两种画风：一种是以线为主，明暗为辅，较为平面的画法，如庞贝斯塔比伊出土的 1 世纪《采花少女》（见图 24）、弗卢泰托家族大厅 1 世纪的《有树的花园》（见图 25）和法内斯那别墅公元前 20 年的《倒香水的妇女》（见图 26）等具有一定的代表性。例如，关于《倒香水的妇女》一画，美国学者曾指出："艺术家在白色的背景上用线条勾勒出女人的轮廓，这种手法让人想起公元前 5 世纪希腊花瓶上的绘画，而且它大概也反映出了与迄今业已失传的平板绘画的一种相似的性质"①。这种风格本文将其称为"细笔晕染"画风。另一种风格用中国绘画的术语来说即是具有"写意"特征，本文将其称为"粗笔写意"画风。它具有粗犷的轮廓线和概括的明暗及高光的画法，画面基

图 25

① 〔美〕南希·H. 雷梅治、安德鲁·雷梅治：《罗马艺术——从罗慕路斯到君士坦丁》，郭长刚等译，广西师范大学出版社，2005，第 123 页。

本呈现出浮雕（二维空间）效果。这类艺术作品在法尤姆肖像和庞贝壁画中十分少见，但在 1 ~ 2 世纪的罗马彩绘瓶画中可见此种画法（见图 27）。另外，在公元前 300 年左右的希腊镶嵌画中已经出现了类似的处理方法（见图 28）。这种画法甚至可以追溯到公元前 1500 年爱琴文明时期的克里特文化中的壁画画法（见图 29）。这也就是说，本文前述在米兰壁画中所出现的两种画法都与上述罗马绘画的其他两种方法有着一定联系。这两种画法虽然在表现形式上略有差异，但在绘画精神和立体表现以及线面结合的绘画语言上却基本是一致的。其中，以线为主、略施明暗的"细笔晕染"画法（如有翼人物画和须大拏太子本生故事画）在阿旃陀壁画、克孜尔石窟壁画（见图 30）

图 26

图 27

及武威天梯山石窟壁画（见图 31）中出现或延续；而以粗犷的笔触，概括的层次所作的"粗笔写意"画法在克孜尔石窟（见图 32）和敦煌石窟（见图 33），以及文殊山石窟（见图 34）等早期壁画中得以展现。源自罗马绘画的这两种画法在东方传播的过程中，必然融合了东方艺术传统和民族审美内涵。而罗马绘画中的主流样式"空间表现"画风在中国境内乃至中亚地区的壁画中却始终未能得以传播，倒是在新疆山普拉所出土的约 2 世纪的毛织壁挂《武士像》中能够看到较明显的影响痕迹（见图 35），这种现象或许是一个更为深层次的文化问题。这种绘画技法最终在明清以后，才以西洋油画的面貌逐渐传入中国大陆。看来米兰壁画乃至犍陀罗绘画在继承希腊罗马艺术的过程中是有所选择的。

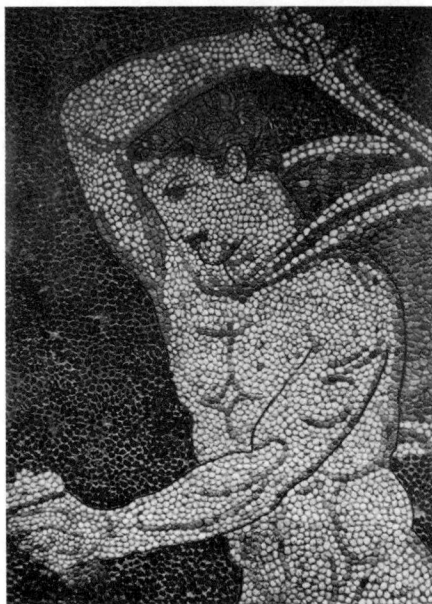

图 28

图 29

图 30

图 31

图 32

图 33

图 34

图 35

六 米兰壁画与东方绘画的关系

如前所述，在中国早期佛教壁画中，米兰壁画中的"细笔晕染"画法可见于克孜尔石窟和天梯山石窟壁画中；其"粗笔写意"画法可见于克孜尔石窟、敦煌石窟、文殊山石窟等壁画中。在上述诸石窟寺中，米兰壁画的年代最早，似乎应当与其他石窟壁画的出现有一定联系，但是目前尚未发现有任何这方面的直接证据。然而，如果将来自贵霜地区的画家所描绘的米兰壁画看作是犍陀罗绘画的普遍风格之体现，那么，在克孜尔、敦煌以及河西一带所出现的类似于米兰壁画的"粗笔写意"和"细笔晕染"画法，其来源也就不难理解了。这也就是说，在上述各遗址所出现的圈染法和勾线晕染法等诸画法，极有可能源自类似米兰壁画的犍陀罗绘画艺术。正如意大利学者马里奥·布萨格里所说："中亚绘画发展接下来的阶段主要依赖于那些米兰已得以发展的独特的古典影响。"①

迄今为止所发现最早的佛教美术东渐西域的绘画遗迹，除米兰壁画外，当属开凿于4世纪以后的克孜尔石窟壁画。宿白指出：

> 克孜尔石窟位于佛教东渐的关键地点。就佛教石窟而言，它正处于葱岭以西阿富汗巴米安（扬）石窟群和新疆以东诸石窟群之间。它所保存早期壁画的洞窟的数量，远远超过了巴米安，而其第一阶段的洞窟的具体年代至少要早于新疆以东现存最早的洞窟约一百年左右。因此，克孜尔石窟在中亚和东方的佛教石窟中，就占有极其重要的地位②。

从米兰佛寺和克孜尔石窟的壁画形式来看，似乎两者在绘画艺术上并未有联系的迹象。如上宿白所说，克孜尔石窟位于巴米扬石窟和新疆以东石窟群之间，故而它最有可能是受巴米扬石窟艺术影响的结果。这一点从大像窟在巴米扬和龟兹的出现也得以证实。仅就壁画而言，克孜尔早期石窟中所出现的奇异圈染画法，其类似的遗迹不仅在巴米扬地区而且在整个犍陀罗地区都未曾发现。这种圈染画法虽与米兰壁画中的"粗笔写意"画法有近似之处，但是毕竟在表现形式上与其有了较大差异。出现这种情况的原因，笔者认为，一是巴米扬和犍陀罗地区类似的壁画遗迹尚未发现；二是出现于米兰壁画中

---

① 〔意〕马里奥·布萨格里等：《中亚佛教艺术》，许建英、何汉民编译，新疆美术出版社，1992，第35页。

② 宿白：《克孜尔部分洞窟阶段划分与年代等问题的初步探索》，《中国石窟·克孜尔石窟》一，文物出版社，1989，第21页。

的犍陀罗式"粗笔写意"画法在百余年后产生了风格上的变异。但从绘画形式和目前所知的材料而言，米兰壁画中所呈现的犍陀罗"粗笔写意"画法无疑是克孜尔石窟圈染画风形成的渊源所在。当然这种画法在克孜尔地区的传播并非来自米兰佛寺，它的直接来源还应是巴米扬地区。而随着佛教艺术的东渐，在5世纪以后，克孜尔石窟的圈染画法又传播至敦煌及河西一带，形成了鲜明的中国早期佛教壁画之圈染画风。正如段文杰所说：

> （敦煌）壁画表现技法，特别是表现人物立体感的明暗法，即以朱色层层叠染，再以白粉画鼻梁、眼睛和眉棱，以示隆起。这种办法画史上成为"凹凸法"，传自印度。西域各族吸收以后，为之一变，创造了一面染、两面染等新方法，赋予了西域民族特色。敦煌壁画直接接受了这种晕染法，便形成了规格化的圈染叠染，此法一直沿用了一百六十多年，并流行于河西各石窟。①

自2世纪以后，流行于犍陀罗一带的带有罗马绘画特征的"细笔晕染"画法和"粗笔写意"画法，于3世纪左右传至丝路南道米兰地区。百余年后，"细笔晕染"画法见于丝路北道克孜尔石窟和河西走廊天梯山石窟壁画，而"粗笔写意"画法似乎发生了极端化的变异，并由巴米扬地区传入西域龟兹一带，形成了典型的克孜尔圈染画风。这种画风随着佛教艺术的东渐，并随着时间的推移或民族文化区域的变化而在形式上产生了本土化的转变，炳灵寺169窟西秦建弘元年（420）壁画（见图36）即是如此。北周以后这种圈染画法逐渐被中原传统绘画形式所取代，从而形成了一种新的艺术风格。需要指出的是，"细笔晕染"画法和"粗笔写意"画法都同时出现于克孜尔早期石窟中，"粗笔写意"画法后来对敦煌、河西早期石窟壁画影

图36

---

① 段文杰：《十六国、北朝时期的敦煌石窟艺术》，《敦煌石窟艺术论集》，甘肃人民出版社，1988，第34页。

响较大，而"细笔晕染"画法似乎影响甚微，这亦是一个有待探讨的问题。另外，无论是"细笔晕染"画法还是"粗笔写意"画法，自米兰壁画之后，都走向了一个程式化和装饰化的道路，远离了罗马绘画的自然主义写实特征，这亦是应当注意的一个现象。

在佛教绘画逐渐走向中国化的同时，隋唐之际，来自西域于阗的画家尉迟跋质那和尉迟乙僧父子，又为中原绘画带来了新的样式，其中最具特征的即是所谓"凹凸法"。这种画法在唐代被誉为"精妙之状、不可名焉"，"千怪万状，实其踪也"①，并以"天竺画法"称之。笔者认为，凹凸画法的本质乃是使平面绘画产生具有浮雕立体感的效果，被称为"天竺画法"实质上乃是指犍陀罗绘画传统，仅从技巧而言，它依然没有超越米兰壁画的表现范畴，甚至可以说它即是米兰壁画中的"细笔晕染"法的延续。米兰绘画作为犍陀罗绘画的典型样式，它基本保留着罗马绘画的一些特征，在写实主义的造型法则下，强调画面的立体感与层次感，同时兼具东方传统的审美因素。这样既产生了有别于前述罗马主流绘画的自然主义空间描绘作风，同时也有别于东方式勾线平涂的平面装饰风格。如果仅从技法而言，可以说尉迟父子的凹凸画法即是米兰壁画艺术的复兴或延续。这种技法上的变革不仅体现着中西艺术交融的特征，还有可能促进了唐代水墨写意画法的产生和发展。向达指出：

> 又如中国绘画，唐以前以线条为主。至唐吴道玄始以凹凸法渗入人物画中，山水树石亦别开生面。逮王维创水墨山水注重晕染，遂开后来南宗风气。宋代米芾亦以泼墨法为世之所重。摩诘笃信像教，元章或亦疑为异族。诚能以西域古代之画风与唐宋以来中国画家之作比观互较，究其消息，则宋元以后中国画之递变，不难知其故矣。②

凹凸画是依靠晕染而产生浮雕式立体视觉效果的，这种晕染又依附于线描轮廓和结构之间，如前所述，线描法的应用在东西方却存在着不同的传统。唐人将尉迟乙僧的线描称为"屈铁盘丝描"③。线描或以线为主描绘

① 张彦远：《历代名画记》，俞建华注释，上海人民美术出版社，1964，第172页。
② 向达：《唐代以长安与西域文明》，河北教育出版社，2001，第4页。
③ 张彦远：《历代名画记》，俞剑华注释，上海人民美术出版社，1964，第172页。

物体，并非中国艺术之独有，今人常将线条视为中国艺术之独创或特征，其理由不足，阮璞对此已有批评①，此不赘述。仅以用线而论，中国传统绘画与西方绘画有所不同，西方的线描讲究以线条来描绘客观对象，而不刻意追求线之本身变化；中国绘画的线多讲究线之本身的节奏变化，并不仅仅将线条看作是描绘现实客体的一种媒介，而追求的是线条自身所产生的形式意味。这种对线的不同审美旨趣，即产生了不同的用线特征。中国绘画对用线的审美要求也许与中国书法有直接关系。如将汉代绘画和米兰壁画作比较，就不难看出它们之间在线描艺术上的差异，洛阳汉墓壁画即为典型的汉画风格，其对线条的应用已具有"写意"特征。魏晋十六国时期，酒泉、嘉峪关魏晋墓室壁画亦是典型的中原画风，其用线和造型方式与米兰画风迥然不同。这种不同的用线方式在北朝至隋唐时期又有了新的发展。

宋郭若虚在《图画见闻志·论曹吴体法》中写道：

> 曹吴二体，学者所宗。按唐张彦远《历代名画记》称北齐曹仲达者，本曹国人，最推工画梵像，是为曹，谓唐吴道子曰吴。吴之笔，其势圆转，而衣服飘举。曹之笔，其体稠叠，而衣服紧窄。故后辈称之曰："吴带当风，曹衣出水"。②

吴道子（约289~758）为唐代著名的画家，有"百代画圣"之称。从传为吴道子的作品来看，他的绘画线条极具中国书法用笔特征，与曹仲达的线描一定存在着较大差异。曹仲达为北齐画家，生卒年不可考。史载曹仲达为曹国（今中亚撒马尔罕一带）人，曹国为昭武九姓粟特胡之一。他是何时入华，文献无载。向达考其应与曹妙达为一家③。曹妙达世居中国，为北齐文宣帝所宠④。《历代名画记》载，曹仲达所画最工者为天竺佛像⑤。曹仲达这种天竺画法应是在吸收犍陀罗艺术的同时，加之他长期生活在中国所受东方艺术之影响，从而创立出具有天竺风格的"曹家样"佛教造像艺术。曹仲达不但擅长绘画，还涉及雕塑，画史称其为南北朝隋唐时期佛

---

① 阮璞：《画学丛证》，上海书画出版社，1998，第38~41页。
② 郭若虚：《图画见闻志》第1卷《论曹吴体法》，湖南美术出版社，2000，第37页。
③ 向达：《唐代长安与西域文明》，河北教育出版社，2001，第26页。
④ 杜佑：《通典》卷146《乐六·四方乐》，颜品忠等释，岳麓书社，1995，第1963页。
⑤ 张彦远：《历代名画记》，俞剑华注释，上海人民美术出版社，1964，第158页。

教艺术"四大家"（曹仲达、张僧繇、吴道子、周昉）之一。但是，这样一个在中国美术发展过程中产生过重要作用的艺术家却无一件真迹甚或摹本传世。他是以何种艺术形式对盛唐以前的美术产生影响的，无迹可考。文献记载却较为明确，"曹衣出水""其体稠叠，而衣服紧窄"，即指运用一系列稠密的线条，以表现衣服上的褶纹，而这种褶纹仿佛是从水中出来的。曹仲达的艺术风格可以在米兰佛寺、克孜尔石窟、敦煌石窟、麦积山石窟、云冈石窟中找到相近的例证，米兰 M.V 寺院须大拏太子本生故事壁画中的须大拏及苦行僧的服饰造型用线稠密、衣服紧窄已具有出水之

图 37

感（见图37）。这种衣纹的塑造方式为犍陀罗笈多艺术、马图腊二期艺术甚至希腊罗马艺术的一种造型传统，在马图腊雕刻（见图38）及希腊瓶画（见图39）和浮雕艺术（见图40）中可以常常见到这类形式的作品。这种所谓线条紧密、衣服贴身如出水之感的艺术处理手法的出现应源于生活。在古代希腊、罗马、中亚、印度和西域一带普遍流行宽松而多褶的服饰，这些服饰的面料可以是丝绸也可以是精细的棉、毛、麻织物，有些织物制作较薄，穿着身上若有微风吹动自然会紧贴身体。造型艺术中视觉上的衣服"紧窄"并不代表实际生活中的衣服紧窄。紧窄的衣服如果用绘画来表现则不可能产生"稠叠"的线条，只有宽松的衣服才能出现更多的衣褶。新疆巴音郭楞蒙古自治州博物馆所藏营盘墓地出土的毛织灯笼裤即为典型之物证（见图41）。这件灯笼裤虽为毛织物，但较为轻薄，款式制作上有意制成百褶状，形成了自然的稠密线条，此裤款式与巴克特利亚所发现的贵霜王朝迦腻色伽

图 38

一世立像所塑之裤子形状极其相似。这反映出在中亚和西域地区佛教艺术流行的年代同时也流行着一种多褶而宽松的服饰。这种宽松多褶的服饰如用线条来表现，则很容易造成稠密的衣纹及如衣出水的视觉效果。因而，曹仲达所绘"外国佛像"之线条则应接近于犍陀罗佛教绘画（如米兰壁画）之特征，并与中亚民族的生活（服饰）有着密切的关系。向达指出：

> 六朝以来之乐舞和绘画，几乎有以西域传来之新乐与新画风为主体之势，至唐逐臻于极盛之境。唐代乐舞除出西域传来者几无可言，绘画则较为著称之诸名家，亦无不与西来之文明有若干之渊源。①

图 39

图 40

图 41

---

① 向达：《唐代长安与西域文明》，河北教育出版社，2001，第 57 页。

七　结语

米兰佛寺位于汉晋丝绸之路楼兰道咽喉之地，米兰佛寺壁画遗迹是由东进西域的贵霜画家所创作的带有典型的希腊化犍陀罗及罗马艺术风格的作品。佛寺壁画呈现出两种画法即"细笔晕染"画法和"粗笔写意"画法。这两种画法继承了罗马绘画非主流传统，代表着犍陀罗绘画的主体风貌。壁画创作的年代在 3 世纪前后，应属中国最早出现的佛教壁画原型，也是迄今为止所发现的东西方绘画艺术交流的最早物证之一。壁画所呈现的艺术技巧和表现方式对解读中国佛教美术形式上的转化，以及龟兹、敦煌、河西一带早期佛教绘画的形成都具有不可低估的学术价值。同时，米兰壁画的发现，揭开了犍陀罗早期绘画艺术的面貌，在东西方艺术交流史中占有极其重要的地位。

（李青：西安美术学院教授）

马长寿先生与中央博物院（下）

王　欣

提要： 在 1936 年底至 1942 年初的 5 年多时间里，中央博物院筹备处曾与中央研究院合作多次开展对川康少数民族地区的田野调查与标本收集工作。在这场 1949 年前中国学术界对川康地区少数民族调查范围最广、延续时间最长，成果最为丰硕的学术实践过程中，马长寿先生作为主要负责人与参与者，为此做出了最为突出的贡献。通过至少四次田野调查，马先生在民族学、语言学、考古学等方面的基础和能力在实践中都得到了极大地丰富和提高，从而形成了其在中国民族学领域独树一帜的本土学术风格。

关键词： 马长寿　中央博物院筹备处　川康民族考察

五

关于马先生在这四次考察团中的职衔，各种说法不一。岱峻先生在《李济传》中称，"1936 年底，李济筹组了中博院'川康民族考察团'，确定以马长寿为专员，"[①] 不知何据。前引李济所写的中央博物院筹备处工作报告中说，"二十五年（1936）七月，本院筹备处复呈准教育部添设助理员名额，并延聘郭宝钧等为名誉专门委员，分赴各地作调查发掘工作。"1936年 8 月 3 日中央博物院筹备处呈报教育部的《呈为呈报任用刘耀、马长寿为本处助理员由》云：

> 顷奉钧部博貳4 第一二七七号指令《助理员名额薪俸应准备案等由》，兹拟任用刘耀一人为助理员，担任搜集古物材料，月薪一百三十

---

① 岱峻：《李济传》，江苏文艺出版社，2008，第 157 页。

元；任用马长寿一人为助理员，担任搜集民族材料，月薪一百元。皆自本年度八月起支薪。①

由此可知，李济所云"添设助理员"当时指的是刘耀和马长寿二人，所以马先生在第一次考察时的身份仍只是中央博物院助理员。我们所见到的档案材料中并未发现第一次考察行前他在考察团中具有专员的身份，反而在 1939 年 1 月筹备处致教育部会计室的《国立中央博物院筹备处员额姓名薪额表》② 发现当时马先生的职别仍是助理员而非专员③。李济在前引工作报告中明确指出，"本处所组织之调查团由马长寿率领"④，并未述及他是否是专员，所以李绍明先生称第一次考察团"由马长寿、赵至诚、李开泽组成，以马先生总其事"⑤，这一说法是比较稳妥的也是符合事实的。不仅如此，从 1939 年 1 月筹备处所列《额姓名薪额表》可知，马先生虽然领导了前三次考察活动，但是他在 1939 年之前实际上的职务仍然只是助理员而不是专员。

有趣的是，在马先生本人亲笔所作的《工作手记》手稿的记述中我们发现，当时他第一考察工作中使用的名片上已经明确标示为民族考察专员，故知他事实上从考察伊始便是以考察团专员的名义行事。之所以会出现这种情形，或许是由于李济在考察团出发前做过口头允诺亦未可知，目的是为了更便于在条件艰苦、环境复杂的川康少数民族地区进行调查。前录 1938 年筹备处致教育部呈文中称，"查职处于上年度遴选专员，组织川康边疆民族考察团"，此处所指专员应该就是马先生。但是中央博物院只是给了马先生考察专员的名义，尽管他实际上所履行的也是专员的职责，却并未享有相应的职位和相应的待遇。兹将 1939 年 1 月筹备处致教育部会计室的《国立中央博物院筹备处员额姓名薪额表》迻录如下：

---

① 台北故宫博物院档案：600－009。
② 台北故宫博物院档案：600－056。
③ 在中央博物院筹备处的人事体系中，专员的职别和薪额都要高于助理员，但相同职别人员之间的薪额也有差异。
④ 刘鼎铭选辑《国立中央博物院筹备处 1933 年 4 月—1941 年 8 月筹备经过报告》（李济执笔），《民国档案》2008 年第 2 期。
⑤ 李绍明：《马长寿与藏夷民族走廊研究》，周伟洲主编《西北民族论丛》第六辑，中国社会科学出版社，2008，第 61 页。

职别	姓名	薪额（元）	附记
主任干事	裘善元	三五〇〇〇	以上各项人员均经先后报部，分别在川康滇各地工作在案。国难期间，人员薪津查照各机关通例，按折发给。
干事兼工程师	顾其林	二一〇〇〇	
专员	吴金鼎	一六五〇〇	
干事	杨雨生	一二〇〇〇	
专员	曾昭橘	一一五〇〇	
助理员	马长寿	一〇〇〇〇	
技术员	赵至诚	七〇〇〇	
书记员	李开泽	三五〇〇	

在上列中央博物院职员中，马先生和赵至诚、李开泽是最早进入博物院工作的，但一直在外从事民族调查与标本搜集工作，他们的职位和薪金始终是最低的。按 1939 年法币的实际价值计算，马先生当时 10000 元法币的薪金仅相当于 1936 年任职时的 100 元，也就是说他进入博物院工作三年中，职位和薪金均没有发生任何变化。

1940 年马先生与陶延梅女士喜结连理，但在当时物价飞涨的情况下，马先生仅靠自己微薄的薪金养家糊口，生活十分窘迫。迫不得已，他在 1940 年 12 月 18 日致李济的函中首次提到了自己的薪金问题：

> 有一问题关于寿个人，谨有请述者，即公家对于寿之薪水事项。对此寿平时雅不愿提，且从未提过，想为先生所深知。盖寿至院服务，三年有半，将及四年。平时深感长者指教之切，诂望之殷，自思尊师待学生，家长遇子弟，不过如此。斯以寿只知兢兢业业，埋首工作，自期不敢后人，更不敢负前辈提携期导之意。区区薪金，何敢计较？不幸今之生活深感压迫。且于公于私，窃思有向先生有申请之必要。幸勿疑惑有其他为祷。
>
> 寿三年半入院时，薪金为乙百元，当时仰事俯畜，已感困难。幸寒舍有薄产自活，尚可维持。自国难兴起，家产沦亡，此时一家生活，赖寿维持。且今生活价格，无论前后方均增加五六倍，而寿之收入，折合仍为百元。如此生活，如何维持。此言私也。前年裘先生（按：

即裴善元）在职提议加薪时，院中同人均加一级。寿等在边疆工作，竟以遗忘。斯时与寿同时入院同等薪金之人员，现薪金较寿加高。此事或先生尚不知情。此言公也。

寿平时深觉公家予寿以种种便利，使寿所历所学，有所进益。此点寿于感受之余已矢志学问，毕生无他。我受自国家民族者，仍还于国家民族。今第以生活困穷，恐由此影响心理，影响事业。个人固深蒙不幸，恐亦非国家待工作人员之原意。故谨竭诚呈请先生，与子衡先生（按：即郭宝钧）商酌，于明年度开始之时，于寿微薪，予以酌加。至为感激。近数日寿为此事，精神颇为不安，迫不获已，有此申请。拜句或有欠适，原心出自至诚。[①]

马先生的此次呈请很快便得到批准。由李济于民国三十年（1941）1月1日签署的中央博物院筹备处聘书中称：

国立中央博物院筹备处今聘请 马长寿先生为本处专员兼干事

一 订月薪为国币一百八十元，按月致送。

一 订约书期自民国三十年一月起至三十年十二月底止，续约于一月前知照。在期内双方不得终止契约行为。

一 其他事项照本处各项章程办理。

一 此约彼此各执一纸照行。[②]

据此可知，马先生在进入中央博物院三年半以后，才于1941年1月获得升职和加薪，并正式以专员兼干事的身份参加了第四次川康民族调查活动。1942年1月第四次考察归来，身心俱已疲惫的马先生留住成都家中而并未回李庄报到，尽管已提职加薪，但薪俸仍不足以养家糊口。此事马先生萌生了离职休养，另谋他就的想法。他在《自传》中写道：

我在"中博院"前后工作了六年，实际上是在外面调查了六年（包括写报告），劳累极了，觉到身体支持不下来。便向中博院主任李济去函，商请停几年，再回院工作。交涉多次，办完手续，我就到三

---

① 所档，考12-10-23。

② 此聘书为马先生自存。

台县的东北大学教书去了。

据档案材料，马先生 1942 年 1 月致函李济请求休假半年，其间多经反复交涉，直到 4 月 22 日始获批准。由中博院主任干事郭宝钧以李济名义起草、1942 年 4 月 22 日中央博物院筹备处致教育部的呈文云：

> 查本处专员马长寿前次担任调查川康民族工作，于卅一年一月行抵成都，因病停留并函呈请假，籍资休养。已准于自本年二月份起休假六个月。在休假期间不支薪津，理合呈报备案。再该员如能在六个月内提前销假，亦并准即予回处。届时当专案呈报。①

与此同时，郭宝钧致函马先生告知准假事宜：

> 关于先生请假事，业奉主任面谕，自二月份起暂准请假六个月。在此六个月内，并尽可能准予提前销假办公。特此转达。再一月份薪津另函汇去。此致马长寿专员。②

从以上档案材料可知，自马先生 1 月提出请假至 4 月获准的三个月中，马先生并未从中博院筹备处获取任何薪俸，本应发放的 1 月份薪金也只是迟至 4 月 22 日获准假以后才拿到。至于李济提出马先生休假期间不支薪津的规定，丝毫亦未考虑他将来如何生活。如果再考虑到当时李济及其所处的中研院史语所、中博院筹备处复杂的人际环境③，在当时的形势和条件下，很难想象没有"留洋"背景的马先生还会复职回院工作了。

事实上，在马先生 1 月回到成都的时候，时任四川博物馆馆长的冯汉骥先生即于当月签署聘书，敦聘马先生担任本馆人类民族组主任。④ 但聘书中并未言及薪津。或许四川博物馆提供的职位薪俸不足以使马先生养家糊口，于是他在办完中博院请假手续后不久，经高亨（1900~1986）介绍，于 1942 年 5 月前往位于三台的东北大学担任教授，月薪 360 元，是中央博物院薪金的一倍。但是从此，他却永远离开了工作五年半的中央博物院。

民国三十二年（1943）十二月二十七日，由李济签署、郭宝钧执笔的

---

① 台北故宫博物院档案：600－023。
② 台北故宫博物院档案：600－025。
③ 参见岱峻《李济传》，江苏文艺出版社，2009，第 202~203 页。
④ 此聘书为马先生自存，留存至今。

《国立中央博物院筹备处服务证明书》，可视为马先生在中央博物院五年多工作经历的简要总结：

> 查职员马长寿于民国廿五年八月服务本处助理员，历迁干事、专门委员等职，领导川康民族考察团数年，著有报告多册，于民国卅一年一月请假离处，计共服务五年以上。合行发给证明书，用资证明。①

但是本《服务证明书》对马先生 1939～1940 年期间转运、保护与保管中央博物院古物与标本的情况与贡献只字未提，后人对此也知之甚少，故有必要根据档案材料尽可能加以复原。

六

相对于先后 4 次在川康民族地区东奔西走、展开艰苦的考察活动而言，1939 年 4 月至 1941 年 7 月是马先生在中央博物院近六年工作期间生活比较"稳定"的阶段。利用第三次和第四次川康民族考察之间的间隙，他在此阶段得经人介绍结识陶延梅女士并结婚，还基本完成了《凉山罗彝考察报告》的撰写。与此同时，马先生还临危受命，冒着生命危险将中央博物院古物标本安全转运，并将历次民族考察所获标本集中运至乐山，统一保存与照料。

从前录 1939 年 6 月 14 日、6 月 15 日马先生至李济函中可知，在 6 月 11 日成都遭受日机大轰炸后，他就开始着手考虑考察团保存在四川大学内民族文物标本的安全问题。经过接洽，马先生不久便将这批文物标本连同川大博物馆文物一起，转运至成都东门外原农学院旧址内（今望江楼附近）保存。由于当时马先生随身携带有大量书籍、仪器和行李等物，行动多有不便，为此他还致函中博院重庆办事处负责人郭宝钧申请迁移费，以便提前将这些物品转运至乡下的安全处所。与此同时，郭宝钧也预定于 6 月下旬赶往嘉定，为即将从重庆启运的古物勘查储存地点。8 月 7 日马先生即委托四川旅行社将考察团采集部分标本和公私财物运往嘉定，并于 8 月 16 日运达。

---

① 此证明书为马先生自存，留存至今。

1939 年 5 月开始，日军对重庆多次进行大规模的战略轰炸，当时中央博物院保存于沙坪坝重庆大学校内的文物安全受到日益严重的威胁。为确保文物安全，在昆明的李济努力协调各方力量转运文物，其中首批文物 53 箱在 6 月中旬成功运到了昆明，其余 78 箱文物则在 8 月初装上民生公司"民裕轮"由李开泽负责押运至乐山保存。① 但是李济后来却致电中博院重庆办事处负责人郭宝钧称，据时在乐山的故宫博物院院长马衡电告，"民裕轮起运时，李开泽未随行，托故宫照料；故宫无人，希自派。"故李济在电令中要求郭宝钧"请即电马长寿赴乐山照料。"② 马先生当时正在成都整理考察报告，离乐山最近，故李济就近要求马先生前去接管和转运文物。马先生在 8 月 18 日接到中央博物院筹备处重庆办事处负责人郭宝钧的快函，因 19 日无车，20 日才抵达嘉定，但为时已晚。8 月 19 日嘉定遭日军轰炸，由四川旅行社负责从成都转运的川康民族考察团采集标本、公私财物和设备悉数毁于大火，所幸民生公司从重庆运来的 80 箱古物安然无恙。

马先生在 8 月 22 日致李济的函中对前往乐山（嘉定）接管和转运文物的经过进行了详细的汇报：

济之先生左右：

十八日接子衡先生航空快函，嘱寿南下。十九日无车，二十日始达嘉定。嘉城于十九日被敌机轰炸，城郊十里之内所有建筑，十分之七皆成瓦砾，人民死亡确数不知，遗骸已得五百具以上。寿至时，城郊大火未息，暂息四川旅行社内。询其运输部，知已全部炸毁。考察团在成都于一周前由该社运来公私书籍、仪器衣物贰件，新由越巂采集之标本两箱，公用傢具十贰件，皆倒毁于一四壁空空之大厦中。时速往访住在安居旅馆之故宫人员及李开泽君，至处知馆舍半倾，人已他移。又往民生公司，见到由渝运到之八十箱古物万幸无恙。后设法晤到李君，同搬居四川旅行社中，知李君到已三四日。

古物所以未能启运者，由于重庆运款未到，故宫负责人不在嘉城，往返于距城贰十里之码头及各乡镇库房内，斯以借款亦无办法。日前

---

① 参见岱峻《李济传》，江苏文艺出版社，2009，第 159～160 页。
② 所档，考 18－88。

虽由子衡先生汇来寿等薪水百余元，故宫人亦未交此款于李君，且款数亦不足运费之半。此为轰炸前未能启运之主因。闻李君于十七号已电渝速汇四五百元作运费矣。寿日前已晤到故宫科长欧阳邦华先生，允借款作运费。

但现时困难者，一为人力问题。现轿夫、脚夫已忙于抬尸且多逃入乡下。寿等已请嘉定刘县长为设法设使人力齐集，则可由抬运方法运各物于峨眉县西关外之故宫库内，运费估计至少须四百元以上。第二为船只问题。船只焚毁者多不能用。现正设法找到三四只即可运到乐山县属之安谷乡。故宫在此乡有七个库房，已允借乙个，但内无人驻守且无兵警。现商请李开泽兄现守于此，驻军内请兵四名。一俟故宫一批古物到后，驻守及军警则均不成问题。此二种方法，今日即可决定其一。盖有人力则运峨眉，有船只则运安谷乡也。（人）力或船只之问题决定后，明日即可启运，沿途请军警保护可无问题。

至于业经炸毁部分，最可惜者（一）为史语所测量仪器全部，（二）史语所西文书籍全部，（三）为越巂新采集制标本两箱。至于李开泽兄及寿之个人衣服、被帐、书籍更其余事矣。年前在大凉山宁属及松、理、茂之全部标本及所购书籍尚在成都东门外川大农学院内，幸未及启运，即肇此福，否则在川三四年心血尽成火毁矣。寿遭此变后，心焦虑异常，不知如何处理。

至于责任问题：（一）四川旅行社语事出非常，当不负责；（二）寿未能早到嘉定运此物下乡，当亦为一种责任。唯寿于此问题愿一言呈告，即重庆古物未启行前十日，子衡先生有函言，古物启运则有电到蓉促寿南下，直至物已启运已到嘉定，郭先生及李开泽先生皆无一字到蓉。令寿南来此。有郭先生前后函（即未运前请寿候电，直至本月十六日寿去函请示，十八日始得一函云物计到嘉，速兼程南下云云二函。）为凭。此事请询郭先生，亦当如此说。寿非敢卸此责任于他人，只明此事盖不由己也。四川旅行社与民生公司皆在城外，相距只半里，一烬于火，一则幸免。此种不幸似全应归于日寇之暴虐。

关于炸毁部分，寿当另立清单，旅行社出证明，详为呈报。最对人不起者，为炸毁中央研究院史语所之仪器及书籍。关于此点不知何以自处，请先生就近与傅所长一提。如何补救及赔偿，请示之为祷。

寿现找工人三名在毁地内掘翻火烧部分，凶多吉少，只铁器或见形也。

稿件及资料部分，寿随身带出，未及于难，此点亦堪告慰。现嘉定秩序尚为不安，焚尸气味到处皆有；居处虽定，饮食难觅，觅到亦奇贵无比。现只希明日能将由渝运来部分速转移乡下。①

从马先生函中所述可知以下几点事实。

其一，李开泽虽未在重庆上民裕轮随船押运中博院古物，但他最迟在 8 月 17 日左右已赶到嘉定准备接转古物，并于当日电请郭宝钧速汇四五百元运费，然而却并未获得及时回复。由于故宫负责人（即欧阳邦华）当时不在嘉定，故李开泽亦无从借款，从而使得中博院运达古物未获及时转运，在嘉定遭遇险情。

其二，由于郭宝钧未按约定在古物从重庆启运的时候即电告马先生前往接洽，只是在古物已抵达嘉定后才致函，故使马先生仓促出发，最终未能在日机轰炸前赶到，遂使部分财物遭受损失。

其三，从函中所述内容来看，郭宝钧 6 月下旬时似乎并未按计划为中博院古物在嘉定提前选定好贮存地点，所以马先生才提出了两种古物转运与保存方案。

或许出于上述原因，李济 8 月 19 日致电郭宝钧，批评其办事不力；而郭宝钧则在次日回电要求辞职并请假一年。李济不得已只好回函劝慰②，此事遂不了了之。

在接到马先生 22 日函后，李济即致电马先生：

崧龄兄：八月廿二日长函收到。此次嘉定被炸，实出意料之外。此事未能提早办理，实为遗憾。一切尚望镇静处之，集中一切力量将原有运出物件运峨眉存放。至被炸详情及损失物件之清单，应作一书面报告，务必请一二有力证人（故宫欧阳先生即可）并同签字，以备将来备案。个人损失若在法律范围内者，亦当设法补救。最要紧者，应将损失物件之残余部检收存放备查，并照像以作证明。匆此即复，并颂近安！

---

① 所档，考 12－10－10。
② 参见岱峻《李济传》，江苏文艺出版社，2009，第 160 页。

弟　济敬启

李君命此前电汇四佰元至安居旅馆，收到否？至念。①

显然，马先生的长函平复了李济当时震怒的情绪。他随即按照立即的指示办理各种繁复的善后事宜，并在 8 月 25 日致李济函云：

济之先生：

示电谨悉。此次损失在赶造清册，冀呈查鉴。汇李君款肆百元尚未到，往中央银行询问，云尚未到。

古物已于昨日迁行，决定往安谷乡，明日即可到达。该乡在乐山西三十里为一镇，故宫有仓库七，皆散居镇外。中博院古物决定储入古佛寺仓库，该库现空，但已修葺完备，看护军警已请故宫派定。我方请李开泽先生长期驻守，随带工役一名，可保无虞，计明日即可到。寿明日由捷路往迎安置库内即可放心。所以未迁峨眉者：（一）上次敌机窥峨眉甚久，仓库指定在县西关半里许，路上较为危险；（二）运峨眉费至少须肆百余元，安置妥后须六百元。运安谷运费合计不及百元，置木架百元，烧木炭约数十元，共计三百元即足；（三）安谷距嘉三十里，峨九十里，以后运回安谷较峨方便多多，以此决定运安谷。在未接电前即启运，不敢方电命也。②

由此可知，在马先生的亲自安排下，运抵乐山的中央博物院古物于 8 月 24 日启运，8 月 26 日得以安抵安谷乡古佛寺仓库保存，此全系马先生灵活判断形势、相机处置的结果。

与此同时，马先生还按照李济的电示，于 8 月 25 日出具关于此次被炸的详情及损失情况的正式书面报告上报。在此件题为《国立中央博物院筹备处川康民族考察团在乐山被炸损失公私书籍物件呈报书》的档案材料中，马先生写道：

呈为呈报川康民族考察团在乐山被炸毁公私图书、仪器、行李、衣物，请备案查办善后，并请转报中央研究院备查。

---

① 所档，考 12－10－11。
② 所档，考 12－10－13。

　　事缘本团工作站原设成都，正候命移乐山并协助运古物至安全地带。由成都至乐山运输机关仅有四川旅行社，因积运甚多且须早日交运，职遂于本月七日交该社箱件行李拾贰件、标本贰箱、什具拾乙件（附件乙该社收据提单及清单），于十六日始到乐山。职于十八日接到命令，使速南下。十九日往车站无车。孰知是日午刻，敌机即滥炸乐山城郊。二十日乘车到乐，寓四川旅行社招待所，该社社址与招待所不在一处，随赴下河街该社查询，始知该社附近全部炸毁。视其形势，南壁中一燃烧弹，楼上楼下因以着火。职至之时，仅见残壁四立，中间余火未熄。次日雇人三名，掘取终日，公私书籍皆成灰烬，仪器、铁具或压或溶，不可成形；标本贰箱仅余耕犁犁头及铁箭簇而已，个人衣具亦皆毁毁。转询当日被炸形状，俟得该社书面答覆，似亦不能诿过于四川旅行社之不能救护（附件贰　四川旅行社公函）。职思来川三年，幸蒙中央研究院历史语言研究所之帮助，借给书籍、仪器，斯以稍有所获。今任务尚未完毕，而工作工具炸毁全尽，不特愧对史语所诸先进，且以工具损失，进行无法，至为惋惜。此情请转中央研究院备查（附件叁　史语所书籍仪器损失目录）。本院书籍仪器及其他什具损失虽属无多，亦与工作攸关。最可惜者，为去年十二月至今年四月在越嶲田坝一带所获之罗夷标本约百件上下，皆焚于火，半年心血直付东流（附件肆　中央博物院书籍仪器标本什具损失表），谨请备案。

　　至于职及李开泽君之书籍、衣服、用具所值合在七八百元之上，值今物价昂贵，个人生活尤感拮据（附件五　个人书物损失表）。凡上所述俱系实况，除请备案外，谨待查明办理善后。①

在将中博院古物安置妥当后，马先生即于 8 月 31 日致函李济，告知寄款四百元已于 8 月 30 日收到，应开始按要求照相、寻觅保人。② 9 月 5 日他再次致函李济汇报工作进展情况：

济之先生钧鉴：

　　近日遵命赶将证明文件及照片呈寄，各有三份，或报部或转中研

---

① 台北故宫博物院档案：600－050。
② 所档，考 12－10－15。

院，请钧裁办理。八月二十九日示书前日敬悉，皆已遵照办理。在旅行社提单中有收据乙纸，请便中掷还，以便向院报账。寿损失物单中所有物件一时卒匆，未能尽写，仅凭记忆所及矣。寿十余年来所积书籍、衣物，一部存在南京中博院仓库内，未能取出，想皆损失；一部带出，又为此次炸毁。现冬秋衣皆无，只一光人矣。

古佛寺仅有二殿及二走廊，故宫拟在此全部满屯古物。前以故宫古物未到，故需有人看守，最近半月内该院古物齐到，该院即派人看守，拟住书记一人，兵士乙队。我院古物与该院古物在一处，又无间居供人居住。寿已与乐山故宫人员交涉，彼可代为保管。若此以后吾人似无长驻此寺必要。待交涉妥后，由我院咨故宫一公文，请其暂为代管，寿与李君到于近处找一居处，隔时可往照料。此住处亦不易找，寿以在武汉大学近处为宜，以便于参考书籍也。未知如此办法当否。闻马叔平（按即时任故宫博物院院长马衡）先生于古物齐到后来此一行，自当相机交涉不误。

又成都存四川大学标本已去函，请其运乐山，拟一齐送入库房，尚未接到覆函。设无人办理，寿拟成都一行，运物至乐。设川大能代运，则可不往成都，后情当函报。①

在此件档案中，我们还可见到随函所附的被炸毁物品证明文件一份（分别由乐山县长刘芳、故宫博物院派驻乐山科长欧阳道达②、乐山四川旅行社经理蔡伯华签章为证明人）以及被毁物品的照片与说明，表明考察团的这批公私财物损毁殆尽，马先生的个人生活一时也陷入困境。尽管马先生和李开泽损失个人财物价值在七八百元，但经多方反复交涉，才于1939年12月26日根据《中央公务员雇员公役遭受空袭损害暂行救济办法》（第

---

① 所档，考 12 - 10 - 17。

② 欧阳道达（1893—1976年），原名欧阳邦华，安徽黟县人。1924年参加"清室善后委员会"的清点清宫文物工作。1933年底，调任故宫博物院文献馆科长。"九一八"事变后，国民政府为了文物的安全，把最有价值的文物19557箱，分五批运抵南京，欧阳道达为押运文物负责人之一。1937年7月，抗日战争爆发，国民政府再次分三队转移文物第二队由欧阳道达负责。从南京启运，溯江而上，直至四川省乐山县安谷镇，欧阳道达任驻乐山办事处主任。乐山7个文物库房，在他的严密防护下，珍贵的历史文物未曾受到损坏和遗失。抗日战争胜利后，全部运回南京。http://baike.baidu.com/view/5173556.htm。

七条第一款）各获得 120 元补助。①

9 月 9 日，马先生致函李济汇报和请示近期工作情况：

济之先生左右：

日前上一函随同证明文件及照片呈上，想达钧览。为居住事曾筹想一居处，一面可以作报告，一面可以照料古佛寺古物。古佛寺不能居住，前函已呈明。现李开泽君住此，一俟故宫人员住此后，又有驻军一排驻守，则寺内无空隙可容，且附近无居民买菜，须在五里外之安谷镇每隔一日始有一集，故还请允许于故宫人员住入后交涉妥当，请其与故宫古物连同代为照管。寿与李君则住于距嘉定与安谷（安谷亦为嘉定难民充满）均不甚远之大佛寺，每一礼拜往古佛寺打看一次，而向武大借书事亦可不费远路跋涉之苦，未知钧意若何。

大佛寺于十日后有空居三间，二居室一客堂，什具俱有，租金每月四十元。此款较在成都已贵，然与今日嘉定各处之房租比较尚差不多。且嘉俗赁期多论年，且须交定压，此房无此苛定。寿现因旅行社屋过贵，每日至少壹元捌角，因暂移于大佛寺一居宅内，每月有二十元屋租，似即可（因和尚不说明居屋价，所居乃僧舍非客房）。此议如何，请明示，以便遵循。

成都川大尚未来信，究需否亲自须到成都运标本来嘉，尚不能决定。寿驻此一面候成都消息，一面整理罗罗文字稿，以后示书请赐"四川乐山邮局留交大佛寺马长寿收"，因每日有山东图书馆王献唐先生之工人到城里买菜可带来也。又敬请先生暇豫时，请缮函介绍武汉大学校长王星拱或其他先生，请其允许借书以资参考。随借随还，不敢越例也。②

然而马先生的请示信函却并未获得李济的及时回复。10 月 3 日马先生再次致函李济：

济之先生：

成都所存保本及县志已于日前由四川大学博物馆转运至嘉定，业

---

① 台北故宫博物院档案：600 - 052、53、54 等。
② 所档，考 12 - 10 - 18。

于一日运往安谷古佛寺，二日成都遭轰炸，幸早运出，请释钧注。

安谷古佛寺各节前已呈报，在未奉钧命之前，仍请李开泽君驻守。刻故宫派入二人与李君共处一室，已无再容榻处，斯以寿仍住大佛寺也。现古佛寺方面寿与故宫人交涉，木架可不作，借用故宫所余者，吾方仅购木炭七百斤垫于架底以吸湿气。军队前后驻入约一排人，自今月起灯油由故宫供给，吾方无何开销，只工差一人，工资拾贰元，余则薪茶之费而已。

寿居大佛寺，带罗夷程大德在此，使之作抄经工作，每月只费屋租贰十元（屋赁间半）及茶旅诸费而已。程大德工资原为拾贰元，寿与彼皆在庙上，随僧吃素饭，劣而奇贵。寿月十五元自出，程大德月七元五，若在其薪中扣去，所余无几。寿意呈请为之增三元作伙食津贴，祈能赐准便拨。

寿在此并无其他工役，所感棘手者为缺乏一绘图人员，未知钧座能否介绍遣派一人在此共同工作。李君驻安谷，此间亦未分派任何工作于彼，谨此声明。

又，寿近整理田坝工作报告，已开始月余。前昆明邮寄之稿件两册，据成都华大林君来函言尚未收到。屈指计之已及三月余，未知下落如何，谨请遣人向邮局一究。至为祈祷，敬候赐音，以便查询。[①]

根据以上两函可知，马先生在未获得李济指示的情况下，已于 9 月 9 日从嘉定四川旅行社招待所移居大佛寺居住，派遣李开泽入住古佛寺照管古物；同时又联系安排，将考察团所获民族调查标本转运至嘉定，并在 10 月 1 日运至古佛寺妥善保存。在此期间，尽管生活条件十分艰苦，他仍然坚持撰写考察报告。

1939 年 10 月 13 日，远在昆明的李济才给马先生复函：

松龄兄：

九月九日及十日两函均前后收到，以后关于公事函件，祈编一号目，以便存查。本处现正移滇办公，但人员尚未到齐，故函件未能即时奉复，俟一切上规道后，办事效率当可增高也。会计员尚无消息，

---

① 所档，考 12-10-20。

所拟预算尚不能正式核复，一切可照最后所拟办法（即十月三号所述）暂办，大约无大问题，但就手续上说，应俟会计员查看一次，是否与预算符合，再作最后决定。九月及九月以前账目请速办。前寄收条已呈教部备案，请与原处（四川旅行社）商量，再补一份何如？一切其他事件，容再复。①

从李济函中可知，中博院迁滇以后各项工作当时尚未进入正轨，他对川康民族考察团工作的主要关注点还在于善后（日常财务及被毁物品的处理），并无精力顾及考察报告的撰写情况，所以对马先生遣派绘图员、追索稿件的请求未作任何回复和表态。

1939 年 10 月至 11 月，马先生住在嘉定大佛寺，一面照管保存在古佛寺的文物标本，一面集中精力重新编写考察报告，并在程大德的协助下翻译彝文经典。他在 11 月 26 日致函李济云：

济之主任先生钧鉴：

历月此间一切照常，故未修书呈奉左右。上月马叔平先生到此巡库，曾晤谈两次。守库驻军新调二营来安谷，旧军撤去，亦中央部队，一切照前未更动。

寿最近二月重编旧稿并翻译夷经，已成四种。近因报告内需照相、插图，兹选择上次越嶲所摄罗夷照片约百张左右，寄成都冲洗，共支洋三十圆。此费当不在普通办公费之内，当以考察费或研究费报部。谨先呈明，希下月账到时令会计予以核报。

又上月结算此间余款，计压租存洋壹百元，办公费存洋陆拾余元。细单寄交雨生兄转会计。寿希望此余款存此，以供库房或考察团临时急用，免临时寄汇不灵之虞。唯寿于每月报销时附带说明结存若干如何。希尊裁照办。此间物价涨高数倍，生活不易。②

1939 年 12 月，曾经负责转运中央博物院古物的尹焕章（字子文，1909～1969）先生受命来到嘉定，接替李开泽负责照管 7286 箱、总数达 25 万件的

---

① 所档，考 12 - 10 - 21。
② 所档，考 12 - 10 - 22。

珍贵文物。12 月 18 日，马先生在嘉定（乐山）致函李济云：

> 尹君（按即尹焕章）已抵此，赉子衡先生（按即郭宝钧）函嘱代替李君驻守仓房，李君已将古物标本点交尹君。现李君已移居大佛寺，尹君住古佛寺（因古佛寺屋窄。只能住一人）。尹君又言，子衡先生已在计划再往西康事，不知确否？寿前检点仪器等项，尚有照相机 8×10 Vorgt-Läder 一架，Rollefltə 二架，高度表一架，寒暑表一架，皆系寿由蓉随身带来。测量体质仪器，寿拟向康定庄学本君借取全套来用。庄君此器系早时由丁文江先生借给者。此时往借，想不成问题。唯此次若出发，事前须有一绘图技术人员。否则于不能摄影之文物，将感困难。照相由寿兼行，想无问题。事关公务，理宜呈明如上。①

自尹焕章入住古佛寺照管中博院文物和考察团标本以后，马先生则和李开泽驻大佛寺。他在撰写考察报告的同时，还在关注考察的后续动态，原因在于他的第三次考察活动仅限于凉山彝区便告中止，并未能按原计划考察西康。所以当他从尹焕章处听到郭宝钧筹划再往西康消息，便呈函李济提出考察建议。当然，此次考察活动事实上在一年后才正式纳入中博院的议事日程。

根据档案材料来看，马先生从 1939 年 9 月至 1940 年 12 月常驻嘉定大佛寺，主要精力用于撰写和修订凉山罗彝考察报告，同时还负责主管古佛寺中博院文物和标本的有关日常事务（尤其是账目呈报、经费管理、人员生活等），而具体保管任务则由常驻古佛寺的尹焕章先生承担。他在一封致尹焕章先生的函末落款标示作"嘉定凌云寺办事处"②，直接听命于李济和中博院重庆办事处。

关于凉山罗彝调查报告的撰写，马先生曾得到李济的指教。他在 1939 年 9 月 20 日致函李济汇报了考察报告的撰写进展情况：

> 济之先生：
> 前承赐教种种，感激非常。兹遵命草考察路线及资料来源一章寄

① 所档，考 12-10-23。
② 台北故宫博物院档案：400-146。

上，临时着笔，简短异常，愿俟初稿修正时，路线扩大为一篇，资料则补充于各篇之内。同时寄去"生命统计"一篇，祈予指正。前寄去"社会组织"章在方法上与资料上有何问题，尚希详示教之。兹正编"物质生活"与"技术文化"篇毕则呈寄，在补充篇后附目录一幅。罗夷方面拟由此各篇去写，一一奉寄。罗夷毕始整理羌民资料。谨此陈述。专颂撰安，并祈时赐教言，以匡谬误。

后学　马长寿　谨上

又赵至诚先生前向院告假一月，在渝完婚。刻因病又入渝医院。谨又奉闻。①

考察团成员除了赵至诚因病滞留重庆外，随马先生驻守嘉定的李开泽也因家母病危于 1940 年 2 月告假回乡。李开泽 1940 年 2 月 7 日致函李济云：

济之先生钧鉴：

开泽昨今两日连接舍间电报两件，以家母病危，促令归省。是以检同原电寄呈先生，乞假三周。由此地至舍间计程七百华里，无汽车，路冬令又不通汽船，往返即需时十余日。漫漫长途，至为焦虑。又以乐昆邮程迟缓，家母乃病势危殆，未奉钧示以前商之马先生，拟于二月十日即动身归里。不得已之情，敬请先生曲以恕之也。②

总的来讲，马先生在大佛寺驻守期间撰写考察报告与照管文物标本的生活是平淡的，但其中也不乏诸多烦琐的日常管理事务，并一直为人员生活艰难和经费迟滞等问题所困扰。如 1940 年 1 月 15 日马先生致函中博院重庆办事处负责人郭宝钧云：

子衡先生：

蒋君所汇十一、十二月薪已送交此间同仁矣。希每次薪金另函说明各人分发数目为荷，不必在汇款单上注释，盖此单有时得不到也。又一月份办公费尚未发来，未知何故？希代催促为祷。

---

① 台北故宫博物院档案：400－122。
② 台北故宫博物院档案：600－133。

自李君移此后，尹君居安谷，此间房租增加，同时须另找一工人做饭及差使。寿于前时饭与献唐公①合夥，今李君来则不便矣。前差遣事由罗夷程大德作，此人野性未除，不懂汉人道理，来此所以任翻译抄写之事。他若作饭或其他事务不能，且非其份内事也。斯以与尹李二君于商另立一新预算，所多者即房租及另一工人之费用。望蒙主任核准遵行。另附预算单一纸。②

除此之外，马先生还就经费和嘉定人员事务多次致函昆明中博院干事杨雨生，如1940年4月3日函云：

雨生兄：

二月二十二日兄函汇公费186.1（元），云补一二月预算数26元，检箱费17.1元。弟查去年底存公款156.806（元），故于一月份寄来103.19（元）补足160.00（元）以作一二月份此间公费。但实际上一月份报去公费103.60（元），又检箱费17.10（元），共120.70（元）。二月份报去99.51（元），合两月报数为220.21（元），减收160.00（元），当欠领60.21（元），则所汇 26 + 17.1 = 43.10 元，尚不足60.21（元）之数而差17.11（元）。请查明补发。

三月份收到93.00（元），实支报93.41（元），欠领0.41（元），加前共欠领17.52（元）。

席费未报去（四月份报），若在50（元）中扣17.52，则余公费32.48（元），此数与账目数相合，请兄明察为祷。以后每月公费希早设法汇下，今二三月薪尚未到，而尹李二君月未拨发，奈何之。

1940年4月19日函云：

雨生吾兄台鉴：

兹遵嘱将三月份账目改正寄去。又附去仓库开支40.60（元），请察代报，内有三月份收据若干。收据印花事皆弟补贴，因乡下人及寺

---

① 即王献唐（1896～1960），著名考古学家、图书馆学家和版本目录学家，时任国史馆总干事，兼任山东大学、武汉大学教授。
② 台北故宫博物院档案：600－123。

内和尚都无印花观念也。

古物检查封条至今未到，请商郭公重航寄若干，至此为要！以后汇款，希交中国银行为便。中央银行上月十三日电汇款，至二十三日始送通知单，其缓可知。且中央银行在乡下，往回殊远，车资须一元以上。此地物价又陡涨，生活维艰。①

7月4日他又致函杨雨生云：

雨生吾兄台鉴：

前函想达尘左右，兹寄上工作报告单一册，请兄费神妥呈李主任为祷。

蒋兄信已收到，请转告以后账目当遵嘱办理。七月份公费、二月薪金至今未有消息，以后寄薪希务以航汇为祷。若平汇路中费时过多，奇感困难。四川米价日高，本月曾涨至每斤五角余，后患可虑。昆明如何？②

由此可见，在嘉定驻守时期，马先生及其中博院同人的生活状况是比较窘迫的。但即使在此情况下，马先生仍一直担忧古物与标本的安全问题，他在1940年7月12日致函李济汇报文物保管及人员生活状况，其中特别提到安全问题：

济之主任钧鉴：

日前呈上一函，报告半年来寿工作概况，想尘达左右。兹有陈者，敌机近月连日袭川、重庆一带，遍被其殃。前日（十一日。按当为十日）敌机二十余架飞川北袭三台东北大学，闻被灾颇重。窥敌人之意，蓄志在破坏我国各文化机关，故中大、重大、工专，与自流井之蜀岗中学，以及三台之东北大学，皆遭其害。此间武汉大学与峨眉川大，皆甚慌恐，但刻下犹未疏散。吾院标本百箱距嘉城二十里，且距由嘉至峨之路线仅五里许。此点当为钧座述明。

以形势言，峨眉东外故宫库颇为宏大，故亦较危险。安谷之库散

---

① 台北故宫博物院档案：700 - 150。
② 台北故宫博物院档案：400 - 143。

处各村庄、庙宇、祠堂内，较为安全。吾院标本与故院古物在最西之一独立庙宇中，目标不甚明显，或可免虑。但恐汉奸于敌机来时，代指目标，则危险性颇大。寿已于今日快函奉知子文兄，与故宫人员合商，严密注意。理当一面呈明目下情况如上，希核查为祷。

又刻下四川米价腾贵，罗夷翻译程大德拟于下月起遣之归里，应照例多给一月薪水。以后考察团用工役一人，库房用工役一人。每人饭费代为估计每月至少须壹拾四元，拟按工作繁简不同，考察团工役每月工资贰拾元，仓库工役壹拾捌元。两方皆同时各遴选一人，考察团工役杨玉泉，仓库工役袁绍荣。理合呈明院方，希准予照办为荷。

专此 敬颂

著安

后学 职马长寿谨上 七月十二日

子衡先生同此不另。①

除了要防备敌机轰炸，嘉定潮湿的气候也不利于文物标本的长期妥善保存，所以标本的定期晾晒是必要的。马先生在此期间另一项重要工作便是对民族考察标本的除湿与除霉，为此他于 1940 年 8 月 28 日致函古佛寺的尹焕章，请求将考察团采集标本进行晾晒：

子文兄大鉴：

令仲携函达致悉，考学事已与李君商酌。关于公事，奉答如次：

一、袁工加资问题，已允加贰元，自八日份起。

二、尊薪单已到，一时检寻不着，似前后共欠二十元至三十元之语。兹奉去廿元，余数后清。

三. 袁工符号已照办。

此外有一要事即已请明。院方请吾兄将所保管考察团各标本，按箱曝晒乙次，约每日以晒一箱为度。封条已函昆明，不日想可寄到，寄到之前，请兄加临时的人封签。

晒法：晒后刷去霉积，衣饰器什皆如此。如有损坏（指霉烂），请录下寄来为妥。

---

① 台北故宫博物院档案：400－144。

五道桥小学事，上周云已有人去，业已开学，祁先生之妻找事，无信，以后恐难如愿。

专此奉闻　此候公安

弟　马长寿　嘉定凌云寺办事处①

有趣的是，尹焕章在接到马先生函后并未答复，反而致函郭宝钧阐述自己的疑虑并附上马先生原信：

子衡师：

今所陈者数端：

（一）日昨接得马松龄先生来函，令生曝晒考察团标本，本当即行办理，惟不得处中命令，不敢私自开箱，考察团拾贰箱有无装箱清册，况无箱号，晒时是否登记。生一人能否开箱……种种问题及手续，请示机宜，当速进行也（附马先生信壹件）。

（二）马先生又云："库房公役自八月份起允加贰元"，共拾捌元，生已遵马照办，可参看马先生信。但此公役袁绍荣自本月廿一日起辞职，因伊赴嘉定电灯公司作工之故，生劝留再，无效，只好另为物色，待选到之日，再为呈报。②

与此同时，马先生还就此事致函李济：

济之主任先生钧鉴：

月前呈函述职，想达尘览。今由雨生兄转下，赐礼十番，高谊重贶，感激无既。

日前函请驻库尹子文兄，请其将考察团所存边疆民族衣物一晒，免生霉烂，未知需由院方通知否，并请航寄封条拾张至安谷备用为祷。谨此呈明。敬颂

著祺。

后学　职　马长寿　谨上　八月二八日

---

① 台北故宫博物院档案：400－146。

② 台北故宫博物院档案：400－146。

子衡先生同此谨候[①]

马先生虽然自 1936 年 8 月进入中央博物院筹备处工作以来已满 4 年，但是他大部时间都在外调查，加之既无"留洋"背景，也无"师承"之便，故在中博院一直处于边缘状态，甚至在 1939 年加薪时竟被遗忘，至于职务之升迁更是无从谈起。尹焕章与郭宝钧有"师生"之谊，故档案中多见其越过马先生直接请示郭宝钧的函件。如此前的 1940 年 6 月 13 日尹焕章至郭宝钧函中云："五月廿八日接大佛寺马先生函，知为拾六元（按：指马先生为公役增加工资标准）。生已遵马照办，惟不知昆明核准否？生姑且按拾六元发付，否则顺便函示，仍以拾三元。生当以处中之定夺耳。"[②] 故知尹焕章当时未必事事听命于马先生，加之他当时的主要任务还在于保管中博院的文物，对川康民族考察团所存标本未必特别在意。[③] 马先生对此似乎也心知肚明，所以才会就此事同时致函远在昆明的李济请示。直到 10 月初接到中博院的命令后，尹焕章才配合马先生曝晒民族考察标本。马先生原拟委托尹焕章代为曝晒民族标本，并已提前告知曝晒的方法与程序，但为保险起见还是前往古佛寺仓库亲自参与此项工作。标本的曝晒从 10 月 16 日开始，18 日结束，前后计 3 日。

1940 年 10 月 20 日，马先生致函李济汇报标本曝晒工作：

> 为报告曝刷川康民族标本完竣，陈述经过事。寿于十月初奉到院命曝晒此间古佛寺仓库川康民族标本令。当时以连日阴雨，未能工作，俟至中旬十六日，寿即至仓库，会同驻库职员尹焕章君，接洽故宫博物院人员，启库曝晒标本第六、三、二箱共三箱，随时以毳刷刷尽霉渍，并以布摩擦之。十七日天阴未晒。十八日又启库曝晒第一、四、

---

① 台北故宫博物院档案：400 - 147。

② 台北故宫博物院档案：700 - 151。

③ 尹焕章在 1955 年 9 月所作的《尹焕章自传》中称："我即约于 1939 年 11 月由渝经成都去乐山，住安谷乡古佛寺（先）、朱氏祠（后）看守中博迁乐文物，系于故博文物同存一处者。"参见朱乐川《尹焕章关于抗战时期中央博物院筹备处的两封信》，《档案建设》2012 年第 8 期。尹焕章和马先生在乐山虽居不在一处，但彼此之间关系密切、往来不断，时间长达一年有余（1939 年 11 月至 1940 年 12 月），但奇怪的是在刊布的有关文献中（包括《尹焕章自传》），他不仅没有提及当时看守的川康民族考察团文物，甚至对与马先生之间的关系也只字未提。

五箱又三箱，同时刷擦之。计前后共曝刷标本六箱。其余六箱，一系煤气灯，二柳包系考察表格，无庸曝刷。又三箱系寿数年来为院购买之书籍碑拓片，因于去岁在乐山城整理一次，亦不要重曝。故此次仅曝刷六箱。在此六箱中，皮质标本，因虫蛆及潮湿关系，或已落毳，或为蛆蚀一部，甚为可惜。幸经曝刷，略可完备。其他标本仍照旧装箱封存。

此役寿费去往来车船费壹拾壹元，其他自理。又工人渡船费壹元四角，临时雇工费四元六角，由尹君开有支单。此外，钉子费壹元，刷子费壹元。共计拾玖元正。（归十月份公费内开报）理合陈述报告如上。谨上

主任　李

附呈曝晒清单六纸①

从曝晒清单可知，第一箱标本有 69 件，第二箱有 9 件，第三箱有 78件，第四箱有 30 件，第五箱有 80 件，第六箱有 15 件，所以当时马先生采集的川康民族文物标本实际上保存下来的合计共 281 件。

1940 年 12 月，马先生奉命前往南溪李庄筹备第四次川康民族考察，从此便永远离别了这些他倾注大量心血搜集、精心保管的民族文物。此后保存在乐山古佛寺仓库的川康民族考察标本一直由尹焕章先生看管。

1945 年，由曾昭燏（1909～1964）负责对中央博物院筹备处的各种藏品进行全面的整理和登记，"计本年所登记之物品，有绘图藏品二百六十余件，历史博物馆旧藏甲骨瓷器等百余件，黄文弼在西北所采集古物七百余件，安特生在各地所采集石器三百四十件，云南大理古物一百四十余件，贵州夷苗衣饰、乐器等近四百件，川康民族标本五百余件，自制各种拓片及图等六十余张，共计二千五百余件，每件为制一卡片。"② 考虑到第四次川康民族考察的收获，中央博物院收藏的全部川康民族文物标本中马先生的贡献占了大半。

据尹焕章 1946 年 10 月 11 日致李济函以及《尹焕章自传》所记，包括

---

① 台北故宫博物院档案：400 - 120。
② 谭旦冏：《中央博物院二十五年之经过》，第 197 页，（台北）中华丛书编审委员会 1960年。

川康民族标本在内的乐山中博院文物于 10 月 7 日从乐山启运，10 日抵达重庆；次月该批文物由尹焕章先生携夫人邓文均自水路押运至南京。[①] 1948 年冬淮海战役爆发后，在南京的中博院部分文物分三批被运往台湾，但是其中似乎并不包括川康民族文物标本。[②] 从当时的时局变化来看，这批民族文物标本应该是留在了南京；如果现在还在，很可能留存在南京博物院内亦未可知。

从 1938 年 8 月应李济之邀受聘中央博物院筹备处，到 1942 年 1 月离职，马长寿先生经历了其学术研究取向形成过程中一个十分重要的时期，同时也是他从事民族学田野调查与学术研究生涯中最为重要的阶段，其中核心则是他主持或参与的四次川康民族考察。

在中央博物院工作的这五年多的时间里，他主要时间和精力放在了川康民族田野调查上，先后四次深入凉山彝族和嘉戎藏族地区，并取得了大量珍贵的第一手语言、文献和民族文物资料，从而完成了民国时期中国民族学界时间最长、收获最大的川康民族田野调查工作，为中国民族学史增添了浓墨重彩的一笔。

在此阶段，马先生不仅田野调查能力得到了锻炼和全面的提高，而且还系统学习了当时国际上民族学、人类学的各种理论和方法，并结合中国民族历史发展的自身规律、实际情况以及调查所获的大量资料，首次运用多学科的理论和方法，对川康民族进行科学研究，完成了具有经典意义的《凉山彝族考察报告》，从而奠定了他在中国民族学界的地位。

在此阶段，马先生在田野实践过程中学习并掌握了多种外国语文，并以此为工具系统了解当时国际民族学、人类学的最新研究进展，从而使自己的研究具有科学性和前沿性。同时，他还研习了彝文和藏文等民族语文，编写了老彝文词汇和语法，解读了多部彝文文献，并按照学术规范准确运用民族语言文字材料探讨川康民族的历史、文化与社会，在为早期中国民族学的本土化做出突出贡献的同时，也为后世树立了典范。

在此阶段，马先生冒着生命危险，将中央博物院文物标本和民族调查

---

① 朱乐川：《尹焕章关于抗战时期中央博物院筹备处的两封信》，《档案建设》2012 年第 8 期。

② 谭旦冏：《中央博物院二十五年之经过》，第 255～267 页，（台北）中华丛书编审委员会 1960 年。

所获文物资料安全转移至嘉定（乐山）古佛寺妥善保存，并在各方面条件十分艰苦的情况下克服种种困难，悉心照料各类文物，为抗战时期中央博物院各类文物的保管与保存做出了贡献。

在此阶段，马先生不仅通过个人的勤奋和努力，全面掌握了国际民族学、人类学各种学术流派的理论和方法，而且还直接或间接地受教于傅斯年、李济、凌纯声、芮逸夫、梁思永、吴定良、徐益堂和黄文山等一大批当时最为杰出的中国历史学、民族学和人类学学者，从而使得他的民族研究具有了兼收并蓄、融汇中外、贯通古今的研究风格和学术取向，最终成为中国民族学史上独具特色的本土学派。

（王欣：陕西师范大学中国西部边疆研究院教授）

徐松及《西域水道记》研究述评

曹博林

提要： 在对百年来徐松及《西域水道记》相关研究梳理基础上，将其分为三个阶段：清末至民国时期、20 世纪 50 年代至 90 年代末、2000～2014 年。三个阶段的关注点不断扩大，即由单向度的生平事实考证逐渐扩大为对徐松、《西域水道记》系统全面的整理研究乃至更为立体的西北史地学术史考察。另外，在历史叙述上也体现着不同阶段的学者由王朝叙事向民族国家叙事方式的转变。除此之外，也有着贯穿始终的线索：对徐松新疆考察事迹、治疆策略以及对俄罗斯的关注等是历代研究者不变的研究取向；同时隐藏在此取向之下的，是不同代际学者历久不变的"国家关怀"。

关键词： 徐松 《西域水道记》 时局 学术 国家

徐松，字星伯（1781～1848），清代嘉庆、道光时期著名历史地理学者，也是乾嘉学派重要的领军人物。在京任职时便已盛名累累，后督学湖南，因科场案被纠，遂被嘉庆帝发配新疆伊犁。新疆的生活经历极大地改变了徐松的治学面貌，在伊犁将军松筠的支持下，他历尽千辛对新疆南北两路做了细致的考察，并著有《伊犁总统事略》《西域水道记》等著作，书中详载新疆水道、台站、城池、物产等。在其归京后不久，西北战事再起，他的著作因有资于治疆，其本人被道光帝重新启用。徐松以其西域著作不但是西北史地学的开创人物，也代表着清代中后期西北史地研究的辉煌阶段。

百余年来学者们对徐松及其代表作《西域水道记》进行了不断的研究，本文在对相关研究成果梳理基础上，根据其特点大致分为三个阶段：第一阶段清末至民国时期，第二阶段 20 世纪 50 年代至 90 年代末，第三阶段是2000～2014 年。每阶段都呈现各自不同的特征，笔者将它们放在不同时局与更大范围的西北史地学术史背景中考察，借以对徐松及《西域水道记》

研究做更深入的理解。

一 清末至民国时期有关徐松及 《西域水道记》的研究

清代道咸时期，西北史地之学在治疆需要以及沙俄对清不断侵略的背景下逐渐兴起，一时之间，被视为"显学"。但同光前期边疆危机的全面爆发、西北回民起义、人才断层等造成了西北史地短暂沉寂，西北史地于同光后期才再次发展起来。直至九一八事变之后，中国的边疆危机更加严重，传统西北史地研究在接续清代西北史地经世致用以及重文献考订基础上又迎来了大发展时期①。即便如此，对西北史地之学领袖的徐松，这一时期却少有关注。

这一时期关于徐松以及《西域水道记》研究成果不多，主要有清国史馆编纂的《徐松传》②，还有同治年间李鸿章等人编纂的《畿辅通志》中的《徐松传》③。缪荃孙作为徐松弟子的嗣子，编撰了《顺天府志》中的徐松小传④，后来又编辑了《徐星伯先生事辑》，并且煞费苦心地收集了徐松散佚诗文三十一篇而成《星伯先生小集》⑤。这些材料便成了当今研究徐松的第一手材料，正如清代著有《随园诗话》的袁枚所言："收人诗作，犹如人之尸骨曝于荒野，殓而葬之，其功德无量矣。"民国时期则有徐世昌编纂的《清儒学案》，里边载有"星伯学案"⑥。沈曾植的《西域水道记跋》⑦ 是一篇对《西域水道记》中所引《库鲁安书》回部世系辨析的文章。陈垣先生的《记徐松遣戍事》⑧，主要是利用了清廷军机处档案，内有徐松自己的亲供，将徐松当时因何事遭人弹劾，于何时前往伊犁等问题一一考证澄清，

---

① 此处参考了以下两人成果，贾建飞：《清代西北史地学研究》，新疆人民出版社，2010。郭丽萍：《绝域与绝学——清代中叶西北史地学研究》，生活·读书·新知三联书店，2007。

② （清）国史馆编《清国史》卷五八《文苑传》，嘉业堂钞本，第984页。

③ 李鸿章等纂修《徐松传》卷二二六《畿辅通志》，同治间刊刻。

④ 周家楣、缪荃孙等纂《光绪顺天府志》，北京古籍出版社，1987。

⑤ 缪荃孙辑《徐星伯先生事辑》，《北京图书馆年谱珍本丛刊》，北京图书馆出版社，1999。

⑥ 徐世昌著《清儒学案》，陈祖武点校，河北人民出版社，2008。

⑦ 沈曾植：《西域水道记跋》，《学海》第1卷第3册。

⑧ 陈垣：《记徐松遣戍事》，《陈垣史学论著选》，上海人民出版社，1981。

文字精练，论证严密，是徐松研究中一篇重要的作品。该文最大的特点就是在当时徐松事迹散佚不详的情况下，进一步扩展了研究材料并对相关问题进行了严密考证。

而同时期西方的研究成果则只有 20 世纪 40 年代的《清代名人传略》①。该书出版于 1943 年，作者请胡适先生写了前言。在该书的《徐松传》中，作者主要利用了汉文史料，且以徐松的著述活动为线索将其生平事迹勾连起来。其中着重对《宋会要》的编辑整理过程以及徐松在西域的考察著述活动进行了描述。其中不足之处主要是一些小问题，比如作者自身未经考证而直接引用当时的通行看法，认为《西域水道记》刊刻于 1823 年（道光三年），而这一观点已为榎一雄、朱玉麒等学者证伪。

纵观这一时期相关作品及研究，可以看出大部分作品停留在对徐松生平的概略性记载与其散佚资料的收集上，专业研究仅两篇，且只有传统史学学者关注，并未引起其他学科学人的注意。这一时期清冷的研究状况首先是因为徐松所处时代较近，未引起较多史学学人之注意。其次，笔者认为民国时期虽然处于民族国家形成的关键时期，对爱国主义极力强调，但是对于一百年前徐松新疆考察这一行为对国家在新疆合法性的意义并未发掘出来，两篇学术文章主要是集于对徐松生平考证与文献研究，这是该时期对徐松关注较少的主要原因。

二　20 世纪 50 年代至 90 年代的相关研究

这一时期的作品政治因素非常强烈，几乎都传达着在 60、70 年代中苏关系破裂后西北的紧张局势。在此时局之下西北史地学又迎来了一次辉煌。1977 年陈家麟、孔祥珠发表的《徐松与〈西域水道〉》是国内这一时期较早关注徐松及其作品的文章，作者从徐松发配伊犁、新疆考察、《西域水道记》特点等几个方面来论述②。在该文中读者可以明显感受到这一时期学者的国家情怀。如作者对徐松定位为"爱国学者"，并以"敢于侮谩孔圣之

① A. W. Hummel eds, *Eminent Chinese of The Ching Period* 1644 - 1912, Taipei, Ch'eng Wen Publishing Company, 1970.

② 陈家麟、孔祥珠：《徐松与〈西域水道〉》，《新疆历史论文集》，新疆人民出版社，1977。

道"、"为保卫新疆而撰写《西域水道记》"等语句散见于文章各处。这样使文章的时代性强烈凸显出来，总之该文是较早一篇全面对徐松及《西域水道记》进行研究的文章。

1981～1983 年日本学者榎一雄分段发表了《关于徐松的西域调查》一文①，该文是徐松研究中的一个里程碑式的成果，值得注意的是该文发表之后的将近二十年间，国内学人在相关研究中对此却少有提及。榎一雄这篇长文有三万余字，最早由易爱华、朱玉麒译介在《西域文史》第 2 辑中。文章共十三节，可分为两大部分。前六节作为第一部分，主要对徐松的京师学习生活以及遣戍伊犁时期的诸多问题进行了考证，特别是对流放时间、路途到达经过、伊犁家居、伊犁的政治环境、归京交游等历史细节问题做了大量的分析与还原，从而将徐松与当时的社会状况一一呈现，给人以立体饱满的历史感。日本学者治汉学之精细程度由此可见一斑。

七到十三节是第二部分，作者主要关注徐松的学术成果以及活动情况。首先，作者梳理了徐松生平著作，其力透纸背的评价让我们见识到了一位乾嘉学者的治学面貌。其次，作者花费大量笔墨在徐松的西北史地研究上面，其中主要关注徐松的西域考察活动、《西陲总统事略》《伊犁总统事略》以及《新疆识略》的对比研究、《西域水道记》的刊刻原委、徐松的经略思想等。纵观全文，榎氏的很多工作都是突破性的，比如对徐松伊犁生活情景的还原、对归京后其在学术领域地位的还原、对其在西域考察活动细节的描述、《西域水道记》刊刻年代等等，这些大大小的问题作者都有所关注。另外，作者还将徐松的西北史地研究与他的其余学术活动勾连在一起，从而以徐松这个点为我们展示了清代西北史地研究与乾嘉考据之间的联系。

与以上成绩相比，作者对徐松思想的分析则略显不足，但是关键之处也把握得很准，比如在对徐松治疆思想解读时作者说道："徐松的《西域水道记》对新疆这片新领土的成立及其特质进行了说明，试图为终结这种摸索状态助一臂之力"②，而其具体的经略思想则是"耕牧所资，守捉所扼，襟带形势，厥赖道川"，"以十一个湖的河流为中心，讲述其自然地理、人

---

① 榎一雄：《关于徐松的西域调查》，原载《近代中国》，岩南堂书店，第 10、11、13、14 卷，1981～1983；后载于《西域文史》第 2 辑，科学出版社，2007。
② 榎一雄撰《西域文史》第 2 辑，易爱华译，朱玉麒校订，科学出版社，2007，第 291 页。

文地理、历史地理"①。最后，我们可以清楚地看到榎一雄的这篇长文是相关徐松及《西域水道记》研究当中奠基性的一篇成果。但是作者对徐松在新疆调查的探讨是基于一种清朝如何征服与统治新疆的关怀来展开的，在文中时而会发现"征服新疆""统治新疆"这样的词，这是日本学者与中国学者极为不同之处。

榎一雄之后，台湾的王聿均于1983年发表了《徐松的经世思想》一文②，该文的前半部分考述徐松生平与著作，较重要的是第三节：徐松的经世思想落实于新疆史地的研究，作者着重分析了徐松的治疆策略，以及这种经世思想的来源。总的来讲，该文对徐松的治疆思想给予了重点关注，此外对徐松关于清与俄罗斯边界事务亦有所强调。由此我们看到，当台湾学者关注徐松的时候，其本人也受着这种中俄对峙时局的影响，对中国的关切也是非常强烈的。

赵俪生先生1985年发表的《西北学的拓荒者之一——徐松》一文③，仅就国内的研究情况来看，有着一定的价值。首先，他对徐松生平做了较为全面的梳理，比起陈家麟、孔祥珠的文章对徐松生平描述更为细致。其次，他是国内第一次将《西域水道记》评价为"有关新疆地理的科学研究""一部严格的地理科学专著"的学者。再者，赵俪生先生在文中所表现出的爱国主义情怀也跃然纸上，这大概是这一时期学者们所共通的东西。不足之处也是未参考国外学人的研究成果。

此外有钮仲勋的《徐松的西域水道记》一文④，着重从西域水道体系的划分、农田水利灌溉两个方面对《西域水道记》做了解读。秦佩珩的《〈西域水道〉简疏——罗布淖尔和哈喇淖尔水源的初步追迹》一文发表于1988年⑤。这篇文章作者自称该文是一篇读书笔记，但是文章的分量却不容忽视。作者的关注点集中在罗布淖尔与哈喇淖尔两处，特别是对后者附近的

---

① 同上，第290页。

② 王聿均：《徐松的经世思想》，《近世中国经世思想研讨会论文集》，中央研究院近代史研究所编印，1984。

③ 赵俪生：《西北学的拓荒者之一：徐松》，《赵俪生史学论著自选集》，山东大学出版社，1996。

④ 钮仲勋：《徐松的〈西域水道〉》，《中国水利》1987年第5期。

⑤ 秦佩珩：《〈西域水道〉简疏——罗布淖尔和哈喇淖尔水源的初步追迹》，《郑州大学学报》1988年第2期。

鸣沙山与三危山位置的考证，有一定的价值。作者还结合敦煌来看西北干旱地区的经略，认为《西域水道记》中对水利的高度重视在西北地区是非常有必要的。

赵俪生先生继1985年发表《西北学的拓荒者之一——徐松》一文之后，对徐松给予了持续的关注。1992年他又发表了《徐松及其〈西域水道〉》①，文中他着重对徐松的西域调查进行了介绍。与其他学者不同的是，他不止一次地将徐松的西域调查定性为"科学调查"，并且将徐松与斯文赫定、斯坦因等后来在新疆调查的西方学者进行比较。认为"徐氏的调查，则纯乎是爱国的，为祖国的新疆疆域做出地理的人文的勘定"② 除此而外，他对《西域水道记》一书做了总结。认为该书虽然是以淖尔为归宗，其实徐松是根据五大流域来对不同的水系进行归并，赵氏这一认识目光敏锐，见解独到。

周轩的《徐松与〈西域水道〉》③，对徐松的生平及其西域著作进行了考述，在生平阅历研究方面有所突破，特别是对"徐松学案"的分析，认为除了赵慎畛弹劾之外，徐松在湖南学政任上，由于对学生科场管理过严，导致学生、家长嫉恨，以及自己恃才傲物、不拘小节等原因使得众毒齐发，最终导致他革职流放。另外，作者对《清实录》的使用，增补了徐松研究的史料，如伊犁将军松筠奏请嘉庆帝为徐松谋得官职，使徐松大为感动等事。

冯锡时的《徐松〈西域水道〉辩误》发表于1998年④，在对《西域水道记》仔细研读基础上，重在考订书中的错误，作者指出了书中关于回历与夏历换算的错误，玉陇哈什河非玉龙杰赤，兀庐非阿鲁忽等错误，故该文有匡正原著正误之效。同年王燕玉发表了《徐松和〈西域水道〉》一文⑤，作者简要地对徐松及其西域著作作了介绍，特别提出《西域水道记》在中国古代历史地理研究上尤其是新疆研究上的开创性作用。不足之处是

---

① 赵俪生：《徐松及其〈西域水道〉》，《兰州大学学报》1992年第4期。
② 赵俪生：《徐松及其〈西域水道〉》，《兰州大学学报》，1992年第4期。
③ 周轩：《徐松与〈西域水道〉》，《清代新疆流放名人》，新疆大学出版社，1994。
④ 冯锡时：《徐松与〈西域水道记辩误〉》，《中国边疆史地研究》1998年第2期。
⑤ 王燕玉：《徐松和西域水道记》，《贵州师范大学学报》1998年第4期。

过于简略，且未参阅前人研究。郭书兰的《晚清地学巨子徐松》① 一文着重从地理学角度对包括《西域水道记》在内的徐松西北地理研究作了论述，也兼及论述其经世致用精神。牛海桢的《徐松〈西域水道〉的学术特点》发表于 2000 年②，作者从徐松《西域水道记》的研究方法入手，对该书的特点进行了总结。

这一阶段我们看到在榎一雄 80 年代的重量文章发表后，其他国家和地区的相关研究基本上处于众星拱月的状态，这是该时期较为明显的一个特征。在此特征下我们也发现该阶段关于徐松及《西域水道记》的研究中国学者很少有人提及榎氏的作品，这一现象的出现应该是由于学者受着时代的局限彼此间交流不多造成的。在国内这一时期是徐松及《西域水道记》研究的一个快速发展时期，发表文章达到了十二篇。其中，台湾学者王聿均对徐松经世思想以及清代俄罗斯情况都给予了较多篇幅关注。其他学者也对徐松的新疆考察、西域著作进行了研究，甚至赵俪生将徐松的著作评价为"对新疆地理的科学研究"，将徐松树立为对新疆进行科学考察的第一人。我们看到，清末西学东渐以后，民族国家等西方思想已为中国学者完全接受。它在重塑中国国家形态的同时，也形塑了中国学者的民族国家意识。这一时期文章中大都充满着强烈的民族主义爱国情绪。

在看待这一时期该领域研究成果的状况时，无论是不同作者对徐松书中俄罗斯的关注，还是对徐松新疆考察、治疆思想的描述与理解乃至这一阶段徐松研究成果数量的猛增都与这一时期中苏对峙以及"与俄国、苏联关系中的地缘劣势问题""一直倒逼着和困扰着晚清、民国以及中华人民共和国的边疆建构③"有关。在这样的时局下，一方面带动了以考证见长的传统西北史地研究，另一方面中国学者在对古代西北史地考证过程中，也表达着古代王朝经略、开发西北的历史，从而为当前中国对西北尤其是新疆的合法性提供支持。对于后者具体的操作是学者们往往以民族国家范式将"西北史"纳入"中国史"叙述之下，所谓"西北史地"，其背后则表达着"中国"之"西北"之意涵。国家关怀是该时期西北史地研究中要表达的主

---

① 郭书兰：《晚清地学巨子徐松》，《史学月刊》1999 年第 4 期。

② 牛海桢：《徐松〈西域水道〉的学术特点》，《史学史研究》2000 年第 2 期。

③ 黄达远：《18 世纪中叶以降的内亚地缘政治与国家建构》，《学术月刊》2014 年第 8 期。

题。正如郭丽萍所说："20 世纪 60、70 年代，中国北部边疆的局势又一次经历了剑拔弩张"，"徐松、何秋涛等人的著作被视为是研究中苏关系的参考书籍"，"（研究者）从西北研究中寻找着服务现实、加强边防的意义"①。

另外，新中国成立后对具有"西方资产阶级"性质的人类学、社会学等学科逐步的取消造成了西北史地在边疆研究中一家独大的局面。民国以来学科体系逐步建立后，失去"实地考察"方法②的西北史地这时在边疆研究中强势回归，可以说这是西北史地继徐松时代、民国以来在边疆研究中第三次兴盛。关于这点可以从这一阶段国内多所大学对西北史地的重视看出，如西北大学王宗维、周伟洲先生所主办的《西北历史资料》（内刊 1980 ~ 1985 年共 12 期）、《西北历史研究》（1986 ~ 1991 年，共 5 期）、兰州大学杨建新先生所主办的《西北史地》等等。

三　2000 年③至今的研究

首先要介绍的是周振鹤先生的《早稻田大学所藏〈西域水道〉修订本》④，该文发表于 2000 年 9 月，作者肯定了《西域水道记》对于新疆研究有着巨大的参考价值，并向国内学者引介了日本所藏的徐松《西域水道记》校补本原稿，这对于日后朱玉麒点校《西域水道记》以及国内相关研究来说都是有着巨大贡献，且极大丰富了这一领域的文献资料。继周振鹤先生之后，日本的石见清裕于 2001 年在中国青岛唐史学会上宣讲了《日本早稻

---

① 郭丽萍：《绝域与绝学 – 清代中叶西北史地学研究》，生活·读书·新知三联书店，2007，第 301 页。

② 这里并非指西北史地学人不再进行实地考察与文献考证相结合的方法，相反实地考察是西北史地研究自徐松以来所重视的一个传统的研究方法。民国时期大量西北史地著作皆有学者参与这种实地考察，如谢彬的《新疆游记》，吴蔼宸的《新疆记略》《新疆种族宗教风俗记》等。但是这种考察多是表面性的观察记录，与具有成科学体系的人类学田野考察相去甚远。说西北史地失去"实地考察"方法意思是自民国后人类学、社会学以其田野调查等细致且成体系的方法代替了原先粗疏的实地调查而大范围地参与到民族研究中来。

③ 至于为什么要以 2000 年作为这一时期的起始，有以下原因：对于徐松西域三种著作的系统整理与研究是从朱玉麒 2000 年 7 月份进入北京大学博士后流动站开始的，这一时间标志着对《西域水道记》全面研究工作的开始。其次，这一年周振鹤先生的两篇文章《早稻田大学藏书一瞥》《早稻田大学所藏〈西域水道记〉修订本》的发表，将徐松《西域水道记校补本》这一珍贵文献介绍给中国学界。

④ 周振鹤：《早稻田大学所藏〈西域水道〉修订本》，《中国典籍与文化》第 36 期。

田大学图书馆所藏徐松〈西域水道〉之著者亲笔校订本简介》①。方立军的
《徐松与西北边疆史地研究》一文②在对徐松生平介绍的基础上，着重对
《西域水道记》的特点、徐松的治学方法进行了总结，认为徐松在新疆研究
中采用实地考察的方法推动了乾嘉学风的转变以及西北史地学的发展。

这一时期，无论在相关成果数量上还是质量上贡献最大的都是朱玉麒
先生。他的博士后出站报告《徐松与〈西域水道〉研究》③，是截至目前徐
松研究的最高成果。作者在徐松生平、《西域水道记》版本等研究的基础
上，探讨徐松的治学方法来源、思想的变化。其中有大量篇幅日后发表在
各学术期刊上。

《〈西域水道〉稿本研究》发表于 2004 年④，该文主要对什么是《西域
水道记》稿本，稿本的写定年代，稿本与刻本的区别，稿本在校勘上的价
值，稿本递藏以及稿本中的浮签的情况作了考证，作者最后还将稿本中的
浮签一一录出。在该文中作者所谓稿本，是指《西域水道记》于道光末年
刊刻之前现在所能见到最早的一部徐松手稿，而刻本则是指道光末年刊刻
后的版本。这不但是一篇关于《西域水道记》扎实的文献研究，同时作者
还向学界引介了诸如稿本中所藏浮签等珍贵文献资料。

《〈西域水道〉稿本、刻本、校补本》，发表于 2004 年⑤，该文首先对
《西域水道记》的刊刻年代进行了考证，在这个问题上朱玉麒同意榎一雄将
时间大致定为道光十五年至十九年之间的考证，但是朱氏则根据李兆洛
（徐松好友，地理学家）写给徐松的信件更加细致地将时间确定在道光十七
年末至十九年末之间；另外，作者还利用多种史料树立了徐松在西北史地
学中的核心地位。与榎一雄不同的是朱氏则更多地利用了当时与徐松交往
密切的学者的作品，如龚自珍、魏源等人；值得注意的是该文第二节在对
《西域水道记》三个版本：稿本、课本、校补本（所谓校补本则是当《西域

---

① 石见清裕：《日本早稻田大学图书馆所藏徐松〈西域水道〉之著者亲笔校订本简介》初稿，
宣讲于青岛唐史学会，2001。转引自朱玉麒《徐松及其西域著作研究述评》，《新疆师范大
学学报》2004 年第 4 期。

② 方立军：《徐松与西北边疆史地研究》，《喀什师范学院学报》2002 年第 5 期。

③ 朱玉麒：《徐松与〈西域水道〉研究》，北京大学中古史研究中心博士后出站报告，2002。

④ 朱玉麒：《〈西域水道〉稿本研究》，《文献》2004 年第 1 期。

⑤ 朱玉麒：《〈西域水道〉稿本、刻本、校补本》，《中外关系史：新史料与新问题》，科学出
版社，2004。

水道记》刊刻后，徐松还在不断地增补与修改，这样一份手稿后来流转到日本早稻田大学。经周振鹤先生撰文引介才为朱玉麒等中国学者获知）进行比较的同时，对徐松在这三个版本写作时期的思想进行了探讨。首先，作者明确提出了徐松所具有的塞防思想，表现在刻本中作者对俄罗斯知识的不断深化。其次，作者从地图学角度对稿本与刻本中经纬度数据做了比较，认为从稿本到刻本之间对经纬度数据的精益求精，体现了西方地图绘制法在中国知识界普遍的接受程度。最后，作者在总结徐松在这一时期的思想时认为：儒学在当时学者的思想中具有重要的意识形态的作用，而西学（徐松对西方经纬度的使用）发挥的只是一种辅助性的作用。但是这种辅助性的作用也不能轻视，否则无法解释徐松一次次对不同版本《西域水道记》中经纬度数据的完善。由此可知，对西学知识如经纬度的重视不但是乾嘉学术方法论的支持者，也是当时清帝国与周围国家、族群划分边界的现实反映，是中国在历史时期国家形态发育的一个极好例证。从这时起，清帝国已不得不从天下王朝国家逐渐向边界清晰的近代国家转变。

《徐松及其西域著作研究述评》发表于 2004 年 10 月①，在综述国内外前人研究成果的基础上作者指出学术界历来对徐松生平、《西域水道记》价值以及徐松学术思想研究的忽视，尤其提醒学术界对徐松思想的研究是需要日后着重注意的地方。不过作者关注的是 2004 年以前的相关研究，2004年至今的则阙如。朱氏整理的《西域水道记（外二种）》②是以道光刻本中的挖补本作为底本，又以徐氏手定底稿本、《方壶》本、校补本作为勘本整理而成。由于《西域水道记》在流传过程中有多种版本，甚至有的版本内容差异较大、流藏海外而不为所见，所以今天我们能看到这么完整的一部著作，朱玉麒汇编整理工作居功至伟。值得说明的是该书的前言是朱氏写就的一篇文章，在对于徐松写作方法之一——地图绘制上——作者研究了徐松的地图绘制方法、地图方向变化等，对这些问题的研究具有开创性意义。

《清代西域地理中的吐鲁番—以〈西域水道〉为中心》一文发表于2006 年③，是以《西域水道记》几个不同版本中相关记载来研究吐鲁番的

---

① 朱玉麒：《徐松及其西域著作研究述评》，《新疆师范大学学报》2004 年第 4 期。
② 徐松撰、朱玉麒整理《西域水道记（外二种）》，中华书局，2005。
③ 朱玉麒：《清代西域地理文献中的吐鲁番—以〈西域水道〉为中心》，《吐鲁番学新论》，新疆人民出版社，2006。

一篇成果。《徐松遣戍伊犁时期考述》一文①在陈垣、榎一雄研究基础上对徐松遣戍伊犁时期的一些生活状况进行了考述，集中在往返时间、首途、遣戍时间、与三任伊犁将军的交往、对西域的考察活动等问题上，多有创新之处。但关于徐松在伊犁的生活考述方面，与榎一雄相比则较平面化。《〈新疆识略〉成书考》发表于同年②，该文对《新疆识略》的编撰过程进行了考述，作者认为在《新疆识略》成书过程中，祁韵士重文献，徐松兼顾文献与实地考察。这两人对《新疆识略》的接力，正是乾嘉实学从学科到方法在嘉道之际转型的一个标志。

此外，陈亚洲的《徐松及其〈西域水道〉探析》一文③在对徐松生平及其著作介绍基础上，着重对《西域水道记》写作特点进行了归纳，并给予徐松实地考察方法以极高的评价。作者认为，徐松不但在研究方法上异于乾嘉考据，而且又在19世纪末20世纪初西方探险家对中国探险之前，意义重大。

《徐松手札辑笺》④一文是朱玉麒在研究中陆续收集到的关于徐松的信札，这些资料都非常宝贵，作者在文章里将十六封徐松信札全部刊出并做了解读。《徐松与道光朝京师学坛的西北史地研究》发表于2009年⑤，该文的研究范围是徐松遣戍回京后的三十年人生，与榎一雄的《关于徐松的西域调查》一文相比，主要有以下特点：首先，在材料上朱氏明显在前人的基础上向前跨了一大步，比如《宣南讲学图跋》的面世，《大兴徐氏同人书札》《乾嘉名人书札》的使用，以及对徐松众多师友文集材料的发现，为我们从当事人的角度还原了徐松交往的场景；其次，作者并不就西北史地学而讲西北史地学，而是以当时更大的乾嘉学术脉络来看西北史地学的发展；最后，作者在论述徐松经世思想时，指出与徐松所交往的魏源、龚自珍二人，其思想渊薮来源之一便是徐松对西北史地的研究。《思想与思想史的资

---

① 朱玉麒：《徐松遣戍伊犁时期的生活考述》，《西域研究》2006年第1期。
② 朱玉麒：《〈新疆识略〉成书考》，《西域文史》第1辑，科学出版社，2006。
③ 陈亚洲：《徐松及其〈西域水道〉探析》，《塔里木大学学报》2007年第1期。
④ 朱玉麒：《徐松手札辑笺》，《文献》2009年第3期。
⑤ 朱玉麒：《徐松与道光朝京师学坛的西北史地研究》，《西域文史》第4辑，科学出版社，2009。

源：魏源致徐松三札考论》①，发表于 2010 年，该文主要是从三封魏源致徐松的信札来看徐松对魏源经世思想的影响。

《清代西域流人与早期敦煌研究—以徐松与〈西域水道〉为中心》②，该文主要探讨了徐松的敦煌研究对日后中国、西方敦煌研究产生了哪些影响。《〈西域水道〉刊刻年代再考》一文发表于 2010 年③。朱氏主要是在榎一雄以及自己之前研究的基础上，对《西域水道记》的刊刻年代给予了再次考证，最后确定为道光十九年。《西北史地学背景下徐松与邓廷桢、林则徐的交谊》发表于 2010 年末④，该文认为从《西域水道记》的著述与刊刻（徐松著，邓廷桢刻）以及该书众多的题词（英和、彭邦畴、张琦等人题词）体现的经世精神，可以看出徐松与邓廷桢那一代学人所共有的放眼看世界的眼光。邓廷桢任两广总督且在鸦片战争前夕刊刻《西域水道记》这种西北著作，体现了那一代知识人已超出日后所谓的塞防与海防之争，他们的忧患意识是全方位的，是时人对西北与东南同时会出现巨大危机的估量。

李军的《徐松〈西域水道〉论略》一文⑤在吸取前人研究的基础上，着重对邓廷桢关于《西域水道记》的评价"五善"做了解读，此外还对该书所具有的实地考察、经世意识、文学描写等特点给予了高度评价。

相关硕士论文只有一篇：《从〈西域水道〉的成书看徐松的学术转向》⑥，作者在总结徐松著作特点的基础上来看清代乾嘉实学的学术转向。相关著作则有郭丽萍的《绝域与绝学——清代中叶西北史地学研究》⑦，该书的特点之一是对西北史地学人的描写特别丰富，而徐松作为西北史地学

---

① 朱玉麒：《思想与思想史的资源：魏源致徐松三札考论》，《西域历史语言研究集刊》第 4 辑，科学出版社，2010。
② 朱玉麒：《清代西域流人与早期敦煌研究—以徐松与〈西域水道〉为中心》，《敦煌研究》，2010 年 5 期。
③ 朱玉麒：《〈西域水道〉刊刻年代再考》，《西域研究》，2010 年第 3 期。
④ 朱玉麒：《西北史地学背景下徐松与邓廷桢、林则徐的交谊》，《伊犁师范学院学报》2010 年第 4 期。
⑤ 李军：《徐松〈西域水道记论略〉》，《新疆地方志》2013 年第 1 期。
⑥ 尹俊耸：《从〈西域水道〉的成书看徐松的学术转向》，硕士学位论文，塔里木大学，2008。
⑦ 郭丽萍：《绝域与绝学——清代中叶西北史地学研究》，生活·读书·新知三联书店，2007。

人的核心则是作者主要考察对象。郭氏在书中第二章、第三章、第四章各辟一节来述论徐松，对徐松在新疆的考察活动做了细致的梳理。另外，作者还将徐松与同一时期德国的地理学家洪堡在美洲的考察活动作比较，让我们清晰地考到了西方与中国在地理学发展的不同路径与差异。其次，作者结合徐松遣戍归京前后的政治时局来谈徐松的际遇，边疆危机的时局产生了对西域知识的需要，在这样的情况下遣戍归来的徐松自然也成了西北史地学的核心人物。再次，作者以大量的史料为基础说明西北史地学在方法上借助了传统考据学的文献与文献互勘、金石与文字的互证、文字音韵推断等方法。最后，对徐松经世思想的考察也是郭氏的一个关注点，她认为徐松对西北知识的需求与清廷统治西北的需求是一致的，徐松在这样大一统的时代对新疆治的思想要大于防的思想。另外，贾建飞的《清代西北史地学研究》①将徐松以及《西域水道记》放在西北史地学兴起阶段的框架下来讨论，并不是作者考察的主要对象，所以着力不多。

我们看到这一时期该研究领域的学术演出是以朱玉麒、郭丽萍为主角出演的。朱氏侧重于徐松人物生平以及《西域水道记》的考证研究，另外对徐松经世思想也多有关注。郭氏在构建以徐松为核心的西北史地学基础之上，更关注清代学术与国家之间的关系。与前两个时段相比，朱玉麒对人物生平的考证以及对《西域水道记》的汇编整理都使该领域呈现了一种前所未有的面貌，即扎实的文献整理与大量严谨的事实考证，为该领域的发展打下了坚实的基础。而郭丽萍在前人赵俪生基础上对徐松新疆考察经过更为细致的描写，使徐松这一在官方资助下的考察具有了"国家地理"的底色②。这两位学者侧重面不同，但同时将徐松研究带入到了一个新的高度。总之，该领域在短短十几年时间内所产出的成果远大于前两阶段，所以无论在质量还是数量上将这一时期称为高潮阶段应不为过。

正如上文所指，这一时期在朱玉麒、郭丽萍引领下对徐松及《西域水道记》的研究在基本史实考证、徐松经世思想、新疆考察、学术史等方面涌现了大量成果，该时期取得如此丰硕的成果除了前人对徐松研究得不够充分外（比如对徐松新疆考察的细致研究是在郭丽萍的努力下完成的），与

---

① 贾建飞：《清代西北史地学研究》，新疆人民出版社，2010。
② 黄达远教授语。

这一时期朱玉麒发现了大量徐松的原始文献有关（如朱氏收藏的 16 封徐松信札、早稻田大学所藏《西域水道记》稿本等）。当然两位学者通过徐松所表达自身的国家关怀也与这一时期的西北时局乃至历史上所遗留的西北塞放思想有关。

四　结语

新疆自古以来就是东西方文明的交会之地，羽田亨将其比作自来水管，东、西方文明经过这个管道时必受其影响而改变其性质，所以各种文化在经过这里时与当地文化产生融合使古代西域的文化面貌产生一种复杂而多样的形式。徐松的《西域水道记》集前人研究成果之大成，再加之他对南北两路的实地考察搜集了大量资料，使他著作更加翔实可靠，所以徐松的著作应较为客观地反映着新疆多元、复杂的面貌。今天想要了解 19 世纪前后新疆的状况，徐松以及《西域水道记》是应该值得我们重视的。

通观前人相关研究，在纵向上，我们看到关于徐松及《西域水道记》研究中三个时段的特点，第一阶段主要是资料的积累阶段，这一阶段在缪荃孙等学者的致力下为日后的徐松研究奠定了基础。徐松及《西域水道记》并未过多引起人们的注意，相关研究中以陈垣先生为代表，主要围绕着徐松的遣成时间等细节问题进行探讨与考证。第二阶段则属于发轫期，这一阶段的研究成果表明对徐松及《西域水道记》的研究已在国内外展开。论文数量大幅增长，取得了一定的成绩。国内学者多集中在对徐松新疆考察等爱国主义事迹的论述与介绍上，其中带有强烈的民族主义情绪。台湾学者则较关注徐松的经世思想，而日本学者榎一雄先生则较为系统与细致地对徐松生平、西域考察、作品进行了研究。第三阶段则为高潮期，这一阶段在发掘相关史料基础上，成果涌现，对一些细节问题的考证在不断加深，如对《西域水道记》刊刻年代的考证等。在对西北史地学人团体研究方面也有着很好地呈现。最重要的是朱玉麒对《西域水道记》的全面系统汇编整理，为该研究打下了坚实的基础；郭丽萍则在还原徐松新疆考察、研究的基础上，将国家与学术的关系完全展现了出来。

这三个阶段的关注点不断扩大，即由单向度的生平事实考证逐渐扩大为对徐松、《西域水道记》系统全面的整理研究乃至更为立体的西北史地学术史考察。另外，在历史叙述上也体现着不同阶段的学者由王朝叙事（清末）向民族国家叙事方式（新中国建立后）的转变。除此之外，也有着贯穿始终的线索：对徐松新疆考察事迹、治疆策略以及对俄罗斯的关注等是历代研究者不变的研究取向，同时隐藏在此取向之下的，是从民国至今不同代际研究者的国家关怀。在陈垣那里，既是对徐松遣戍新疆时间、地点的考证，同时也隐含着清朝对新疆流放犯人、开发的明证。王聿均对徐松治疆思想的清理，既是作者在中苏对峙时期对新疆的关注，也是对清朝治理新疆的历史合法性追述。赵俪生、郭丽萍更是将徐松树立为一名最早在新疆从事水利考察的"科考人员"，使清廷在新疆治理的意义体现出来，从而将中国对新疆的合法性提前至"徐松时代"。

综上所述，我们可以看到对徐松生平特别是新疆考察及其意义的发掘在学者们不断努力下，取得了不俗的成绩，另外对其经世思想也有所关注。对其著作《西域水道记》的研究则主要集中在一些基础研究上，如版本的流传、会集、整理，以及徐松的研究方法等，而对于其作为一部新疆地志性质的专书，在19世纪初新疆政治、社会研究中的价值却有所忽视。如徐松利用经纬度数据对新疆各地卡伦、水源的定位，不但反映了西学在西北史地中的应用，也反映了清朝对新疆迫切寻求治理的愿景。还有书中对同一流域却在不同位置出现不同的名称，以及在不同流域却出现同样水道名称，都暗示了各种人群的分布状况，诸如此类等等都有益于认识当时新疆多元的社会状况。加之徐松的材料许多都是通过亲身目验得来，所以就更值得我们珍视。仔细阅读《西域水道记》，可以发现徐松视野中的西域非常美丽而又富于多彩多样，即不同的人群在何处屯田、何处放牧，又在何处捕鱼，其风俗习惯多种多样。这也在暗示我们，对于历代关于徐松及其《西域水道记》的研究不应仅仅以国家视角来看待它，而应适当地回到新疆本土视角中，去看待这个徐松所描写的梦幻中的世界。

（曹博林：陕西师范大学中国西部边疆研究院硕士研究生）

尼泊尔，1792 – 1816 [*]

阿拉斯泰尔·兰姆 著　梁俊艳 译　邓锐龄 校

[26][①]1792 年中国介入喜马拉雅争端之后，只剩下一条连接孟加拉和西藏的路线，这是印藏贸易复苏的唯一希望。当时，西藏的属国（Tibetan dependency）不丹（Bhutan）对印度商人紧闭大门；而英国东印度公司尚未发现后来成为加尔各答与拉萨间主要通路的锡金（Sikkim），可资利用。剩下的尼泊尔（Nepal），受 1792 年东印度公司与尼泊尔签订的商约的些许约束，给印商和英国货物进入西藏高原提供些机会。公司认真考虑利用这条仅存的道路，在两次藏尼战争时公司也并不因自己的西藏政策受到干扰而灰心，这就表明它把同西藏的贸易视为重要的事。

基尔克帕特里克上校曾建议，尼泊尔路线或许可以替代不丹路线。在约翰·肖爵士（Sir John Shore）担任印度总督之际，英印政府打算接受这一建议。英国东印度公司与加德满都之间的关系，由贝拿勒斯（Benares）经营，不算怎么好。英印驻贝拿勒斯代表邓肯（Duncan）曾在 1792 年参与过《英尼商约》的签订。邓肯及其继任者拉姆斯登（Lumsden）都想方设法开辟尼泊尔线路。1792 年尼泊尔在尼藏战争中溃败。之后，贝拿勒斯地方似乎始终与西藏保持着某种联系。[27]例如，听说在 1794~1795 年，达赖喇嘛曾给英印驻贝拿勒斯代表寄过信函和礼物。[②] 廓尔喀官员——通常是那些在加德满都失势之人——前来贝拿勒斯，少量印度商人，即便西藏大门向他们紧闭，仍然可以在尼泊尔贸易。曾有一位与邓肯关系密切的商人，即穆

---

[*]　选译自兰姆（Alastair Lamb）著《英属印度和西藏，1766 – 1910 年》（*British India and Tibet*, *1766 – 1910*, Routledge & Kegan Paul, London and New York, 1986），第 26 – 42 页。本文的翻译经过作者本人的授权。

① 此为原书页码。

② 《董事会选集（Board's Collections）》，第九卷（vol. 9），选集第 720 号（Collection No. 720）："阿卜杜勒·卡迪尔汗（Abdul Kadir Khan）致拉姆斯登（Lumsden）"，1796 年 1 月 6 日。

斯林圣人阿卜杜尔·卡迪尔汗（Abdul Kadir Khan），他在第二次藏尼危机中担任邓肯驻加德满都的代理人①，此人似乎是执行当前政策的理想人选。1795 年初，英国东印度公司派阿卜杜尔·卡迪尔汗等携带大批印度和英国商品前往尼泊尔，奉命查明这些商品能否运往西藏，向公司报告这些商品的大致卖价及这条商路的前景。1795 年 2 月，约翰·肖致函邓达斯（Dundas，译注：监督局的成员）说："此番尝试，规模适中，即便完全失败，损失也微不足道，但我更乐观一些。"② 伦敦对阿卜杜尔·卡迪尔汗使团也感兴趣，倍加关注。英国东印度公司（董事会）副主席大卫·斯科特（David Scott）说到，英国的羊毛制品"最近在中国亏本出售"③，董事会希望阿卜杜尔·卡迪尔汗此行得以使"英国棉织品在西藏（Tibet）和鞑靼（Tartary）大批量出售。"④

　　直到 1795 年底，阿卜杜尔·卡迪尔汗才从尼泊尔返回英印，他当即提交了一份非常有趣的报告。他带走的大部分印度商品和黄色以外的各色绒面呢（细平布，broadcloths），都以非常令人满意的价格在尼泊尔畅销。此外，还有不少商品被再次出口去西藏。实际上，尼泊尔大宗贸易都与转运商品往北方（即指西藏——译者）相关。藏尼贸易利润极高，占统治地位的廓尔喀家族竭尽全力垄断尼泊尔的国际贸易。他们获得巨大成功，使任何外来者很难多分一杯羹。阿卜杜尔·卡迪尔汗使团的情况则是例外。看来，在正规贸易上，公司只盼望找到办法消灭尼泊尔中间商而直接与西藏商人交易，这样才能盈利。如果能够做到这一点，公司将获利丰厚。阿卜杜尔·卡迪尔汗估计，若英国绒面呢在拉萨出售，一卢比银币可以赚取 10 安那（make 10 annas in the rupee）。而诸如贝壳、镜子和刀子等商品，则本钱每花费 1 卢比，就能赚取 1 卢比的利润。目前，阻挠英国东印度公司获取

---

① 凯曼，如前所引，第 125 页。

② 《印度总督私人档案；约翰·肖勋爵通信集……致亨利·邓达斯函，……1795－1796》（*The Private Records of an Indian Governor-Generalship; the correspondence of Sir John Shore…with Henry Dundas, …1795－1796*），弗伯编辑（剑桥，1935 年出版），第 65 页。

③ 《大卫·斯科特通信集》（*The Correspondence of David Scott*），菲利普斯（C. H. Philips）编辑（皇家历史学会，卡姆登第三系列，vol. LXXV，伦敦，1951 年），第 57 页："斯科特致邓肯"，1796 年 1 月 12 日。

④ 《孟加拉急件（*Bengal Despatches*）》，第 31 卷，第 705 页："孟加拉政治急件（Bengal Political Despatch）"，1797 年 10 月 4 日。

这笔财富的只有贪婪的廓尔喀人。西藏商人迫切地想做买卖，但面对廓尔喀人的贪婪，根本无法获利。此外，廓尔喀人和在西藏的中国人之间的关系[28]依然紧张。大批中国军队仍警惕地驻守在藏尼边界，政治形势很不利于商业贸易。阿卜杜尔·卡迪尔汗建议，公司或许可以采取一些措施改善这种情况，如在印尼边界设立市场，可以吸引西藏商人，还可以给"拉萨军官（Sabadar of Lhassa）及达赖喇嘛"送致友好信函。① 然而，目前似乎只有这一条线路可以进行贸易往来，因而拉姆斯登致函约翰·肖爵士时说："今后可否不须尼泊尔人代理或从中干涉……直接同西藏或中国商人进行贸易。"②

约翰·肖爵士读完阿卜杜尔·卡迪尔汗的报告后，禁不住想，如果1792年中国人占领了整个尼泊尔，并将廓尔喀人驱赶出尼泊尔，正如这些廓尔喀人先前将尼瓦尔王公赶出尼泊尔那样③，公司的情况是否会更好一些？无论如何，公司似乎有必要劝使尼泊尔首领接受英国在其首都设立一名代表，当然，前提条件是中国人不反对这一计划。如果此举可行，约翰·肖对"将大不列颠商品销售到西藏和鞑靼仍抱有希望，无论如何，这是值得我们重视的目标。"④ 因此，当1800年尼泊尔发生政治危机之时，英国东印度公司充分利用了这个机会，在加德满都设立一名代表。那年，尼泊尔王拉纳·巴哈杜尔（Ranbahadur）被迫逃往印度，并在贝拿勒斯建立起自己的流亡政府。英国驻贝拿勒斯代表范德海登（Vanderheyden）受命利用这一局势，劝说廓尔喀人同英国东印度公司签订一项新商约。尼泊尔政府显然担心英国东印度公司同巴哈杜尔流亡政府沆瀣一气，因而答应与英国代表商谈此事。要英国须遣使为此来加德满都，并作为英方代表留下。英属印度政府派上尉诺克斯（Knox）担当此任，并于1801年抵达加德满都。⑤

诺克斯接到的英属印度政府指令表明，英国东印度公司仍对印藏贸易兴趣不减。他被告知：

---

① 《董事会选集》，第九卷，选集第720号："卡迪尔汗（A. K. Khan）致拉姆斯登（Lumsden）"，1796年1月6日；"拉姆斯登（Lumsden）致肖（Shore）"，1796年1月22日。
② 《董事会选集》，第九卷，选集第720号："拉姆斯登致肖"，1796年1月22日。
③ 在上述引文中，1796年6月30日来自孟加拉的政治信函（Political Letter from Bengal）。
④ 在上述引文中，1796年3月7日孟加拉政治咨询函（Bengal Political Consultation）。
⑤ 《董事会选集》，第162卷，选集第2号，第804页：1801年8月31日，来自孟加拉的秘密信函；诺西（Northey）著《廓尔喀》（Gurkhas），如前所引，第43~44页。

　　你务必将注意力放在如何开通公司所属各省与不丹和西藏等国的有利可图的直接贸易，或通过尼泊尔商人的中介与这两地贸易等方面。我们十分重要的一个目标便是将金银进口到公司辖下各省。据说不丹和西藏有很多金银矿藏——[29] 若经适当鼓励，金银或许也能成为一种商品，通过交换商品，欧洲或印度各省的产品都能在公司属地得以销售。①

　　诺克斯在执行这些命令的时候，极为小心谨慎。他从马嘎尔尼使团的遭遇吸取的一个教训便是，中国人对英国在喜马拉雅地区外交政策颇有误解，这可能对公司在中国的贸易地位造成不利影响。然而，当印度总督（Governor-General）韦尔兹利勋爵（Lord Wellesley）颇为乐观地认为"尼泊尔王国完全不隶属于中华帝国"时，公司才决定派诺克斯前往加德满都。与此同时，"考虑到……公司在中国的安全利益，在同廓尔喀人签订政治协议时务必高度谨慎"。

　　1801 年 10 月，诺克斯上尉同廓尔喀人签订了一项条约，措辞小心翼翼，避免英中关系因此紧张。条约规定他成为英国第一任驻加德满都代表。然而，英尼关系很快又因廓尔喀宫廷政变而紧张起来。1803 年，诺克斯离开了尼泊尔。1804 年，韦尔兹利勋爵宣布终止 1801 年签订的英尼条约，他希望没有正式条约的限制，英尼关系会更加愉快。然而对于这一点，韦尔兹利勋爵恐怕要失望了。诺克斯离开尼泊尔不久，拉纳·巴哈杜尔就从贝拿勒斯返回加德满都，成为他幼子的摄政，重新执掌国家政权（自 1800 年他逃亡尼泊尔之际，其幼子就成为国王）。拉纳·巴哈杜尔回国后没多久，就被他的一位后妃谋杀了。此次政变的结果是，比姆·逊·塔帕（Bhim Sen Thapa）掌握了实权。直至 1836 年，塔帕始终牢牢控制尼泊尔的内政外交。②

　　比姆·逊·塔帕采取了积极对外扩张的态度，这不可避免地令尼泊尔与英国发生了冲突。核心问题将出现在低湿地带特莱（Terai），这就是位于喜马拉雅山脚下的大片低地，大都为沼泽湿地，疾疫肆虐，但却具有相当重要的经济价值，尤其是特莱地区的阔叶树森林。特莱在尼泊尔语中称杜

---

① 《董事会选集》，第 162 卷，选集第 2 号，第 804 页："诺克斯的指令"，1801 年 10 月 31 日。
② 圣瓦尔（Sanwal）著《尼泊尔》（Nepal），如前所引，第 84～124 页。

瓦尔（Duar），沿不丹南部与公司属地交界的一片区域，公司至少从 1766 年起就一直渗透该地，[30]杜瓦尔是 1772 年不丹与库赤·比哈尔之间爆发战争的诱因之一，也是 19 世纪英国和不丹另一次危机的导火索。在尼泊尔特莱低地以及与之类似的毗邻尼泊尔、锡金的茂荣（Morung）地区，存在着恒河平原上诸邦与喜马拉雅山脚下的诸邦之间复杂的主权矛盾。一旦英国东印度公司直接或间接地占领了这片地域（廓尔喀人也占领了它），则双方冲突只能秉着政治家的和解风度方可避免，而比姆·逊·塔帕显然并不热衷于此。

早在 1768 年，公司便开始对茂荣，即毗邻尼泊尔东部和锡金的特莱感兴趣，因该地是造船木材的主要来源地，这时，特莱作为英尼冲突的潜在原因就已显现出来。从 1768 年起，公司便开始关注廓尔喀人对这片珍贵原材料产地的蚕食鲸吞，而锡金因向这片肥沃低地征税，对此更为关注。黑斯廷斯认真地考虑过是否可以用武力将廓尔喀人驱逐出茂荣，然而在茂荣这片地区进行战争的难度极大，黑斯廷斯很可能为此受阻。廓尔喀人不仅在茂荣威胁了英国人的利益，而且在其征服尼泊尔之后，便开始逐渐蚕食英国保护下的诸小邦。此外，廓尔喀还为那些从英国所辖地区逃出来的强盗、土匪和罪犯提供庇护。在尼泊尔和英控领土交界处频繁发生意外事件的同时，廓尔喀人正稳步地扩张。除了 1792 年向北扩张（译注：此指侵入后藏）未遂外，廓尔喀人还向西扩张，直至萨特累季河（Sutlej）横切群山之处，在这里正遇到兰季特·辛格（Ranjit Singh）的锡克帝国的版图边缘，遂受阻不前；又向东扩张深入锡金，将锡金统治者驱逐到山中避难。截至 1813 年，当摩拉勋爵（Lord Moira，后来的黑斯廷斯侯爵）成为印度总督时，廓尔喀和英国之间似乎"永远不会有真正的和平"，"除非我们将恒河以北的诸省让给廓尔喀，令恒河成为双方边界线"①。翌年，所有和谈努力均付之东流，摩拉勋爵向尼泊尔发动了战争。②

---

① 《印度政府行政管理摘要》（*Summary of the Administration of the Indian Government*），黑斯廷斯侯爵著（爱丁堡，1825），第 13 页。摩拉勋爵（Lord Moira），爱尔兰贵族第二任摩拉伯爵（2nd Earl of Moira），1817 年晋升为黑斯廷斯侯爵，主要原因便是对廓尔喀战争的胜利。

② 对于英尼战争的背景，参见《尼泊尔文档》（*Papers Relating to Nepaul*），为东印度公司董事会所有者印刷（伦敦，1824 年）；帕姆博（J. Pemble）著《英国东印度公司入侵尼泊尔》（*The Invasion of Nepal. John Company at War*），牛津，1971。

从 1814 年起，尼泊尔便不再是一个独立国家；而早自 1792 年，尼泊尔曾是中国的朝贡国。1792 年以来，印度方面并不确知，尼泊尔向中国进贡这事实究竟在何种程度上将影响英尼战争的进程。这由于印度很难获得有关西藏的信息，而中国可能援助尼泊尔是会从西藏那里获知的。[31] 当有关获得西藏的信息的机会出现时，公司却不够警觉敏感，未能把握住。例如，公司并未利用查尔斯·兰姆（Charles Lamb，译注：1775 - 1834 年，英国著名的散文家）的朋友、那位性格古怪但令人愉快的英国学者、旅行家托马斯·曼宁（Thomas Manning）。1807 年，曼宁来到广州，随身携带英国东印度公司董事会成员致特别委员会（Select Committee）信函。曼宁的目的是学习汉语，之后打算去中国腹地探险。曼宁打算从广州或澳门，以后又从交趾支那（Cochin China）前往中国内地，但均未果。1810 年，曼宁前往加尔各答，打算取道喜马拉雅山和西藏，前往中华帝国。尽管曼宁没能伪装成一位中国绅士抵达中国内地，却在 1811 年成功到达拉萨，并会见了达赖喇嘛。曼宁明确说明，他认为公司可从与西藏的关系中获取不少好处。然而当他打算自加尔各答出发游历，需公司签发给他外交任务和身份证明时，却遭到公司官员的拒绝，他写道："傻子！傻子！傻子！机不可失，时不再来！"①

威廉·穆尔克罗夫特（William Moorcroft）则是另一位颇有冒险精神的英国人。在廓尔喀战争爆发前的几年间，他前往西藏探险没有获得任何官方鼓励。穆尔克罗夫特是一名兽医。1808 年，孟加拉政府聘用了他。不久，他成为英国东印度公司在巴特那（Patna）附近一处种马场的管理人。1812 年，他在赫西（Hearsey）的陪同下前往西藏，伪装得不怎么成功地去西部西藏噶大克（Gartok）寻找新的马种并调查能否在西部西藏进行山羊绒贸易，当时噶大克正是这种山羊绒贸易的中心。对于当时的英属印度政府来说，穆尔克罗夫特的游历似乎"充满危险……不大可能给（英国）公共服务（public service，译注：指英国政府的工作）带来多大好处"②。穆尔克罗夫特在接下来的几年间继续游历，于兴都库什山、帕米尔和喀喇昆仑山等

---

① 马克汉姆：《Narratives》，如前所引，pp. clv-clxi，第 213 ~ 294 页。
② 《董事会选集》，第 421 卷，选集第 10 号，第 366 页："孟加拉政治急件"，1813 年 6 月 15 日。

地探险。1825 年，他死于阿富汗北部的安德胡伊（Andkhui），葬于巴尔赫（Balkh）。然而，有一派荒唐之言却流传下来，说穆尔克罗夫特实际上 1825 年之后化装前往拉萨，并且一直留在西藏，直到 1835 年才去世。对这种流言，两位（到过拉萨的）法国传教士胡克（Huc）和加贝（Gabet）似应负责。①

随着英国与廓尔喀战争的爆发，摩拉勋爵开始意识到穆尔克罗夫特在中国中亚的游历以及与当地商人往来的经验的价值。1814 年，公司关注的一个核心问题是：中国对公司和尼泊尔之间发生的战争持何种态度。[32]例如，中国人对于英国吞并其朝贡国尼泊尔将作何反应？这是在战争的紧迫下必然提出的一个重大问题。1801 年，陪同诺克斯上尉去过加德满都的布坎南医生（Dr. Buchanan），也是当时公司处理廓尔喀事务最有经验的顾问，他认为，英国吞并尼泊尔有可能招致令人不愉快的后果，他说："英国和清帝国之间将共有一条长达七八百英里的边界，若两国互相轻蔑，则这边界上只能滋生事端而无和平可言。"② 穆尔克罗夫特也提供事实支持这一观点。他的一位线人米尔·伊祖特·乌拉（Mir Izzut Ullah）是克什米尔商号成员之一，该商号总部位于帕特纳（Patna），分支则遍布克什米尔（Kashmir）、尼泊尔（Nepal）、中国西部（Western China）、西藏和孟加拉。米尔·伊祖特·乌拉向穆尔克罗夫特报告他给政府传递的信息说，尼泊尔王公担心英国发动进攻，已向拉萨的中国人要求，一旦发生，请予援助。中国人在回

---

① 《穆尔克罗夫特西藏探险问题研究》（Le Cas Moorcroft；un problem de l'exploration Tibetaine），罗伯特·费兹（Robert Fazy），（《通报，T'oung Pao》，vol. XXXV，1940），第 155 – 184 页。也可参见《胡克与加贝在鞑靼、西藏及中国的游历》（Travels in Tartary，Tibet and China by Huc and Gabet），哈兹利特（W. Hazlitt）翻译、伯希和（P. Pelliot）编辑（两卷本，1928），第二卷，第 222、253 – 255 页；梅森（K. Mason）著《雪域》（Abode of Snow），1955，第 65 – 67 页。雷切尔·吉伯（Rachel Gibb）一直从事穆尔克罗夫特生平研究，主要依据印度事务部图书馆的穆尔克罗夫特手稿。她对穆尔克罗夫特死亡之谜给出了一个几乎可以确定的答案。她告诉我，穆尔克罗夫特死于阿富汗。然而，他在当地的一些代表拥有他书写的信函，很有可能还包括英国地图。这其中，至少有一位代表是位克什米尔人，与拉萨有着贸易往来关系，即米尔·伊祖特·乌拉——这位商人和穆尔克罗夫特长相相似，大约于 1835 年死于西藏，他留下的文件引发流言蜚语，让人们误以为他就是伪装后的穆尔克罗夫特。

② Home Miscellaneous，vol. 646，f. 747。《尼泊尔文档》（Papers Relating to Nepaul），第 45 页："布坎南致函亚当"，1914 年 8 月 9 日。

信中表示，如有必要，他们愿意提供帮助，并询问尼泊尔需要多少金钱和人力。穆尔克罗夫特建议，可派当地人作为代理人前往拉达克和喀什噶尔探询，以验证这则消息的真实性。因为，如果拉达克和喀什噶尔人传说，西藏要从他们那里超常规地采购大量粮食，用来供一支到达西藏这样资源贫瘠的地方的大军食用，那么，这则消息必确实可信。然后，这些本地人可以继续前往拉萨，因为不是从英国统辖区来拉萨的，就不会引人怀疑。一旦抵达拉萨，他们便可给正向尼泊尔推进的英军送情报。① 没有档案记录表明这个计划是否付诸实施，但毫无疑问，摩拉勋爵似乎将中国视为真正的威胁。

随着战事的推进，他的担心进一步得到证实。例如，在 1815 年 3 月，英国人截获了尼泊尔王公写给中国皇帝的求救信草稿，这在英国人看来相当不快。该求助信在承认"中国皇帝在世界诸王中拥有至高无上的地位"后指出，没有中国的援助，廓尔喀人无法继续抵抗英军。该信请求中国人从西藏出兵攻打孟加拉，如此便可牵制英军，减轻尼泊尔的压力，并传播恐慌情绪远至加尔各答的欧洲人中间。这样做符合中国人的利益。英国人已经"令平原上的所有王公（Rajahs）都臣服于他们了，并已篡夺了德里国王的王位。因此，廓尔喀人希望（和西藏）团结起来将欧洲人驱逐出印度"。否则，"英国人在占领了尼泊尔之后，必将继续推进……[33]征服拉萨，……我恳请您……立刻予以援助，无论是人力还是金钱，如此便可驱逐敌人，保住山河，否则，几年之内，英国人必将成为拉萨的主人。"② 此番言论具有一定真实性，在中国官员看来也貌似有理，正如过去马嘎尔尼的经历清晰表述的那样。看来必须减轻中国人的疑虑，现在有两种办法可行。

第一，既然英国人只希望惩罚廓尔喀人，保住自己的权益，那么，他们就不该吞并尼泊尔，惊动中国人。这是布坎南医生（Dr. Buchanan）的建

---

① 《尼泊尔文档》（*Papers Relating to Nepaul*），第 84~86 页："穆尔克罗夫特致函亚当"，1814 年 9 月 14 日。

② 《尼泊尔文档》（*Papers Relating to Nepaul*），第 556 页："摩拉勋爵秘密信函"，1815 年 5 月 11 日。弗雷泽（J. B. Fraser）《穿越喜马拉雅山脉之旅》（Journal of a tour through part of the Himalaya Mountains），1826，第 526 页。

议。他补充到，如果那些曾被廓尔喀人废黜的尼瓦尔酋长重新复位领有尼泊尔，中国人很可能不会反对。他说，中国人"和英国政府一样，早已厌烦了廓尔喀人的傲慢"。① 英属印度政府决定不吞并尼泊尔，但由于找不到土著首领的后裔，因而别无选择，只能让廓尔喀人占有。这样，直到 20 世纪，尼泊尔还维持着主权国家的身份。但是，公司接管西部喜马拉雅地区的库马翁、加尔瓦尔等地，似乎没有遭到反对。1792 年以来，廓尔喀人虽占领了这些地方，但最后未能将其作为尼泊尔的一部分，这在当年的中尼条约里已有规定了。②

第二，公司认为应向中方明确说明其反对廓尔喀人的立场，避免其误解英国的目的和意图。在印度政府秘书（Secretary to the Indian Government）亚当（J. Adam）看来，与同西藏关系最为密切的山地小国锡金建立联系，便为英国提供了一种渠道，因为"锡金的王公们与拉萨和不丹的喇嘛关系密切，恢复他们先前的土地财产，无疑会受到拉萨、不丹的欢迎，我们还可诱使他们满意地认可我方的行动。"③ 同尼泊尔作战可为同锡金建立联系提供绝佳借口，因为自 1775 年以来，锡金就一直遭受廓尔喀的攻击。而被锡金隔开的尼泊尔和不丹两国打算结盟的流言蜚语，令英国更有必要采取这一措施。英国援助锡金不仅具有军事目的，还有其政治目的：这样不但能阻止廓尔喀人和不丹人相互勾结，还可以对廓尔喀侧翼进行攻击。因此，任职兰普尔（Rangpur）地方收税官的大卫·斯科特（David Scott），——波格尔先前担任过此职——在 1814 年 12 月接到命令，[34] 通过锡金或是不丹，力求与拉萨建立联系。孟加拉军队的兰特上尉（Captain Latter）受命率军进入锡金，竭尽全力地鼓励锡金王公起来反抗廓尔喀人。④ 与此同时，不丹统

---

① 《尼泊尔文档》（*Papers Relating to Nepaul*），第 45 页："布坎南致函亚当"，1814 年 8 月 9 日。

② 《尼泊尔文档》（*Papers Relating to Nepaul*），第 551 页："摩拉勋爵秘密信函"，1815 年 5 月 11 日。

③ 《尼泊尔文档》（*Papers Relating to Nepaul*），第 268 页："布坎南与亚当致斯科特的锡金备忘录"，1814 年 11 月 2 日。也可参见《锡金历史》（*History of Sikkim*），编辑人：图多南杰爵士王公殿下，二等爵级司令勋章（Highnesses the Maharaja Sir Thutob Namgyal, K. C. I. E.），锡金益西卓玛女王（Maharani Yeshay Dolma of Sikkim），1908（此为打印稿，印度事务部图书馆和皇家中亚学会存有复印件，伦敦），第 76 页。

④ 《尼泊尔文档》（*Papers Relating to Nepaul*），第 258、266~269、412 页。

治者也收到一封信函，他们受到礼貌的警告，不要在其边界邻接锡金的那段上反对英国。①

1815 年春，兰特带领一支 2000 余人的军队进入茂荣（Morung），很快与锡金政府建立了关系。由于英国人为锡金提供了一些军火，并承诺为其收复廓尔喀抢走的土地，锡金人很容易地接受劝服与英国人合作，并充当起加尔各答和拉萨之间联系的纽带。② 英国通过锡金给中国驻藏大臣送去信函，解释东印度公司对尼泊尔发动战争的原因。英方至少"收到一次回复，正如摩拉勋爵（Lord Moira）所言，尽管语气有些傲慢，但并无冒犯之意，更无敌意，我们相信那封回信已流露出中国驻藏大臣的态度，即他们不会干涉我们与尼泊尔的战事"。③ 摩拉勋爵认为，情况终于开始出现转机，英国或许可与北京建立外交关系了，波格尔、特纳、黑斯廷斯的夙愿终有机会实现了。④ 然而，大卫·斯科特试图通过不丹和拉萨取得联系的尝试却失败了。1815 年 1 月，他从不丹政府处获得准许，向不丹首府派出一名代表，并由此至拉萨。不丹人似乎很愿意接受这个使团，但派出的这位代表基申·康德·波斯（Kishen Kant Bose）却没能抵达西藏。⑤ 斯科特写道："我很遗憾地说，基申·康德·波斯'似乎不具备那种使节应当有的小心谨慎的品质。'"⑥

摩拉勋爵政府真正担心的是中国有可能援助其属国廓尔喀，他甚至在 1815 年给英国在尼泊尔的司令下达指令，除非完全确定对方怀有敌意，否则不准向中国军队开枪。⑦ 印度政府还须考虑：廓尔喀人一旦被打败，宁愿到西

---

① 《尼泊尔文档》（*Papers Relating to Nepaul*），第 412 页："芒克顿致函兰特"，1914 年 12 月 6 日（疑为作者有误，应为 1814 年——译者注）。

② 《尼泊尔文档》（*Papers Relating to Nepaul*），第 924 页："兰特致函亚当"，1815 年 12 月 19 日。

③ 马士：《编年史》（*Chronicles*），如前所引，第三卷，第 258 页，引用 1816 年 6 月 15 日摩拉勋爵致函广州特别委员会。

④ 《黑斯廷斯侯爵私人日记》（*The Private Journals of the Marquess of Hastings*），其女儿比特女侯爵（Marchioness of Bute）编辑（两卷本，1858），第二卷，第 146 页。

⑤ Home Miscellaneous, vol. 650, f. 72："斯科特（Scott）致函蒙克顿（Monkton）"，1815 年 1 月 20 日。

⑥ 《董事会选集》，第 552 卷，选集第 13 号，第 383 页："斯科特致函亚当"，1816 年 9 月 24 日。若想了解基申之行的详情，请参见《前往不丹的政治使团》（*Political Missions to Bootan*）（加尔各答，1865）。

⑦ 《尼泊尔文档》（*Papers Relating to Nepaul*），第 721 页："摩拉勋爵的秘密信函"。

藏寻求避难，而非首先向英国人投降，届时英属印度政府应采取何种政策。① 在英尼战争结束之际，一个新的险情出现。这就是尽管中国人不大可能介入英国与尼泊尔的战争，但他们却极有可能反对英尼两国在 1816 年 3 月签订的《塞哥里条约》（Treaty of Segauli）带来的和平。就中国而言，尼泊尔人是否有权同外国签订条约？[35] 中国人如何看待英国吞并库马翁和加尔瓦尔，并将先前廓尔喀夺取了的西藏附属国锡金之地，置于英国保护之下？中国人是否同意英国在加德满都设立代表？

1816 年夏天，摩拉勋爵开始为这些问题焦虑。他还记得，在战争过程中，廓尔喀人曾经向中国皇帝寻求援助。在 7 月或 8 月，当英尼签订和约之后，加德满都获悉，一支中国军队终于出现在前往喜马拉雅山区的路上。驻在尼泊尔首府的英国代表加德纳（Gardner）十分清楚，廓尔喀人对此并不欢迎。的确，他们似乎相信中国人是来施加惩罚的，原因有二：（1）他们与东印度公司发生了战争；（2）他们又与东印度公司签署了和约。② 8 月底，加德纳写道，"我认为，中国人引发的问题确实十分严重"，现在廓尔喀人在寻求英国的帮助。③

摩拉勋爵政府非常希望这场危机尽快过去，无论其背后真相如何，英国都无须决定是否去帮助廓尔喀人。当然，英国绝不会给予尼泊尔任何武器援助，因为英国的政策必须遵守"避免与尼泊尔签署任何协议，因为这可能将我们牵连其中，或令中国人不悦"。中国和尼泊尔之间似乎即将爆发一场争端，公司愿意主动从中斡旋；但公司仅以双方的朋友的身份，"即便做出这种程度的干涉，由身处董事会的勋爵来看，也一定要尽可能避免。"东印度公司在这种情形下的真正利益十分清楚，这就是：与中国皇帝保持和平友好的关系是公司的重要目标，符合公司巨大的商业利益，同时也真正符合联合王国的利益。英国政府应不遗余力地防止当前的情况转向，因为这或许会甚至导致双方关系暂时停顿。

---

① 《印度及边界国家阿富汗、尼泊尔和缅甸简史》（*A Short History of India and Frontier States of Afghanistan, Nipal and Burma*），韦勒（J. Tallboys Wheeler）著（伦敦，1889），第 465 页。

② 《董事会选集》，第 552 卷，选集第 13 号，第 383 页："加德纳致函亚当"，1816 年 8 月 19 日、27 日、28 日。

③ 同上："加德纳致函亚当"，1816 年 8 月 30 日。

显然，英国应尽快开发一条比经过锡金更好的与中国人打交道的途径，摩拉勋爵建议向拉萨派出一名欧洲代理人，或许可以派去"驻加德满都办事处的一位绅士"，这样中国人就会看到"英国官员开放坦率的处事待人的风度"。

如果这位代理人能够会见中国在西藏的高级官员，[36] 他会将近期英国与尼泊尔间战争过程简要地告知。他会辩称《塞哥里条约》绝不会影响中尼关系，也会指出英国在加德满都设立办事处全无妨碍。为了避免含混不清，这位代表会随身携带一份中文版的上述各点的详细说明。摩拉勋爵感到焦虑的另一个话题是，公司将其统治扩展到库马翁和锡金等地。这位代表若有可能，要证明公司的扩展合情合理，而不能答应英属印度政府从这些地区撤出。然而，如果需要的话，他会向中国人承诺，英国驻加德满都代表会撤离，但这张用于讨价还价的牌只能最后出手。万一中国侵略尼泊尔，将是这场危机中可能出现的最糟糕的事情：因为中国入侵会造成一条漫长的英中边界，那里将成为争端的滋生地，届时英国驻加德满都代表无论如何都要撤离。不过摩拉勋爵一点也不担心会发生这种事。①

摩拉勋爵小心地警告即将出发前往北京的阿美士德勋爵（Lord Amherst），说他可能会被问及喜马拉雅地区的情况。② 摩拉也准备了种种解释言辞，通过锡金路线传递给中国驻拉萨代表（译注：指驻藏大臣）③。最终结果表明，这锡金路线倒是中国人从东印度公司接收信函的唯一途径，因为当时英驻加德满都的代表加德纳反对派一名欧洲人去西藏，认为负有此使命者必须小心从事，不可委托给当地人（a native agent）。④ 加尔各答和拉萨之间的友好通信一直维持到 1818 年。中国人似乎承认他们无意干涉东印度公司与尼泊尔之间的关系。虽然中方曾经"出于对我们公司的善意，考

---

① 《董事会选集》，第 552 卷，选集第 13 号，第 383 页："亚当致函加德纳"，1816 年 9 月 14 日。
② 同上："摩拉勋爵致函阿美士德勋爵"，1816 年 9 月 14 日。
③ 同上："兰特致函亚当"，1816 年 9 月 3 日、1816 年 10 月 30 日；"亚当致函兰特"，1816 年 11 月 9 日。
④ 同上："加德纳致函亚当"，1816 年 10 月 7 日；"亚当致函加德纳"，1816 年 11 月 2 日。另，"不可委托给当地人"，若照原文直译，native agent 的确是本地人、当地人的意思，至于这里的当地人指的是欧洲人，还是印度人，或者是尼泊尔人，或者作者的本意并不清楚，我赞同这里当地人应指欧洲人。（译者注）

虑到维系双方的友谊"，礼貌地要求过英国驻加德满都代表撤离，但终归徒劳。①

在印度，没人真正了解这场危机的背后隐藏着什么。基申·康德·波斯（Kishen Kant Bose）估计约有 2000 人组成的一支中国军队抵达拉萨，不丹人也被提醒，准备随时在必要的时候帮助中国人。② 这支中国军队或许是四川总督派出的，因为四川总督负责照管清朝在西藏的利益，四川军队来藏的目的是调查喜马拉雅地区的情况。北京似乎不太了解这些情况。在阿美士德勋爵使团一行在华时，中国官员似乎从未向勋爵提及廓尔喀战争的事。③ 这场危机对摩拉勋爵来说，将证实他的见解即公司在喜马拉雅地区的行动必将给公司在广州的地位带来各种危险，[37]而在广州的英国人则并不完全这么认为。

在 1814 年 6 月，摩拉勋爵小心翼翼地向广州货运管理特别委员会（The Select Commitee of the Supercargoes at Canton）——专门管理公司驻中国官员的机构——解释了英国对尼泊尔作战的理由。此外，他还告诉他们，这场战争有可能会令他们的处境变得艰难。然而，货运管理委员会却非常乐观：他们认为，英尼战争的消息根本无法传到北京，即便到了，也不会造成什么伤害。因为北京（清政府）十分清楚，公司有办法在中国领土上实施报复，"这就对公司保持对华贸易，不但安全而且更加有保障"。④ 但摩拉勋爵仍然不能放心。在 1816 年 6 月，他给广州发去了一份公文急件，等阿美士德使团来广州的时候交给他们，这是一份有关英尼战争的详细记录，适宜于呈递中国皇帝。⑤ 但货运管理委员会仍坚持自己最初的乐观看法，1816 年 8 月，当摩拉勋爵向董事会成员辩护英国发动对尼战争合情合理之际，还驳

---

① 普林赛普：《1813 - 1823 年间黑斯廷斯侯爵执政时期印度政治军事事务史》（*History of the Political and Military Transactions in India during the Administration of the Marquess of Hastings 1813 - 1823*），两卷本，第一卷，1825，第 209~213 页。也可参见黑斯廷斯《日记》（*Journals*），如前所引，第二卷，第 137~139 页，第 145 页；威尔逊：《1805 - 1835 年间英属印度历史》（*The History of British India from 1805 to 1835*），三卷本，第二卷，1846，第 79~80 页；马丁：《中国的商业、政治与社会》（*China: Commercial, Political and Social*），1847，第 25 页。

② 《董事会选集》，第 552 卷，选集第 13 号，第 383 页："斯科特致函亚当"，1816 年 9 月 24 日。

③ 伊利斯：《英国使团中国行纪》（*Journal of the Proceedings of the Late Embassy to China*），1817，第 196 页。

④ 《尼泊尔文档》（*Papers Relating to Nepaul*），第 272 页："货运管理委员会致函摩拉勋爵"，1814 年 10 月 5 日。

⑤ 马士：《编年史》，如前所引，第三卷，第 258 页，第 279 页。

斥有人指摘他的言论已经危及广州贸易，说：

> 广州的特别委员会持完全不同的观点，他们并不认为我们通过库马翁与鞑靼（Tartary，译注：指西藏）取得联系，是保护茶叶贸易的重要手段，因为广东总督懂得我们能从陆路上把我们的申诉意见方便地递送到北京，他就不敢再用让人恼火的手段对我们在广州的货运经管员横加骚扰，他近来已多次这样地干了。①

在接下来的几年中，广州的英国人仍然希望能获得"与鞑靼通信的机会"。广州的特别委员会认为，1822年的"蜂鸟号事件"（Topaz）刚好提供了一个机会，可改善其与北京通信的手段。② 由于英国皇家海军舰艇"蜂鸟号"船员与一些中国人在伶仃岛（Lintin Island）打架滋事，在广州引发一场危机。几个中国人被杀，当地政府要求英方交出杀人犯，任由中国司法机构处置。这种特殊情况在过去也曾发生过几次，有时候英国人为了息事宁人，会交出一名英国臣民。然而，这一次他们的态度非常坚定，拒绝交出任何英国人听由中国法庭的审判。由于他们坚决的态度，货运管理委员会不得不离开广州，贸易也由此停顿了几个月。[38]他们给印度发了一封长长的公文，描述了当前争端的原因，表明他们当前的困境，即求中国人能公正地聆听他们的观点而不可得。他们还提及有一段时间不得不向北京提出申请书希望能由当地官员转呈，申请书用英文书写，但他们怀疑在翻译成汉文的过程中，内容被歪曲篡改了。现在，他们获准用汉文写申请书，但仍需依赖广州官员机构代向北京递交。他们无法保证申请书能完好无缺地送到北京，甚至不能保证其能否送达。因此，他们请求孟加拉调查"无论何时发生重大危机，将他们的报告通过陆路递交给邻接西藏的中国边疆地区，或通过锡尔赫特（Sylhet，译注：今孟加拉国东北部一主要城市）和云南省，转交北京朝廷，是否可行与适宜。"③ 印度政府对尼泊尔和锡金进行调查，看是否有可能发掘此类通信路线。虽有可能通过这些路线之一向北

---

① 《尼泊尔文档》（*Papers Relating to Nepaul*），第996页："摩拉勋爵致函东印度公司董事会主席"，1816年8月6日。

② 马士：《编年史》，如前所引，第四卷，第18~41页。

③ 《董事会选集》，第843卷，选集第22号，第566页："货运管理委员会致函印度"，1822年12月26日。

京递交一封信函，但开发一条常规性的通信渠道则完全取决于北京的中国政府皇帝的意愿。① 情况发展到这一阶段，似乎停滞不前了。

廓尔喀战争的结果表明，英中关系并未受其影响。例如，1817 年阿美士德使团失败的北京之旅并未遭遇麻烦。然而，印度政府却无法消除英国喜马拉雅政策招致影响英中关系的忧惧。例如，在 1841～1842 年的西部喜马拉雅危机期间，印度方面就曾表达过此种担忧。但在 1816 年之后，西藏可能提供通往北京后门的想法彻底被放弃了，而这一想法曾是整个 19 世纪中英关系史的重要主题。英国与西藏建立联系的主要目的转为要改善印度边界贸易，并为其喜马拉雅政策在当地执行中遇到的问题寻求解决之方。截至 1842 年，这种变化格外明显，英国很快便开始试图利用其与中国刚刚建立的关系——首先通过香港，在 1861 年之后则通过北京——解决印度政府遇到的问题。

这些问题很多都是紧跟着廓尔喀战争从实行政治安排中产生的。例如，英国同锡金的关系，首先是由于战争需要而产生的，战后的进一步发展，则是为了阻止廓尔喀扩张进入英国势力范围，让尼泊尔东南西三面都在英国控制或保护之下，推行这种政策，锡金起到非常关键的作用。为了防止廓尔喀朝东方继续推进，"与锡金国王签署一则条约，规定、标明英国与锡金的未来关系的条件。"为了保证锡金国王同意签署该条约，尼泊尔在锡金用武力所取得的应交给英国的，英国考虑交还或在认为合适的时候交还给其合法的主人锡金。② 有了这张讨价还价的王牌，1817 年 2 月，兰特上尉得以在梯塔利亚（Titalia）地方与锡金王公签署协约，锡金方面满足了英国的所有要求。公司保证帮助锡金抵抗廓尔喀的入侵。锡金人同意由公司控制其外交关系，并承诺将那些为逃避英印法律制裁而在锡金山区寻求避难的难民归还给英属印度政府，还答应保护英印商人的安全，使其在穿越锡金进行贸易的时候免交过高税赋。因此，公司获得了黑斯廷斯时代求之不得的那条线路，即经由英国保护下的锡金，前往西藏边界贸易的路线。③ 的

---

① 同上："孟加拉政治急件"，1824 年 9 月 10 日；《寄往孟加拉的公文》，第 103 卷："商业公文"，1826 年 10 月 24 日。

② 《尼泊尔文档》（*Papers Relating to Nepaul*），第 926 页："亚当致函兰特"，1816 年 1 月 13 日；第 690 页："孟加拉政治急件"，1817 年 2 月 13 日。

③ 《艾奇逊条约集》，如前所引，第 12 卷，第 58 页。

确，锡金似乎提供了比波格尔和特纳所选择的不丹路线"更为合适的、连通英印与拉萨及中国通信"的一条途径。① 摩拉勋爵作出了正确的判断，与这个山地小国建立了联系，从而获得某种意义上的外交成功，"这是我们从未用武力乘该国极其困难时取得的外交上的胜利"。② 然而，当时锡金路线并未完全得到利用，《梯塔利亚条约》也因废止不用而失效——这种情况在后来给印度政府带来了诸多不便。廓尔喀战争之后，公司在西部喜马拉雅、库马翁和加尔瓦尔从尼泊尔手中获取的胜利，似乎比锡金作为英国与中国的外交渠道和英国通往西藏市场的贸易渠道提供了更光明的前景。

在战争过程中，摩拉勋爵已显示出对西藏贸易的兴趣，这主要是穆尔克罗夫特将英国贸易扩张到中亚的主张所致。在 1815 年，摩拉勋爵在穆尔克罗夫特建议下，同意其"验证英国与拉萨间是否可以建立贸易关系的可行性"，这令人不由得想起阿卜杜尔·卡迪尔汗（Abdul Kadir Khan）当年组织的商团。一位名叫阿合迈德·阿里（Ahmad Ali）的克什米尔商人，打算带着大批商品货物前往西藏，而且将会带回[40]"英国生产的、适合西藏市场的产品质量"报告。然而，该计划因过于谨慎而流产。以往公司曾经资助阿卜杜尔·卡迪尔汗旅藏所需的所有商品，而今阿合迈德·阿里只获得公司给予的利率为 6% 的资金贷款，这些贷款刚够维持阿里本人的开销。因此，阿合迈德·阿里最终认为无法在此条件下与公司合作，该计划就这样取消了。③

在廓尔喀战争中，库马翁和加尔瓦尔的商业价值同样引起摩拉勋爵的注意。④ 在摩拉勋爵的战争结果调查报告中，他特别关注以下两点：这些地方有无可能成为向英国领土引入西部西藏著名山羊绒的渠道，因山羊绒作为制造著名的克什米尔披肩（Kashmir shawl）的原材料，颇有利可图；该地有无可能作为"进入鞑靼地区最深处"的路线。这种情况"不仅会给印度，

---

① 普林赛普：《印度政治军事事务史》，如前所引，第一卷，第 86 页。也可参见汉密尔顿《印度斯坦及其邻国地理、统计数据和历史描述》（*A Geographical, Statistical and Historical Description of Hindostan and the Adjacent Countries*），两卷本，1820，第二卷，第 86 页。

② 黑斯廷斯：《日记》，如前所引，第二卷，第 146 页。

③ 《董事会选集》，第 552 卷，选集第 13 号，第 385 页："孟加拉政治急件"，1816 年 11 月 16 日，"穆尔克罗夫特致函亚当"，1816 年 9 月 22 日。

④ 《尼泊尔文档》（*Papers Relating to Nepaul*），第 241 页："弗雷泽（Fraser）致函亚当"，1814 年 10 月 20 日。

而且会给大不列颠本土带来商业和手工制造业的巨大利益"。① 此外，战争的结束更消除了反对开发这条路线的呼声。英国本土政府早就反对，认为开发这条路线可能引起中国人的警觉，中国或许把这样的行动看作后面隐伏着英国扩张的图谋，因而要站在尼泊尔一边出面干涉。② 摩拉勋爵认为，这条线路还可令英国同俄国在亚洲商人之间竞争，他听说俄商发现法国生产的布匹在西藏和中亚其他地方销量不错。③

廓尔喀战争后不久，印度政府便不遗余力地在西部喜马拉雅，而非在锡金，发展英藏关系，究其主要原因，有四点：第一，如前所述，从这一地区可以直达生产西藏山羊绒的核心，在英尼战争前的很长的一段时间里，公司就已经发现山羊绒的商业价值。第二，这一地区现已存在英藏共有的一条边界，英印政府希望由此英国和西藏官方间能产生频繁且有益的联系。④ 第三，这一地区远离中国人控制的核心拉萨，这里的藏人孤立排外或许不如其他地方那样的顽固坚决。1812 年穆尔克罗夫特访问噶大克之际，就证实存在这种希望⑤。1816 年 5 月，韦伯上尉（Captain Webb）在库马翁边界上与西藏官员打交道的经验也一样⑥。第四，在战争期间或战争结束后不久，英国武官们注意到西姆拉（Simla）这个小村庄，于此地修建一所山中驿站，似不无裨益。西姆拉也由此迅速发展起来。1827 年，印度总督阿美士德勋爵参观了西姆拉，[41]"他偕家眷在此居住几个月之久，返回加尔各答后，面色红润，萨拉·阿美士德夫人还创作了几幅漂亮的画，这证明西姆拉是个有益健康且景色优美的胜地。"⑦ 由此，西姆拉成为时人经常光顾之地。西姆拉一地便利于英国官员与喜马拉雅地区和西藏接触，注定要在

---

① 《尼泊尔文档》（*Papers Relating to Nepaul*），第 761 页："摩拉勋爵秘密信函"，1815 年 8 月 2 日。

② 汉密尔顿：《印度斯坦》，如前所引，第二卷，第 655 页。

③ 《尼泊尔文档》（*Papers Relating to Nepaul*），第 551 页："摩拉勋爵秘密信函"，1815 年 5 月 11 日。

④ 《尼泊尔文档》（*Papers Relating to Nepaul*），第 673 页："摩拉勋爵秘密信函"，1815 年 7 月 20 日。

⑤ 对于穆尔克罗夫特前往噶大克之行的描述，参见《亚洲研究》（*Asiatic Researches*），第十二卷（加尔各答，1816）。

⑥ 《董事会选集》，第 552 卷，选集第 13 号，第 384 页。

⑦ 巴克：《西姆拉今昔》（*Simla Past and Present*），1925，第 6 页，引用"芒迪上尉（Captain Mundy, A. D. C.）致函康伯米尔勋爵（Lord Combermere）"，写于 1828 年 10 月。

英藏关系史上扮演重要角色，这与后来英印政府的另一个避暑山庄大吉岭（Darjeeling）十分相似。

然而，公司并没有努力充分利用在西部西藏进行贸易的可能，但此地贸易的兴起在很大程度上却归因于英国控制之外的喜马拉雅政治形势的变化。如前所述，摩拉勋爵认为，英国在西藏边界上采取任何行动都会危及公司在广州地位的安全。即便不再有中国为支持尼泊尔而介入的危险，这种担忧仍挥之不去，无论货运管理委员会怎样劝说，也改变不了这个忧虑。因此，尽管印度政府理论上完全同意在西部西藏和印度属地之间发展印藏贸易，尤其是山羊绒贸易，但并未准备采取任何决定性的步骤进行这一贸易。英属印度政府宁愿听任中国人在西藏自行其是，不希望冒任何危险，哪怕是再小的危险，再发动另一场山地战争。廓尔喀战争花掉的卢比，比对马拉塔人（Marathas）和品达里人（Pindaris）的战争合起来的支出，还要多，这在摩拉政府是十分著名的：前者花费 5156961 孟加拉铸卢比（Sicca Rs.），后者合起来花费 3753789 孟加拉铸卢比。[①] 这一事实极大地影响了公司政府的政策。

如果一定要对华伦·黑斯廷斯时代的西藏政策的终止给出一个时间，那么定在 1816 年或 1817 年是最合适不过的。公司同尼泊尔的关系不可避免地令公司尝试打开与西藏贸易的线路。1792 年，当不丹关闭大门之后，尼泊尔显然成为英印政府的选择。在很大程度上，廓尔喀战争危机的出现深受英国战略的影响，即英国竭力想令这一不愿合作之地对英商开埠。1816 年和 1817 年间，通过签署《塞哥里条约》和《梯塔利亚条约》，公司获得了通往西藏边界的新路线。在西面，英国领土现已和西藏接壤。在东面，锡金提供了一条名义上在英国保护下、通往西藏边界的走廊，这迟早被英国视为绕开先前穿越不丹这条老路的理想选择。另外，廓尔喀战争的结束，标志着英藏关系的模式发生了变化。[42]黑斯廷斯希望英国能够通过西藏建立与北京的外交关系。1822 年"蜂鸟号"（Topaz）事件发生后，货运管理委员会致函印度政府的信中也表达了同样的想法。这封信是战争期间（译注：指 1816 年英廓战争）印度和广州之间通信直接引发的结果，也应是最后一

---

① 黑斯廷斯：《1813 年 10 月至 1823 年 1 月间印度政府行政概要》（*Summary of the Administration of the Indian Government from October 1813 to January 1823*），1824，附录 A。

次谈及这种可能性（译注：英通过西藏建立与北京的外交关系的可能性）的信函。贯穿整个 19 世纪，英国政府某个部门的确偶尔会担心英国在西藏边界上的政策可能会阻碍英中关系的顺畅发展，然而，几乎不会有官员要辩护英国试图把势力扩张到西藏必将改善英中关系。在 1842 年中英《南京条约》签署之后，一想到中国与西藏的关系，印度政府便往往想通过常驻中国的代表（首先在香港，其次在北京），给中国人施加压力，在中方配合之下打开西藏大门，让英国势力及其商业都可进入西藏。

（梁俊艳：中国藏学研究中心历史研究所副研究员；
邓锐龄：中国藏学研究中心历史研究所研究员）

译后记：文中将中国和西藏并举等这类西方学者普遍使用的错误提法，并不代表译者及本刊的观点，请读者明辨。

呼罗珊地区乃沙不耳[*]

斯特朗格 著　韩中义 译

古波斯语中，呼罗珊（Khurāsān）意为"东边之地"，一般来说这一名称从中世纪早期就开始使用了，该地区包括了"大沙漠"以东所有信仰伊斯兰教的地区，并远到印度边界。所以，从广义上说呼罗珊包括了除昔吉思田地区和靠南的苦黑思田地区以外的东北所有河中地区，靠近中国沙漠与中亚的波谜罗高原，以及印度的印度·苦失山脉等广大地区。但后来呼罗珊所包括的地区变小了，因而作为中世纪波斯的一个地区，通常来说其东北的范围最远只达乌浒水，以及除哈烈（Herāt）以外的高原地区，也就是今天阿富汗西北地区。中世纪阿拉伯人所熟知的乌浒水上游地区一直到波谜罗高原一般也纳入呼罗珊的外围地区。

阿拉伯时期或中世纪的呼罗珊地区通常分为四个专区（Rub`），并以四座大城市之名命名，这四座城即以乃沙卜儿（Nayshābūr）城、木鹿（Marv）城、哈烈（Herāt）城和巴里黑（Balkh）城，分别为各专区的首府，这些专区在不同时期时分时合。穆斯林第一次征服活动后，以木鹿城和巴里黑城作为呼罗珊地区的首府。但塔西儿王朝的统治者将政治中心西移，在他们的影响下，[382][①]乃沙卜儿城成了此（呼罗珊）地区的首府，也是四个专区中最西区的首府[②]。

---

[*]　此文得到：2012 年度教育部人文社会科学重点研究基地重大项目："中国古代西北边疆与伊利汗国历史地理研究"，批号：12JJD790013。此文译自斯特朗格著的《阿拉伯东部历史地理研究——从阿拉伯帝国兴起到帖木儿朝时期的美索布达米亚、波斯和中亚诸地》第 27 章，题目为译者所加。

[①]　此为原书页码。

[②]　Ist.（Istakhrī）：《道里邦国志（Kitāb al-Masālik wa`al-Mamālik）》和《各地形胜（Kitāb Sūra al-āqalīm）》，第 253、254 页。I. H.（Ibn Hawkal）：《大地形胜（Kitāb al-Sūrat al-Aradh）》，第 308、309、310 页。Muk.（Mukaddasī）：《诸地知识的最佳划分（Ahsan at-Taqāsīm fī Ma`rifat al-aqālīm）》，第 295 页。Mst.（Mustawfī）：《地理学（Nuzhat-al-Kulūb）》，第 185 页。

在现代波斯语中，其名为乃沙不耳（Nīshāpūr）城①，阿拉伯语则为乃沙卜儿（Nayshābūr），但在古波斯语中为你兀沙普合儿（Nīvshahpuhr），意为"沙普儿（Shāpūr）之善（事、行或地）"，这座城市之所以这样称呼是因为公元 4 世纪萨珊王朝的沙普儿二世重修了此城，并以他的名字命名（该城是阿儿达喜儿·八卜甘（Ardashīr Bābgān）之子沙普儿一世修建的）。如前所述，绝大部分地方包括在苦黑思田的乃沙卜儿地区所属各主要城市，伊斯兰历 3 世纪（公元 10 世纪）的阿拉伯地理学家已做了详尽记载，但特别值得关注的是这些城市的古老拼写形式，以及很多提到了但现已无法考订的地名②。

穆斯林早期时代，乃沙卜儿也被称作阿卜剌沙合儿（Abrashahr），波斯语的含义为"云城"，也因倭玛雅王朝和阿巴思王朝铸造了早期的底儿罕（dirham）而称作"造币城"。穆喀达思和其他著述者也将这座城记载为伊兰·沙合儿（Irān-Shahr）城，即伊朗城，但这种称呼可能仅是官方作为荣誉称号来使用的。伊斯兰历 3 世纪（公元 10 世纪），乃沙卜儿城已是一座极为繁华的城市，四至从半里格到 1 里格，还包括城堡或瓮城、内城和外城。聚礼主清真寺位于外城；这座寺是萨法儿王朝君主异密（`Amīr）修建的，面向叫麻阿思喀儿（Al-Mu`askar，即阅兵场）的公共广场，其毗邻着总督府，（该寺）朝向另一个叫麦丹忽辛（Maydān-al-Husaynīyīn）的广场，这里距离监狱不远，三处建筑彼此不超过 1/4 里格。

城堡有 2 门，内城有 4 门。内城的第一座门是八卜·坎塔剌（Bāb-al-

---

① 《世界境域志（Hudūd al-`ālam）》第 102 页称："乃沙不耳（Nīshāpūr）城是呼罗珊最大的、最富有的城市。其占地面积有 1 法儿萨，有很多居民。这里是商人的光顾地，是军事统帅（sipāh-salārān）的驻地。这个城有城堡（quhandiz）、内城（rabat）、外城（shaharstān）。该城的绝大多数水是泉水，并通过地下管道输送。这里产各种纺织物（Jama）、丝绸、棉布。"《克拉维约东使记》第 102 - 103 页详细记述了尼沙卜儿（乃沙不耳）城，以及物产、贸易等。译者。

② Ist.，第 258 页。I. H.，第 313 页。I. K.（Ibn Khurdādbih）：《道里邦国志（Kitāb al-Masālik wa`al-Mamālik）》，第 24 页。Ykb.（Ya`kūbī）：《诸地志（Kitāb al-Buldān）》，第 278 页。I. R.（Ibn Rustah）：《亲历记（Kitāb al-A`lāq An-Nafīsa）》，第 171 页。乃沙不耳（Nīshāpūr）名称中的第一个音节在古波斯语中为你兀（Nīv 或 Nīk），在现代的波斯语中为"好（Nīkū）"，阿拉伯语中的双元音"乃（Nay）"（sābūr）在现在波斯语种变成了长元音，于是就有了乃沙不耳，而阿拉伯文的 b 在波斯文变成 p 音。见诺尔德克（Noldeke）译编的《萨珊王朝统治时期的波斯与阿拉伯历史（Geschichte der Perser und Araber zur zeit der Sassaniden）》，第 59 页。

Kantarah）门，即桥门；第二座为麻吉儿（Maʾkil）门；第三座为八卜·苦寒底兹（Bāb-al-Kuhandiz）门，即城堡门；最后一座是塔斤（Takīn）桥门。过了[383]城堡与拥有诸多大市场的内城后，就到了有很多城门的外城。其中主要的城门是八卜·拱北（Bāb-Kubab）门，即穿顶门，朝西；其对面是八卜·江（Bāb Jang）门，即战争门，朝着卜失塔夫鲁失（Bushtafrūsh）地区；朝南是八卜·阿合瓦萨八（Bab Ahwasābād）门，以及文献记载的其他一些城门①。最著名的商业区称作麻剌八·喀必儿（Al-Murabbaʿah-al-Kabīrah，即大方格）市场和麻剌八·萨吉剌（Al-Murabbaʿah-as-Saghrah，即小方格）市场，其中"大方格"市场靠近前文提到的聚礼清真寺；"小方格"市场和前一个市场有段距离，位于外城的西边，靠近麦丹·忽辛广场和总督府。一条店铺林立的悠长大街从一个方格伸展到另一个方格；另一条同样是店铺林立的大街经过大方格附近的右角后，继续向南一直到达叫喀必儿·忽辛（Kābir-al-Husaynīyīn）的陵园，再向北一直到河边的桥头。

商业街有供商人居住的客栈旅店，每种商品都有自己的专区市肆，还分出鞋匠、裁缝和靴匠等区，以及其他各行各业的很多区域。城里的每户人家均有自己单独的地下水管道，水源取自洼地·萨噶洼儿（Wādī Saghāvar）河，这条河发源于附近的卜失坦坎（Bushtankān）村，并流经乃沙不耳城。这些输水管道由城里的专门官员管理，其铺设的管道通常在地下长达100步，管道穿过城后又到了地面，灌溉着当地的果园。

伊本·豪喀尔说所有呼罗珊地区中没有哪座城比乃沙不耳城更舒适或繁华的，城里的富商很有名，每天驼队运来各种所需商品。棉花和生丝是此城的大宗输出品，这里纺织各种布料织品。穆喀达思全面证实了这些记载，还补充了一些细节。他说乃沙不耳城有42个城区，有些城区和半个昔剌思城那么大。通向城门的主街（darb）近50个。聚礼大清真寺建有4处院落，如前所说这座寺是萨法儿朝君主异密修建的。砖砌的柱子支撑着寺顶[384]，大庭院周边有3个游廊。寺院的大殿装饰着金色的瓦片，还有11座门通向此寺，每侧均有大理石柱子，寺顶和墙壁装饰得极其华美。如前所

---

① 《人物辞典（Biographical Dictionary）》（英译本，Ibn Khallicān：V2，p. 131）提到了兹雅校场门（Gate of Maidān Ziād），这个校场（Maidān）是以兹雅·阿卜·喇合曼（Ziād Abd ar-Ramn）名字命名；校场也是乃沙不耳（Naisāpūr）城区的名称之一。Trans by Slane, William Mac Guckin, baron de, Paris 1842. 译者。

述，乃沙不耳（Naysābūr）河发源于卜失坦坎村；这条河可推动 70 只磨盘，并且分出了众多的地下河道，因为该河流经城市 1 里格的距离。城里和居民家中有很多淡水井①。

亚库特说在他那个时代，即伊斯兰历 7 世纪（公元 13 世纪），乃沙不耳城通常称拿失洼儿（Nashāvūr）。他还说尽管这座城在伊斯兰历 540 年（1145）遭到大地震的破坏，接着又在伊斯兰历 548 年（1153）受到古思（Guzz）铁骑的洗劫而毁了，但在整个呼罗珊地区他未寓目过比这座城更美的城市，城附近的果园以产无核白葡萄（rībās）和其他水果而闻名。古思人的那次洗劫中，塞尔柱王朝算端桑贾儿成为阶下囚被掳掠而去，同时此城也被毁了，于是绝大部分居民迁往邻近的设牙合（Shādyākh）城区，并对该城进行了重建，总督木阿牙（Al-Mu`ayyad）奉被囚禁的算端桑贾儿之命修建了这一城区的城墙，并扩建了城区。这个设牙合（Shādyākh，或 Ash-Shādhyākh）城区先前是一处果园，伊斯兰历 3 世纪（公元 9 世纪）初曾被塔西儿王朝的阿卜·阿刺占据，他当时将乃沙不耳城作为自己的都城。他修建的宫殿附近最初是他的军营，后变成了乃沙不耳城的主外城区，古思人洗劫后，这个外城区取代了原来的首府。约在伊斯兰历 613 年（1216），亚库特就在乃沙不耳城停留了一段时间，并记载说他居住在设牙合城区。不久以后的伊斯兰历 618 年（1221）如亚库特所听到和报道的那样成吉思汗统率蒙古军队占领了此首府，并进行屠城，在此之前亚库特已避难于毛夕里城。据他耳闻，蒙古人将这座城洗劫一空，连一个石子儿也没留下。

但乃沙不耳城肯定很快从[385]蒙古人西征的破坏中恢复过来了，因伊斯兰历 8 世纪（公元 14 世纪）伊本·白图泰到此城时，这里又很繁华，还有座优美的清真寺，这座寺院周边有 4 座学校，城市附近的平原很富庶，称作"小大马士革"，由于这里靠发源于附近山上的 4 条河灌溉。伊本·白图泰还说此城能够制造叫坎哈（Kamkha）②和拿合（Nakhkh）的丝绒，这里的市场经常有外国商人光顾。和他同时代的穆思套菲详细记载了乃沙不耳城及其城区。穆思套菲称在萨珊王统治时代，据说乃沙不耳旧城最初是按棋

① Ist.，第 254、255 页。I. H.，第 310～312 页。Muk.，第 314～316、329 页。

② 坎哈（Kamkha），金花？译者。

盘的样式修建的，每边有 8 个方格。之后，萨法儿王朝统治时期乃沙不耳城区规模扩大而变得繁华富有，并成为呼罗珊地区的首府，直到伊斯兰历 605 年（1208）这座城在大地震中几乎完全被毁了。穆思套菲记载从那次地震后，设牙合城区取代了乃沙不耳城其他城区，首次成了居民的中心区，这一城区的城墙周长为 6700 步。不久以后乃沙不耳城又进行了重建，但伊斯兰历 679 年（1280）又在地震中被毁了，此后乃沙不耳城在另一处地方进行了第三次重建，这里就是穆思套菲所记载的那个地方（设牙合）。此城位于一座山脚下，面朝南。其城墙周长为 15000 步。此城供水丰富，因乃沙不耳（Nīshāpūr）河发源于东边 2 里格多的群山中，水流较充足，到达此城前可以推动 40 只磨盘。他还说乃沙不耳城的绝大多数居民家中备有干旱季节使用的水窖。

现在的乃沙不耳城位于群山环绕的半圆形平原东边，南边面向沙漠。这个平原靠发源于北边和东边山脉的很多河流灌溉，穆思套菲记载了这些河流的名称，其灌溉了乃沙不耳城附近的土地以后，消失于沙漠中。这座城北 5 里格，在乃沙不耳河源的山关之上有个叫察失麻·萨卜兹（Chashmah Sabz，即绿泉）的小湖。穆思套菲记载从这座湖发源有两条向西和向东流的河。东边的河流到了[386]麻失哈（Mashhad）的山谷。这座湖显然位于叫苦合·古儿珊（Kūh Gulshan）的山上，在这座山里有个神奇的风洞，从洞中常年冒出一股气体和一股水流，水流很大可以推动一只磨盘。他记载察失麻·萨卜兹湖周长有 1 里格，这个湖还有很多神奇的传说，据说此湖深不见底，而且一支箭不能从湖岸的一边射到湖的另一边。

乃沙不耳（Naysābūr）平原上的四个地区以富庶著称，伊斯兰历 4 世纪（公元 10 世纪）穆喀达思提到了这些地区，即沙麻忒（As-Shamat，即美景）、至今存在于乃沙不耳城西边的里万（Rivan）、麻祖儿（Mazūl）和卜失塔夫鲁失（Bushtafrūsh）等区。麻祖儿地区位于北边，其主要村庄是卜失塔坎（Bushtakān，或 Bushtankān）村，距离乃沙不耳城有 1 里格，这里曾是萨法儿王朝君主异密修建的一座著名花园。这个地区产的无核白葡萄特别有名。卜失塔夫鲁失地区现在被称作普失·法鲁失（Push Farūsh），穆喀达思记载这个地区距离乃沙不耳城的江（Jang）门向东有 1 天的路程，亚库特说此地区有 126 个村庄，村庄盛产杏子，并大量外销。穆喀达思记载波斯人称沙麻忒地区为塔·阿卜（Tak-Ab），意为"流水之地"，这个地区十分肥沃。里万地区距乃沙不耳城西有 1 天的路程，这里还有一座与地同名的小城；伊斯兰历 4 世纪（公元 10 世纪）此城有座用砖修建的聚礼清真寺，城靠近河岸边。该地区的葡萄园很有名，并盛产温柏树木材。

穆思套菲记载乃沙不耳地区的主要河流之一就是舒剌·鲁得河（Shūrah Rūd），即盐河，这条河与发源于底兹八（Dizbād）地区的河流汇合，灌溉了各地区后，最终消失于沙漠里。穆思套菲还提到了其他很多河流，但这些河流名称多拼写有误，现在很难勘定。其中的有些河流今天则不难判定，如发源于前文提到的察失麻·萨卜兹湖附近的卜失塔坎（Bushtakān）河，以及卜失塔夫鲁失（Bushtafrūsh）河，他说这两条河在春季河水暴涨时汇入了舒剌·鲁得河。最后为一条叫作阿塔沙八（`Atshābād）的河，即渴河，尽管春季这条[387]全长 20 多里格的河道上可推动 20 个磨盘，但在其他季节连一个人的渴也解不了，由此得了这个恶名[①]。

乃沙不耳城东南的呼罗珊道上，有一个被阿拉伯人称作喀思儿·里合（Kasr-ar-Rīh）的城堡，即风堡，波斯人则称之为底合八（Dihbād 或 Dih Bād）的驿站，这里道路分成两支。此地的河就是前文提到的汇入舒剌·鲁得河的诸河流中的一条。从这里的驿站道路正东去往木鹿城；从驿站转向东南可到哈烈城。这条向东南的道路从底合八（Dih Bād）驿站起程，经过 2 天路程到达法儿哈丹（Farhādān）村，亚库特称这个村为法儿哈兹吉儿（Farhādhjird）。此村所在的地区属于乃沙不耳，穆喀达思称作阿思凡（Asfand）地区；伊本·鲁斯塔的记载中为阿失般兹（Ashbandh）；亚库特记载为阿失凡（Ashfand），并说这个地区包括 83 个村庄。这个地区的旧名现在显然已不复存在了，但叫法剌吉儿（Farajird，即过去的法儿哈兹吉儿）的村庄就位于道里志文献所记载的方位上，在今天的地图上标出来了[②]。

乃沙不耳城与它隔开的山脉，是多数流入到乃沙不耳平原的河流发源

---

① I. R.，第 171 页。Muk.，第 300、316、317 页。Yak.（Yākūt）：《地理学词典（Muʼjam-al-Buldān）》，第 1 卷第 630 页；第 3 卷第 228－231 页；第 4 卷第 391、857、858 页。I. B.（Ibn Batūtah）：《伊本·白图泰游记（the Travels of Ibn Batūta）》，第 3 卷第 80、81 页。Mst.，第 185、206、219、220、226 页。J. N.，第 328 页。有关察失麻·萨卜兹（Chashmah Sabz）和风洞，见亚特（C. E. Yate）：《呼罗珊与西吉斯坦（Khurasan and Sistan）》，（第 351、353 页）。这两处地方至今在呼罗珊地区还很有名。

② I. R.，第 171 页。Muk.，第 300、39 页。Yak.，第 1 卷第 280 页；第 3 卷第 887 页。Mst.，第 196、197 页。

地，就在此城与山脉分隔的正东坐落着麻失哈城（Mashhad，即殉教之地或依麻木的圣墓），现在是伊朗呼罗珊地区的首府，这座城北几英里就可看到途思（Tūs）旧城的废墟①。伊斯兰历 4 世纪（公元 10 世纪），途思城是呼罗珊地区乃沙不耳区的第二大城市，由塔巴兰（At-Tābarān）与奴坎（Nūkān）姊妹城组成，距离此城有 2 个邮传站就是位于萨拿八兹（Sanābādh）村的大花园，花园里有哈里发诃论·剌失底和第八代依麻木阿里·里扎（Imām ʿAlī-ar-Ridā）的陵墓，诃论卒于伊斯兰历 193 年（809），阿里·里扎被马蒙毒死于伊斯兰历 202 年（817）。萨拿八兹村也被称作巴耳打阿（Bardāʿ），意为"鞍垫"，或称为木撒喀卜（Al-Muthakkab），意为"被刺穿的"②，可能是源自于圣墓的窗户之名，或其他想象的原因而称呼之。[388]

伊斯兰历 3 世纪（公元 9 世纪），雅忽比记载奴坎城区是途思城两个半城区中的较大部分，但在伊斯兰历 4 世纪（公元 10 世纪）塔巴兰城区却超过了奴坎，并延续到亚库特的时代，此时途思城被蒙古军队毁了。早期时代，奴坎城区用蛇纹岩（Barām）制造石缸而闻名，并大量外销；附近的山区还有很多金、银、铜和铁等矿，开采中获利颇丰。途思附近发现有绿松石、称作"檀香（khumāhan）"的石头、孔雀石（dahnaj），并运到奴坎城区出售。但途思城的这部分（奴坎）城区水源极缺。塔巴兰城区附近的城堡是座巨大的建筑，穆喀达思记载："从很远就能见到"，这半部分城的市场商品丰富。这个城区的聚礼清真寺建造优美，装饰华丽。城附近的萨拿八兹村的圣墓在伊斯兰历 4 世纪（公元 10 世纪）围在一道坚固的城墙内，伊本·豪喀尔记载这个圣墓中常聚集着朝谒的人群。阿里·里扎墓的附近，异密·法亦·阿迷得·道剌（Amīr Faik ʿAmīd-ad-Dawlah）修建了一座清真寺，穆喀达思说："整个呼罗珊没有比这座清真寺更漂亮的清真寺了"。诃论·剌失底墓就在依麻木（阿里·里扎）墓旁，在大花园附近建有很多房

---

① 《克拉维约东使记》第 106 页提到了该城，并称："建筑极为美丽。"译者。

② 木撒喀卜是给各种城堡起的一种名称，一座同名的城堡在麻思撒（Al-Massīsah，即 Mopsuestia）城附近，在第 9 章第 130 页已提到。八儿答（Bardaʿ）的名称来源无从解释。奴坎（Nūkān）读为奴干（Nūgān），至今是现在麻什哈德（Mashhad）城的西北城区和门户，从这里显然可以通到途思城的奴坎，萨拿八德（Sanābād）河至今还给麻什哈德城西北城区提供水源，见亚特（C. E. Yate）：《呼罗珊与西吉斯坦（*Khurasan and Sistan*）》，（第 316、317页）。

屋和一个市场。

对上述内容，亚库特的记载没有补充多少新材料，但他提到了塔巴兰城区最著名的陵墓之一、逊尼派大教义学家依麻木安萨里（Imām Ghazzālī）[①] 的圣墓。依麻木安萨里卒于伊斯兰历 505 年（1111），他曾在报达城的尼扎木（Nizāmīyah）学院[②]任院长多年。伊斯兰历 7 世纪（公元 13 世纪），亚库特记载途思之名通常用来指此城附近的地区，并说这些地区有 1000 多个繁华的村庄。但伊斯兰历 617 年（1220），所有这些地区，[389] 包括途思城的两个城区和萨拿八兹村的圣墓被蒙古军队洗劫而毁。遭到蒙古人的洗劫后，途思城看来再也没有恢复元气，但邻近的圣墓在富有的什叶派人士竭力关照下很快恢复到了往日的辉煌；伊斯兰历 8 世纪（公元 14 世纪），穆思套菲第一次将萨拿八兹村记载为麻失哈（Mashhad，殉教之地），自此这里就称作麻失哈了。

加兹温尼记载哈里发诃论·剌失底墓和阿里·里扎墓在同一座拱北（圆顶建筑）内，而后者只受到什叶派的敬奉，但他们并不知道哪个墓不可以去朝拜，因为奉哈里发马蒙（即诃论·剌失底之子，毒死了阿里·里扎）的敕命，两座圣墓修建得一模一样[③]。穆思套菲当时记载麻失哈城已是一座大城市，城市附近是陵园，这里埋葬着很多名人，如前所述，安萨里的墓

---

① 依麻木安萨里（Ghazzal，1058－1111 年）是教义学家、哲学家、法学家、教育家，也是苏非派与正统逊尼派相调和的集大成者。他出生于途思城，早年求学于乃沙不耳城等地，1091 年起担任尼扎木（Nizamiyah）学院的院长，并致力于研究教法、伊斯兰哲学、苏非学说等学问，1095 年突然辞职，以苏非信徒的身份，先后游历了大马士革、耶路撒冷、开罗、亚历山大等地，并于 1096 年朝觐默伽。1106 年应塞尔柱王朝新宰相法赫儿·木儿可（Fakhr Mulk b. Nizām-i-al-Mulk，是尼扎木·木儿可之子）的邀请返回乃沙不耳尼扎木学院任教，3 年后辞职，隐居其故乡途思城，1111 年 12 月去世后，就葬在该城。安萨里一生中著作甚丰，其有名的为《宗教学的复兴（Ihya`al-'Ulum id-Dīn）》《哲学家的矛盾（Tahafut al-Falasifa）》等。译者。

② 尼扎木学院是塞尔柱朝算端灭里·沙的宰相尼扎木·木儿可（Nizām-i-al-Mulk）名字命名的学院，被认为是穆斯林地区的第一所正规的大学，并在经费、政治等方面得到了塞尔柱王朝，以及以后王朝的支持，这所学校培养大批的优秀人才，在各地享有盛名，同时在巴里黑城、乃沙不耳城、亦思发寒城等地设有同名的学院。译者。

③ 《玄妙的知识（The Latā`if al-ma`ārif of Tha`ālibī）》第 133 页中该书作者称："我听到途思的其中一位耆老说埋葬诃论·剌失底的墓其实是里扎的，里扎的墓实际是诃论的。这两个墓彼此很近。这种调换是马蒙安排的。真情形如，真主最清楚。"译者。

就在圣墓的东边，这座陵园中还有诗人费尔多思（Firdūsī）① 的墓。城周边是肥沃的平原叫麻儿噶匝儿·塔坎（Marghzār Takān），长12里格、宽5里格，这里盛产葡萄和无花果②。穆思套菲说途思地区的人"很高雅，对异乡人很友善"。

后来不久，伊本·白图泰访问了麻失哈城的依麻木里扎（Imām Ridā）墓，并作了全面详细的记载。他说麻失哈城是一座大城市，市场商品丰富，城市周边是山。（他说）陵墓之上有一座巨大的圆顶建筑（拱北），里面有圣墓，其附近有一座清真寺与一所学校（Madrasah）。所有这些建筑都极其优美，其墙上整齐地镶嵌着瓦（Kāshānī）。上文的依麻木墓位于一个装饰有木雕的平台上，银牌镶嵌在其中，很多银灯悬挂在四周的柱子上。进入拱北的门楣镶嵌着白银，门帘是金绣的丝绒，拱北内的地板上铺着很多精美的地毯。诃论·剌失底墓也裹包着木雕，其上放置着蜡烛台，但有人对他的墓不够敬重，因伊本·白图泰说："每个进入到拱北里面的什叶派信徒用脚踢诃论·剌失底墓，但对依麻木·里扎墓表示崇敬。"③[390] 西班牙使臣克拉维约（Clavijo）在伊斯兰历808年（1405）出使帖木儿的宫廷时，路过麻失哈城，隐约提到了这座恢宏的依麻木圣墓。值得注意的是在那时基督徒可进入到圣墓中，因当时波斯的什叶派不像现在这样盲目崇拜此圣墓④。

乃沙不耳城正西行4天路程，在拜哈吉（Bayhak）地区就是萨卜兹洼

---

① 费尔多思（Firdūsī，940－1020年）是波斯中世纪最伟大的诗人之一，出生于途思城，他精通阿拉伯语、中古波斯语，生活在哥疾宁王朝统治时代，并撰写有《列王纪（Shāh Nama）》，长达60000双行，叙述内容的时间跨度在4000年以上，从开天辟地写到651年萨珊王朝灭亡时止，内容传说故事、神话、历史等，是波斯民族意识复兴的重要体现。这本书有张鸿年等学者的中译本。译者。

② 《玄妙的知识（The Latā'if al-ma'ārif of Tha'ālibī）》第133－134页称："途思的特产有墨玉，这是运销到世界各地的独特产品，这里的白石制作烹锅、烧锅和香炉；人们用这种石头做任何物件，通常制作玻璃，然后做成酒杯、水壶等。"译者。

③ 这段文字在汉译本的《伊本·白图泰游记》中阙如。译者。

④ 这位依麻木的名字当今被波斯人读成了里扎（Rizā）。Ykb.，第277页。Ist.，第257、258页。I. H.，第313页。Muk.，第319、333、352页。Yak.，第3卷第154、486、560、561页；第4卷第824页。Kaz.（Kazvīnī）：《天文志（Cosmography）》（2本），第2卷第262页。Mst.，第186页。I. B.，第4卷第77－79页。《克拉维约东使纪（Narrative of the Embassy of Ruy Gonzalez de Cavijo）》（Hakluyat Society本），第110页。"使团参观了清真寺，此后其他地方的人听说我们曾到这个圣墓，这些人就亲吻我们的衣服，并说我们是朝拜呼罗珊（Horazan）圣墓的人。"

儿（Sabzivār）城和胡思鲁吉儿（Khusrūjird）城①，两座城相距仅有 1 里格；萨卜兹洼儿城是此（拜哈吉）地区的首府，中世纪这座城通常被称作拜哈吉（Bayhak）城。拜哈吉地区向东一直到里万地区，四至各为 25 里格，亚库特记载这里包括 321 个村庄，他还说拜哈吉（Bayhak）之名源于波斯语中的拜哈（Bayhah 或 Bahāyin），意为"极慷慨的"。他记载这座城较准确的名称应是萨卜匝洼儿（Sābzavār），人们一般简称为萨卜兹洼儿（Sabzvar）；胡思鲁吉儿城最初是该地区的首府，但在他那个时代各方面都逊色于萨卜兹洼儿城。穆思套菲说该城市场覆盖着木制拱形顶棚，而且修建得很结实；城周边地区种植着葡萄和其他水果，伊斯兰历 8 世纪（公元 14 世纪），这里的绝大多数居民是什叶派②。

　　从火迷失地区的必思坦城到乃沙不耳城有 2 条道路。较短的邮政路沿沙漠边缘经过了萨卜兹洼儿城。较长的商道向北穿行于辽阔的朱外因（Juvayn）丘陵平原地区，这个地区通过一个小山脉与"大沙漠"隔开了。穆喀达思记载朱外因地区也被称作古养（Gūyān）地区，十分富庶，盛产粮食，其首府为阿匝兹洼儿（Azādhvār）③ 或阿匝洼儿（Azādvār）城。此地区的北边为亦思法剌因（Isfarāyin）地区；[391] 该（朱外因）地区的西端，靠近火迷失地区的边界是贾贾儿木（Jājarm）城④，其是周边的阿儿吉养（Arghiyān）地区。亚库特记载阿匝兹洼儿城附近差不多有 200 个村庄，并说这是座繁华的城市，还有很多漂亮的清真寺，城门外是一个供商人居住的大客栈（khān），由于这座城的市场十分活跃。城周边的村庄有成片的果园，并一直延伸到河谷，灌溉用水是通过地下渠道从南边山中的泉水引来的。伊斯兰历 8 世纪（公元 14 世纪），穆思套菲记载朱外因地区的首府变

---

① 《世界境域志（Hudūd al-ālam）》第 102 页称："萨卜兹洼儿（Sabzivār）城是去往剌夷道路上的小城（shahrakī-st khurd），一个地区的首府。""胡思鲁吉儿（Khusrau-jird，即 Khusrūjird 引者）城是靠近萨卜兹洼儿的小城。"译者。

② Muk.，第 317、318 页。Yak.，第 1 卷第 804 页；第 2 卷第 441 页。Mst.，第 186 页。有关拜哈吉城的遗址，见亚特（C. E. Yate）：《呼罗珊与西吉斯坦（Khurasan and Sistan）》（第 398 页）。

③ 《世界境域志（Hudūd al-ālam）》第 102 页称："阿匝兹洼儿城去往古儿干（Gūrgān）城道路上，是在沙漠边缘上的一座惬意的小城。"译者。

④ 《世界境域志（Hudūd al-ālam）》第 102 页称："贾贾儿木城去往朱儿章城道路上的边境小城。该城是朱儿章，以及火迷失、乃沙不耳的商业中心（原文如此）。"《克拉维约东使记》第 100 - 102 页提到了热拉姆（Jagram，贾贾儿木）城，以及城内堡垒。译者。

成了法里玉麻（Fariyumad）城，位于阿匝兹洼儿城南数英里。阿匝兹洼儿城向东商道上的重要驿站就是忽答沙（Khudāshah）城，这里曾是伊斯兰历8世纪（公元14世纪）末帖木儿之叔哈吉·八儿剌思（Hājjī Barlās）被杀之地，并在阿里·亚兹底所著的历史文献中提到了①。

贾贾儿木城也叫阿儿吉养（Arghiyān）城，后一名称也指所在地区名，穆喀达思记载这是座有城墙的坚固城市，还有一座漂亮的聚礼清真寺，周边附属有70个村庄。亚库特记载位于贾贾儿木城东，据说有萨麻儿坎（Samalkan）或萨满甘（Samankan）、剌万你儿（Ar-Rāwanīr，或Rāwansar）和班（Bān）等三座城市，这些城市均在阿儿吉养或贾贾儿木（Jājarm）地区，但其确切位置没有记述。他也提到了萨班吉（Sabanj）或亦思凡吉（Isfanj）城，穆思套菲称作卢八·萨万吉（Rubāt Savanj），此地至今还位于贾贾儿木城西南去往必思坦城的道路上。穆思套菲记载贾贾儿木城是一座中型城市，军队无法攻打该城，因为城周边1天路程范围内的平原上到处长满了一种动物不能食用的毒草。在此城的城堡脚下生长着两棵梧桐树（chīnār），如果星期三早晨将其树皮嚼嚼，保证可以治愈牙痛。穆思套菲还称这种树皮能大量外销。城周边的地区十分肥沃，种植着水果和粮食。贾贾儿木（Jājarm）河向南流，消失于沙漠里，他（穆思套菲）称这条河为贾干·鲁得（Jaghān Rūd）河，发源于三股泉水，每股泉水都可以推动一只磨盘，这些[392]泉水汇合后，形成了一条12多里格的河，河水大部分用于灌溉②。

穆喀达思说亦思法剌因（Isfarāyin，或Asfarayn）大平原地区盛产稻米和优质的葡萄。这里的首府是与地区同名的亦思法剌因（Isfarāyin）城③，十分繁华，还有很好的市场。亚库特说亦思法剌因城的古名叫密合剌建（Mihrajān），他记载在伊斯兰历7世纪（公元13世纪）以密合剌建之名来

① Muk.，第318页。Yak.，第1卷第230页；第2卷第165页。Mst.，第186、196页。A. Y.（ʽAlī of Yazd）：《帖木儿武功记（Zafar Nāmah）》，第1卷第58页。这个距离阿匝洼儿城东有4里格的忽答沙（Khudāshah）城和距离阿匝洼儿城北差不多4里格的忽剌沙（Khurāshah）城有时会混淆。这两个地名的阿拉伯文写法基本相同。

② Muk.，第318页。Yak.，第1卷第209、249、485页；第2卷第4、742页；第3卷第35、145页。Mst.，第186、196、220页。

③ 《世界境域志（Hudūd al-ʽālam）》第102页提到了亦思法剌因城，只是写法稍稍变化，写为思八剌因（sabarāyin，即siparāyin）。《克拉维约东使记》第102页提到了伊思凡拉因（Isferayin，亦思法剌因）城。并称："此城之建筑整饬，地方广大，私宅、公署、清真寺等，颇为壮丽。惟目下居民稀少，寂凉不见人烟。"译者。

称呼此城废墟附近的一个村庄，城附属有 51 个村庄。亚库特记载亦思法剌因之名最初写作阿思八剌因（Asbarāyīn），意为"持盾者"，该词是从"盾牌（Asbar）"引申而来的。穆思套菲记载亦思法剌因城的清真寺里有个他所寓目的最大的铜碗，其外边缘周长有 12 腕尺。这座城的北边是喀剌·匝儿（Kal`ah-i-Zar）堡，即金堡，城里的水是从城堡山脚下流过的一条河获取的。城周边到处种植着大量的核桃树；这里气候潮湿，但盛产葡萄和粮食①。

沼泽平原是流向西的阿塔剌（Atrak）河的发源地，同时也是相反方向东流的麻失哈（Mashhad）河的发源地，此平原上有苦蝉（Kūchān）城，中世纪称作哈不珊（Khabūshan，或 Khūjān）城②。这座城所在的地区被阿拉伯地理学家称作兀思土洼（Ustuvā）地区，并盛赞称这是个肥沃地区；据说这个地区名称的含义为"高地"；过了兀思土洼地区向东就是你萨（Nisa）地区。亚库特说在他那个时代此（兀思土洼）地区的首府名为苦珊（Kūshān）城，并称城附近有 93 个村庄。《世界志》中将该名称记载为苦蝉，穆思套菲则说虽在财税册中将该地区登记为兀思土洼地区，但在他那个时代通常不使用这个名称。他盛赞了此（哈不珊）城附近富庶的平原地区，还说伊斯兰历 7 世纪（公元 13 世纪）蒙古统治者旭烈兀重建了哈不珊城，其孙波斯伊利汗国统治者阿鲁浑（Arghūn）全方位扩建了这座城。差不多在哈不珊城[393]与途思城中间就是剌坎（Rādkān）城，伊本·豪喀尔提到了此城，亚库特记载这是一座小城，因曾是塞尔柱王朝算端灭里·沙大宰相尼扎木·木儿可（Nizām-i-al-Mulk）的出生地而声名远扬③。

著名的那撒（Nasā）或你萨地区是一个宽阔的河谷地带，现在被称作达拉·尕兹（Darrah Gaz，即天府之谷）。伊本·豪喀尔记载你萨（Nisā）

---

① Muk.，第 318 页。Yak.，第 1 卷第 246 页。Mst.，第 186 页。中世纪的亦思法剌因城（以这个名称呼的平原至今存在）可能就是叫做沙合儿·必儿吉思（Shahr-i-Bilkīs）的遗址，见亚特（C. E. Yate）：《呼罗珊与西吉斯坦（*Khurasan and Sistan*）》（第 378、379 页）。

② 《世界境域志（*Hudūd al-ālam*）》第 102 页提到了苦蝉城，写作呼健（Khūjān）。《克拉维约东使记》第 169 页提到了哈布珊（Hoboshan）城，并称是在一片平原上。译者。

③ I. H.，第 313 页。Muk.，第 318、319 页。Yak.，第 1 卷第 243 页；第 2 卷第 400、487、730 页。Mst.，第 186 页。N. K.（Nāsīr-i-Khusraw）：《旅行记（*Safarnāma*）》，第 193 页。现在的布吉奴尔德（Bujnurd）城，位于亦思法剌因城北，距离苦蝉西北 60 英里，是在几个世纪以前修建的，但这座城附近还有个更古老的必兹赞（Bizhān）城，毁掉的城堡遗址称作喀剌（Kal'ah），至今存在。见亚特（C. E. Yate）：《呼罗珊与西吉斯坦（*Khurasan and Sistan*）》（第 195/196 页）。赛克斯上校的《波斯万里行记（*Ten thousand Miles in Persia*）》，第 22 页。

城是座大城①，规模和撒剌哈夕（Sarakhs）城一样大，并从附近的山上获得了丰富的水源。穆喀达思盛赞了其优美的清真寺和很好的市场。他说几乎所有的居民院落均有花园，富庶的村庄星罗棋布于此城附近的河谷地带。但亚库特说你萨城是极不适宜居住的城市，主要原因就是默德那龙线虫（亚库特叫该虫为"默德那虫"）在夏天几乎无法根除，人们遭其侵害无法生活。加兹温尼说这座城也被称作沙合儿·卑路斯（Shahr Fīrūz），据说是以建立此城的古代波斯国王之名命名的②。

你萨城向东越过山脉，位于木鹿（Marv）沙漠的边缘就是阿必瓦儿的（Abīvard）城，有时此名也为巴瓦儿的（Bāvard）③。穆喀达思说这座城的聚礼清真寺就在市场中央，这里的市场甚至比你萨城的还要好，常有商人光顾。穆思套菲盛赞了这里产的水果，他还记载了阿必瓦儿的城所属的苦凡（Kūfan）附近的村庄里有个大哨所（rubāt），距离此城有 6 里格。这个哨所是伊斯兰历 3 世纪（公元 9 世纪）塔西儿王朝君主阿卜·阿剌（`Abd Allah）④修建的；其有 4 座门，中间还修建有一座清真寺。阿必瓦儿的城所在的地区被称作哈八兰（Khābarān）或哈瓦兰（Khāvarān）地区，其首府为密合拿（Mihnah）或麦哈拿（Mayhanah）城⑤；亚库特称这个地区的重要地方有阿兹贾（Azjah）、八赞（Bādhan）、哈尔瓦·贾八儿（Kharva-al-Jabal）和舒坎（Shūkān）等。但在他记载之时麦哈拿城已毁了。[394] 后来的伊斯兰历 8 世纪（公元 14 世纪），穆思套菲提到了哈瓦兰地区有很多优美的果园，他还将这个地区的名称记载为哈瓦儿丹（Khavardān），并说诗人安瓦里（Anvārī）⑥ 曾居

①　《世界境域志（Hudūd al-ālam）》第 103 页提到了那撒城，称："这里气候很糟，但水源丰富。"译者。

②　Ist.，第 273 页。I. H.，第 324 页。Muk.，第 320 页。Yak.，第 4 卷第 776 页。Kaz.，第 2 卷第 311 页。你萨（Nisā）城可能是现代的穆罕默德巴德（Muhammadābād）城，是达拉·尕兹（Darrah Gaz）地区的首府。

③　《世界境域志（Hudūd al-ālam）》第 103 页提到了巴瓦儿的（Bāvard）城，"其位于山脉与沙漠之间。这里有大片的耕地，气候宜人，人民善战。"《元史·地理志·西北地附录》作巴瓦儿的；《元史·阿剌瓦而思传》作八瓦耳。译者。

④　阿卜·阿剌（`Abd Allah）在位于公元 830 - 845 年。译者。

⑤　《世界境域志（Hudūd al-ālam）》第 103 页提到了麦哈拿城，是在沙漠里，位于巴瓦儿的地区。译者。

⑥　安瓦里（Anvārī，1116 - 1189 年）是塞尔柱王朝著名的宫廷诗人，撰写过大量的颂诗（qasida），并得到了统治者的大量馈赠。此人大部分的时间生活在乃沙不耳、木鹿、巴里黑等城。译者。

住在此地区的首府，此人活跃于伊斯兰历 6 世纪（公元 12 世纪），荣任过塞尔柱王朝算端桑贾儿的宫廷诗人①。

阿必瓦儿的城与密合拿城之间的山区有巨大的天然城堡，现在被称作吉刺·拿底儿（Kilāt-i-Nādir），是以拿底儿·沙（Nādir Shāh）② 之名命名的，他是公元 18 世纪波斯著名的国王，并在这里储存过他的财物。这座城堡要塞没有在伊斯兰历 3、4 世纪（公元 9、10 世纪）的任何道里志文献或阿拉伯地学家的记载中提及过，亚库特也没有注意到。最早提及吉刺（Kilāt）城堡的是兀式必（'Utbī）所著的《哥疾宁的马合木史（History of Mahmud of Ghaznah）》，他仅偶然提到说一位异密（Amīr）"从乃沙不耳城到了吉刺（Kilāt），其阿拉伯书写形式为喀刺（Kal'ah）"。穆思套菲简明扼要地记述了这一山区，并说这里的主要城市为朱儿木（Jurm）城与麻里南（Marinān）城；并说吉刺（Kilāt）堡所在地区水源丰富，除了高产的耕地外，城堡周边还有很多村庄。历史上，这个城堡由于在伊斯兰历 8 世纪（公元 14 世纪）末被帖木儿包围而出名，后来城堡落入其手，并作了全面的加固、重建，使其更坚固③。

---

① Muk.，第 321、333 页。Yak.，第 1 卷第 111、232、462 页；第 2 卷第 383、395、428 页；第 3 卷第 337 页；第 4 卷第 321、723 页。Mst.，第 189 页。A. Y.，第 1 卷第 382 页。J. N.，第 318 页。哈瓦兰之名的较古写法为哈儿瓦兰（Kharvarān），意为"西部地区（与此相对的就是呼罗珊，东部地区）"，这个位于木鹿（Marv）城沙漠边缘山脚下的小地区的名称至今还保存着，最初指先前不包括呼罗珊（东部地区）之内的波斯所有西部地区。

② 拿底儿·沙·阿夫沙儿（Nadir Shah Afshar, 1688 – 1747 年）是波斯短命的阿夫沙儿（Af-sharid）王朝建立者。此人出身于呼罗珊无名望家族，以偷盗起家，后组织 3000 人的盗匪军，自任头目，并建立了以自己名字命名的王朝，在位于 1736 – 1747 年，曾劫掠过阿富汗、印度的德里等地，1747 年被当地封建势力暗杀，有些历史学家认为他的军事才能可比拿破仑。译者。

③ 兀式必：（《右臂（Kitāb-i-Yamīnī）》，雅敏·道剌（Yamīn al-Dawlah）是阿巴思王朝哈里发赐给哥疾宁王朝著名统治者马合木的封号，意为"国家的右臂"。译者），阿拉伯文本（开罗，伊斯兰历 1286 年），第 1 卷第 215 页；波斯文本（德黑兰，伊斯兰历 1272 年），第 151 页。Mst.，第 187 页。A. Y.，第 1 卷第 334、337 页。J. N.，第 323 页。波斯语种吉刺（Kilāt，或 Kalāt）等同于亚美尼亚语中的喀刺（Qalaq），含义为"城市"，在阿拉伯文中以熟知的形式喀刺（Kal'ah 或 Kal'at）出现，意为"城堡"。麦克格里高尔（Macgregor）上校 1875 年曾造访过吉刺·拿底儿（Kilāt – i-Nādir）城堡，并作了详细的记述（Journey through Khurasan，第 2 卷第 51 页）。

撒剌哈夕（Sarakhs）城①位于从途思城到大木鹿城的直道上，靠近麻失哈河的右岸或东岸，这条河现在叫塔建（Tajand）河。此河没有出现[395]在任何中世纪的地理学家的著作里；如前所述，这条（麻失哈）河发源于苦蝉城附近的沼泽，起初向东南流，流经麻失哈城。过此城约 100 英里后，从南岸接纳了一条叫哈烈（Herāt）河的大支流，而后向北流到撒剌哈夕城。再稍北，此河流到与阿必瓦儿的城同一纬度，在一个叫阿吉麻（Al-Ajmah，即芦苇滩）的地方消失在沙漠中，这里有很多红柳。伊本·豪喀尔和伊斯塔赫里均说塔建河只是哈烈河的一条支流。伊本·鲁斯塔持相同的看法，并说哈烈河（即塔建河的下游）在到达撒剌哈夕城前的 2 里格处分出了一条运河，直达该城。从哈烈河分出的其他运河也灌溉着撒剌哈夕（Sarakhs）地区，尤其是一条叫苦失可·鲁得（Kushk Rūd，即干河）的运河，河上修建有一座大石桥，但一年中大部分时间里，经过撒剌哈夕城的这条干流河道没有水。

伊斯兰历 4 世纪（公元 10 世纪），撒剌哈夕城是一座大城市，气候宜人，规模是木鹿城的一半。撒剌哈夕地区的草原上牧放着大量的骆驼和绵羊，但其耕地由于经常缺水，收成不佳。穆喀达思盛赞了这座城的聚礼清真寺和很好的市场，并称在外城区遍布着很多花园。加兹温尼说这是座繁华的城市，并称这里制造供外销的长围巾和用金线绣的面纱，极其精美。伊斯兰历 8 世纪（公元 14 世纪），穆思套菲记载这座城的城墙周长有 5000步，并由一座坚固的城堡守护着。他说该城的饮水取自"源于途思与哈烈"（他没有提到塔建河）的河水，这是一条秀美的河流，饮用有助于消化，这条河也用来灌溉撒剌哈夕城周边的土地，这里盛产西瓜和葡萄②。[396]

附表　穆斯林地理学家的简称与著述编写时间

简称	人名/书名	伊斯兰历/公历（年）
I. K.	Ibn Khurdādbih（伊本·胡尔达兹比赫）	250/864

---

① 《元史·地理志·西北地附录》正文讹误为撒剌哈歹，该书校勘记和冯承钧所著《西域地名》（第 82 页）更正为撒剌哈夕，此说应不误。《世界境域志（Hudūd al-ālam）》第 104 页称："撒剌哈夕（Sarakhs）城位于草原中间的道路旁。一条干河道穿过市场。这条河道只有在发洪水时才会有水。这里有很多耕地，人民健壮，好战。骆驼是他们的财富。"译者。

② I. R.，第 173 页。Ist.，第 272 页。I. H.，第 323、324 页。Muk.，第 312、213 页。Kaz.，第 2 卷第 261 页。Mst.，第 189 页。现代的撒剌哈夕城位于塔建河的西岸。

续表

简称	人名/书名	伊斯兰历/公历（年）
Kud.	Kudāmah（库达玛）	266/ 880
Ykb.	Ya'kūbī（雅忽比）	278/ 891
I. S.	Ibn Serapion（伊本·塞剌皮昂）	290/903
I. R.	Ibn Rustah（伊本·鲁斯塔）	290/ 903
I. F.	Ibn-al-Fakīh（伊本·阿勒·法吉赫）	290/ 903
Mas.	Mas'udi（马苏迪）	332/943
Ist.	Istakhrī（伊斯塔赫里）	340/ 951
I. H.	Ibn Hawkal（伊本·豪喀尔）	367/ 978
Muk.	Mukaddasī（穆喀达斯）	375/985
N. K.	Nāsīr-i-Khusraw（纳思儿·库萨和）	438 / 1047
F. N.	Fārs Nāmah（《法儿思志》，伊本·巴里黑著）	500/1107
Idr.	Idrīsī（伊德里思）	548/ 1154
I. J.	Ibn Jubayr（伊本·朱拜儿）	580/1184
Yak.	Yākūt（亚库特）	623/ 1225
Kaz.	Kazvīnī（加兹温尼）	674/ 1275
Mar.	Marāsid（《观察》）	700/1300
A. F.	Abu-l-Fidā（阿布·勒·费达）	721/ 1321
Mst.	Mustawfī（穆思套菲）	740/1340
I. B.	Ibn Batūtah（伊本·白图泰）	756/1355
Hfz.	Hāfiz Abrū（哈菲兹·阿卜鲁）	820/ 1417
A. Y.	'Alī of Yazd（阿里·亚兹底）	828/ 1425
J. N.	Jahān Numā（《世界志》）	1010/1600
A. G.	Abu-l-Ghāzī（阿布·勒·噶兹）	1014/ 1604

（韩中义：陕西师范大学中国西部边疆研究院研究员）

游牧部落曾经是什么？[*]

鲁迪·保罗·林德纳 著　尹波涛、郭洁 译

布兰特纳（Brantner）：你属于尤罗克（Yurok）部落吗？

　　莫里斯（Morris）：那也是我想知道的，因为我母亲出生于尤罗克部落。

　　布兰特纳：我说的是，你登记的是尤罗克印第安人，还是胡帕（Hoopa）？

　　莫里斯：我处于中间位置。我也不知道是哪一个。

　　布兰特纳：你需要抉择自己想成为哪一个。有许多印第安人属于尤罗克部落，他们是一半尤罗克血统一半胡帕血统，然而他们认为自己是胡帕印第安人……我们现在有机会吃鲑鱼——如果你想吃鲑鱼，你最好说你是尤罗克人并加入我们。[①]

历史学家不喜欢游牧民。这种感觉或许可以理解，因为定居的习性让我们始终无法完全理解那些依赖频繁迁徙和随机性劫掠生存的人。原始史料中充斥着的轻蔑态度增强了这种不喜欢的感觉：这些史料的作者是定居民，他们也将游牧民视为掠夺者，并且在记述游牧民时和其保持一个安全的距离。在缺乏包含游牧民视角的资料可供选择的情况下，我们为什么要指责这些目击者呢？具有讽刺意味的是，那些导致游牧民成功的特殊习俗也注定了他们在现代人眼中声名狼藉。骑射手为什么要保存档案呢？作为档案载体的纸张总是很重，携带它们将限制马匹的灵活性、活动范围和速

---

[*]　本文原文为 Rudi Paul Lindner, "What Was a Nomadic Tribe?", *Comparative Studies in Society and History*, Vol. 24, No. 4 (Oct. , 1982), pp. 689 – 711。

[①]　1955 年一场加利福尼亚印第安人索赔听证会上莫里斯夫人（胡帕人）与布兰特纳公主（尤罗克部落联盟首领）谈话的部分内容，引自 Morton Fried, *The Notion of Tribe* (Menlo Park, California, 1975), 7。

度。简而言之，轻装简行为游牧民提供了军事上的优势，但也将书写他们历史的权力奉送给了他们的掠夺对象——定居民。难怪中世纪的匈人（Huns）、阿瓦尔人（Avars）、突厥人（Turk）、蒙古人（Mongols）都被冠以恶名。

事实上，文献并非是史学家在研究中可资凭借的唯一资源，但是只需要稍加思索，就会明白为什么没有成熟的游牧考古学。一方面，考古学者强调游牧民对于定居地区的冲击：在地表下一定深度的地方发现的一系列文化遗址揭示了具有破坏性的抢掠者成功进行劫掠的事实及时间。这样，考古发掘报告增强了文献中传递的信息。另一方面，在中欧和东欧地区对富裕牧人的墓葬进行了广泛的发掘。这些考古成果让我们更加了解游牧民的生活和习俗，但墓葬中奢华的随葬品愈加凸显了我们对于游牧社会的认知极其浅显这一事实，而且亦不能从这极少数的考古发掘成果中得出关于多数人愿望的概括性结论。最后，众所周知的京观（pyramid of skulls），作为另一种形式的坟墓，被偶然地记载在文献中。组成京观的尸体腐烂后，虽然那些遗存物隐约地反映了游牧民在战斗中获胜的场景，但无法阐明游牧历史。那么，考古学出现了与文献中偏向定居相类似的问题。在我看来，为了更加客观地理解游牧民的历史，我们必须摒弃对其文化的歧视和敌意。

本文的目的是测试人类学模型在重建一个更加公正的中世纪欧亚大陆游牧部落历史中的功用。首先，我们将检讨现代人类学研究成果应用于历史的优缺点；这个探讨将会提出一些关于前殖民扩张时代部落结构性质和中央集权国家地方行政管理完善性的具体假说。然后，我们将会观察这些假说如何帮助我们理解游牧部落的历史，大者如匈人，小者如奥斯曼人（Ottomans）。

从表面上看，人类学研究应该能够直接服务于历史学家。在游牧部落中田野调查的体系和方法经历了远不止一代人的稳步发展。一年或更久地在田野点集中工作是人类学的基础；游牧经济、畜群生活、地理和气候对于部落福祉的影响，家庭和亲属关系结构，礼仪和社会风俗都需要适当考虑，简言之，社会历史学家可能研究的所有主题都是考察的对象。不过，读者会注意本段开始"表面上"这一预先声明，因为有两个弊端阻碍了人类学成果直接应用于历史问题。正如后文所展示的，本文坚持认为，只有在正视并虑及这些现代田野调查的发现是 20 世纪的产物基础上，才能恰当地运用一个明确的人类学模型。

我们必须进行的第一个调整是，认识到田野调查报告低估了曾经给予历史上的游牧民以力量的军事和政治实力。[①] 现代中央集权国家的产生是导致这一低估产生的直接原因。细想一下人类学家是如何开始一项田野调查：第一步（在获得资助之后）是获得政府有关部门的研究许可。这个行政程序对研究人员是一种帮助，因为它可以防止研究人员被卷入当地的冲突斗争，它亦有助于政府甄别有"不恰当"行为的研究人员。对于我们的分析来说，这个程序的重要性在于这样一个事实：政府不会允许研究者在一个没有处于它强力控制下的部落中生活和工作。

不过，游牧民的"安宁"是最近才有的事，这是因为对于游牧民的管控依赖于找到他们的能力。大炮、步枪、左轮手枪和机关枪的发明和使用都没有使游牧部落屈服，汽车的发明也同样没有做到。因为这些轮式车辆需要平整宽阔的道路，需要那些他们的目标——骑在马或骆驼上的人——不需要的条件。事实上，直到 1920 年在伊拉克使用飞机才解决了发现和管控游牧民的问题，从而结束了游牧民延续了超过三千年的政治独立传统。[②]空中力量的使用消除了游牧民最有力的武器——机动性和突袭，使他们处于有效的控制之下。对于人类学家来说，行政管控使部落成为一种适应特殊生态环境的展览品，在封闭的社会中，任何部落都不再能够实践其意识形态。作为历史学家，我们应当认识到这一点并相应地调整我们所建立的人类学模型。

游牧政治的消亡及其对民族志文献的影响导致了人类学研究方法的第二个弊端，即强调谱系（genealogy）和亲属关系结构。从路易斯·亨利·摩尔根（Lewis Henry Morgan）时代至今，人类学家沉迷于亲属术语和谱系关系的研究。这导致出现了意在展现部落的真实结构或谱系章程（genealog-

① 毁损游牧民的政治实力会削弱他们对于马匹的依赖，Fredrik Barth, *Nomads of South Persia* (Oslo, 1961), 6, 13。概括的论述，见 Fredrik Barth, ed. , *Ethnic Groups and Boundaries* (Oslo, 1969), 36。

② 作为对抗游牧民的武器，飞机和装甲车之间的比较，见 Glubb, *The Story of the Arab Legion* (London, 1948), 62-64, 75; idem, *War in the Desert* (London, 1960), 69-70, 83-87, 143-144, 146-147, 202-203, 234-235, 240-242; Peter Sluglett, *Britain in Iraq: 1914-1932* (London, 1976), 262-70。中央集权政府对于部落的影响，见 Lois G. Beck, "Herd Owners and Hired Shepherds: The Qashqa'i ofIran," *Ethnology*, 19: 3 (1980), 335。

ical charters）的图式和图像。我们必须深入地考虑这些模型的历史关联，至少考查其中的两个：锥形氏族（conical clan）和分支宗族（segmentary line-age）。①

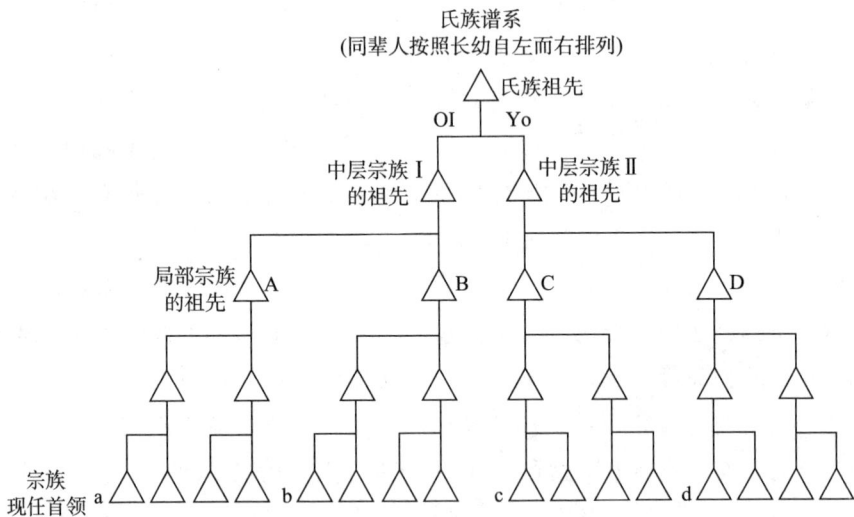

氏族谱系
(同辈人按照长幼自左而右排列)

氏族祖先

OI　Yo

中层宗族 I　　　　中层宗族 II
的祖先　　　　　　的祖先

局部宗族　A　　　　　B　　C　　　　D
的祖先

宗族
现任首领　a　　　b　　　　c　　　　d

图1　锥形氏族

资料来源：马歇尔·萨林斯（Marshall D. Sahlins）著《部落民（Tribesmen）》，1968，第25页。

图1是一个典型的锥形氏族图，它表现了在一个等级化和分支化社会中通过男系和长子继承制建立的世系。② 谱系中的位置决定社会地位。因此，每一代公认的部落首领都是地位较高的宗族（senior lineage）的长子（即图1中的a）。事实上，谱系中的分支的充分等级化（例如，始祖的幼子在长子之下，那么，就是说祖先B在A之下，D后裔的地位低于C后裔的地位，等等）导致了部落首领的产生。在始祖后代形成的团体中，每一代和每一个分支都有一个男子居于领导的地位；存在一个地位较高的分支，由于它在谱系中的位置，其首领成为所有其他部落成员的领袖。于是，锥形氏族

---

① 对于接下来几段中的部分内容，我要感谢杰弗里·贝尔（Jeffrey Bale），他在一个研讨班上的追根究底式地提问和评论激发了我关于亲属关系结构的想法。

② 锥形氏族形态的经典描述，见 Paul Kirchhoff, "The Principles of Clanship in Human Society," *Davidson Journal of Anthropology*, 1：1 (1955), 5–10（初稿写于20世纪30年代）；亦见 Marshall D. Sahlins, *Tribesmen* (Englewood Cliffs, New Jersey, 1968), 24–25, 49–50。

成为一个经常用于分析由"王室"家族统治的酋邦或部落的模型。

我们暂且假定这个锥形氏族的谱系章程准确地描述了部落成员：传承自部落始祖的男系血统决定其地位。显然，锥形氏族的模型与欧亚草原的历史并不相符。虽然人类学家强调他们研究的现代部落在地域上的限定性，但是流动性的迁徙和忠诚是历史上草原游牧政治最典型的特征。直到最近，继位斗争，而非长子身份，决定谁是最适合继承首领权力者。部族成员所支持的不是长子，而是最能够代表其利益的候选人，因为他们的生存和福祉都依赖于其首领代表他们寻找草场、抢掠和与强大的邻居妥协的能力。①蒙古人、早期的奥斯曼人和其他大部分草原部落都是这种务实的首领继位

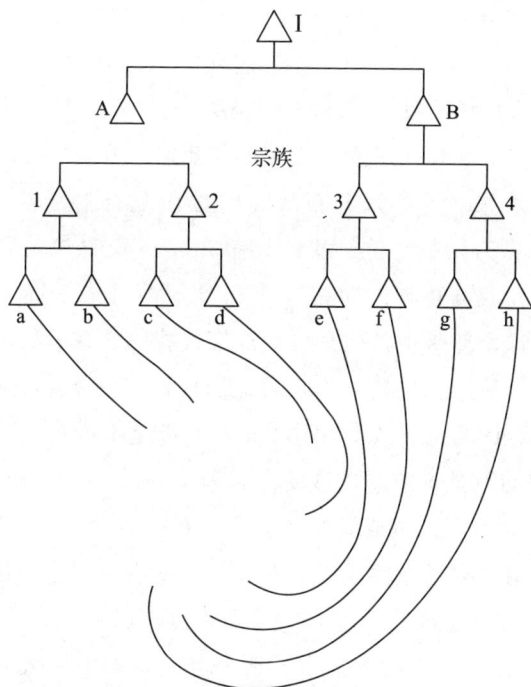

图 2　分支宗族体系。

资料来源：马歇尔·萨林斯著《部落民》，1968，第 51 页；改编自保罗·博安南（Poul Bohannan）《Tiv 的迁徙和扩张（The Migration and Expansion of the Tiv）》，《非洲（Africa）》，24：2（1954 年），第 3 页。

---

① 巴斯引用了巴瑟里部族（Basseri）对选举过程的描述："马感觉到了骑手的大腿（the horse feeling the rider's thigh）"，见 Barth, *Nomads of South Persia*, 84。

模式。选择首领并非是过去历史事实与现在观念形态相矛盾的唯一事情。历史上的游牧民总是在迁徙，并经常改变他们通常的迁徙路线从而便于进行抢掠或避免被并入邻近的部落。由于时机或需要，匈人抵达东欧地区，突厥人 11 世纪进入小亚细亚，蒙古军队驻扎于近东等迁徙运动常常使游牧家庭和部落分散。考虑到部落一些分支定居、一些分支在战争中消亡、一些分支在别处寻找到更好的草场，中世纪欧洲民族大迁徙不可能有益于保存各分支之间的等级秩序。锥形氏族也许有助于说明活动区域有清楚界限的团体，但是对于研究游牧社会的历史学家来说，它是一个太过于静态的概念。

　　接下来我们将转向分支宗族体系及其主要的结构特征——互补对立（complementary opposition）。① 图 2 即是这种体系的图式化的图解。在这里，这些团体都是 I 的后裔，而且属于同一部落，这一部落被分成若干不分等级的男系宗族 a、b、c 等等。理论上认为，这些宗族有着平等的地位，这导致没有首领的政治后果。这些宗族在战斗时按照互补对立的原则相互联合，这在谚语"我与我的兄弟对抗，我的兄弟和我与我的堂兄弟对抗，我的堂兄弟、我的兄弟和我与世界的对抗"中得到了简练的表述。回到图表，这意味着，在没有这个部落中其他分支或层级搅扰时，宗族 a 和 b 之间可能或冲突或和平共处。然而，如果 c 或 d 对他们任何一方产生威胁时，a 和 b 就会联合起来抵御，因为与 c 或 d 相比，a 和 b 都是 1 的后裔。根据理论，a、b、c 或 d 受到来自宗族 e 或 g 的威胁时，就会在 a、b、c 和 d 中形成联盟，因为他们都是 A 的后裔，而他们的对手都是 B 的后裔。外部的宗族 i 的威胁将会集合整个部落。要注意的是，处于 a、b、c 等级之上的层级组织只在应对危机时存在。a、b、c 等等（在一个层级），1、2、3、4（在另一个层级）与 A 和 B 一样，在结构上是平衡和平等的。每个层级分支上的每个宗族之间都存在一个对立的平等。分支宗族体系是在直系血统、持续不断的适时分支、在每一个分支内部的团结和在同一结构性层级的分支之间的互

① 关于分支宗族体系的文献丰富且有趣，其经典论述见 E. E. Evans-Pritchard, *The Nuer* (Oxford, 1940), 142 – 150.；亦见 John Middleton and David Tait, cds., Tribes *without Rulers* (London, 1958); M. G. Smith, "Segmentary Lineage Systems," *Journal of the Royal Anthropological Institute*, 86：2 (1956), 39 – 80; Marshall D. Sahlins, "The Segmentary Lineage：An Organization of Predatory Expansion," *American Anthropologist*, 63：2 (1961), 322 – 345.

补对立的基础上存在的。

对研究草原地区的历史学家来说，分支宗族体系整齐的二元结构明显并不适用。在人类学家中，对这一体系是否实际存在的怀疑亦已出现。在两篇具有重大意义的论文中，研究昔兰尼加（Cyrenaica）地区贝都因人（Bedouin）的艾莫瑞斯·彼得斯（Emrys Peters）指出，尽管贝都因人声称分支宗族模式能够描述他们的行为，但是这并非事实。贝都因人宗族不会与他们近亲宗族结盟去反对他们的远亲宗族。而且，他们不会在更高的层级上联合（比如图2中团体1、2、3、4或者团体A、B）。在任何给定的层级上，其分支的个数经常是奇数而非偶数，任何层级的各个分支拥有的人口和经济资源都是不同的。这些思考使彼得斯断定：虽然分支宗族理论及其推论——互补对立——是有用的思想体系；它们为贝都因人编织了一个别样的令人眼花缭乱的现实，但是这一学说并未反映出贝多因人真实的社会和政治环境。①

若不是菲利普·萨尔兹曼（Philip Salzman）最近的两篇文章，我们可能将不会进一步地思考分支宗族理论。② 萨尔兹曼分析了彼得斯的调查结果并将它们和对近东地区其他六个部落的研究相联系。他断定："各分支之间的团结和互补对立的习惯与领土的不稳定、频繁的迁徙、空间的渗透和人群的融合有关。"③ 因此，萨尔兹曼主张分支宗族理论描绘的是一种部落过去实际遵从的社会模式，那时对游牧民的迁徙和行动只有很少的地域和政治（据推测）限制。可是，现在他主张这一理论提供了备用的思想观念和行为模型，当时间和情况发生变化时是一个现成的可供替代的选择："世系术语的意义在于，当地域系统不起作用或不能够提供一个组织基础的时候，

---

① Emrys Peters, "The Proliferation of Segments in the Lineage of the Bedouin of Cyrenaica," *Journal of the Royal Anthropological Institute*, 90: 1 (1960), 29 – 53; idem, "Some Structural Aspects of the Feud among the Camel-Herding Bedouin of Cyrenaica," *Africa*, 37: 3 (1967), 261 – 282; 最新的研究成果，见 Michael E. Meeker, *Literature and Violence in North Arabia* (Cambridge, 1979), 183 – 192。

② Philip Carl Salzman, "Does Complementary Opposition Exist?" *American Anthropologist*, 80: 1 (1978), 53 – 68; idem, "Ideology and Change in Middle Eastern Tribal Societies," *Man*, 13: 4 (1978), 618 – 637.

③ Salzman, "Does Complementary Opposition Exist?" 67.

它提供了一个组织系统。"①

在我看来，欧亚大草原的历史恰恰否定了萨尔兹曼对分支宗族理论的辩护。研究斯基泰人（Scythians）、匈人、阿鲁瓦人、马扎尔人（Magyars）、库曼人（Cumans）、突厥人、蒙古人和其他中世纪游牧民就是研究它们的流动和迁徙。而且，考虑到图2，再考虑到一个部落从中国边境到匈牙利大草原（Hungarian Alföld）的迁徙及范围，a 宗族怎么知道从哪里找到 b 宗族去防备 c 的威胁？对近东地区部落地名（tribal placenames）的研究表明迁徙导致了部落的分散。② 在16世纪的安纳托利亚（Anatolia），部落的分支通常与其他部落甚至奥斯曼政府结盟去对抗同部落的其他近亲分支。③ 总之，当中国的匈奴人（Hsiungnu）变成多瑙河的匈人时，当蒙古人通过征召全部的被征服人群建立部落时，一个分支系统不可能被原封不动地保留。④

那么，历史学家在运用现代民族志时必须记住两个问题：其一，现代民族志无法容纳游牧民的政治和军事实力，这是由现代国家及其行政技术的发展造成的；其二，现代民族志强调亲属结构是一个社会组织原则。当研究现代游牧民时，我们看到他们被迫适应迁徙路线的合并（或有限数量的路线）和日程的压缩，局限于一个不适应其他改变或受到其他群体歧视的生态位（ecological niche）。他们的经济基础可能是畜牧和农耕的混合，通常用牲畜交换粮食和工业品，因此与市场经济联系密切。部落成员的数量是一个以亲属关系为自变量的增函数，部落的大小与出生率和死亡率、气候条件以及都市社会的相对吸引力相关。政治上，现代部落是国家的次要

---

① Salzman, "Ideology and Change in Middle Eastern Tribal Societies," 629 - 630. 对萨尔兹曼而言，"备用"的概念是很重要的，他用它发展了一个关于定居牧民的有趣理论，相关介绍见 *When Nomads Settle*, Philip Carl Salzman, ed.（New York, 1980）。

② 法鲁克·苏美尔（Faruk Sümer）教授长期关注部落地名，其最近的研究，见 *Safevi Devletinin Kuruluşu ve Gelişmesinde Anadolu Türklerinin Rolü*（Ankara, 1976）。

③ 例如，游牧的安纳托利亚人可追溯至16世纪前25年的地籍清册显示，共享同一名字的团体之间存在不同的政治和经济的忠诚。我在即将发表的关于中世纪安纳托利亚游牧民的研究中描述了这一迹象。

④ John Masson Smith, Jr., "Mongol Manpower and Persian Population," Journal of the Economic and Social History of the Orient, 18: 3（1975），271 - 299. 至于萨尔兹曼对分支宗族在领土不稳定的部落中作用的分析（这是他为这个理论辩护的基础），在我看来，他分析的部落实际上领土是相当稳定的。虽然，与彼得斯的贝都因人相比，这些部落民确实能更自由地选择他们的路线和牧场，但他们总的资源范围和选择受限于国家权力。因此，他们是不能和中世纪欧亚大陆上的部落相比较的。

元素，部落首领的地位及权力与政府一时的兴致和他在部落民众中的威望紧密相关。因此，与研究现代部落的人类学家相比，我们在重建过去的游牧部落内部运作机制时应当更重视政治因素而少强调亲属关系模式。

在确定了这些在研究中世纪游牧部落历史时利用现代人类学田野工作的限制后，我们现在可以就利用田野工作为历史研究服务作一些观察。首先谱系可能是游牧民用于解释其历史和政治的术语或章程。因此，一个特定首领产生的规则在事后找到其理由：由于部落谱系被重新整理，他的宗族"被发现"是地位较高宗族。谱系作为政治支持的效用恰是由于草原游牧民族难以对其血统进行精确的、系统的记录。通常，就其较近的祖先而言，一个部落成员的谱系是很清楚，在涉及一些比较遥远的世代时，就会变得模糊且经常矛盾，但是，最后描述的部落始祖及其儿子们的谱系是精确而毫不含糊的。[1] 世系中间若干代的缺漏是为了允许通过嫁接新成员（或删减旧成员）增减（"发现"和"遗忘"）部落人数。[2] 它允许吸纳新成员并运用恰当的方法进行掩盖。通过在共同利益之上增加虚拟的血亲关系，亲属关系术语强化了部落的整体性。[3] 在我们自己的社会中存在很多这样的术语，如"国父""普天之下皆兄弟"等等，都是类似的心理需求的反应。

---

[1] 关于"作为现时政治"的谱系的论述，见 David Henige, *The Chronology of Oral Tradition* (Oxford, 1974)；亦见 William Lancaster, *The Rwala Bedouin Today* (Cambridge, 1981), 34 – 35；Barth, *Nomads of South Persia*, 55 – 56；William Irons, *The Yomut Turkmen* (Ann Arbor, 1975), 44；Robert N. Pehrson, *The Social Organization of the Marri Baluch* (Chicago, 1966), 34；Caroline Humphrey, "The uses of Genealogy: A Historical Study of the Nomadic and Sedentarised Buryat," in *Pastoral Production and Society* (Cambridge, 1979), 235 – 260；Jean-Pierre Digard, "Histoire et anthropologie des societes nomades: la cas d'une tribu d'Iran," *Annales*, 28: 6 (1973), 1427；Emanuel Marx, "The Tribe as a Unit of Subsistence," *American Anthropologist*, 79: 2 (1977), 353；Meeker, *Literature and Violence in North Arabia*, 189。

[2] 关于谱系的篡改，见 J. Lonsdale, "When Did the Gusii (or Any Other Group) Become a Tribe?" *Kenya Historical Review*, 5: 1 (1977), 123 – 133；Humphrey, "The uses of Genealogy: A Historical Study of the Nomadic and Sedentarised Buryat,"是一项对于"先祖记忆"和"结构性失忆"潜含的不同情况的杰出研究。

[3] 关于一个卡拉特市（Kalat）的例子的详细论述，见 Nina Swidler, "The Political Context of Brahui Sedentarization," *Ethnology*, 12: 3 (1973), 304 – 306；伊朗的例子，见 Daniel Bradburd, "Never Give a Shepherd an Even Break: Class and Labor among the Komachi," *American Ethnologist*, 7: 4 (1980), 604。

关于谱系的探讨的局限是，缺乏获得普遍认可谱系的人群可能遭到不正确的评估，因为这种缺乏可能导致一个粗心的历史学家误入歧途。15 世纪编年史关于早期奥斯曼人部落谱系记载的紊乱使一些人得出其早期组织并非部落的结论。① 然而，人类学家的研究帮助我们理解了奥斯曼人谱系的形式，它和从现代部落调查对象中获得的田野资料相同，这证明早期奥斯曼人的组织确实是部落。②

第二个观察是现代田野调查报告中对亲属关系及其术语的强调是现代游牧部落政治衰弱的结果。当通过加入部落不能获得利益时，非部落成员者将不再加入部落。在现代，由于游牧生活原有的独立性和有利条件的消失，以及中央政府的权威在草原和山地的扩展，部落成员的生活没有任何特殊的优势，因此部落就不能从外部吸纳新成员了。未来的部落成员将是现代部落成员的后裔——在事实和观念中他们都是亲戚。那么，相对于历史上的部落组织而言，当代的亲属关系研究更适合描述未来的部落组织。

现在读者可能猜出了本文题目使用过去时态的原因。人类学研究试图明确现代部落制的含义；迄今为止我一直设法指出采用这种途径的研究可能会误导研究历史上的游牧民的学生。那么，我们应该怎样回答这个问题——游牧部落曾经是什么？

在我看来，首先需要强调的是共同利益：在中世纪部落组织中共同的利害关系一直扮演着比亲属关系更重要的角色。在过去，共同的军事或政治目标具有决定性的作用。③ 在敌对者环伺中存活、寻求水源和牧草以及在掠夺中的共同利益，这些都为组成一个有内聚力的部落提供了动机。对于20 世纪 60 年代早期的一项研究中针对亲属关系提出的问题，俾路支族马里部（Marri Baluch）的一个人回答说："那时是战争和无政府的状态，没有人会问谁是你的父亲、兄弟。你一旦卷入战争中，就进入了一个迁徙、占领、再迁徙的循环中。最后只会像现在这样定居下来。"④ 田野调查中充斥着各

---

① Paul Wittek, *The Rise of the Ottoman Empire* (London, 1938), 7 – 13.
② 土耳其语中奥斯曼人（Ottoman）名称"奥斯曼（Osmanli）"本身就是由第一任首领的名字加上部落的后缀组成的。用这种方式组成的部落名称在阿纳托利亚的游牧民中很普遍。
③ Barth, Nomads of South Persia, 132；Pehrson, *The Social Organization of the Marri Baluch*, 20.
④ Pehrson, *The Social Organization of the Marri Baluch*, 19.

分支不能纳入一个整齐的谱系模型的例子，这是因为将各分支联系在一起是利益而非血缘。[①]

这样一种通过累加实现部落发展的模式既有助于我们了解各类部落人数突然而急速的增长，蒙古就是最突出的例子；亦有助于我们理解当部落首领在战争中不能取得连续胜利或在和平时期不能找到合适草场的时候，部落突如其来的衰落和消失。从历史的观点来看，外来的出身对"新"成员没有任何妨碍：亨利·莱亚德（Henry Layard）在 1845 年看到的刚刚加入巴赫蒂亚里（Bakhtiyari）部落的人，直到 20 世纪依然被认为与其他的宗族完全平等。[②]

什么是部落曾经希望实现的目标呢？显然，与现在相比，过去更多样化：西里西亚（Cilician）的尤鲁克人（Yürük）现在被迫租赁草场，与此相对应，他们的祖先曾经是安纳托利亚（Anatolia）半岛上爱琴海（Aegean）沿岸区域的灾难。[③] 正如另一位俾路支族马里部的被访问者所言，"在我父亲的时代除了战争什么也没有……打打杀杀就是那个年代的全部。"[④] 部落的经济职能不仅指部落是畜群和草场的持有者，它已经被放大至包括对外抢掠；的确，像成吉思汗（Chinggis Khan）这样杰出的首领，战争会成为征服欧亚大陆的方式。部落首要的政治目标是：在面对外部世界时保护和提高部落成员的地位。

之所以强调政治是中世纪游牧部落存在的目的，是因为外部压力是他们形成的主要因素。[⑤] 这种压力通常是武力的结果，虽然并非总是如此。

[①] 对相关迹象的最新研究证明，几乎没有障碍阻止外来者加入部落，见 Rada and Neville Dyson-Hudson, "Nomadic Pastoralism," *Annual Review of Anthropology*：*1980*, 48。一个详细的例子，见 Barth, "Pathan Identity and Its Maintenance," in *Ethnic Groups*, Barth, ed., 124 – 125。

[②] Dieter Ehmann, Bahtiyaren, *Persische Bergnomaden im Wandel der Zeit* (Wiesbaden, 1975), 58.

[③] Daniel G. Bates, *Nomads and Farmers* (Ann Arbor, 1973).

[④] Pehrson, *The Social Organization of the Marri Baluch*, 3.

[⑤] 我要感谢威廉·艾恩斯在下列论文中深刻见解："Variation in Political Stratification among the Yomut Turkmen," *Anthropological Quarterly*, 44：3 (1971), 145; and idem, "Political Stratification among Pastoral Nomads," in *Pastoral Production and Society*, 361 – 374；类似的观点见 Philip Burnham, "Spatial Mobility and Political Centralization in Pastoral Societies," in *Production and Society*, 349 – 360, 及 Fried, The *Notion of Tribe*. 有一些不同点（其中一些是重要的）把这些作者的观点相区分，也将他们的观点和我的观点相区分，但是在我看来，我们的方法基本相同。

因此，如果有一个令人印象相当深刻的外来者出现并要求某人"带我去见你的首领"或想知道"这里是谁掌管的？"主人们肯定要挑选一个人进行应答。① 经常性的重复这种交流可能会导致专门行政官员甚至是一个政治机构的产生。然而，无论是现在还是中世纪，军事力量都是催化剂：例如，赛努西（Sanusi）教团变成了一个影响力和领导力伴随着意大利殖民威胁增强而增长的部落。② 匈奴在中国边疆地区的崛起与汉朝力量和威望的增长平行发生是毫不奇怪的。边境上的一个威胁，甚至只是感知中的威胁，将会促使生活在边界地带的人群决定他们是什么人，他们希望得到什么样的军事及政治地位以及他们打算如何获得这些地位。③ 因此，1261 年拜占庭（By-zantine）政府从小亚细亚（Asia Minor）回到君士坦丁堡（Constantinople）后，新巴列奥略（Palaeologan）王朝的税收政策变得很苛刻。同时，蒙古人开始将他们的直接控制向西扩展，越过了穆斯林（Muslim）生活的小亚细亚地区。蒙古人及其由东方移居来的军队的压力，加之边境居民缺少来自于拜占庭方面的保护，这些导致在那个世纪的最后二十五年中出现了许多酋长国，一些是新形成的而另一些是早前镇压后的残余，但是大多数显然是部落。这些新部落是边境民众被迫进行政治选择的结果。

伴随着部落的生长，对于一些容易被所有部落成员理解、用来证明和表现部落统一正当性的象征符号的需求亦随之出现。使用亲属关系术语阐述同志关系可以满足这一需求。事实上，同志关系可能已经决定了谱系的结构和内容，因为流动性允许迅速变更政治选择和快速执行新选择的效忠义务。④ 共同利益在军事行动和结盟中显现出来；在思想中，共同利益被理

---

① 由于这些外部刺激迫使人们选边站，这导致了部落的形成，弗里德（Fried, *The Notion of Tribe*, 99 – 106）认为部落是"继发性现象"，我认为，弗里德的讨论在时间上可以进一步扩展至比欧洲扩张时代更早的时期，如果弗里德这样做的话，我推测他可能会重新考虑他对于部落是政治组织的怀疑（pp. 60 – 65）。

② E. E. Evans-Pritchard, *The Sanusi of Cyrenaica*（Oxford, 1949）, iv. 一般的论述，见 Sahlins, *Tribesmen*, 17, 38, 55; Meeker, Literature and Violence in North Arabia, 190; Marx, "The Tribe as a Unit of Subsistence," 349.

③ 欧文·拉铁摩尔（Owen Lattimore）在很多令人兴奋的研究中对于这个故事的中国/蒙古（Chinese/Mongol）变体进行了最好的讲述，特别是 *Mongol Journeys*（New York, 1941）, 以及经典的 *Inner AsianFrontiers of China*, 2d ed.（New York, 1951）。

④ Burnham, "Spatial Mobility and Political Centralization in Pastoral Societies," 350.

解为亲属关系。这对于团体和个人都适用。[①]

那么，亲属关系是通过共同的观念和情感将部落成员联合起来的意识形态。将他们联合起来进行军事行动的是首领，部落成员的共同利益和外部压力导致了首领这一职位的出现。正如威廉·艾恩斯（William Irons）所言，"在游牧社会中，等级化的政治体系只有在外部与存在国家组织的社会（state societies）发生政治关系才能产生，单纯的游牧社会内部动力不能导致这一体系的出现。"[②] 部落将其成就归功于首领寻找牧场和进行抢掠的能力。一个成功的首领能领导一个不断发展的部落；部落成员用脚投票选举（或改选）他。成功的首领意味着可以在部落内部调停争端，并担当部落和外部势力之间的支点，在谈判中代表部落的利益，不然就舍弃谈判，带领骑射手抵御外敌。[③] 在首领去世或失败时，缺乏和其能力相当的继任者意味着其部落的瓦解，因为其之前的部落成员会去别的地方寻找更绿的草场和更擅长保护他们利益的人。因此，首领的能力决定了部落的规模。[④]

总而言之，中世纪欧亚草原上的游牧部落是一种政治组织，这种政治组织向所有的人开放，只要他们愿意服从部落首领并和其他的部落成员利益共享。这是一种能在短期内扩大或缩小的动态组织；它的发展和衰落与

---

① Emanuel Marx, "The Ecology and Politics of Pastoral Nomadism in the Middle East," in *The Nomadic Alternative*, Wolfgang Weissleder, ed. (Chicago, 1977), 60.

② Irons, "Political Stratification among Pastoral Nomads," 362；亦见 Owen Lattimore, *Studies in Frontier History* (London, 1962), 476。

③ Irons, "Variation in Political Stratification among the Yomut Turkmen," 152 – 154；Irons, "Political Stratification among Pastoral Nomads," 362；Brian Spooner, *The Cultural Ecology of Pastoral Nomads* (Reading, Massachusetts, 1973), 35. 亦见 Philip Carl Salzman, "Tribal Chiefs as Middlemen: The Politics of Encapsulation in the Middle East," *Anthropological Quarterly*, 47：2 (1974), 203 – 210，但是我不认为史实支持萨尔兹曼（Salzman）所有的论点。例如，为了削弱首领的权威，奥斯曼人更愿意通过中层领导者而非首领管理部落事务，而这样就削弱并分割了部落的政治结构。然而，与现代相比较而言，中世纪安纳托利亚的部落更是一个巨大的军事威胁，而萨尔兹曼描述的自然是人类学研究的田野现状。

④ 这并非是露骨的"伟人"史观。它是一种空洞理论，因为其导致人们用庞大的官僚机构，众多社会和经济机构迟滞和相互抵消的力量，以及多样化的民众利益等因素来解释事件。部落及其首领表现了适应在共享某些明确界定的必需品的环境中的生活。一旦部落开始有竞争或复杂的利益，首领的地位就变成了不同的事物，正如我们将看到的：尽管奥斯曼帝国的建立者是一个部落首领，他的孙子不再是在一群地位平等的人中居于首位，而成了高居于其臣民之上的苏丹（sultan）。

首领的才智和成就密切相关。对它的认同源自它的首领，这意味着部落持续而强大地存在超过几代人的时间是不大可能的（除非它转变为其他事物而只保留了称号，如同我们将在下文中讨论的那样）。机会主义支配着部落的经济重心，决定它是靠游牧还是抢掠，或者是两者的混合来生存，而它的骑兵保证了其政治独立和统治。

最后几段将指出一些可供我们借鉴的人类学家对游牧民进行田野调查的成果及推论；我们希望这些观点会帮助我们理解欧亚草原游牧民中世纪历史的一些特征。现在让我们转向两个具体的游牧部落例子，匈人和早期奥斯曼人。这篇论文论点是，当按照前面的探讨观察这些部落历史时，它们的某些方面会变得更清晰且更接近真实。

直到到达黑海北岸时，匈人仍然将游牧作为他们的生计方式。然而，一旦他们离开草原并穿过喀尔巴阡山（Carpathians），他们只能找到很少的草场，对牲畜的依赖亦在减少。① 另外，抢掠的机会开始出现。对于作为抢掠者的匈人而言，罗马一直是他们的梦想。以至于在阿提拉（Attila）去世近百年后，普鲁科匹厄斯（Procopius）猜想他们中的一个人说：“我想，在〔罗马〕帝国里一切都有富余，甚至是不可能存在的物品。”② 因此，匈人由草原游牧转向抢掠勒索。5 世纪初，托米斯城主教狄奥提穆斯（Theotimus）试图使匈人皈依基督教，但他们想要得到的只是款待和供奉。③ 当阿提拉在西方成为大元帅（magister militum）时，他从罗马获得了大笔薪酬和大量养活匈人的粮食。④

事实上，我们可以进一步进行运算——一种“思维实验（thought experiment）”，从而确认阿提拉的匈人是否仅靠抢掠就能维持其生计。⑤ 从过去的某一时刻到 5 世纪 30 年代后期《马尔古斯条约》（the Treaty of Margus）

---

① 没有文献述及匈人在欧洲的游牧，见 Otto Maenchen-Halfen, *The World of the Huns*（Berkeley, 1973），171。我曾经尝试在一篇论文中进行论证，穿过喀尔巴阡山导致牧场数量的下降，于是匈人可用的马匹数量减少，相应地，阿瓦尔人、马扎儿人和蒙古人可用的马匹亦随之减少。见 “Nomadism, Horses, and Huns,” *Past and Present*, no. 92（1981），3 - 19。

② E. A. Thompson, *A History of Attila and the Huns*（Oxford, 1948），57.

③ Sozomen VII. 26. 7 - 8.

④ Thompson, *A History of Attila and the Hun*, 128.

⑤ 在下面的运算中，我要感谢我的导师小约翰·马森·史密斯（John Masson Smith, Jr.），他首先向我提出了这些运算的可能性。

签订前，每年罗马向匈人进贡 350 磅黄金。《马尔古斯条约》签订后之后，贡物翻一番涨至 700 磅；从 447 年到 450 年贡品翻两番涨至 2100 磅，还要为以前的欠款一次性支付的 6000 磅。1 磅黄金等于 72 苏勒德斯（solidi），可以买 2160 罗马斗（modius）的小麦。[①] 每 1 罗马斗的小麦重 20 磅，[②] 350 磅金币可以带来 15120000 磅小麦。成年人每年至少需要消费 462 磅粮食[③]，所以罗马人每年的贡品至少可以养活大约 32700 个成年匈人，后来有更多的贡品，相应地养活的人也就更多。这些数字只能作为数量级的一个指标，它们仅仅表示以劫掠为生的匈人数量的最小值，因为我们忽略了阿提拉从其官职获得的数额及匈人在欧洲主要的谋生之道——敲诈行省获得的财富。虽然《马尔古斯条约》的一个附加条款要求为匈人提供持续不断的贸易机会，马尔古斯本身是一个仓库，我们可以有把握地断定许多匈人以抢掠为生，而地理因素的限制导致只有很少的匈人能够继续做游牧民。抢掠的成功扩大了部落。罗马人缴纳的黄金不断增加，从 350 磅到 700 磅再到 2100 磅，这不单纯是反映了通货膨胀，[④] 还反映了部落的发展及随之而来的对更多的战利品的需求，这些战利品被用来购买小麦，铸造黄金用品，或资助匈奴艺术的发展。

共同的抢掠利益创造并养活了欧洲的匈人。正如下面的例子详细地显示的那样，匈人通过成功抢掠各种各样的人获得了经济和政治优势。"匈人的（Hunnish）"墓葬中的骨骼似乎表明其包含了很多的人种类型。[⑤] 当圣希多尼乌斯·阿波黎纳里斯（Sidonius Apollinaris）描述 451 年高卢之战中的匈人时，他给出了一长串来自于传说和古代地理学家的人种名单。他用这种方法表明没有匈人种族或族群。[⑥] 欧瑞斯特（Orestes）是阿提拉信任的一个匈人部落成员，他曾经是以后也将是罗马人，他的儿子（罗慕路·奥古

---

① A. H. M. Jones, *The Roman Economy* (Oxford, 1974), 207.

② Jones, *The Roman Economy* (Oxford, 1974), 37.

③ C. Clark and M. Haswell, *The Economics of Subsistence Agriculture* (London, 1966), 49.

④ 向阿瓦尔人提供的类似进贡，见 John E. Wiita, "The Ethnika in Byzantine Military Treatises" (Ph. D. diss., University of Minnesota, 1977), 131 – 132。

⑤ Maenchen-Helfen, *The World of the Huns*, 364 – 367.

⑥ Sidonius Apollinaris, Carmina VII. 319 – 325；汤普森（Thompson）的评论，见 *A History of Attila and the Hun*, 136。

斯都路斯——译者注）后来短期担任过最后一任西罗马皇帝。[1] 罗慕路·奥古斯都路斯（Romulus Augustulus）被奥多亚塞（Odoacer）所废黜，奥多亚塞及其父亲艾迪克（Edeco）曾经都是匈人部落成员。这些人都是首领，然而匈人部落的普通成员也有着多样化的来源。我们可以在关于 449 年普利斯库斯（Priscus）拜访阿提拉的叙述——古代晚期的散文中最著名段落之一——中发现这样一个人。一个"匈人"装束讲希腊语的商人和普利斯库斯攀谈，他是一个被释放的俘虏，8 年来作为匈人一直表现甚佳——帮助匈人将罗马人的贡品兑换成了小麦。[2] 和其他人一样，这个人加入了这个部落；他们都成了匈人。政治和经济上的优势把他们带入了部落，现在战利品将他们留在那里。

匈人的历史也阐明了游牧民族历史上的一个重要内容，即部落作为一种组织的限制。匈人抢掠行动的成功和罗马当局承诺的贡品的稳定增长都吸引了许多对消费战利品感兴趣的成员，但是有能力获取战利品的成员却寥寥无几。这些讲希腊语的匈人中没有骑射手，而且有一些骑射背景的哥特人（Goths），或者其他决定加入匈人部落而非罗马阵营的人中也都没有骑射手。在我看来，这些因素表明即使我们假设大量的马匹可以在匈牙利大平原（Hungarian Alföld）上放牧，那些部落的新成员也没有成为骑射手的机会；和在内亚征募其他游牧民的蒙古人不同，匈人从定居人群中吸纳新成员。因此，匈人部落规模的扩大导致部落军事技能平均水平的下降。所以忽略它令人生畏的声誉，即使在阿提拉的指挥下欧洲匈人的军队也是弱旅。

乍看之下，匈人大体上都是弱兵的断言似乎很可笑，所以从阿提拉的战事中概述一些相关事实会非常有用。首先，区别匈人没有遭到军队抵抗的局部突袭（这些相当成功，是匈人声誉的主要来源）和罗马主动迎战阿提拉的战事是至关重要的。在 441 年阿提拉取得胜利是因为罗马没有可以用来对抗他的军队。[3] 447 年战役对于阿提拉来说是一个胜利——事实上仅是

---

[1] Anon. Valesianus 8.38："Orestes Pannonius qui eo tempore quando Attila ad Italiam venit se illi iunxit et eius notarius factus fuerat." 考虑到阿提拉部落的组织情况，"se illi iunxit"仅仅意味着欧瑞斯特加入了这个部落。

[2] Priscus, frag. 8, *Historici Graeci Minores*, I, 305（后文中简写为 HGM）。无论普利斯库斯和这个（希腊裔）匈人之间的对话中关于罗马司法的细节是否为虚构，都不会影响我这里的论证。

[3] Maenchen-Halfen, *The World of the Huns*, 117.

说得过去的军事胜利——但是它消耗了大量人员。作为前述进程的结果，他的匈人失去了速度和机动性，这导致他们在这场战役后北归时遭到阿色穆斯城（Asemus）民众的伏击，且损失惨重。① 乌图斯河（Utus）战役使匈人付出了沉重的人员伤亡。② 在 451 年，匈人在高卢（Gaul）的莫里亚库斯驻地（locus Mauriacus）的失败非常彻底以至于阿提拉有了在战场上自杀的想法。③ 关于罗马军队与匈人之间的这些激战的最新研究表明，在无抵抗时阿提拉取得了绝对性的胜利。阿提拉带往莫里亚库斯驻地的货车表明，相对于保持机动性优势，匈人当时更热衷于保护及装载战利品和非牧区用品。胜利使匈人成为一个大部落，阿提拉成为一个传奇的首领。这也将他们由骁勇的游牧民变成了贪婪的蝗虫。

我们看到部落一味地抢掠的一个后果是增加了太多的部落成员，这些人善于消耗抢掠来的战利品而不善于抢掠，伴随着其成员的增加整个部落实际可作战的士兵数量会反常地下降。在蒙古（如前所述）增加的人力来自于每人都有一些备用马匹的骑射手，增大的部落保持了其军事威力。在欧洲，战争并未遵循草原的传统，内亚式的人力补充表现得非常失败。因此，我们可以概括说：在从事集约式农业和步兵配置重装武器的社会的边疆地区，游牧部落的军事力量减弱的过程是不可避免的，其开始的快慢取决于当地具体的条件。

早前对于部落结构及其运作方式的讨论使我们能够理解阿提拉在莫里亚库斯驻地失败的后续事件。阿提拉必须证明他依然是一个成功的首领，这意味着他要提供更多的战利品，这是他的近期目标。从长远来讲，他需要消灭所有由 451 年败仗酿成的其领导地位的竞争者，事实上，他总是害怕觊觎其职位的人。让我们观察一下他为实现这两个目标所做的努力。

阿提拉 452 年在意大利进行的战役意图取回并增加高卢战役中遗留在战场上的战利品，但这场战役因瘟疫而告终。对阿提拉而言，获得战利品是

---

① Thompson, *A History of Attila and the Hun*, 85.
② Thompson, *A History of Attila and the Hun*, 92–93.
③ 我关于这场战役的讨论，见 "Nomadism, Horses, and Huns."

至关重要的事情，因为在更为详细地反思乌图斯河战役的教训后，罗马政府在 450 年停止了纳贡。阿提拉必须在其他的首领候选人的威胁中保住其首领地位。阿提拉首领地位的潜在竞争对手的范围并不清楚，但有证据支持存在竞争对手的判断。在马尔古斯（Margus）谈判中，阿提拉和布列达（Bleda，阿提拉之兄——译者注）要求罗马交出并遣返匈人逃亡者。其中，阿提拉和布列达的两个亲属被特别提出，他们被带回然后杀掉。① 在 447 年，阿提拉再次要求遣返拒绝接受其最高统治地位的一些亲属。② 普利斯库斯（Priscus）记录了阿提拉在 449 年让其书记官宣读的他想要遣返的逃离者的名字；阿提拉也控诉这些曾经的匈人将会发动反对他的战争，无论他们是否得到罗马的援助。③ 阿提拉对遣返每一个脱离部落的匈人并不感兴趣，而且无论如何他都不可能知道他所有部民的名字。然而，他应该知道其家族中逃离的成员，这些人希望通过承诺和罗马达成一个更好的协议诱使其他匈人脱离阿提拉的领导。对阿提拉而言，替换掉阿卡茨里部（Akatziri）曾经反抗其首领权位且不听话的头领是必要的。④ 如果不能杀死潜在的对手或强迫罗马遣返他们，他就只能通过连续成功的抢掠保持部落的忠诚。这诠释了为什么他在撤出高卢后随即袭击意大利。

与之前侵袭法兰西相比，阿提拉的意大利之战更为成功。他的部下洗劫了北部的城镇，虽然被夏季的瘟疫和炎热所阻，但是他们可以用车运送战利品返回北方。然而，无论他因此提高了多少部落的忠诚，都随着他的去世而消失了。阿提拉的死亡导致了他的儿子之间持久且极具破坏性的继位纷争。另外，我们可以从部落的角度理解这个结果。因为部落成员倾向于追随最好的领导者，而对抢掠者而言，通常证明其军事能力的方式是打败并毁灭竞争对手，这样就会出现了一个周期性趋势，即每一代人都会分裂并重组部落，因为一些部落成员追随一个候选人，而另外的一些则追随另一个。在持久的继位纷争后，重建部落可能会花费数年时间，而冲突达

---

① Priscus, frag. 1, *HGM*, I, 277.

② Priscus, frag. 5, *HGM*, I, 284.

③ Priscus, frag. 8, *HGM*, I, 296 – 297, 314.

④ 关于阿卡茨里部，见 Maenchen-Halfen, *The World of the Huns*, 433；关于他们未遂的叛逃，见 Priscus, frag. 8, HGM, I, 298 – 299。如果忽视对于部落首领的政治影响，叛逃本身引起了拜占庭战略家的注意，见 Wiita, "The Ethnika in Byzantine Military Treatises", 158 – 159.

到一定程度就会导致部落成员加入其他的政治集团从而使部落最终瓦解。① 这就是阿提拉去世后的最终结局。因为他的儿子中没有一个人证明其有能力重组部落并保障部落成员的生计，所以匈人（以匈人的身份）开始消失了。当欧瑞斯特的父亲在 5 世纪 70 年代出现在世系中时，欧瑞斯特又成了罗马人，不再是匈人。一旦部落成员改变了他的政治立场，他就不再是匈人：他成了圣蒙蒂西（Sacromontisi）或福塞提斯（Fossatisii）中的一员，这些集团围绕一个新的首领形成并从先前的匈人部落中招徕成员。② 我们从政治角度对中世纪部落的释义可以帮助我们理解匈人的消失是多么迅速和容易。总之，匈人的史诗显示了部落制度的一些限制。单纯的掠夺促进部落发展，但这也会逐渐削弱部落。部落如此的成功以至于部落成员不再用心维持这种特殊的在创造部落过程中最重要才能。从这个意义上说，部落太成功会导致自身的毁灭。

现在让我们看一下早期奥斯曼这个相对较小的部落。③ 他们面临不同的挑战也有不同的命运。奥斯曼部落的创立者奥斯曼（Osman），大约在 1290 年发现自己所处的比提尼亚（Bithynian）边疆地区，西临拜占庭（Byzantium）帝国，南面是怀有敌意的盖尔米扬（Germiyan）酋长国，东面是蒙古统治下的塞尔柱（Seljuk）苏丹国。在安纳托利亚（Anatolian）高原西北边陲地区，两群人在寻求领导和保护。拜占庭帝国的阿纳托利亚行省在第四次十字军东征（Fourth Crusade）后处于繁荣时期，因为被流放的皇帝认识到只有经济繁荣和民众满意才能让他们有机会实现胜利返回君士坦丁堡（Constantinople）的梦想。1261 年，拜占庭皇帝巴列奥略·米海尔八世（Micheal VIII Palaeologus）最终迫使拉丁人（Latins）离开其首都，对阿纳托利亚地区的拜占庭人来说，他们期望他们的国家复兴并继续发展，但是他们的梦想很快破灭。巴列奥略王朝（Palaeologans）既没有保护安纳托利亚人，亦没有犒劳他们，而繁荣时代之后的那辈人发现他们自己或许正当的期望已经落空。他们的赋税因巴列奥略王朝重建国都而增加，而且由于

---

① 傅礼初（Joseph Fletcher）在一系列即将发表的关于"血腥的竞争推举继承制（bloody tanistry）"论文中对于这一进程进行了详细的论述。非常感谢他慷慨地给我看了这些论文的草稿。

② Maenchen-Halfen, *The World of the Huns*, 151.

③ 我即将要发表的关于中世纪安纳托利亚游牧部落的研究对下文中的史实有更详细的阐述。

返回君士坦丁堡的皇帝力图抵御西方对它的威胁，当地的防守部队被召回，义勇军亦被解散，于是对他们的保护亦被削弱。爆发了许多反抗君士坦丁堡的叛乱，其中包括 1294 年突厥裔（Turkish）游牧民为争取成为一个成功的拜占庭将军部下而举行的起义。①

在边界的另一边，奥斯曼人的祖先也面临压力。控制安纳托利亚的蒙古人庞大的游牧部队先锋占用了东部的草场，迫使战败或叛逃的游牧民向西迁徙。一个观察者描述了这种压力在比提尼亚省东部的增长：3 万帐游牧民驻扎在桑加利乌斯（Sangarius）的东北部，而另外的 10 万帐驻扎在卡斯塔莫努（Kastamonu）附近。② 这些数字相当夸张，但这反映了一个真实的迁徙及其带来的紧张局势。盖尔米扬的酋长（emirs），和之前的塞尔柱及之后的蒙古一样，也力图控制游牧民以实现其在实力及将来独立等方面的抱负。在这种环境下，奥斯曼——被选举出来的部落首领的名字——成了奥斯曼人的总称。③ 这个小群体的成员包括突厥人（Turks）、希腊人（Greeks）、基督徒（Christians）、穆斯林（Muslims）和无固定宗教信仰的人。④

---

① 事实上，阿列克修斯·菲兰斯罗彭诺斯（Alexios Philanthropenos）将军在小亚细亚的角色是一个成功的部落首领——可能他的突厥裔支持者这样看待他。关于这一有趣的情节，见 Angeliki E. Laiou, *Constantinople and the Latins: The Foreign Policy of Andronicus II, 1282–1326* (Cambridge, Massachusetts, 1972), 80–82; George G. Arnakis, *Hoi Protoi Othomanoi* (Athens, 1947), 42–43; Angeliki E. Laiou, "Some Observations on Alexios Philanthropenos and Maximos Planoudes," *Byzantine and Modern Greek Studies*, 4 (1978), 89–98; Peter Schreiner, "Zur Geschichte Philadelpheias im 14. Jahrhundert (1293–1390)," *Orientalia Christiana Periodica*, 35: 2 (1969), 378–383。

② Claude Cahen, "Ibn Sa'id sur l'Asie Mineure seldjouqide," *Tarih arastirmalan dergisi*, 6: 10–11 (1968), 44, 48.

③ 亚兹布·阿里（YazIcIoğlu Ali）关于塞尔柱王朝历史的文字中记述了奥斯曼当选故事的夸大版本，这一文本，见 Agah Sim Levend, *Türk Dilinde Gelişme ve Sadeleşme Evreleri* (Ankara, 1972), 18; 通过对记述奥斯曼和其叔父敦达尔（Dündar）争夺首领地位的布尔萨（Bursan）地区的传说的研究，奈斯里（Neşri）对其进行了更详细的描述，见 *Die altomanisch-eChronik des Mevlana MehemmedNeschri*, Franz Taeschner, ed. (Leipzig, 1951), I, 25。关于敦达尔之死，见 pp. 28–29。在奈斯里的研究中，奥斯曼的当选显然是"马感觉到了骑手的大腿"的结果。关于奥斯曼之子奥尔汗的当选，见 *Die altomanische Chronik des Ašikpašazade*（后文中简写为 APZ）(hereafter cited as APT), Friedrich Giese, ed. (Wiesbaden, 1929), 34; 关于穆拉德一世的当选，见 the chronicle of Ruhi, Berlin, Staatsbibliothek, MS Or. qu. 821, f. 28v.

④ *APZ*, 14–15, 19, 22; 早期奥斯曼部落中的非正统出身的成员，见 S. Vyronis, "The Byzantine Legacy and Ottoman Forms," *Dumbarton Oaks Papers*, 23–24 (1969–1970), 260。

奥斯曼为他的选民提供了什么？当基督徒携带商品去市场出售时他向他们提供保护，他也支持他们反对一个盖尔米扬的官员；他阻止游牧民破坏希腊村庄，而同时也保护游牧民去草场的道路；他确认了基督徒的财产权和地位，因为他逐渐将对他们土地的宗主权转化为完全的统治权。与奥斯曼结盟的突厥人摆脱了对蒙古的义务；作为基督徒的领主和农民获得了安全及意料中的治理，并乐意偶尔以高昂的价格为君士坦丁堡提供服务。①

对以游牧为生的奥斯曼而言，用部落组织他的支持者是再自然不过的事情。高原的边缘和比提尼亚峡谷（Bithynian valleys）并不适合游牧生活：与哈伊马纳（Haymana）东部和南部开阔的草原相比，这里合适的牧场更小且有更多的限制。由于巴列奥略王朝官员对当地居民的剥削，劫掠当地的庄园和城镇也已没有吸引力。然而，奥斯曼可以有效利用部落制度——游牧的政治遗产——团结他的手下并开创早期奥斯曼帝国的基业。作为部落首领，奥斯曼保护他各式各样的部落成员的利益。当比提尼亚的城镇一个接一个的衰落时，奥斯曼人的政策是保护而非劫掠他们。作为一个真正的首领，奥斯曼在其不同的追随者之间进行协调。②

奥斯曼的部落——奥斯曼人——繁荣兴盛。1302 年，他在尼科美底亚城（Nicomedia）外击败了拜占庭远征军；他控制了像比莱吉克（Bilecik）这样的桑加利乌斯地区的防守要地，像卡拉贾希萨（Karacahisar）这样位于和盖尔米扬交界的战略要塞以及布尔萨（Bursa）和尼西亚（Nicaea）周围盛产粮食的平原；1308 年布尔萨人（Bursan）向他纳贡。但这些成就也为他的部落带来了危机。且不说穿越达达尼尔海峡（Hellespont），仅仅为征服城市和人口更加稠密的低地，奥斯曼人就需要更多的军队。征服比提尼亚后将其用作放牧的牧场，从而能够招募并维持更多的士兵，但是用来放牧的土地达不到用于耕种的土地的一半。奥斯曼和他的部众对这些肥沃的土地进行了充分利用并在这里定居；他们甚至在到处是橄榄树和果树的地方

---

① APZ, 10 – 14；巴列奥略王朝在比提尼亚的财税政策，见 V. Laurent, *Les regestes des actes du patriarcat de Constantinople* (Paris, 1971), vol. I, fasc. 4, no. 1492。

② Swidler, "Political Context," 307 – 308, 与奥斯曼保护基督教玻璃销售商避免邻近的盖尔米扬酋长国穆斯林的侵扰相类似的事情，见 APZ, 14 – 15；Ibn Battuta, *The Travels of Ibn Battuta*, Vol. II, H. A. R. Gibb, trans., publications of the Hakluyt Society (Cambridge, 1962), n. s. 117, pp. 451 – 453。

建立了耶尼谢希尔（Yenişehir）——"新城"，这个城市周围布满了橄榄园和果树林。① 在这种情况下，游牧民的成功很快导致了他们的定居。

移动放牧畜群的游牧民从来都不擅长攻城战，而新增的管理市场和保护城镇居民的问题都是对部落有限的能力和意志的挑战。伴随着部落的经济基础变成定居式，军事技术亦变为固定型。在 1329 年，奥斯曼的继任者奥尔汗（Orkhan）和拜占庭人在尼科美底亚海湾（Nicomedian Gulf）北岸的贝勒卡侬（Pelekanon）进行了一场胜负未分的战争；对奥斯曼弓箭手而言，只有当拜占庭人在退回营地并陷入恐慌时，它才能够胜利。② 这场战争成了决定未来奥斯曼人军事策略的关键。奥尔汗很快创立了步兵军团，安纳托利亚事务的资深观察家认为，在接下来十年里奥斯曼骑兵将不再被看重。③ 在一代人的时间内，奥斯曼人开始致力于建立完全不同于游牧弓骑兵的军队力量——禁卫军，其间区别不仅表现在战略方面，还表现在训练、技术和后勤支援等方面。

与定居经济和作为军队核心的步兵不断增长相伴随，奥斯曼人不得不适应管理定居社会的需求。在这种环境中首领变成定居的统治者，而游牧部落的成员最终要么定居，要么接受地位的边缘化。④ 部落体系最终在完成官僚政治文书化（bureaucratic record keeping）和社会组织城市化等复杂任务之前瓦解。然而，戎装待命的人们能够并渴望促进——而非改变——奥斯曼的事业。"异教徒"蒙古人的压力驱使穆斯林学者和官员来到安纳托利亚的边界，而他们很早就到达了奥斯曼的领地。1324 年他们帮助奥斯曼的儿子奥尔汗制订了虔诚的法典；在形式、外观和内容上，这部法典的章程条文无疑就像出自于哈里发（Caliphs）全盛时期的城市法庭。⑤ 早在 1337 年就有证据表明穆斯林学者勇于将奥斯曼的部落塑造成典型穆斯林

① *APZ*, 22；C. L. Stotz, "The Bursa Region of Turkey," *Geographical Review*, 29：1（1939），87 – 88, 91 – 96.

② R. J. Loenertz, La chronique brève de 1352, *Orientalia Christiana Periodica*, 30：1（1964），45 – 47.

③ Al- 'Umari, as translated by E. Quatremère, in *Notices et extraits des manuscrits de la bibliotheque du roi*, 13（1838），364 – 365, 339 – 340.

④ 艾恩斯特意指出了这一点，见 Irons, "Political Stratification among Pastoral Nomads," 370 – 372。

⑤ I. H. UzunçarşIII, "Gazi Orhan Bey vakfiyesi," *Belleten*, 5：3（1941），277 – 288.

团体。布尔萨（Bursa）地区一个该时期的铭文表明现在的政府对过去的游牧生活（现在已经衰落）提供了一个事后解释。这个著名的铭文，以及其他类似的铭文，由奥斯曼的部落成员中的一群战士为其伊斯兰教信仰而制作。[①] 他们通过反对共同的敌人获得战功，其中一些人已经是穆斯林，他们现在受到有组织宗教的全面支持，尽管一些穆斯林奥斯曼人事实上仍然坚持进行令人不适的活人献祭仪式活动，不知何故，其他人被要求从基督教改宗伊斯兰教。穆斯林学者为奥斯曼人提供了行政模式，而作为回报，奥斯曼人正式重新定义了他们的过去。到 14 世纪第二个二十五年结束的时候，部落形式与奥斯曼人不再有任何关联。

我们观察了两个存在于中世纪历史中部落的实例；不仅如此，部落作为一种保障部落存续的机构存在局限性，我们已经观察了这种局限性的两种表现。游牧的匈人和奥斯曼人都不能持续他们的成功。这两个例子显示了游牧民的未来吗？由此可以推断杰出的或者繁荣的游牧部落不能长期维持其部落形态？——或者如欧文·拉铁摩尔（Owen Lattimore）曾经被引述的话，"贫穷的游牧民才是纯正的游牧民。"[②] 这句话也许目前是真实的，然而，我认为它并未准确地反映中世纪的情形。无论其畜群、成员和囤积的财产多么少，中世纪骑在马上的游牧部落并不贫穷。在马背上他仍然具有机动性和速度，这为其提供了收回财富的机会，而这是中世纪的牧人和农夫都知道的事情。纯正的游牧民在古代传说中被当作人马怪（centaur）而受到赞颂。"纯正"的游牧民（有充分理由）质疑奥斯曼人在建造了耶尼谢希尔之后的意图，他们迅速在诸多部落中发现一个游牧的选择——支持萨法维（Safavids）崛起并统治伊朗；14 世纪的奥斯曼人的孙子能够——而一些确实——成为 15 世纪萨法维·鲁姆鲁（Safavi Rumlu）部落的一员。离开

---

① Robert Mantran, "Les incriptions arabes de Brousse," *Bulletin d'études orientates*, 14（1952 – 1954），89；关于这些乌里玛（ulema，伊斯兰教学者的总称——译者注）的涌入，见 *Franz Taeschner in Der Islam*, 20：2（1932），114 – 115，及 Irene Beldiceanu-Steinherr, "La règne de Selim Ier：tournant dans la vie politique et réligieusede l'empire ottoman," *Turcica*, 6（1975），36 – 37. 我不同意维特克的诠释，见 Wittek, *The Rise of the Ottoman Empire*, 14 – 15, 我的看法见 "Stimulus and Justification in Early Ottoman History", in *Byzantium and Islam*, N. M. Vaporis, ed.（Boston, 1982）。

② 引自 Lattimore, *Inner Asian Frontiers of China*, 522。这句话通常以"纯正的游牧民反而成为了贫穷的游牧民"的形式被复述。拉铁摩尔最早的表述包含稍微不同的含义；见 Lattimore, *Studies in Frontier History*, 257 – 258。学者们对这个格言的使用应受到进一步的研究。

了基督徒的罗马和穆斯林的小亚细亚（Rum）的稳定的奢侈品，游牧民恰如其武器所显示的那样穷；直到赖特（Wright）兄弟的时代来临，他的大型军械库才为其提供了很好的服务。

本文的目的是在重构中世纪游牧部落的基本特征中应用两代学者民族志调查的成果。正如我们发现的那样，在我们这个时代里使用成文的田野调查报告的先决条件是，在再现中世纪游牧部落时，承认当代部落缺乏的军事力量和政治目标必须被涵盖并强调。这个步骤有助于客观地看待亲属关系研究；精确的谱系示意图一直是政治文书，与所有这类文书相同，它也会遭到修订和改变。在做了这些观察之后，我们转向草原部落处于全盛期时的性质。将部落成员黏合在一起的黏合剂是他们的共同利益：牧场、劫掠、生存的需要、扩张的欲望。黏合剂的强度决定了部落是增长还是衰退，而这两种过程都可能会迅速进行——甚至是疾速。尽管外部世界的情况恶劣，部落服务于保障团体生存这一根本政治目标。因此，外部压力——通常是通过武力威胁——促进了部落形成就不奇怪了。部落并非存在于真空之中；它们的存在以另一个社会的存在为先决条件，威胁是这种先决条件的某些方面。首领作为支点站立在这两个共生的群体之间。作为两个相互怀疑的社群之间的调停者，首领将自己的才能应用于战争和谈判。如果亲属关系在部落历史中真的扮演了角色，那么这体现在永远无法预测哪个孩子去继承其父母的地位，这种无法预测解释了部落在代际更替时无法形成制度性的稳定。

我们通过对匈人和早期奥斯曼人的研究发展了这些观点，在这两个例子中我们可以看到其中一个部落的成功转型。匈人招募了过多尸位素餐的人而弓箭手太少；频繁的抢掠导致部落的瓦解。而奥斯曼人决定像他们曾经节俭地使用牲畜，那样节约他们的资源，放弃抢掠有利于通过征税和行政管理获得更多固定而不引人注目的收益。在一个事例中，部落解体了；在另一个事例中，部落及其古朴的统治方式被超越。

我（笔者）希望这种对于中世纪草原部落政治基础的理解可以帮助我们形成更清晰的图像，这个图像反映了大型和不那么大型的游牧集团在过去实际的运作方式，并包括它们的优点和限制。作为历史学家，我们现在或许可以向游牧民表示一定的理解，这种理解是人类学家曾经向游牧民表露过的；毕竟从游牧民的角度审视游牧历史才是公平的。最后，我们也许会想起拉铁摩尔在中国边疆地区所做的工作，在那里游牧生活代表了一个真正的对于游牧帝国传统的压榨（即要求进贡——译者注）和不定期没收（即抢掠——译者注）的替代——"一个吃鲑鱼的机会"。现在更容易赞同拉铁摩尔关于修建长城并非单纯地阻止游牧民，甚至都不是主要的目标；相反，是要阻止中国人进入草原。①

（尹波涛：陕西师范大学中国西部边疆研究院助理研究员；

郭洁：西北大学文化遗产学院硕士研究生）

---

① Lattimore, *Studies in Frontier History*, 484.

Abstracts and Keywords

Study on the Tang Dynasty's Response and Policymaking in the face of Tubo's Attacking Position

Zhang Yun

Abstract: this paper is mainly discussing how Tang dynasty dealt with the complex situation caused by Tubo's unexpected alternate war and peace and the countermeasures that Tang dynasty adapted. Through the concise analysis of these measures, the author is trying to investigate and research the policies adapted by Tang dynasty and the problems existed when handling the relationship between itself and the regimes of border areas, to understand the interactive relation between Tang and Tubo, which also reflects the complicated fracture of the historic process in China.

Keywords: the Tang Dynasty, Tubo, Response, Policymaking

Research on the Relationship of Gaochang Kingdom and Turk

Pei Chengguo

Abstract: The author studies the relationship between Gaochang kingdom and Turk from aspects of politics, economy and military in this paper. The paper argues that there was mutually beneficial relationship between them. The domination of central Asia by Turk ensured smooth traffic, therefore Gaochang kingdom could successfully earn considerable profit by taking use of its position superiority and receiving foreign envoys and traders. The trades of horses and iron between Gaochang kingdom and Turks improved military equipment of this oasis country. Under Turk's military shelter, Gaochang kingdom enjoyed peaceful external environment. The mutually beneficial relationship of Gaochang kingdom and Turk determined the foreign inclination in the later period of this oasis country.

Keywords: Gaochang Kingdom, Turk, Silk Road, Trade

The Imperial Stele Inscriptions of the Pacification of Tibet in Four Languages

Shi Yangang

Abstract: This essay is the identification and transliteration of Imperial Stele Inscriptions of the Pacification of Tibet in Four Languages, which was built in the 2nd year of Yongzheng (1724), Qing Dynasty. Although this stele is very important in the political history of Tibet in Qing Dynasty, the insufficient attention has been paid it. I try my best to identify those four languages inscriptions correctly and investigate some relational questions, e. g confirmed the builder, and traced the etymology of Manchu 'wargi dzang', and so on.

Keywords: wargi dzang, Orai, the Pacification of Tibet

Ethnic Groups and State during Construction of Frontier Core Area

—taking development of yili during qianlong and jiaqing reigns for example

Huang Dayuan

Abstract: The core area, gathering place of soldiers, money, talents and orthodox, is crucial lifeline for a dynasty. After defeating the Junggar Khanate and bordering Russian empire, Qing Dynasty developed and constructed Yili area in a large-scale for keeping territory of the Tianshan Mountains under jurisdiction and realizing geo-strategic balance with Russia, and set an example for construction of the state core area led by Manchurian and Mongolian. The development of Yili not only changed the landscape of Northern Tianshan Area, but also changed the long-term local ethnic ecology, which was extremely significant to the state construction in frontier regions.

Keywords: Core area, Yili Area, Manchurian and Mongolian, State Construction

The Reform of Beg in Xinjiang in Late Qing Dynasty

Wang Qiming

Abstract: The paper used the newly published documentary material, discussed the reform of Beg in Xinjiang in Late Qing Dynasty, indicated the process of Beg's abolishment is more complex than before knowledge, and taken Turpan's Mirab for example, not only discovered a new beg—kök baši, but also studied on miräb's abolishment, distribution and function, service, the silver honesty and so on.

Keywords: Xinjiang in Late Qing Dynasty, abolishment of beg, Miräb, kök baši

The Three Milatary Dissension between Xikang and Tibet in the Republic China period

Zhou Weizhou

Abstract: According to the profiles of China and Britain, this paper discusses the origins, processes and impacts of the three milatery dissensions between Xikang and Tibet (1912, 1917 – 1918 and 1930 – 1933). During the wars, the U. K. had interfered in the internal affairs of China and had sought to play the role of "conciliator". At the last, the author analyzes the historical roots, nature and influence of milatery dissensions. In the specific historical period of the Republic of China, the three milatery dissensions between Xikang and Tibet were battles for the land and rights between provinces in China; but, these ones had some particularities. Tibet was the frontier minority area of China, and British power had invaded in this area since the 1911 revolution. The U. K. had attempted to turn Tibet into a "buffer region" between China and its Indian colony by supporting the "autonomy" for Tibet. Therefore, because related to China's sovereignty and territorial integrity, the central government of Public China had highly concerned the milatery dissensions and delimitation between Tibet and Xikang or Qingha.

Keywords: The Milatary Dissension between Xikang and Tibet, Origins, Processes, Nature, Influences

Khalkhas and Their Characteristics of Cross-boundary In the View of Ethnology

Li Qi

Abstract: Khalkhas, the cross-border nationality, which settled in several countries, is a member of the diversified but integrated Chinese nation. This article illuminates the family name, history, characters, transnational of Khalkhas by the explanation of etymology, the evidence of oral history, the change of geography.

Keywords: ethnology, khalkhas (kirghiz), history, transnational

The Territorial History and the Historical Territory

—*comparing on the concept of territory in the east and the west*

Wang Chao

Abstract: The territory is governed by the sovereign state, which originated from the history of the country and confirmation of international law. The different models of the national construction generated the different conception of territory in west and east. The different theory of the territorial history, such as nation-state and multi-ethnic countries, was formed to merely explain the territorial legality of the modern countries, but not to become the evidence to reconstruct the territory. How to confirm the historical territory of modern countries? Is the theory of territorial history fits for the fact of the historical territory? It is worth pondering.

Keywords: conception of territory, western and eastern, comparison

An Elaboration of Ethnical and Religious Ecology in Yining City

Ma Qiang

Abstract: Yining is a multi-ethnic groups city constituted with particular locations whereas historical memories and ethnical issues are sophisticated among different ethnic groups. A distinct geographical boundary can be identified among different ethical inhabitants in the main zones of the city. As for beliefs, Islam is the mainstream one which is abided by 10 traditional Muslim ethnic minorities with exception that other religions are also existed among the inhabitants of the city. Generally, Yining is a showplace of multi ethic groups and religious intercommunication and interactions. Ethnic relationship and religious issues are the two significant confrontations in Yining.

Keywords: Yining, ethnic group, religion, ecology

A Study on the Relationships between Eastern and Western Arts Reflected in the Miran Murals

Li Qing

Abstract: Miran Temple in Xinjiang is located in Kroraina Road of Han and Jin Silk Road, and this site is a location of the throat. The murals of Miran Temple are made in about the 3rd century A. D. , which are the prototype of Buddhist murals in China. The painters of these murals were Kushans who came to Tarim Basin from Gandhara area. This eastward March and thier murals reflects the initial communication of Eastern and Western art. From the pattern of Miran Murals, we can see that it inherited the alternative presentation techniques of Roman painting, and it shows the early appearance of Gandhara art. Not only that, Miran Murals also provide empirical sample to unscramble early Buddhist painting of Qiuci, Dunhuang, Hexi and formation, characteristics of Buddhist painting of North Dynasty and Tang Dynasty.

Keywords: Miran Murals, Artistic characteristics, Origin of Buddhist painting

Mr. Ma Changshou in National Museum

Wang Xin

Abstract: From 1936 to 1941, the Preparatory Office of National Museum of China, cooperated with Academia Sinica, had made several ethnological exploration in Sichuan and Kham area, in order to investigate the ethnic minorities and collect the ethnic specimen. This exploration activities in a wide range of southwest

China, had continued for more than five years, and got the most fruitful ethnological achievements before 1949. As the host of the exploration, Mr. Ma Changshou had played the most important role in the investigation and research. Through the ethnological field work of at least 5 times in Sichuan and Kham, his scholarship knowledge and practice ability in linguistics, ethnology, archaeology, had been greatly enriched and improved, which lay the foundation for the formation of an independent school of the native academic style in the modern ethnology field of China.

Keyword: Ma Changshou, National Museum Ethnological, Investigation Sichuan and Kham

A Review of Researches on Song Xu and his *Xi Yu Shui Dao Ji*

Cao Bolin

Abstract: Based on over hundreds of years research on Song Xu's *Xi Yu Shui Dao Ji*, we have divided it to three periods: the late Qing Dynasty to the Republic of China period, the late 1950s to late 1990s period, and 2000 to 2014 period. The directions of research have been expanded over these three periods, from the single direction, such as Song Xu's personal life, expanded to a systematic study of *Xi Yu Shui Dao Ji* and the History and Geology of northwest China. Also, for the history narrative, it reflected that the research stages have been changed from Dynasties to Nation and States. In addition, there is a research trail that never changed, which is Song Xu's research of Xinjiang inspection deeds, strategies of governing and his concerns of Russian. At the meantime, there is a direction that hided under this orientation, the Patriotism from all the researchers in different eras.

Keywords: Song Xu, *Xi Yu Shui Dao Ji*, the current political situation, Academics, Nation

图书在版编目（CIP）数据

西北民族论丛. 第 11 辑/周伟洲主编. —北京:社会科学文献出版社,2015.8
ISBN 978 - 7 - 5097 - 7682 - 7

Ⅰ.①西…　Ⅱ.①周…　Ⅲ.①民族历史 - 西北地区 - 文集
Ⅳ.①K280.4 - 53

中国版本图书馆 CIP 数据核字（2015）第 147311 号

西北民族论丛（第十一辑）

主　　编／周伟洲

出 版 人／谢寿光
项目统筹／高振华
责任编辑／高振华

出　　版／社会科学文献出版社·皮书出版分社(010)59367127
　　　　　地址：北京市北三环中路甲 29 号院华龙大厦　邮编：100029
　　　　　网址：www. ssap. com. cn
发　　行／市场营销中心（010）59367081　59367090
　　　　　读者服务中心（010）59367028
印　　装／三河市东方印刷有限公司

规　　格／开 本：787mm × 1092mm　1/16
　　　　　印 张：19.25　字 数：316 千字
版　　次／2015 年 8 月第 1 版　2015 年 8 月第 1 次印刷
书　　号／ISBN 978 - 7 - 5097 - 7682 - 7
定　　价／79.00 元